教育部高职高专公共事业类专业教学指导委员会推荐教材

现代公关礼仪

Public Relations Etiquette

主　编　杜创国

副主编　陈　华　方改娥

天津大学出版社
TIANJIN UNIVERSITY PRESS

内 容 简 介

本书在全面系统地介绍了公关礼仪的基本特征、现代观念、操作程序和注意事项的基础上，运用大量实例将公关礼仪的基本理论与实际操作过程紧密结合，所涉及的个人交际礼仪、职场办公礼仪、专项业务礼仪、国际通行礼仪都集中反映了近十几年来公关礼仪研究与实践的新发展。

本书可用做全日制高职高专公共关系学、传播学、营销学、文秘学、旅游管理、工商管理、行政管理等学科的礼仪学课程教材，还可作为公关从业人员进修培训、业务研究的教材或参考书，以及公共关系的教学和研究之用。

图书在版编目(CIP)数据

现代公关礼仪/杜创国主编. —天津：天津大学出版社，2009.1 (2014.3 重印)

ISBN 978-7-5618-2915-8

Ⅰ.现… Ⅱ.杜… Ⅲ.公共关系学－礼仪 Ⅳ.C912.3

中国版本图书馆 CIP 数据核字(2009)第 004078 号

出版发行 天津大学出版社
出 版 人 杨欢
地　　址 天津市卫津路 92 号天津大学内(邮编:300072)
电　　话 发行部:022-27403647
网　　址 publish.tju.edu.cn
印　　刷 天津泰宇印务有限公司
经　　销 全国各地新华书店
开　　本 169mm×239mm
印　　张 24
字　　数 512 千
版　　次 2009 年 1 月第 1 版
印　　次 2014 年 3 月第 3 次
印　　数 4 001－6 000
定　　价 50.00 元

教育部高职高专公共事业类专业教学指导委员会推荐教材

编审委员会

总序

高等职业教育是我国高等教育体系的重要组成部分,也是职业教育体系的重要组成部分。近几年,高等职业教育呈现出前所未有的发展势头,高等职业院校数量、在校生和毕业生人数持续增长。1996 年,我国高等教育的毛入学率仅为 6%,2002 年达到高等教育大众化阶段的 15%,到 2007 年上升至 22%,这其中,高职高专教育的快速发展起到了不可或缺的作用。

20 世纪 80 年代以来,世界许多国家和地区都把职业教育确立为教育发展战略重点。伴随着经济一体化的要求,把发展职业教育作为提高国家竞争力的战略措施,成为世界各国教育政策调整的普遍做法。

我国从上世纪 80 年代初期建立职业大学至今,高职教育走过 20 多年的发展历程。随着我国社会经济体制的转型以及高等教育大众化的发展,高等职业教育得到快速发展,其中一个重要原因是国家政策的促进。1996 年,全国人大通过并颁布了《中华人民共和国职业教育法》,从法律上确定了高职教育在我国教育体系中的地位,由此我国的高职教育发展驶入了快车道;1999 年全国教育会议召开,中央提出"大力发展高等职业教育"的工作要求,我国高职教育进入了蓬勃发展的历史新阶段。2005 年,国务院印发《关于大力发展职业教育的决定》,召开全国职业教育工作会议,明确提出,推进我国走新型工业化道路,解决"三农"问题,促进就业再就业,必须大力发展职业教育。2005 年成为我国职业教育史上具有里程碑意义的一年。与此同时,各地纷纷出台新举措,加强对职业教育的统筹领导,加大财政投入,鼓励和支持民间资本举办职业教育,完善职业教育的管理体制和保障机制。

从目前我国高等教育发展的总体情况看,存在着由于各层次高等教育不谐调所造成的人才类型结构失衡现象。面对这一问题,中国人民大学校长纪宝成曾在 2005 年高等教育国际论坛上呼吁:"(高等教育)结构调整的关键是发展高等职业技术教育。”①当前存在的社会需求与学校教育的供求矛盾，对高职高专院校而言无疑是一次发展的机遇。

截至2005年底，高职高专教育取得了规模性增长，基本形成了每个市(地)至少设置一所高职高专院校的格局。全国共设有高职高专院校1091所，占普通高等学校总数的60.9%。从招生情况看，2005年全国高职高专招生人数达到268.1万人，占全国本专科招生总数的53.1%。从在校生规模看，2005年全国高职高专在校生人数为713万，占本专科在校生总数的45.7%。根据国家对职业教育发展的规划，到2010年，高职高专招生规模将占高等教育招生规模的一半以上②。高职高专已经占据了高等教育的半壁江山。

2004年10月26日，教育部首次颁发了《普通高等学校高职高专教育指导性专业目录(试行)》(教高[2004]3号)(简称《目录》)、《普通高等学校高职高专教育专业设置管理办法(试行)》(教高[2004]4号)，并印发《普通高等学校高职高专教育专业简介》，从2005年开始实施。这是我国第一次在专科层次颁布全面系统的专业目录，填补了我国缺少高职高专教育专业目录的空白。《目录》按职业门类分设包括公共事业大类在内的19大类，下设二级子类77个，专业556个。公共事业大类下设公共事业类、公共管理类、公共服务类3个二级子类，共设有24个专业。2005年12月，教育部发布《教育部关于成立2006—2010年教育部高等学校有关科类教学指导委员会的通知》(教高函[2005]25号)，2006年，全国高职高专各专业类教学指导委员会相继成立。教育部高职高专公共事业类专业教学指导委员会于2006年6月在南开大学召开成立大会暨第一次工作会议，会议讨论并通过了《教育部高职高专公共事业类专业教学指导委员会工作章程》《教育部高职高专公共事业类专业教学指导委员会2006—2010年工作规划》以及2006年的工作计划，明确了该教学指导委员会2006年及其今后四年的总体工作目标与任务。

教材建设是专业建设的重要组成部分。高职高专公共事业类专业教学指导委员会成立以来，就把教材建设作为一项重要的工程来抓。为此，我们制定了针对高职高专公共事业类专业特点的人才培养目标，按教育部确定的必修课和专业课课程设置，动员和组织全国相关院校的专业教

---

① 沈祖芸，计琳：《一个统率高教发展的重要命题》，载《中国教育报》，2005-11-25(5)。

② 教育部发展规划司：《2005年高等教育事业统计主要结果与分析》，见《教育统计报告》，第一期。

师和研究人员,编写一套高水平的教材的计划。

我们组织编写这套教材的总体构想是:严格按照教育部高职高专公共事业类专业建设的基本要求,根据专业教学内容、教学发展要求、人才培养方案以及学生的基本素质情况,以职业岗位核心技能培养为目标,紧密结合学生未来工作实际,充分体现职业岗位核心技能要求和工学结合特点。同时,积极探索"专业标准"建设,并尝试建设"标准化"教材,力争对全国高职高专院校公共事业类专业的教材建设起到示范、引领和辐射的作用,鼓励高职高专双师型专业教师参与编写并积极推广使用,从而提高公共事业类专业的教学质量,面向行业,培养出更多高质量的应用型高级专业人才,为我国的社会主义建设服务。

我们期望这套教材应具有以下特点:

1. 教材以职业岗位核心能力需求为主线,按照职业岗位核心技能的要求制定教材编写大纲,设计教材体例和内容。教材中的知识点与职业岗位核心技能紧密对应,使理论知识学习、实践能力培养和可持续能力发展紧密结合起来,形成教材内容的三位一体,强化教材体系的职业性。

2. 教材内容突出对学生职业岗位能力的培养,把专业和职业结合起来,将核心技能的培养贯穿于教材全部内容。

3. 教材内容体现"基础理论适应、突出应用重点、强化实训内容,形式立体多元"的思想原则,教材内容设计以岗位技能需求为导向,以素质教育、创新教育为基础,以学生能力培养、技能训练为本位,使其真正成为为高职高专学生"量身定做"的教材。

4. 教材融入职业资格标准,体现职业素质培养。将双证书教育融入教材内容,使职业资格认证内容和教材教学内容有机衔接起来,让学生学习相关课程教材后可直接参加职业资格证书考试。

5. 将行业或国家的技术标准融入教材内容中,让学生在校期间接受"标准"教育,增强"标准"意识。

6. 将人才培养方案、专业标准、实训条件等放入教材内容中,在强化教材职业针对性的同时,体现教材实用性、创新性和前瞻性的特点。

7. 扩大教材的使用范围,使教材的功能多元化。既可以作为高职高专院校学生的教材,也可以作为一般本科院校相关专业的教学参考用书及行业的培训参考读物,还可以作为相关人员普及提高相关知识的应用性图书。

8. 教材的形式力争立体化,除纸质的主教材外,另辅以电子教案、教学计划、CAI课件、IP课件(流媒体课件)、电子习题库、电子试卷库、影音资料等辅助教学资源,最终为学校专业建设、教师教学备课、学生自主学习提供完整的教学解决方案,最大限度地做好全方位的资源供给服务,从而提高教材选用的竞争力。

在确定教材编写目标和要求的基础上,我们教学指导委员会与天津大学出版社合作,按教育部规定的高职高专公共事业类专业的课程目标,选定一批主干课及专业必修课程,采取在全国范围内公开招标的方式,在编著者自愿申报的前提下,由本教学指导委员会成员组成的教材编审委员会从中遴选最优秀的教师担任既定教材的主编,并鼓励高职高专公共事业类专业有经验的一线教师与研究型大学的相关教师合作,由我们牵线搭桥,优化组合成一部教材的编写团队,共同完成一部教材的编写工作,以求达到理论与教学实践的有机结合。

然而,编写高水平的专业教材谈何容易。虽然参与编写这套课程教材的都是既有丰富教学经验,也有较高研究水平的教育工作者,但毕竟我国公共事业类专业开办的时间尚短,所以,这套教材肯定会有一些不尽如人意之处,敬请大家提出批评、改进的建议,使这套教材臻于完善,为我国公共事业类专业的发展做出应有的贡献。

教育部高等教育司高职高专处、教育部高职高专教学指导委员会协联办、天津大学出版社对出版这套教材给予了大力支持。在研讨设计和组织审定这套教材的过程中,天津大学出版社给予了部分经费支持,并对这套教材的编写方针提出了参考意见,为本教材的出版做出了大量推动和建设性工作。在此表示衷心的感谢。

教育部高职高专公共事业类专业教学指导委员会主任 王处辉

2008年6月于南开大学

前言

现代公关礼仪是指社会组织的公关人员或其他人员在公关活动中，遵循尊重公众，讲究礼貌、礼节，注重仪表、仪容、仪态等规范与程序，从而构建组织与内外公众和谐关系，树立和维护组织的美好形象。伴随着中国公共关系（学）的产生和发展，现代公关礼仪也步入了蓬勃发展时期。2008年北京成功举办奥运会、2010年在上海举办世博会等，都将推动中国现代公关礼仪的全面发展。

汹涌澎湃的改革开放大潮，已把人们融入日新月异的世界发展的滚滚洪流之中，中国的政治、经济、文化正经受着时代的洗礼。随着改革开放的深入，公关礼仪在组织的公共关系、形象宣传、品牌推广和市场营销等领域中发挥着日益重要的作用。同时，各类组织良好、规范的运营也必将对和谐社会的构建起到积极的推动作用。本书正是适应这种需求，应天津大学出版社之邀而编写的。

本书根据高职高专的课程教学大纲，结合高职高专的特点，贯彻"学以致用"的原则，全面系统地论述了公关礼仪的基本特征、现代观念、运行规律和操作程序，集中反映了近十几年来公关礼仪研究与实践的新发展，反映了作者对新时代公关礼仪的探索和思考。在具体编写过程中，不仅系统、规范地论述了公关礼仪的基本要点，而且突出实践性，更加关注推广、普及公关礼仪在具体实践中所面临的各种新问题，并力求予以解决。

现代公关礼仪既是一门公共事业类的专业基础课，又是一门素质教育课。对于每个人来说，无论从事什么工作，都要与组织、他人相处，在工作关系、人际关系中化解矛盾，处理危机等。因此，本书在编写过程中，着重把专业学习与素质训练融为一体，使学生通过学习这门课程，能够一举多得。

本书由杜创国任主编，陈华、方改娥任副主编。全书共分13章，各章分工如下：

杜创国：第1章（山西大学）

陈　华：第5、6、10、11章（长治学院）

方改娥：第2、3章（太原理工大学）

原　丁：第4章（太原电力专科高等学校）

韩建中：第8章（广播电影电视管理干部学院）

刘静静：第7章（山西大学）

周　彪：第9章（山西大学）

程慧娴:第 12、13 章(山西大学)

在统稿阶段,王瑾、张小玲、何改娟等同学做了大量的整理工作。作者在编写过程中,参阅、引用了大量的文献资料和网络资料,借鉴和吸收了其他教材的内容和同行的研究成果,限于篇幅,除少数文献我们在书末列出之外,不能全部列出,在此对各位作者一并致谢!

由于编者水平有限,时间仓促,错误之处在所难免,欢迎广大读者给予批评指正。

编　者
2009 年 1 月

目　　录

1

绪论

人无礼则不生，事无礼则不成，国无礼则不宁。

——荀子

学习目标

能够准确了解礼仪的来源和发展，明确礼仪的含义和特点，掌握现代公关礼仪的概念和特点，明确现代公关礼仪的原则，了解现代公关礼仪的修养途径。

主要概念

礼仪　公关礼仪　现代公关礼仪

中华民族素有礼仪之邦的美誉，礼仪在中华文化的历史演进过程中，起着积极的推动作用。自古以来，懂礼仪、知廉耻、知书识礼、礼尚往来、知恩图报等文明礼教，传承数千年。今天，经济的全球一体化和信息共享的网络化把现代人领到了一个无限伸展而又不断浓缩的空间，这就是地球村。在这个有着60亿居民的（村庄）里，交往和沟通日益频繁，说服和理解也越发重要。其中，作为公关“第一印象”的礼仪就更显得不可或缺。中国几千年的文明礼仪吸纳了西方传统礼仪的规范与现代礼仪的准则，逐渐形成了规范、完整的现代礼仪。现代公关礼仪是从公关交往的角度出发，考查、研究如何加强与他人的沟通，怎样来建立良好的行为规范，进而树立公关人员良好的形象，达到塑造社会组织形象的目的。

1.1 礼仪概述

1.1.1 礼仪内涵

1. 含义

“礼仪”一词在中国古代被作为典章制度和道德教化来理解。在古代典籍中，“礼”主要有三层意思:①“礼”即“敬”。《礼记·经解》中说“恭俭庄敬,礼教也”。《礼教·曲礼》就强调“毋不敬”,把“敬”理解为礼的本质内涵。②“礼”即“序”。《礼记·乐记》中说“礼者,天地之序也”,强调礼就是秩序、次序、身份和地位。③“礼”即“理”。《礼记·乐记》中说“礼者也,礼之不可易者也”,强调礼就是理,就是讲道理、讲原则、讲规范。“仪”在古汉语中也有三层意思:①容貌和外表;②礼节和仪式;③准则和法度。

将“礼”与“仪”连用始于《诗经·小雅·楚茨》:“为宾为客,献酬交错,礼仪卒度。”此外,《周礼》中也有关于礼仪的说法。中国古代的“礼仪”从本质上讲是道德教化。礼仪是道德的重要内容,又是道德的重要表现形式。如“君臣之礼”便是奴隶制和封建制等级制度的表现。

西方国家的“礼仪”一词始于法语,原意为“法庭上的通行证”。古代法国把法庭规则写在进入法庭的通行证上,发给进入法庭的每个人,让他们了解并在进入法庭后严格遵守。这有些类似于中国古代“礼仪”一词的准则、法度的意思。后来“礼仪”一词进入英语,演变成“人际交往的通行证”。它有三层含义:一是指谦恭有礼的言词和举动;二是指教养、规矩和礼节;三是指仪式、典礼和习俗等。西班牙女王伊丽莎白曾说:“礼节乃是一封通行四方的推荐书。”

时至今日,礼仪概念的内涵和外延都发生了变化,已不再是封建社会的等级秩序。语言学家王同亿先生在其编著的《语言大典》中对礼仪下了这样的定义:“礼仪:英语 Etiquette 或 Protocol,指由于良好的教养或有关权威的规定在社交或正式场合应遵守的规矩;对一定等级和场合要求遵守的礼节;传统的礼貌。”

金正昆教授认为:“所谓礼仪,就是人们用于表现尊重的各种规范的、可操作的具体形式,它普遍适应于各种各样的人际交往;亦为人际交往的基本规则。”①

纵观古今中外使用的“礼仪”,可以对“礼仪”概念作如下表述:礼仪是人们在社会交往过程中形成并得到共同认可的,以一定的程序与方式来表现的,自尊、律己、敬人的行为规范。它体现了一个国家、一个民族、一个地区的道德风尚和人们的精神面貌,是人类文明和社会进步的重要标志,也是现代人必备的基本素质。具体而言,礼仪可以从以下几方面加以理解。

---

① 金正昆:《政务礼仪》,序言,北京,北京大学出版社,2005。

(1)礼仪是约定俗成的,既为人们认可又为人们所遵守。在实践中,礼仪往往开始表现为一些不成文的风俗、习惯、规矩和传统方式,然后才逐渐上升为人们所共同认可的,可以用语言、文字、动作进行准确描述和规定的行为准则,并成为人们有章可循、可以学习和遵守的规范或程序。事实上,现代礼仪的许多规定,直接来自于民俗,或从民俗中演化而来,成为人际交往中必须遵守的律己敬人的习惯形式与做法。

(2)礼仪表达着人们的相互尊重、敬意与友善,并以建立和谐关系为目的。讲究礼仪是为了实现交往各方的相互尊重,促进彼此间的相互友善,从而达到人们之间关系的和谐融洽。一个尊重他人的人,才有可能得到他人的尊重。正如德国伟大诗人歌德所说:"你想赢得别人的尊重吗?那么请你首先学会尊重别人。"

(3)礼仪是一种行为准则或规范。从道德的角度看,礼仪是为人处世的行为规范或行为准则。礼仪的这种准则性或规范性,表达着社会交往的要求。

(4)礼仪是一种程序。如果说行为准则或规范主要体现礼貌的要求,那么程序方式则是礼节的化身。准则或规范常常是一般的、抽象的,而程序方式却是特殊的、具体的。

(5)礼仪是人们社会交往的产物,始终同交往、交际、应酬、接待等密切相关。礼仪反映着人需要交往也离不开交往的社会属性。

2. 特点

(1)变动性。从本质上讲,礼仪可以说是一种社会历史发展的产物,并具有鲜明的时代特征。一方面,它是在人类长期的交际活动实践中形成、发展、完善起来的;另一方面,社会的发展,历史的进步,由此而引起的众多社交活动的新起点、新问题的出现,又要求礼仪有所变化,有所进步,推陈出新,与时代同步,以适应新形势下的新要求。与此同时,随着世界经济的国际化倾向日益明显,各个国家、各个地区、各个民族之间的交往日益密切,他们的礼仪随之也不断地相互影响、相互渗透、相互取长补短,不断地被赋予新的内容,这也使礼仪具有相对的变动性。

(2)互动性。礼仪是施礼者与受礼者的情感互动过程。正如《礼记·曲礼》上所云:"礼尚往来,往而不来,非礼也;来而不往,亦非礼也。"社会交往的互动性深受环境的影响。譬如,男女之间无论见面、分手经常互相握手,而男士一般不主动与女士握手。当女士先伸出手,男士才做出反应,颇感荣幸地去握。礼仪的互动性是互相尊重、友好和礼貌的体现。所以在一方施礼的情况下,另一方必须有相应的礼仪反应,否则,将是失礼的行为。

(3)差异性。礼仪的差异性表现为在不同的民族、不同国家、不同地域、不同信仰、不同时代对礼仪有着不同的要求。一般所说的"入乡随俗、客随主便"等就充分表明了礼仪的差异性。比如婚嫁时迎新娘,就有用花轿、喜车以及背新娘、抱新娘等多种形式。就丧葬来说,也有土葬、火葬、水葬、天葬、风葬、树葬、岩洞葬等多种形式。这些差异,或是因地理环境、自然资源因素的制约,或是因各地传统的社会习俗与信仰的影响,或是因生产发展及物质分配的差异而形成的。但这些形式一经形成,便为当地的人们认可和遵守。礼仪的差异性还表现在礼仪的等级上。因举办目的的不同,举办人或参加者的地位、身份、经济状况的不同,礼仪的规格也会有所差异。另外,礼仪的差异性还表现为同一种礼节,在不同的场合,对不同的对象,会有细微的差别。如接吻礼,视相互关系的差异,亲吻的部位会有所不同。

(4)规范性。礼仪是人们长期约定俗成的社会规范和行为规范。礼仪概念本身就说明了任何礼仪都具有规范性,有一定的程序和规范。重大的礼仪还形成了一定的“仪式”,有其独特的规矩。这种规范性不仅制约着人们在交际场合的言语谈话、行为举止,使之尽量合乎规范,而且更多的礼仪规矩本身就是人们交往中的一种“通信语言”,不能更改。这就使得礼仪不仅是一种要求,更是一种尺度和标准。

(5)多样性。礼仪会因时间、地点、对象的不同而有所差异。例如,同样是摸摸小孩的头,在中国被当作喜欢和礼貌,在泰国则被当做侮辱和侵犯。我国是一个地域广阔的多民族国家,不同地区、不同民族有不同的文化背景和生活习惯,这就带来了礼仪方面的差异。即便在同一民族、同一地区,也会因历史阶段的不同,造成礼仪表现形式和内容方式的不同。因此,礼仪规范的多样性特点也使得礼仪形式呈现出丰富多彩的特点。

(6)共通性。无论是交际礼仪还是公关礼仪,都是人们在社会交往过程中形成并得到共同认可的行为规范。我们今天生活的世界可谓千姿百态。从人种来说,有黄色人种、白色人种、黑色人种、棕色人种,还有混血儿;从民族来说,有汉族、蒙古族、俄罗斯族、阿拉伯民族、印第安族、日尔曼族、日本大和民族、朝鲜族等;从语言体系来说,有汉语、英语、俄语、法语、德语、日语、阿拉伯语等。人们尽管分散居住于五大洲、四大洋的不同角落,但是许多礼仪都是世界通用的。例如,问候、打招呼、礼貌用语、各种庆典仪式、签字仪式等等。虽然由于各国家、各地区、各民族形成了许多特有的风俗习惯,但就礼仪本身的内涵和作用来说,仍具有共通性。正是由于礼仪具有共通性,才形成了国际交往礼仪。

(7)公德约束性。公德即社会公共道德。它是在一定社会范围内长期以来逐渐形成的一种被大多数社会成员认可的思想和行为规范,是在一定文化历史背景下形成的具有固定特点的调整人际关系的社会因素,是人们评价善、恶、美、丑的习惯性标准,具有约定俗成的本质属性。礼仪与公共道德不相违背的特征被称为礼仪的公德约束性。它虽然不具有法律的一般强制力,但通过家族、邻里、亲朋的舆论监督,往往迫使人们遵守它。在人们生活中具有一种无形的力量。宋代理学家朱熹说:“礼,理也。”理即规矩、准则,而规矩就是用来约束人的思想和行为的。尽管不同时代、不同国家、不同民族的礼仪内容不尽相同,但是守纪律、讲卫生、待人有礼、尊老爱幼等都是整个人类社会共同的规矩,是一个文明人的起码准则。

1.1.2 礼仪原则

(1)公平对等。礼仪的核心是尊重交往对象,以礼相待。社会交往中的每一个人都希望得到别人的尊重,体现自我价值。因而,对任何交往对象都必须一视同仁给予同等程度的礼遇。如果因为交往对象彼此之间存在年龄、性别、种族、文化、职业、身份、地位、财富等方面的差异,而有亲有疏,厚此薄彼,都会被视为不礼貌。故交往时应公平大方,不卑不亢,主动、友好、热情而又有所节制。

(2)遵时守约。中国传统文化讲人际交往,做人要以信义为本,提倡"一诺千金"。在交往应酬中,每一位参与者都必须自觉遵守礼仪,用礼仪来规范自己的言行举止,现代社会节奏加快,遵时守约显得更为重要。任何人,不论身份高低均应信守承诺,失约后也应道歉,无故失约将会受到指责。

(3)和谐适度。古人云:"君子之交淡如水,小人之交甘如醴。"在人际交往中,沟通和理解是建立良好人际关系的重要条件,但如果不善于把握沟通时的感情尺度,即人际交往中缺乏适度的距离感,结果会适得其反。

礼仪视窗 1-1

礼仪和谐适度

在一般交往中,既要彬彬有礼,又不能低三下四;既要热情大方,又不能轻浮谄谀。在接待服务中,既要亲切友好,尊重客人;又要自尊自爱,端庄稳重。特别要注意做到把握分寸,认真得体。"礼仪使人们接近,礼仪使人们疏远"。为什么呢?在陌生人初次见面时,礼仪可以表现为有教养,可以展示内在的气质和人格魅力。但不分场合、亲疏,乱用礼仪,反而会表现出不懂教养,令人难以相处,甚至会弄巧成拙。因此,应用礼仪要和谐适度,具体情况具体分析,因人、因事、因时、因地恰当处理。

(资料来源:宋常桐.公共关系与现代礼仪[M].北京:清华大学出版社,2004.144.)

(4)尊重习俗。"十里不同风,百里不同俗","进门见礼,出门问忌",这些格言都说明尊重各地不同风俗与禁忌的必要性。特别是在对外交往中不懂外国禁忌、不懂民族禁忌可能会造成不愉快的后果。因此,必须坚持入乡随俗,充分了解与交往对象相关的习俗、禁忌,才能更好地做到尊重交往对象。

(5)女士优先。"女士优先"是国际上公认的一条重要的礼仪原则。在一切社交场合,每一名成年男子,都有义务主动自觉地,一视同仁地去尊重、照顾、体谅、关心、保护女士。

礼仪视窗 1 - 2

女士优先

外国人强调“女士优先”的主要原因,并非是因为妇女被视为弱者,值得同情、怜悯,更为重要的是,他们将妇女视为“人类的母亲”。因此,“女士优先”是西方一个体现教养水平的重要标志。中国人讲“扶老携幼”,外国人可能不接受,但为女士开门、让座、引路、行走时让出安全的一边等等,则是懂礼貌和具有绅士风度的体现。

(资料来源:宋常桐.公共关系与现代礼仪[M].北京:清华大学出版社,2004.145.)

(6)自律互动。自律就是严格按照礼仪准则规范自己的言行举止。《礼记》中曾载道:“言语之美,穆穆皇皇。”即语言之美,在于谦恭、和气、文雅。并规定与人交往时,应“不失足于人,不失色于人,不失口于人”。就是不要在行动上出格,不要在态度上失态,不要在语言上失礼。《论语·雍也》篇中也说到:“质胜文则野,文胜质则史。文质彬彬,然后君子。”即只有品格质朴,而不注意礼节仪表,就会显得粗野;只注重礼节仪表,而缺乏质朴的品格,就会显得轻浮。只有礼节仪表同质朴的品格相结合,才算得上是一个有教养的人。总之,掌握并遵行礼仪原则,在人际交往、公关活动中,才有可能给人以待人诚恳、彬彬有礼的印象,即使有时忽略了某些细节,别人也会原谅的。

1.2 礼仪的历史沿革

礼仪的起源可以追溯到原始社会的远古时代。作为一个以“礼仪之邦”著称的文明古国,礼仪发展的历史源远流长。西方社会的发展同样展现出礼仪的历史演进。

1.2.1 中国礼仪的产生与发展

在原始社会,生产力十分低下,人类处于一种愚昧状态,在大自然面前显得软弱无力,对斗转星移、四季更换、电闪雷鸣等自然现象以及地震、旱涝、疾病等各种自然灾害感到神秘莫测、惶惑不解,往往在诸多灾害面前显得束手无策。于是,人们就把生活中的得失成败归之于自然,看成是自然的恩赐或惩罚。在长达 100 多万年的原始社会历史中,人类逐渐开化,早期的礼仪开始萌芽。

随着私有制、阶级和国家的出现,人类社会步入了奴隶社会,这是人类社会的一大进步。人类的文明程度也随之得到提高,原始社会时期的亲婚群婚、茹毛饮血等野蛮现象基本消失,各种礼仪制度相继建立。礼仪作为一种行为尺度和规则被深深打上阶级的烙印,礼仪也从主要的原始宗教仪式发展成为一整套的伦理道德观念。奴隶主、贵族用礼来树立君主的尊严和绝对权威,维护自己在政治、经济、文化及社会各方面的统治。正所谓"礼,国之大柄也"。到了周朝以后,进入礼仪的系统形成时期。

春秋战国时期是我国奴隶社会向封建社会转型的时期。在此期间,相继出现了孔子、孟子等思想家,发展和革新了礼仪和礼仪理论,使中国的礼仪发展进入了百家争鸣的新时期。在封建社会,礼的演进进入了礼仪时期,而且礼仪制度有了新的特点,即被打上了严格的等级制度的烙印,其主要作用是维护封建社会的等级秩序。封建礼教中有糟粕,当然也有其合理的积极因素。因此,需要用历史的、辩证的观点来对待,既要放弃"糟粕",又要继承和发扬优良的传统礼仪。

到了现代社会,维护尊卑等级的陈旧没落的礼教形式被废除,代之以人与人之间尊重平等的礼仪,礼仪从形式到内容都发生了很大的变化。我国的现代礼仪,主要是辛亥革命后逐渐形成的。辛亥革命不仅赶走了最后一个皇帝,也结束了中国上千年的帝制,对封建礼教产生了强烈的冲击。如孙中山先生和他的战友们破旧立新,用民权代替君权,用自由、平等取代宗法等级制度,改易陋俗,剪辫子,禁缠足,用脱帽鞠躬礼取代了封建的跪拜礼,吸取世界各民族的礼仪长处,开始广泛地使用握手礼。

1949 年新中国成立以后,新型的社会关系和人际关系的确立,标志着我国礼仪进入一个崭新的历史时期,人民当家作主,成为国家的主人,由此而倡导和建立起来的平等、友善而亲密的同志式关系和新的礼仪规范,是崭新的社会关系和时代风貌。现代礼仪也继承了许多传统礼仪的精华。许多古代礼仪的言论成为了现代礼仪形成的基础。中国一向被世人公认为"文明古国,礼仪之邦",中华民族的传统文化属于礼仪型文化。礼仪作为传统文化的重要组成部分,在我国五千年文明的历史长河中,源远流长,从无间断。从礼仪的产生到其内容不断丰富和功能日益增强,可以看出礼仪随着时代的发展不断推陈出新,不同的时代有不同的礼仪规范和内容。

1.2.2 西方礼仪的产生与发展

爱琴海地区和希腊是亚欧大陆西方古典文明的发源地。约自公元前 6 千年起,爱琴海诸岛居民开始从事农业生产。此后,相继产生了克里特文化和迈锡尼文化。公元前 11 世纪,古希腊进入因《荷马史诗》而得名的"荷马时代"。《荷马史诗》包括《伊里亚特》和《奥德赛》两部分,这部著名的叙事诗主要描写特洛亚战役和希腊英雄奥德赛的故事,其中就有关于礼仪的论述,如讲礼貌、守信用等。古希腊哲学家对礼仪也有许多精彩的论述。例如,柏拉图(公元前 427 年 - 前 347 年)强调教育的重要性,指出理想的四大道德目标是智慧、勇敢、节制、公正;亚里士多德(公元前 384 年 - 前 322 年)指出,德行就是公正。

公元 1 世纪末至公元 5 世纪,在古罗马帝国统治西欧期间,西欧社会的礼仪取得了重大发展。教育理论家昆体良撰写的《雄辩术原理》一书论及罗马帝国的教育情况,认为一个人的道德、礼仪教育应从幼儿期开始;诗人奥维德通过诗作《爱的艺术》,告诫青年朋友不要贪杯,用餐不可狼吞虎咽。公元 476 年,西罗马帝国灭亡,欧洲开始封建化过程。在欧洲封建社会鼎盛时期,制定了严格而烦琐的贵族礼仪、宫廷礼仪。例如,12 世纪的冰岛诗集《埃达》,详尽地叙述了当时用餐佳宾贵客居上座,举杯祝酒的礼仪等。

14 至 16 世纪,欧洲进入文艺复兴时期。17、18 世纪是欧洲资产阶级革命浪潮兴起的时代,尼德兰革命、英国革命和法国大革命相继爆发。随着资本主义制度在欧洲的确立和发展,资本主义社会的礼仪逐渐取代封建社会的礼仪,论述资本主义社会礼仪的著作也大量出现。例如,捷克资产阶级教育家夸美纽斯(公元 1592 - 1670 年)编撰了《青年行为手册》;英国资产阶级教育思想家约翰·洛克于公元 1693 年写作了《教育漫话》,系统、深入地论述了礼仪的地位、作用以及礼仪教育的意义和方法。德国学者缅南杰斯的礼仪专著《论接待权贵和女士的礼仪,兼论女士如何对男士保持雍容态度》,于 1716 年在汉堡问世。第二次世界大战以来,西方现代学者编撰、出版了不少礼仪书籍,其中比较著名的有:法国学者让·赛尔著的《西方礼节与习俗》,英国学者埃尔西·伯奇·唐纳德编的《现代西方礼仪》,德国作家卡尔·斯莫卡尔著的《请注意您的风度》,美国礼仪专家伊丽莎白·波斯特编的《西方礼仪集萃》以及美国教育家卡耐基编撰的《成功之路丛书》等。

1.2.3 现代礼仪的新趋势

从礼仪产生和发展的轨迹可以看出,礼仪作为人们的行为模式和规范,属于社会的上层建筑,由社会的经济基础所决定,并随着社会实践而不断地丰富和发展。现代礼仪出现了如下新趋势。一是形式趋简。许多古代繁杂的礼节为适应现代社会快节奏的发展,发生了很大的变化。如我国古代交际礼仪中的"拜"随着时代的变迁,相继以握手、点头、微笑等代替。二是内容日渐丰富。当代人交往频繁,范围扩大,礼仪也有很大变化。如语言礼仪增加了许多外来语词汇,而非语言交际礼仪更显示了当今科技、生产力发展水平以及生活方式与文化思想的和谐。如刊登广告、电视(台)点歌祝寿、贺新婚、电话拜年、发短信等也成为最新颖的礼仪形式。

1.3 公共关系礼仪

1.3.1 公关礼仪的概述

1. 公关礼仪的含义

公关礼仪是在公共关系活动中的礼仪规范。公共关系的主体是组织,客体是公众,手段是传播和沟通,同时公共关系是一种管理职能、管理行为。它不同于生产管理、人事管理、财务管理、销售管理,它是对一个组织传播行为、传播资源、传播过程和传播媒体的管理。其管理目标最终是调整组织与公众之间的关系,从而优化组织的生存环境,使组织的整体价值得到提升。①

---

① 杜创国:《公共关系实用教程》,北京,清华大学出版社,2007。

所谓公关礼仪,就是社会组织的公关人员或其他人员在公关活动中,为了树立和维护组织的美好形象,构建组织与内外公众和谐的理想型关系所应遵循的尊重公众,讲究礼貌、礼节,注重仪表、仪容、仪态、仪式等的规范或程序。理解公关礼仪的含义,需要把握好以下几点。

(1)公关礼仪的主体是社会组织,客体是社会公众。社会组织的公关人员代表组织处理与内外公众的关系,是从事公关活动的现实主体。组织领导人及组织内部员工在组织与外部公众的公关活动中,构成重点主体与一般主体。他们的言行举止、风度仪表均需遵循礼仪的要求。社会公众作为主体作用的对象,在公关礼仪形成及实施过程中,既接受礼仪又反馈并创造礼仪,成为公关人员礼仪的作用对象,同时又以自己的礼仪反作用于公关人员的礼仪,参与公关礼仪的往来授受,他们的礼仪亦具有公关礼仪的意蕴。公关礼仪的主体是多元的,客体也是多元的,并且主客体的构成常常是变动、转化的或兼而有之。

(2)公关礼仪的目的是内求团结、外求发展,塑造良好的组织形象。组织形象是公众对组织行为的整体评价和看法,是组织行为及其文化在公众心目中的投射。组织形象的建立与维护,离不开公关礼仪的滋润与培育。

礼仪视窗 1-3

细微之处见"精神"

周恩来总理曾专门对礼宾司同志说:"礼宾工作人员要懂政治,第一条就是要体现大小国家一律平等,这很重要,这是新中国作为社会主义国家外交政策的首要一条。"

1972 年 2 月,美国总统尼克松访华,这是一次"破冰之旅"。尼克松乘坐的专机于 2 月 21 日中午抵达北京,周恩来总理等到机场迎接。尼克松下机时,为了突出他和他的夫人,使照片拍出好的效果,不让基辛格、罗杰斯等人同他一起下机,等他跟周恩来握手之后,其他人才下舷梯。在尼克松步出机舱,走下舷梯近一半时,周恩来鼓起掌来,尼克松也报之以掌声。请注意,周恩来不是等尼克松一出舱就鼓掌,也不是根本不鼓掌,而是等尼克松下梯一半时才鼓掌,足见周恩来总理对礼仪细节的重视。

在欢迎宴会上,由于周恩来的精心安排,中国乐队演奏了一首美国民歌和尼克松家乡的歌曲《美丽的亚美利加》、《牧场上的家》,让尼克松夫妇感到非常亲切。周恩来一般在和其他国家的领导人碰杯时,总是让自己酒杯的上沿去碰对方杯子的中间部分,以示对来访客人的尊重。但这次在向尼克松敬酒时,却特意将他的酒杯杯沿和尼克松的酒杯杯沿持平后再碰杯。这种细节安排,既不失礼也不过分,显示了我们对美国人不卑不亢的态度。

（资料来源：http://www.tynews.com.cn/whgc/2007-03/09/content_3125205.htm）

(3)公关礼仪的手段是传播与沟通。各种传播与沟通的形式，都是公关礼仪必须借助的手段或有效形式。公关礼仪正是借助或依靠语言和非语言媒介、人际关系和大众传播等方式来沟通组织与公众的关系，塑造和提高组织形象的。公关礼仪是公关活动中不可缺少的外交"语言"，也是一个公关人员的文化、风格、气质、风度的综合表现，它往往通过人的行为特征、举止言谈、处世态度、衣着打扮表现出来。它反映出一个社会组织乃至整个社会的行为特征和文明程度，也能体现出公关人员本身的修养、涵养、教养和素质水平。它既包含在常规礼仪之中，又具有鲜明的个性。

2. 公关礼仪的原则

(1)尊人敬人。尊重与敬意是礼仪的情感基础。人是有理性的本体存在，其本身就具有绝对的价值。所以公关礼仪把尊重原则作为第一原则和最根本的原则，并认为是其他一切原则的前提和基础。贯彻尊重原则，必须把尊重公众、尊重组织和尊重自己相统一，而居于首位的是尊重人的人格。人格是一个人之为人的主体位置与资格，是个人在社会生活中主体地位与价值的确认。它集人的资格、价值、荣誉、形象、气质于一身，本身就具有尊严和令人肃然起敬。个人不仅应当自尊自信，锻铸和捍卫自己的人格尊严，而且不得蔑视或污辱他人的人格。蔑视和侮辱他人人格是极不礼貌和不道德的。人的天性的至深本质或本源本质就是渴望人格能得到应有的尊重。所以尊重人的人格是尊重原则的第一要义。尊重公众和他人，包含尊重他们的个性爱好和性格特质，做到不强人所难，不把自己的意志和愿望强加于人，不因噎废食。因为尊重的本质是爱，爱一个人的真谛是使他更好地完善自己，而尊重公众、他人的兴趣爱好与性格，是使他人更好地自我完善的外在必要条件。尊重人还应学会肯定人、欣赏人和赞美人。公关活动中，专挑别人的毛病，是一种自大狂妄的表现，注意发现并时刻赞美别人的优点，是谦虚、谨慎美德的自然流露。

(2)诚实可信。诚即诚实、诚笃、真诚、诚恳，指待人真实不欺和说话客观公正；信即信用、信任、信实，指人说话算数，言行一致。诚与信结合，要求人们在待人接物过程中真实诚笃、信守诺言、讲究信誉、实事求是。一般礼仪和公关礼仪都需要遵循诚信的原则。礼尚诚贵信，重在情意的纯真和表里如一。缺乏诚信的礼仪只能是矫揉造作的客套或周旋逢迎的虚情假意。诚信原则要求公关人员在交往伊始就要真心诚意，对交往对象以诚相待。交往的实质是人与人之间的沟通，只有诚而有信，才能得到交往对象的理解和信任，获得交往的成功。所以，真诚待人是成功交往的核心，是与人建立友谊和深厚情感的基础。总之，诚乃立身之本，信乃待人之道。公关礼仪应当始终遵循诚信的原则，牢固树立诚信的观念，并以此统率外在的举手投足、接物应对。

(3)宽容自律。宽即宽待，容即相容。宽容是待人的一般原则，也是公关礼仪所必须遵循的基本原则。宽容原则，就是既要严于律己，更要宽以待人。在人际纷争的问题上保持豁达大度，善解人意，容忍和体谅他人，而不求全责备，过分苛求；对那些与自己意见相左并反对过自己的人也能以礼相待，求大同存小异，躬自厚而薄责于人。公关活动的重心是转化公众态度，使其向着有利于组织的方向发展，要求通过具体的公关活动和礼仪缩小组织与公众之间的距离，化解公众对组织的敌意、偏见与冷漠，以赢得更多的朋友，而要做到这一点，就需要宽容。真正的公关礼仪总是同宽厚、宽宏、宽待等精神联系在一起的。所以，公关礼仪人员应以宽大之心善待各类公众。严格自律是指能做到自我要求、自我约束、自我控制和自我反省。在相互交往中，自律还要求在交往中行为不出格，举止不失态，言语不失礼。

(4)遵仪守时。礼仪是人们在社会交往中的活动。因此，人们必须自觉、自愿地遵守礼仪，以礼仪规范指导自己的言谈举止。任何人不论年龄长幼、身份高低、职位大小，都要以礼相待、和睦相处，不能把礼仪当做对别人的要求。

同时，现代社会是高节奏的社会。公关人员在公关活动时一定要注意遵守时间，严格按照礼仪规范行事。没有时间观念或时间观念较差的人，往往会给人留下拖沓懒散的印象，即使其他方面表现不差，也很难取得很好的公关效果。鲁迅先生曾经说过："无缘无故浪费别人的时间，无异于谋财害命。"可见，时间对每个人的重要性。遵仪守时，既是尊重他人，也是尊重自己。

1.3.2 礼仪与公关礼仪

1. 礼仪与公共关系

礼仪和公共关系都是为了适应社会发展和人际交往的需要而产生的，它们之间有着密切的联系，具有众多相同的功能。它们之间的相互关系主要表现在以下几个方面。

(1)个人形象与组织形象的统一。礼仪主要是指个人与个人交往的行为规范，树立的是个人形象。公共关系特指组织与公众的沟通与联系，它以树立组织形象为目标。公共关系除了个人以组织身份出现的人际交往活动外(如国家元首的互访，厂长经理的社交活动等)，还有组织与组织之间的沟通与联系，通过大众媒介与公众的沟通与联系。这些沟通与联系比个人之间的联系更加广泛、深刻。但个人与组织之间的联系是不能分离的，而且有时是相互交叉在一起的。如个人与群体的信息沟通与联系和通过大众传媒向社会发布信息，既是树立个人形象，又是组织形象的再造。从一定意义上说，先有个人形象，然后才有组织形象，个人形象是组织形象的基础。公共关系应该借助个人的礼仪行为树立良好的组织形象。

(2)互尊互敬与双向互动的一致。礼仪要求人与人在交往过程中互尊互敬，形成相互尊敬的社会风尚。公共关系强调组织与公众的双向互动，组织必须确立公众意识，树立公众至上的观念。只有互利互惠、服务公众，才能使公众信任组织，支持组织，与组织采取合作行为。因而，礼仪的互尊互敬与公共关系的双向互动具有一致性，只是前者泛指一切交往活动，而后者特指组织与公众的互动交往活动，礼仪的指向对象比公共关系更为宽广。公共关系借助礼仪的手段能促进组织与公众的双向互动过程的发展,有效的公共关系的双向互动必然是建立在互尊互敬的基础上。

(3)社会交往与传播机制的契合。礼仪是社会交往中形成的道德规范和行为准则,是个人与他人发生关系的纽带。没有交往就没有社会联系和人与人之间的相处,也就不会有礼仪这一社会规范。公共关系依靠传播媒介作中介,使组织与公众相互联系,沟通观点和信息。如果没有传播媒介的作用,这种沟通和联系就会中断。礼仪和公共关系通过社会交往这个共同点,紧紧联系在一起。实践证明,礼仪和公共关系所体现的交往与沟通都要以一定媒介符号为载体,而语言符号(包括书面语言、口头语言和体态语言)恰恰是礼仪和公共关系共同拥有的载体,只不过礼仪要求使用的语言符号更加规范,更加符合程序,更富有人情味。公共关系为实现组织与公众的沟通,除了利用电子与印刷符号为特征的现代大众媒介外,必须与礼仪的行为相结合,增强社会组织对公众的亲和力和人情味。① 因此,公共关系的产生和发展孕育着公共关系礼仪产生之必然。

2. 礼仪与公共关系礼仪

礼仪这一概念早已有之,是一个人、一个组织、一个民族和一个国家内在精神与风貌的展示。人们通常将在交往中涉及的各种各样的礼仪形式统称为交际礼仪。它既是一种内在的修养,又是一种行为规范。树立良好的形象是礼仪的目的。

礼仪和公关礼仪是相互包容、联系非常密切的。礼仪是公关礼仪的基础。公关人员只有在了解、掌握了礼仪的前提下,才能做好公关工作。公共关系礼仪与礼仪紧密地联系在一起,有时候是很难区分的,如在某组织举办招待宴请活动时,涉及许多礼仪,同时也涉及许多公关礼仪。然而,礼仪只能成为公关活动取得良好效果的必要条件,尚不具备充分条件的全部要素,但它确确实实无时无刻不在影响着公关活动的最终效果。

礼仪和公关礼仪二者之间的关系体现在以下几方面。

(1)两者有着共同的基本原则:尊重、真诚。

(2)公关礼仪以礼仪为基础和内容,是礼仪在公关活动中的具体运用。如问候顾客的礼仪和问候熟客的公关礼仪表现就有所不同。

(3)两者在目的和对象上不尽相同。公关礼仪中的个人形象是作为组织形象的一部分而存在的,更高的和最终的目的是塑造组织形象;礼仪虽然不回避组织形象,但它的侧重点还是在个人形象上。在对象上,公关礼仪的对象是对组织有着现实的或潜在的影响力或制约力的公众;礼仪的对象是对个人有着利害关系的人,包括纯粹的私人交往,与组织利益无关。如公关礼仪所讲的仪表、服饰、语言和行为举止要根据组织形象定位来确定,并且与组织的精神风格协调一致,而不能仅仅根据个人的条件、喜好来定;行为礼仪方面要根据不同的场合和对象来设计和实施,使之充满公关意识。

---

① 张百章,何伟祥:《公关礼仪》,大连,东北财经大学出版社,2005。

(4)礼仪注重传统性、民族性,而公关礼仪更重视现代感、国际性。即在当代涉外交往中,必须熟悉其他民族和国家的风俗习惯,并遵守他们的礼仪规范。

总之,公关礼仪不仅弥补了一般性礼仪教育纯粹以个人形象塑造为目的,缺乏社会整体意识,缺乏理论水平的不足;又使公共关系中塑造组织形象的理论艺术融汇到对个人形象的塑造之中,使公关意识和技巧在礼仪的具体行为实践中得到体现。

1.3.3 学习公关礼仪的现实意义

公关礼仪不同于一般的礼节、礼貌。它是一种有直接的、明确的目的,在一定的理论指导下,经过周密计划和科学组织的公共关系活动的有机组成部分。公关礼仪是组织形象的一种宣传形式,在社会组织"内求团结,外求发展"的目标体系中占有十分重要的地位,发挥着其他公关形式不可替代的作用。

礼仪视窗 1-4

加强文明礼仪教育 培养现代公民

广东省在2004年12月正式启动了为期三年的"爱国、守法、诚信、知礼"现代公民教育活动。在学校教育工作中,要切实加强青少年儿童文明礼仪教育,培养有理想、有道德、有文化、有纪律的社会主义事业的合格建设者和可靠接班人。文明礼仪教育的重要性和必要性在于以下三个方面的需要。

首先是传承文明的需要。古老的中华民族自古以来就享有"礼仪之邦"的美称。在博大精深的伦理文化遗产中,很多优良的、传统的礼仪规范,直至今天仍然有很强大的生命力。作为中华民族的传承人——青少年儿童,他们有责任继承和发扬中华民族五千年文化精髓,使中国"礼仪之邦"的美称名副其实,"礼仪之邦"的美名享誉中外。

其次是时代发展的需要。如今,世界发生了巨大变化,人类社会是以文明、和平、发展为主流的信息社会,人与人之间的交往与合作日渐频繁、密切。在交往与合作过程中,人们的礼仪是否周全,不仅显示其修养、素质的形象,而且直接影响到事业、业务的成功。因此,学校必须抓好小学生文明礼仪教育,这是时代的需要,是提高全民族素质的需要,也是社会主义精神文明建设的需要。

再次是孩子成长的需要。青少年儿童一代是祖国的未来,祖国的希望,加强小学生文明礼仪教育至关重要。虽然中华民族的传统美德依然传承,就整体情况看,确实存在弱化的趋势,特别是对青少年儿童的约束力越来越少。为了孩子们的健康成长,必须加强文明礼仪教育。

(资料来源:http://www.oaju.com/html/lunwenfanwen/2006/0530/595.html)

1. 有助于提高公关人员个人素质

公关礼仪是公关人员的文化素质和文明修养的外在表现。在公共场合中,遵守和应用公关礼仪,是对公关人员的基本要求,是公关工作取得成功的重要因素。一方面,公关礼仪作为一种社会行为的标准和规范而出现,渗透于人们的社会生活,指导着人们的行为活动,客观上它要求公关人员将自己的行为纳入该规范,并用来约束自己。另一方面,在公关活动中,公关人员是否注重礼仪也是衡量其素质和修养的尺度之一。公关人员要想塑造良好的组织形象,首先必须要塑造个人最佳形象,赢得他人的尊重与好感,要做到这些就必须讲究礼仪、注重礼仪。

2. 有助于组织协调与公众的关系

公关礼仪的目的非常直接、明确,其核心是塑造良好的组织形象。所谓形象,就是双方在对方心目中所形成的一种综合化、系统化的印象。它的形成大多是通过礼仪传递,并直接影响到交往双方关系的和谐与否和交际的成败。在公关活动中,每一个公关人员都代表着社会组织的形象。公关礼仪是"润滑剂"、"调节器",是"纽带"、"桥梁"。它可以使组织与公众之间建立起相互理解、相互信任的良好气氛和融洽、稳定的关系。

3. 有助于社会组织树立良好信誉

公关礼仪是公共关系工作的重要组成部分。公共关系从它诞生之日起,就以优化内外环境、塑造和维护组织的良好形象为己任。而良好形象的树立离不开公关人员的礼仪修养。无论是国家的形象,还是社会组织的形象,都是由人来体现的。领导者和公关人员的形象如何,直接关系到组织的形象。因此,优雅规范的礼仪能够辅助社会组织树立良好的形象。国家领导人的礼仪修养和形象,能显示出国民的素质和文明程度。历史上的许多伟大人物,在礼仪修养上都是相当深厚的。他们的作风、态度、待人处事、举手投足都成为我们学习的典范。

礼仪视窗 1－5

个人魅力体现组织形象

周恩来同志是世界公认的最有风度的领导人和外交家,他的一举一动都给人留下了深刻难忘的印象,人们用"富有魅力"、"无与伦比"等优美的词语来赞美他的翩翩风度。美国前总统尼克松在他的回忆录中是这样描写周恩来的:"他待人很谦虚,但沉着坚定。他优雅的举止、直率而从容的姿态,都显示出巨大的魅力和泰然自若的风度。"他还写道:"周恩来的外貌给人的印象是:仪态亲切,非常直率,镇定自若而又十分热情。"美国前国务卿基辛格博士感慨地说:"与周恩来先生彬彬有礼的音容笑貌相比,自己好像是从蛮荒中走来的野人。"凡是与周总理接触过的中外人士无不为他的风度所倾倒。

（资料来源：http://www.tynews.com.cn/whgc/2007-03/09/content_3125205.htm）

本章小结

礼仪是人们在社会交往过程中形成并得到公众认可的，以一定的程序和方式来表现的，自尊、律己、敬人的行为规范。主要包括礼节、礼俗、礼貌、仪表、仪式等。它体现了一个国家、一个民族、一个地区的道德风尚和人们的精神面貌，是人类精神文明的产物。礼仪具有继承性、规范性、多样性等特点。它是现代社会人与人交往的重要规则。礼仪的发展经历了一个从古到今、中西结合的过程。现代公关礼仪是社会组织的公关人员或其他人员在公关活动中，为了树立和维护组织的美好形象，构建组织与内外公众和谐的理想型关系所应遵循的尊重公众，讲究礼貌、礼节，注重仪表、仪容、仪态、仪式等的规范或程序。现代公关礼仪是伴随着公共关系的产生和发展而逐渐产生并迅速发展起来的。现代公关礼仪能够有效地提高公关人员的素质，树立良好的组织形象。

相关网站

中国公关网：http://www.chinapr.com.cn
新闻公关网：http://ww.newspr.com
中国广告总库：http://www.adidc.com
洪恩在线：http://www.hongen.com

复习思考题

1. 简述礼仪的特点、原则和功能。
2. 公关礼仪的含义是什么？
3. 简述公关礼仪的作用。

【案例分析Ⅰ】

微笑的力量

飞机起飞前，一位乘客请求空姐给他倒一杯水吃药。空姐很有礼貌地说：“先生，为了您的安全，请稍等片刻，等飞机进入平稳飞行后，我会立刻把水给您送过来，好吗?”

15分钟后,飞机早已进入平稳飞行状态。突然乘客服务铃急促地响了起来,空姐猛然意识到:糟了,由于太忙,她忘记给那位乘客倒水了。当空姐来到客舱,看见按响服务铃的果然是刚才那位乘客,她小心翼翼地把水送到那位乘客面前,面带微笑地说:“先生,实在对不起,由于我的疏忽,延误了您吃药的时间,我感到非常抱歉。”这位乘客抬起左手,指着手表说道:“怎么回事?有你这样服务的吗?你看看,都过了多久了。”空姐手里端着水,心里感到很委屈,但是,无论她怎么解释,这位挑剔的乘客都不肯原谅她的疏忽。

接下来的飞行途中,为了弥补自己的过失,每次去客舱给乘客服务时,空姐都会特意走到那位乘客面前,面带微笑地询问他是否需要水,或者别的什么帮助,然而,那位乘客余怒未消,摆出一副不合作的样子,并不理会空姐。

临到目的地前,那位乘客要求空姐把留言本给他送过去,很显然,他要投诉这名空姐,此时空姐心里很委屈,但是仍然显得非常有礼貌,而且面带微笑地说道:“先生,请允许我再次向您表示真诚的歉意,无论您提出什么意见,我都会欣然接受您的批评!”那位乘客脸色一紧,嘴巴准备说什么,可是没有开口,他接过留言本,开始在本子上写了起来。

等到飞机安全降落,所有的乘客陆续离开后,空姐本以为这下完了,没想到,等她打开留言本,却惊奇地发现,那位乘客在本子上写下的并不是投诉信,相反,这是一封热情洋溢的表扬信。

是什么使得这位挑剔的乘客最终放弃了投诉呢?在信中,空姐读到这样一句话,“在整个过程中,你表现出的真诚歉意,特别是你的12次微笑深深打动了我,使我最终决定将投诉信写成表扬信!你的服务质量很高,下次如果有机会,我还将乘坐你们的这趟航班”。

(资料来源:陆礼.现代礼仪[M].南京:河海大学出版社,2005.14.)

【案例分析Ⅱ】

我不愿意在礼貌上不如别人

《林肯传》中有这样一件事:一天,林肯总统与一位南方的绅士乘坐马车外出,途遇一老年黑人深深地向他鞠躬。林肯点头微笑并摘帽还礼。同行的绅士问道:“为什么你要向黑鬼摘帽?”林肯回答说:“因为我不愿意在礼貌上不如任何人。”可见林肯深受美国人民的热爱是有其原因的。1982年美国举行民意测验,要求人们在美国历届的40位总统中选一位“最佳总统”时,名列前茅的就是林肯。

(材料来源:张岩松.现代公关礼仪[M].北京:经济管理出版社,2006.32.)

实践训练

1. 实训项目:对公关礼仪内涵的把握。

2. 实训目的:加深对公关礼仪定义的进一步理解和认识。

3. 实训内容:让学生走访当地公众与单位,收集他们对公关礼仪活动的看法,以及对公关礼仪概念的理解,并能举出一些成功的公关礼仪案例。

4. 实训组织:把全班学生分为若干个小组,每组选出一名学生进行讲解,并形成文字报告。

5. 实训考核:对每组学生的讲解报告进行点评。

2

个人形象礼仪

人而无仪，不死何为。

——《诗经》

学习目标

本章介绍仪表、仪容、仪态、风度等方面的礼仪规范。学习个人礼仪有利于理解人的内在素质与外在形象的关系，对倡导现代文明、提高个人修养具有积极的指导意义。

主要概念

仪表　仪容　仪态　个人形象

几千年的人类文明史证明，人们对文雅的仪表和悦人的仪态一直孜孜以求。如今，随着现代社会人际交往的日渐频繁，人们对个人礼仪更加关注。从表面看，个人礼仪仅仅涉及个人穿着打扮、举手投足之类无关宏旨的小节小事，但小节之处显精神，举止言谈见文化。若置个人礼仪规范于不顾，自以为是，我行我素，必然授人以笑柄，小到可以影响个人的自身形象，大到影响社会组织乃至国家和民族的整体形象。人们强调个人礼仪，倡导现代文明，旨在提高个人礼貌素养、强化公民文明观念。

2.1　形象礼仪

个人的形象魅力应体现在仪表美与心灵美的统一、语言美与行为美的统一、自然美与修饰美的统一,这种美不是东施效颦,而是一种自然流露、独具匠心的整体美、风格美、和谐美和设计美。一个注重仪表、注重形象的人,必然是一个热爱生活、富有理想、工作作风严谨的人,既体现了自信、热情、认真、向上的精神风貌,也体现了自尊、自爱、尊重他人的礼仪修养。形象礼仪主要包括仪表、仪容和风度三个方面。

2.1.1 仪表

"仪表者外观也",仪表是指人的外表,包括容貌、姿态、风度等。仪表形象反映一个人的文化修养、精神面貌、审美情趣和性格特征。仪表是一门艺术,它既讲究协调、色彩,也要注意场合、身份。穿着得体,不仅能赢得他人的信赖,给人留下良好的印象,而且还能够提高与人交往的能力。相反,穿着不当,举止不雅,往往会降低身份,损害形象。

礼仪视窗 2-1

揭秘:周总理出国访问随身携带的钢纸箱

周总理在 1954 年出席日内瓦会议时购买了一只钢纸箱。从那以后每次出国访问,都要随身携带。好多人很好奇,不知道钢纸箱里装的是什么。是核按钮?是保密通信工具?还是中国的核心机密材料?

周总理十分讲究仪表风度。他穿的外套,件件都有棱有角、整洁干净。但是他的衬衣、衬裤都是穿破了再补、补过了再穿,十分破旧。他出国访问期间,不便将破旧的衬衣拿出去给国宾馆洗衣房洗,只能拿到我国大使馆,请人用手洗。送衣服的时候,还再三嘱咐:要轻轻地洗,否则用力过猛,衣服就碎了。一次,一位大使夫人实在看不下去,买来涤棉布,按周总理衬衣的尺寸,给他做了两件衬衣。助手忐忑不安地将这两件新衬衣拿到周总理的面前,向他说明了新衣服的来历。周总理浓眉紧锁,坚决让助手将新衬衣退了回去。每天晚上,周总理换下衬衣后,就由助手把衣服装进箱子,送到大使馆,再把头一天洗好的衬衣装进箱子,加上锁带回国宾馆。这就是当年外国记者一直解不开的钢纸箱的秘密。周总理认为,衣服不在于多名贵,得体干净是关键。

(资料来源:http://www.dajunshi.com/MilData/junzheng/China/200704/14833.htm)

在社会交往中要学会互动。就是个人的美化、修饰能被交往对象接受。互动有一些技巧,比如职业化微笑一般要求露出八颗牙齿。女士头发不能为零,男士不留长发,也不要留胡子。

礼仪视窗 2－2

个人形象是求职的第一关

每年都有不少毕业生奔忙于各地的应届大中专毕业生供需见面会。他们背着行李从一座城市赶到另一座城市，参加见面会，往往是风尘仆仆，一身疲惫地应聘，有的人甚至胡子拉碴，衣冠不整。结果，不佳的仪表形象令应聘效果大打折扣。有些招聘者说："那些衣冠不整、仪表形象不佳的应聘者，在第一轮筛选时我们就将其淘汰了。"

（资料来源：http://www.china91.com）

良好的形象是成功的象征。大多数人总是希望获得成功，如果将注意力过分集中于个人形象是不可取的，但如果不关心对于成功有重大影响的个人形象问题也是愚蠢的。处于市场经济高度发展的时代，组织要包装，商品要包装，个人形象更要包装，个人形象反映了对他人的态度以及对自身价值的重视程度，也反映了其内在素质、创造能力和职业特征。

内强素质，外塑形象。知识与教养可以给人以聪明才智和高尚情操，能极大地弥补外在美的缺陷，从而使人具有脱俗的气质和优雅的风度。所以，现实生活中，人们只要努力加强自身各方面素质的培养，如品德高尚，知识广博，为人善良正派，对社会对工作具有责任心，并能掌握一定的鉴赏美、创造美的能力，即使没有理想的容貌或形体，也一样能通过自己简洁得体的服饰、端庄大方的举止传达出一份高贵和典雅。

礼仪视窗 2－3

内在素质是塑造个人形象的关键

刘义庆的《世说新语》曾记述过历史著名人物曹操的一个小故事。有一次匈奴派使者求见曹操，曹操想，世人都知道大名鼎鼎的曹操叱咤疆场，英雄盖世，可实际上自己却身材矮短，貌不惊人，因此他不想亲自接见，于是就派手下大将，长得英俊威武的崔琰装扮成自己去接见匈奴人，而曹操却手提大刀立在床头扮作卫士。接见过后，曹操派人去打听求见者对"大王"的印象，使者说："大王雅望非常，然床头提刀人，此乃英雄也。"

（资料来源：据刘义庆的《世说新语》改编）

2.1.2 仪容

仪容主要指一个人的容貌，包括身体、头发、面部、手部及个人卫生等方面。仪容美是自然美、修饰美、内在美的统一。自然美是指先天条件、天生丽质；修饰美是指通过修饰扬长避短；内在美是指修炼于心、表露于外的气质。完整的仪容美，三方面缺一不可。这三方面的美，有先天的，也有后天的；有“硬件”的，也有“软件”的；有的可以自己改变，有的自己不好改变。

脸是人体经常外露的部分，是每个人对外的“窗口”，在清洗掉脸部的污垢和汗渍时，还要注意清洗“卫生死角”，即耳朵、脖颈和眼角。注意养成良好的口腔卫生习惯。比如在吃了洋葱、大蒜、韭菜等带有强烈异味的食物后，应及时处理掉留在口里的异味；尽量少抽烟饮酒，以免口腔异味刺人，引起别人反感的同时也影响自己的身体健康。坚持早晚认真刷牙，饭后漱口，不暴饮暴食，多吃清淡食物。每日早晨，空腹饮一杯淡盐水，平时多以淡茶水漱口，可以清除口腔中的异味。

鼻子是面部最突出的部分，居于五官中心部位，对整个面部的形象起着不可忽视的作用。如鼻毛过长、过旺，甚至长到鼻孔外面，看上去不够整洁，有碍美观，影响“面容”。可以用小剪刀剪短，不要去拔，以免损伤。

一头亮丽、柔软的头发是青春活力的象征，恰当的护理和修整，能对面部起到烘云托月、锦上添花的衬垫作用。头发要干净，不要密布头皮屑，不要有异味，应及时洗发。头发的长度要适中，常修剪，通常20左右天修剪一次。男士一般前发不附额，侧发不掩耳，后发不及领。女士一般长发不过肩，如留长发时，上班或重要场合要把长发束起来。

手部的美经常体现在手的外形、指甲的外形、皮肤的状况等方面。手是参加社交活动的一个组成部分。在人的仪表中，手占重要的位置，同时也是仪容仪表美不可忽视的一个重要方面。通过对手的观察，可以判断出这个人的修养与卫生习惯。总之，清洁、健美、细嫩的双手能给人以美感。

1. 男士

男士仪容重在“洁”。男性在日常工作和生活中无须化妆，但是需要保持健康、整洁的仪容。每天应剃胡须、剃鼻毛、去除头发上的头屑或污渍、清理指甲缝、洗干净衬衣衣领和袖口、擦好皮鞋、熨烫好上下装。由于生理因素和活动量大，男性皮肤比较粗、毛孔大，表皮容易角质化，同时汗液和油脂分泌量也较多，会使灰尘和污垢积聚，堵塞毛孔，引起细菌感染，皮肤发炎。因而，男士更应该注意“面子问题”。

纽约的一个出版商曾感言：现在我们的时代和社会要求男人追求更多的东西，他们除了事业之外，还要在外表上温文尔雅，不乏英俊而又有魅力。因此，美国的男人现在比以往任何一个时代都重视仪表仪容。据报道：美国男人每年花在美容方面的开销高达95亿美元，是女性市场的2/3。可见，仪容修饰已不再是女性的专利，男士美容已经成了一种新的时尚。

礼仪视窗2－4

容貌的价值

张军是某服装厂的业务员，论口才，论业务能力，都令他的老板"一百个放心"。可没想到，在郑州少林武术节的定货会上，当他风尘仆仆找到一家商场后，接待人员见来者胡子拉碴，且又衣冠不整，连带的样品看也不看，就给打发走了，因为这家商场自有道理："就这样一副尊容，厂里能生产出高档服装？"张军好窝火，这不是以貌取人吗？可连续跑了几家商场，费尽口舌也没有如愿。一气之下，他来到一家美容院做了美容，然后又换上本厂生产的名牌服装，气宇轩昂地找到一家商场的总经理。对方见张军气度不凡，且产品性价比很不错，当即签订了10万元的定货合同。

（资料来源：http://www.china91.com）

可见，注重仪表仪容修饰的男性，不但享受了较高的生活质量，而且在工作上往往会由于这种良好习惯而受益匪浅。同时也塑造了良好的职业形象，使之成为事业成功的一个要素。

2. 女士

女性在仪容上除了要具备仪容之"洁"（发型整洁、化妆适宜、指甲修剪漂亮、佩戴的饰物恰到好处）以外，更需要体现在仪容之"雅"。

古语说"形诸于外而神于内"。"雅"是一种由内至外散发出的高雅气质。具体说来，可以在修饰仪容时参照以下方面：化妆应该与自己的气质相近，这样才能更好地表现出自己的"神"和内在的"雅"来。建议平时多留意一些时尚或化妆杂志，多学习一些化妆手法。时尚是在某一个时间段内，大多数人对美所达成的一种共识。要有敏锐的时尚触觉，并从中捕捉适合自己个性的元素，而不要轻易受潮流所左右，因为潮流不一定适合每一个人。因此女性的妆容应该展现出既时尚又和谐的自然美感，这才是"雅"的体现。总之，修饰仪容要讲究协调，要与自身的外貌、气质、身份以及外部的环境相协调，给人以"浓妆淡抹总相宜"的感觉。

2.1.3 风度

莎士比亚说："人类是个多么了不起的杰作，多么高贵的形象，多么优雅的举止，多么优美的仪表，多么像一个天使。"我国古代先哲荀子也曾说过："人无礼则不生，事无礼则不成，国无礼则不宁。"可见，自古以来，礼仪无论对国家、社会还是个人而言，都是不可缺少的。当今世界，国家有大小之分，人口有多寡之别，社会形态也各不相同，但有一点是相同的，即文明民族都很注重礼仪。我们也往往把讲礼仪作为衡量一个国家和民族文明程度高低的重要标志。对个人而言，礼仪则是衡量道德水准高低和有无教养的尺度。

礼仪视窗 2－5

一口痰吐掉一个项目

某医疗器械厂与外商达成了引进“大输液管”生产线的协议，第二天就要签字了。可当这个厂的厂长陪同外商参观车间的时候，习惯性地向墙角吐了一口痰，然后用鞋底去擦。这一幕让外商彻夜难眠，他让翻译给那位厂长送去一封信：“恕我直言，一个厂长的卫生习惯可以反映一个工厂的管理状况。况且，我们今后要生产的是用来治病的输液皮管。贵国有句谚语：人命关天！请原谅我的不辞而别……”一项已基本谈成的项目，就这样被“吐”掉了。

（资料来源：http://www.yifly.net）

举止在心理学上称为“形体语言”，是指人的肢体动作，是一种动态中的美，包括手势、坐姿、站姿、走姿等，是风度的具体体现。口才是一种表达情意与人交际的才能，口才的“才”，不是只靠口去完成的，还要靠风度。洋洋洒洒，侃侃而谈是风度；只言片语，适时而发也是风度；谈笑风生，神采飞扬是风度；温文尔雅，含而不露也是风度；解疑答难，沉吟再三是风度；话题风转，应对如流也是风度；轻声慢语，彬彬有礼是风度；慷慨陈词，英风豪气也是风度。言为心声，行为神使。内心世界与外部神态的有机统一，才能构成一个人特有的风度。

1. 男士

女士是对男子风度给予评判的最好裁判。一个有风度的男子肯定是位懂礼节的人。因此，男子在日常与女士的交往中懂得以下礼节规范十分重要。

(1)走路。在大街上，男士应该走在女士的左边，这是因为右边的位置通常被视为尊贵的位置。无论在室内或室外，男士只有在极个别的情况下才应走在女士前边。如在途中出现了某种障碍，男士应抢先排除这个障碍，然后返身帮助女士通过。在类似的情况下，当男士感到女士需要帮助的时候可以请女士挽住胳膊。

(2)乘车。乘出租车时，男士应首先走近汽车，把右侧后车门打开，让女士先坐进去。男士不应该同司机坐在一起，这样显得对女伴不礼貌。按照礼节规范，小汽车中最为尊贵的位置是汽车后排与司机成对角线的座位。男士应该首先走下公共汽车、无轨电车或者火车车厢，然后把手伸给女士，以便她可以扶着男士的手下车。当男士自己驾驶汽车时，他应先协助女伴坐到汽车前排的座位上，然后自己坐到驾驶座上。抵达目的地后，男士要先下车，绕到汽车的另一侧，打开车门，协助女伴下车。

(3)进出房间和影剧院。进屋时,男士应走前几步,打开屋门,让女士先进去。下楼梯时,男士应走在女士前面;上楼梯时,男士应该跟在女士后面,其间相隔一两级台阶的距离为宜。进影院或剧院时,男士应该把入场券拿在手中,举到让检票员看到的高度,以便检票员让女士先进去。进入前厅后,男士要摘下帽子。在存衣室,男士应先协助女士脱下大衣、披风,然后自己再脱下外套。

(4)就餐。在咖啡馆或餐厅里,如果男士预先选择或预定了餐桌,则他应走在前面为女士引路。在其他场所,行进的顺序是:服务员—女士—男士。走近餐桌,男士应协助女士就座:把椅子从桌子边拉开,等女士就坐。当将要曲膝坐下时再把椅子移近桌子。男士应坐在女士的左边,如果餐桌不大,则应坐在女士的对面。在餐桌边坐定后,男士应把菜单递给女士,使她有可能先为自己挑选菜肴。如果男士对这家餐馆的菜肴非常熟悉,他可以向女士推荐几道菜。参加宴会时,只有男士身边的女士开始进餐后,男士才能就餐。

(5)"邂逅"街头。在公共场所,几位男女不期而遇。在这种情况下,应该是女士之间互相问候,然后是女士与和女士一起的男士打招呼,最后是男士之间相互致意。如果一位男士同一位女士在大街上并肩而行,遇到熟人时应该把熟人介绍给身边的女士。一位男士如果时时处处按照礼节规范去做,会被女士们看作是有教养、有魅力的绅士。

2.女士

人的形体美是自然美,人的美德善行是社会美,而风度美是自然美和社会美的结合体。女子不是因美丽才可爱,而是因可爱才美丽。以下几种"文化美容"的方法,可以增强女士的风度美。

(1)读书。书是人类最好的朋友,是人类智慧的源泉,读书不仅使女子睿智,而且可以塑造优雅人生。喜欢读书,就等于把生活中平常的时光转换成了巨大享受的时刻。读书可以让女子的情感更细腻,举止更优雅,气质更迷人。读书,是一种心灵的活动,可以改变一个人的气质,也可以培养出一个高素质有涵养的人。

(2)微笑。微笑不仅能够美容,还能传达出许多语言无法传达的信号,从而使对方更深切地体会到真诚、善意。

礼仪视窗 2-6

微笑的魅力

香港美容专家陈安妮女士对"精神化妆"法深有体会,她很坦然地说:"有些女士遇到开心的事也不敢大笑,怕带来皱纹。其实不必担心,我就爱笑,可一条皱纹也没有。"古人云,"回眸一笑百媚生",此言虽然不无诗人的夸张,但是,笑能让你增姿添色却不是虚言。在生活中，一个友好、真挚、楚楚动人的微笑，必将会散发出无穷的魅力。

（资料来源：http://www.yifly.net）

（3）体现成熟美。女性的美很大程度上表现在成熟美上，尤其是走过青春风景线的女性。她们与妙龄女郎相比虽然青春不再，但却有着丰富的人生阅历和处事的干练以及超群的才华。智慧的中年女子很少有人在美貌上与青春少女一斗高低，而是更重视通达人情，处变不惊，谦逊豁达，知进退，明事理，以其内在的成熟与自然来表现出迷人的魅力。

（4）寻找精神家园。内在美、气质美可以延缓衰老并使人年轻，可以在他人心灵上留有印记并引起震荡。每一个人都要有两个"家"，一个能遮风挡雨，一个来承载精神，精神家园能让疲惫的心灵得到休息。因此，女子要寻找属于自己的精神家园，要在精神上树立独立的自我，通过对自己的"文化美容"，找回真实的自我。美好的风度，需要人们根据自身的特点来完善和塑造。高尔基说过："知识如人体血液一样的宝贵，人缺少血液，身体就要衰弱。人缺少知识，头脑就要枯竭。"文化知识浅薄的人，不管外形多么美丽，充其量只是躯壳。

2.2 服饰礼仪

2.2.1 着装原则

穿着打扮得体是一种礼仪，是自尊和尊重他人的表现，这是时代的要求。每个人都应该提高自身的服饰文化修养，否则"穿起龙袍也不像太子"。

1. 着装三基准

俗话说："三分长相，七分打扮"。着装是自我的镜子，着装已经成为展示个性、展示自我、展示灵魂悟性和内在意蕴的手段。

（1）黄金分割。着装中的黄金分割是8:5，即上衣是8分长，下身只能穿5分长；相反，上衣是5分长，下身就要穿8分长，这样穿出来的效果才好。尽量避免上衣和裤子（或裙子）一样长，这样会显得很呆板。

（2）色不过三。色彩运用与搭配，是服装美学的重要方面，也是着装礼仪的重要内容。用色错误，不仅会使人美感尽失，在社交场合还很失礼，在职场中则是失职。所以一定要掌握穿衣的三色原则。所谓三色原则，就是说一个人服装及饰物在总体上要以少为佳，以精为妙，最好控制在三种颜色以内，使服装总体效果简洁、和谐、规范，给人以视觉上的舒适感。这三种颜色在身上所占的比例也不能均等，主色调要占大面积，以突出服装的基本格调，搭配色占的面积要尽量小，以显示画龙点睛的效果。否则，会给人以繁杂、低俗之感。

在具体搭配中，常见的有近色搭配和反差搭配两种。近色搭配是同一色系按深浅不同程度进行搭配以创造和谐之美,适用于正式场合的着装配色;反差搭配是运用互相排斥的色彩进行组合搭配以突出个性之美,适用于各种场合的服装配色。由于浅色有上升感、轻飘感,深色有下垂感、收缩感,因而日常服装适用于上浅下深搭配。

(3)和谐搭配。和谐搭配主要指色彩和图案的和谐。一般来说,红、橙、黄、绿、青、蓝、紫这些颜色排序中,位置相近的颜色可以相互搭配,此外,红与黑、红与白、黑与白等互补颜色的搭配效果也不错。图案的和谐也很有讲究。现代女性着装的图案多种多样,有条纹图案、几何图案、花卉图案等,着装中要避免图案加图案的搭配,就是说如果上衣是有图案的,下身就要配单色的,不能再穿有图案的;相反,裤子(或裙子)是有图案的,上衣就要穿单色的,不能再穿有图案的(上下身图案一致的除外)。单色与图案的搭配中,单色最好与图案中的其中一种颜色相一致,这样才协调,效果才好。

礼仪视窗 2 -7

明星穿衣要讲究

当明星在公众前露面时,都会提前做很多准备,但还是会有意想不到的事情发生,其中服装上出现的问题最多。明星因为“乱穿衣”而出丑的事情屡见不鲜,某女演员的一张新照片在网上流传,照片中女演员穿了一件前胸印有英文单词“hustler”的 T 恤,而“hustler”在英语中有“妓女”的意思。这张照片引起网民大哗。

(资料来源:http://www. yifly. net)

着装中除了要遵循以上三条原则外,要想穿出自己的特色和韵味,还必须针对自己的身材、脸型、肤色、年龄、职业、场合等因素来选择服装的质地、颜色和款式。

2. 着装 TOP 原则

TOP 是三个英语单词的缩写,它们分别代表时间(Time)、场合(Occasion)和地点(Place),即着装应该与当时的时间、所处的场合和地点相协调。

(1)场合原则。衣着要与场合协调。与顾客会谈、参加正式会议等,衣着应庄重讲究;听音乐会或看芭蕾舞,则应按惯例着正装;出席正式宴会时,则应穿中国的传统旗袍或西方的长裙晚礼服;而在朋友聚会、郊游等场合,着装应轻便舒适。

礼仪视窗2-8

吊带装的尴尬

小琴是公司公认的紧追潮流之人,她喜欢新鲜的东西,喜欢流行,喜欢做弄潮儿,那种独领风骚的感觉对她极具诱惑。所以,日常生活中,她对时尚的东西特别感兴趣,也特别喜欢模仿。在很多地方,她的模仿还比较成功,唯有今年,因为疏忽,差点落下话柄。

也许是因为工作关系,小琴有两个明显的特征:嗓门大,皮肤黑。今年夏天特别流行吊带衫和吊带裙,对于一个赶时髦之人当然是个不容错过的机会。在高温尚未降临的时候,她已经为自己准备了一系列的吊带装,就等高温一到,全面出击。其实,她的肤色做了这个行业后变得更黑,尤其是那些沉淀的色块,让她的肤色看起来还有点脏兮兮的。冬天,还可以把身体全部包裹在衣服里,只有脸和脖子在外面,还算好打理,但一到夏天,就麻烦了。

那天上班,一走进办公室,就看到许多人脸上带嬉笑,语气带着讽刺,正调侃着小琴:哇,小琴今天好漂亮,很性感的,吊带装是今夏最流行的,到底是时尚之人,总是走在潮流的顶端,只是,小琴你这里好像没洗干净哎。此话一出,立即引来一片笑声。小琴的表情一下子变得尴尬,脸也绯红。小琴很清楚自己的缺陷,只是吊带装对她的诱惑太大了。

从那以后,小琴在公司再也没有穿过吊带装。而且,她似乎在慢慢改变自己的穿衣风格,虽然依旧赶时髦,但不再盲目。那句戏言,让小琴开始变得成熟起来。

(资料来源:http://www.yifly.net)

小琴虽然紧跟潮流,但她的先天条件不是很好,招摇、夸张的装扮只能成为别人的笑柄。我们都知道要扬长避短,如此肆无忌惮地“彰显”自己的短处,只会让自己陷入尴尬的境地。

(2)时间原则。不同时段的着装规则对女士尤其重要。男士有一套质地上乘的深色西装或中山装足以包打天下,而女士的着装则要随时间而变换。白天工作时,女士应穿着正式套装,以体现专业性;晚上出席鸡尾酒会就须多加一些修饰,如换一双高跟鞋,戴上有光泽的佩饰,围一条漂亮的丝巾,服装的选择也要适合季节气候特点,保持与潮流大势同步。

(3)地点原则。在自己家里接待客人,可以穿着舒适但整洁的休闲服;如果是去公司或单位拜访,穿职业套装会显得专业;外出时要顾及当地的传统和风俗习惯,如去教堂或寺庙等场所，不能穿过露或过短的服装。

礼仪视窗 2 – 9

服装的信号

一位外商去某化工企业考察生产情况，厂长秘书做向导。由于天气很冷，考虑要长时间在室外活动，于是秘书在一身浅色套装内穿上了厚厚的保暖衣。参观完毕后厂长询问外商对生产情况的意见，外商回答说：“生产线是一流的，唯一需要改善的就是员工的着装。”人类对美的追求是心灵的欲望。服装穿着得体，就达到了外表美和心灵美的和谐。

（资料来源：http://www.xici.net/b108325/d5090161.htm）

2.2.2 着装礼仪

1. 中山装

2007 年 10 月 30 日，据广州日报报道，中山市相关单位正在搜集中山装的历史资料，如果资料能够齐全，中山装将努力申报国家非物质文化遗产保护项目。中山装曾一度被世界公认为中国的“国服”，它的流行已接近一个世纪。直到现在，在国际场合，张艺谋、陈凯歌、李连杰等人，也都习惯于选择以中山装亮相。服饰专家杨源认为，这就是一种民族认同感的体现，民族的文化认同往往会通过民族服装来予以表达，国服必须要有这个特质。中山装就体现了这样的特质。

（1）形成发展。中山装为服装的一种。上身左右各有两个带盖子和扣子的口袋，下身是西式长裤，由孙中山提倡而得名。毛泽东主席对“中山装”很欣赏，他一直坚持穿中山装，因而国外朋友又称中山装为“毛式制服”。它具有我国民族的特点，穿着简便、舒适。中山装是在广泛吸收欧美服饰优点的基础上形成的，孙中山综合了西式服装与中式服装的特点，设计出的一种直翻领有袋盖的四贴袋服装，定名为中山装，此后几十年，中山装大为流行，成为中国男士喜欢的标准服装。在那个时代，作为国家的着装形象，“中山装”关联着民族认同和民族自尊的情感，也体现了民族的凝聚力，是国家的象征和民族的标志。

（2）设计理念。中山装由于孙中山的提倡，也由于它的简便、实用，自辛亥革命起便和西服一起开始流行。1912 年民国政府通令将中山装定为礼服，修改中山装造型，并赋予了新的含义。立翻领，对襟，前襟五粒扣，四个贴袋，袖口三粒扣，后片不破缝。前身四个口袋表示国之四维（礼、义、廉、耻），袋盖为倒笔架，寓意为以文治国；门襟五粒纽扣区别于西方的三权分立的五权分立（行政、立法、司法、考试、监察）；袖口三粒纽扣表示三民主义（民族、民权、民生）；后背不破缝，表示国家和平统一之大义；衣领定为翻领封闭式，显示严谨治国的理念。

(3)材质做工。中山装做工比较讲究，领角要做成窝势，后过肩不应涌起，袖子同西装袖一样要求前圆后登，前胸处要有胖势，四个口袋要做得平服，丝缕要直。在工艺上可分精做和简做两种，前者有夹里和衬垫，一般用作礼服，与裤子配套穿用；后者不加衬料，适合于日常作便服穿用。中山装的优点，主要是造型均衡对称，外形美观大方，穿着高雅稳重，活动方便，行动自如，保暖护身，既可作礼服，又可作便装。中山装素以其特有的沉着老练、稳健大方的风格吸引了广大的中老年人和海外华人的青睐，尤其是知识分子仍然视中山装为自己的日常服装。在穿着时，要注意由中山装所传递出的意蕴与其人生态度相吻合，要把风纪扣弥合，有人图一时的舒适而敞开领扣，这样会使自己在众人眼里显得不伦不类，有失风雅和严肃。

(4)面料色彩。中山装的色彩很丰富，除常见的蓝色、灰色外，还有驼色、黑色、白色、灰绿色、米黄色等。一般来说，南方地区偏爱浅色，而北方地区则偏爱深色。在不同场合穿用，对其颜色的选择也不一样，作礼服用的中山装色彩要庄重、沉着，而作便服用时色彩可以鲜明活泼些。对于面料的选用也有些不同，作为礼服用的中山装面料宜选用纯毛华达呢、驼丝锦、麦尔登、海军呢等，这些面料的特点是质地厚实，手感丰满，呢面平滑，光泽柔和，与中山装的款式风格相得益彰，使服装更显得沉稳庄重；而作为便服用的面料，选择相对较灵活，可用棉布、卡其、华达呢、化纤织物以及混纺毛织物。

(5)文化内涵。很多人质疑过中华文明。然而意外的是，当有些中国人肆无忌惮地破坏自己的传统文明的时候，英国大文豪萧伯纳却说："你们有五千年的文化，你们现在好像觉得西方什么都好……总有一天，你们会把西方的东西像破鞋一样扔掉。"近一个世纪过去了，中国人想赶英超美，想屹立于世界民族之林，却似乎从没有想过要找回自己的民族精神，这种无根的漂泊状态，表现在我们一方面在寻寻觅觅谋求民族的强大兴盛，另一方面却在藐视自己的传统文明自暴自弃。这种矛盾状态其实来源于民族自信心的不足，它最直接的后果，便注定我们在追求民族进步中却失去了更多。这其中，包括丢掉了自己的"国服"——中山装。失落的文明应该找到重新传承的文化血脉。当我们解开历史迷雾所制造的民族自悲情结，以整个中华民族文化源流交融的大视角来看待曾在中国人身上深深打下烙印的中山装时，就会发现中山装离我们的生活虽然有点遥远，但其文化的密码却在现代中国人的精神生活中得以保存下来，比如人权思想、革命精神或民族复兴精神，它其实是唤醒集体文化记忆的最切实而有效的方式。

礼仪视窗 2－10

信仰与服饰

59 集电视连续剧《走向共和》中最后一集孙中山先生慷慨陈词：

我知道，你们很着急。张勋复辟了，国会，又开不成了。

我们本来是共和国，可怎么一次又一次地出现了封建专制主义的东西呢？这个问题不解决，专制复辟，就是必然的。共和国就永远是一个泡影。

共和的观念，是平等、自由、博爱嘛。可民国六年来，我们看到的是什么？各级行政官员都视法律为粪土，民众——仍被奴役着。

民国应该是自由之国，可民国六年来，我们看到的是什么，是只有当权者的自由，权力大的有权力大的自由，权力小的有权力小的自由。民众——没有权力，没有自由。

民国应该是博爱之国，可民国六年来，我们又看到的是什么？是只有民众对当权者恐惧的爱，而当权者对民众只有口头上虚伪的爱。

民国，更应该是法制之国，可民国六年来，我们看到的是行政权力，一次又一次地肆无忌惮地干涉立法。你不听话，我就收买你，你不服从，我就逮捕你。

那行政是什么呢？应该是服务于国民、行共和之政。可民国六年来，我们看到的是什么，是一个打着共和旗帜的"家天下"，在这个"家天下"的行政中，我们根本看不到透明的行政程序，更看不到监督之制。那些行政官员，是如何花掉民众的血汗钱，民众不知道那些行政官员把多少钱揣进了自己的腰包。你们不知道吧，我也不知道。

你们都知道司法是裁判吧，这个裁判的原则是什么，是一部主权在民的共和国宪法嘛，可民国六年来，我们根本没看到这么一部宪法，就那部不成熟的《临时约法》，也一次又一次地被"强奸"。

哦，对了，我今天穿的这身衣服有点古怪是吧？连裁缝都说是很奇怪的。我要说，这就是共和，这就是共和的衣服：

（举起右手）这边，我设计了三颗扣子，共和的理念，就是：平等，自由，博爱。

（举起左手）这边也有三颗扣子：民族，民权，民生。

那宪法呢？我发明了个新词，叫五权宪法：

（指着中山装的左上袋）这里装的是立法权；

（指着中山装的右上袋）这里装的是行政权；

（指着中山装的左下袋）这里装的是司法权；

这三权你们都熟悉，叫间接民权。我情有独钟的是——直接民权。要让普通的民众，都有直接参政议政的权力。

一个是考试权，我们要把考试权还给民众。今后，凡行政用人，一定要经过考试，不管是谁。

还有一个是弹劾权，（拍拍衣服），没地儿装了，不急，不急，（打开上衣，手指内袋）装在这儿，为什么要把弹劾权藏在里面呢？因为它是民众的杀手锏，它说不定什么时候就突然杀出来，弹劾你。

我孙文此生啊，没有别的希望，就一个希望，那就是——让共和不仅是一个名词，一句空话，或一个形式，要让它成为我们实实在在的生活方式，让它成为我们牢不可破的信念。

（资料来源：《走向共和》最后一集孙中山先生的慷慨陈词）

(6)穿着中山装的礼仪。穿中山装时，不仅要扣上全部衣扣，而且要系上领扣，不允许挽起衣袖。

2. 男性西装

西装是“舶来文化”。现代的西服形成于19世纪中叶，但从其构成特点和穿着习惯上看，至少可追溯到17世纪后半叶的路易十四时代。17世纪后半叶的路易十四时代，长衣及膝的外衣“究斯特科尔”和比其略短的“贝斯特”以及紧身合体的半截裤“克尤罗特”一起登上历史舞台，构成现代三件套西服的组成形式和许多穿着习惯。究斯特科尔前门襟扣子一般不扣，要扣一般只扣腰围线上下的几粒——这就是现代的单排扣西装一般不扣扣子不为失礼，两粒扣子只扣上面一粒的穿着习惯的由来。

西装应指“西式的”、“欧美的服装”。在20世纪，又因为这种套装多活跃于政治、经济领域的“白领阶层”，故也称作“工作套装”或“实业家套装”。西装现已深受广大人民的喜爱，越来越多地被用于正式场合。男士穿西装显得彬彬有礼，潇洒大方，风度翩翩。然而，男士穿西装要穿出风度，穿得得体，必须了解男性西装礼仪。下面简单介绍一下男性穿西装的有关礼仪知识。

(1)款式变化。西装的款式一般有两种，一种是两件套，即上装和下装，包括同色和不同色。一种是三件套，即上装、下装和背心。其中两件套的上装又分为三种式样：一是单排扣式，造型轻盈，稳重大方，适合青、中、老年人穿着，深色的最适宜正式场合；二是双排扣式，造型端庄、大方，适合中、老年人或在正式场合穿着；三是改良型，为便装，活泼、年轻、有朝气，适合青、中年人，不论工作、学习、外出都适宜，实用性强，但不那么正式、气派。西装的款式年年不同，但万变不离其宗，只要剪裁合适，颜色好，质地好，则算是一套好西装。一般来说，中上阶层的事业成功男士甚少追求最新的西装款式，传统的衣着较受他们欢迎。年轻人则喜欢注意时尚，追求潮流，体现时代气息。

(2)质地讲究。质地好的男性西装可以表现一种优雅的个性、一种良好的品味和一种尊贵的气度。一套西服，无论其面料的花色多么漂亮，裁剪得多么合身，缝制得多么精细,如果面料本身的质地不理想的话,只穿一会儿,上装就会起皱纹,裤子的膝盖附近就会鼓起来,从而失去了它原来的风采。要是西装皱皱巴巴、歪歪扭扭,不但不礼貌,而且会降低身份。因此,不管在什么场合,都应该穿笔挺整洁的服饰,这是人人都应该注意的基本礼貌。

(3)配好衬衫。衬衫有软质衬衫和硬质衬衫,穿西装要配硬质衬衫。衬衫的领头要硬实挺括,要干净。衬衫的后领应高于西服后领1.5厘米,这不仅起保护西装的作用,而且也是固定的穿着标准。衬衣颜色一般配白色或与西服同色的浅色调。衬衫的下摆不可过长,下摆要塞在裤子里。衬衫的袖口以露出西装袖以外1.5~2厘米为宜。这样既干净,又使袖口到手之间显现出美好、完整的线条,美观帅气。另外,每次穿新西装都应选一件新衬衫来配,这样看起来和谐、精神。

礼仪视窗 2-11

西装与衬衣

一名刚毕业的大学生准备参加招聘面试。他买了件新衬衫,在面试当天才拆开。他并不在乎衬衫上有褶痕,因为穿上西装就能挡住了。但是,没料到面试过程中,主试者却让他把西装脱了好随便一点。他当时就傻眼了,满脑子想的都是衬衣上的褶痕。

(资料来源:http://www.xici.net/b108325/d5090161)

(4)内衣单薄。衬衣里面一般不要穿棉毛衫,如果穿的话,不宜把领圈和袖口露在外面,如果天气较冷,衬衣外面可以穿羊毛衫,但以一件为宜,不要一件又一件,穿得十分臃肿,以致破坏了西装的线条美。

(5)系好纽扣。西装上衣的纽扣站着的时候应该扣上,坐下时才可解开。西装的纽扣有单排扣和双排扣。单排扣有1粒、2粒和更多粒;双排扣有4粒和6粒。单排扣1粒的扣与不扣都无关紧要;2粒的应扣上上面那粒。如果衣服上有3粒纽扣,那么可将上面两粒系上,也可只系中间的那粒。双排扣子的西装要把纽扣全系上。西装背心如果有6粒纽扣的,最底下的那粒不系,如果是5粒纽扣的,应全部系上。

(6)系好领带。正规场合穿西装都应系领带,领带的色彩图纹,可以根据西装的色彩配置,以达到相映生辉的效果。领带要系好,要挺,不要歪歪扭扭。衬衫的第一枚纽扣要系好,领带一定要推到领扣上面去,不要松松垮垮,另外,如果不打领带,就要把领扣解开,不要让人以为忘了打领带。若扎领带又穿背心,领带必须放在背心里面。

(7)搭配协调。人们常说"西装革履",就是指除了有一身合身、美观的西装外,还要注意鞋袜的搭配,才算穿着完美。整套西装一定要穿皮鞋,不能穿旅游鞋、便鞋、布鞋或凉鞋,否则会显得不伦不类,令人发笑。皮鞋还要上油擦亮,不能蒙满灰尘。穿皮鞋一定要穿袜子,袜子的颜色要与西装颜色深浅一致为好,切不可红红绿绿乱穿一气。另外要注意的是配西装一定不要穿白色的或透明的袜子。

(8)穿法各异。一般在正式场合,如庆典、高级会议、正式会见、宴会、会上活动等宜穿深色西装套装,系领带,以示严肃、庄重;半正式场合,如办公、一般性会见,宜穿中等色、浅色或较明亮的西装,或有稳重感的单色、条纹、暗小格套服,须系领带;在非正式场合,如外出、游玩、参观则穿着较为随便自由,色彩明朗轻快的西装为好,花型色调要华美、典雅、统一,是否系领带可自便,系不系领带都无伤大雅。还有的人把休闲西装当作休闲服装,穿着则更为随便。

(9)与形体相配。西装的主要优点是合身,以充分显示人体美。所以选购西装不宜太大,但也不是千篇一律。年轻人讲究线条和时代感,故可紧身些,以不影响一般性活动为宜。中年人由于体形的关系,除了穿着美观外,还要考虑宽松、大方,所以可稍大一些,身体胖的人可穿带竖线条的布料做的西装,穿起来可让人感到不十分臃肿。体形瘦的人则相反,应选用横条的西装。身材矮的人可将上装做得稍长些,颜色稍深些,同样能给人以修长的感觉。腰围粗大的男士穿双襟西装只会自暴其短,反而穿单襟略收腰的西装上衣看起来会高挑一点。

(10)色彩联想。穿西装所建立的是权威、可靠和可亲的形象。西装的颜色愈深,代表的权威愈大,黑色西装比深蓝色所代表的权威更大,但一般人平常都喜欢深蓝色。如果是年纪较轻的男上司,穿深色调的西装会显得威严自信,成熟老练。深蓝色和深灰色的纯色布或条纹布西装给人最可靠的印象。如果不宜过度强调自己的分量,可以穿浅色系的蓝、灰西服,这是最可亲的形象。

(11)西装口袋。男性穿西装时不要放太多的东西在口袋里,以免弄得鼓鼓囊囊的,既不美观,又失礼仪,还会把西装弄变形。西装上衣口袋只作装饰,不放东西,必要时也仅装选好花式的手帕。一般地,深色西服宜配浅色手帕,而浅色服装宜用深色手帕,白色的手帕使用最广泛。手帕的款式不必和领带同一设计,只须互相配合便行,如果装饰手帕使用得当,能起到画龙点睛,锦上添花的效果。

(12)着装顺序。为了保证西装的整洁平挺,穿戴时要按照一定的程序进行,一般是先梳理好头发,再换衬衣,然后穿西裤,穿袜子,穿皮鞋,再打领带或领结,最后穿西装上衣。在穿西装之前,要检查一下有无破洞、开线的地方以及有无纽扣脱落、缺损现象。应绝对避免穿着带洞、开线、纽扣脱落的衣服参加活动,更不能穿着带有油污、汗渍、烟洞、头皮屑的衣服,西装的袖口和裤边也不能卷起来,否则既不雅观也不礼貌。

3. 女性西装

著名设计师韦斯特伍德曾说:“一个不喜欢看女人穿套装的男人,不是傻瓜就是脑子有问题。”也许将一个女人妆扮美丽并不难,但若妆扮得有气质就不容易了,其区别在于女性内心世界的充实与丰富,职业套装这种能够充分展露女性内心高雅气质的特点,是任何服装都不能替代的,它的独特魅力就在于将女性的美丽与干练融为一体,并使其变得永久而回味无穷。

(1)女性挑选西装要体现风格。西装一般不会淘汰太快,所以不要买太流行的,应以符合自己的风格为本。颜色不要是最流行的,选择永恒一点的基本色为好,如黑褐、灰或者条纹、碎点的图案比较好。面料质地和做工也要讲求质量,缝线均匀,没有毛头。西装是一种身份地位的象征。在正式场合,它默默传达出你的品味、修养。

(2)女性西装穿着要领。

合体。选择西服一定要做工精良并合体,合体的西装,才能表现出流畅柔美的线条,富有优美、典雅的美感。不合体的西装,再贵都会显得廉价。

款式。要根据自己的年龄、体形、气质和职业等特点来选择合适的款式。年纪较大、身材较胖的女性宜穿一般款式的西装,以突出成熟美;年轻女性宜穿新潮的西装,以突出青春美。

装饰。充分利用西装领口大的特点,在衬衣和其他装饰上下功夫来衬托女性美。如在衬衫领口绣花、装花边、戴项链或在肩头上别个胸针都可增加优雅的美感。

颜色。不一定要穿颜色相同的套装,可随着季节配穿裙子、马甲等,根据需要及自身特点选择不同颜色的西服,这样在色彩上可更加丰富多彩。注意皮鞋、包袋、发型、化妆等与西装的配搭。这是女性得天独厚的优势,要充分利用,精心修饰,才会把自己打扮得更美。

4. 旗袍

旗袍,是一种内与外和谐统一的典型传统旧时时装,被誉为近代中国女性时装的代表。以其流动的旋律、潇洒的画意与浓郁的诗情,表现出近代中国女性的贤淑、典雅、性感、清丽,诠释着20世纪上半叶的中国城市女性特有的时尚性情与气质。

礼仪视窗 2 - 12

旗袍的故事

海伦·福斯特·斯诺是埃德加·斯诺的遗孀。斯诺是《西行漫记》的作者。此书记录了他与毛泽东在延安窑洞时期的会晤。1931年海伦第一次去上海时,年仅23岁。海伦的好友波莉在全美到处为中国"工会"筹款,宋庆龄得知后送了她自己的旗袍并嘱咐波莉在全美各地演讲时穿上。斯诺夫妇到达菲律宾继续为中国"工会"筹款,波莉将旗袍又送给了斯诺夫妇。1998年3月17日,58年后,这件漂亮的旗袍从美国回归中国,回到了北京后海北沿四十六号"宋庆龄故居"。

(资料来源:http://www.zdic.net/cd/ci/14/ZdicE6Zdic97Zdic9785242.htm)

(1)起源。旗袍是清代旗人之袍,是贵族的衣饰。现代意义的旗袍,诞生于20世纪初叶,盛行于30~40年代,是中国女性服装的代表。专家们把上个世纪20年代看作旗袍流行的起点,30年代到了顶峰状态,很快从发源地上海风靡至全国各地。当时上海是上流名媛的福地,她们热衷于游泳、打高尔夫、骑马,奢华的社交生活和追赶时髦,注定了旗袍的流行。由于上海一直崇尚海派的西式生活方式,以致后来出现了"改良旗袍",从遮掩身体的曲线到显现玲珑突兀的女性曲线美,使旗袍彻底摆脱了旧有模式,成为中国女性独具民族特色的时装之一。经过多年的修正与改良,旗袍已经成为一种能很好体现女性曲线美的服装,用最中国的布料,丝绸、锦缎做成最中国的服装——旗袍,穿在发髻高挽身段窈窕的中国女子身上,那种东西方审美观的完美结合、东方的神韵,令人叹为观止。

(2)旗袍分类。旗袍的样式很多,开襟有如意襟、琵琶襟、斜襟、双襟;领有高领、低领、无领;袖有长袖、短袖、无袖。开衩有高开衩、低开衩;还有长旗袍、短旗袍、夹旗袍、单旗袍等。

旗袍款式的变化主要是袖式、襟形的变化。袖形的款式主要有:宽袖形、窄袖形、长袖、中袖、短袖或无袖。襟形的款式主要有:圆襟、直襟、方襟、琵琶襟等。

圆襟旗袍礼服:襟处线条圆顺流畅。直襟旗袍礼服:身材丰满、圆脸形的女性适合这一款式,可使身材显得修长。方襟旗袍礼服:将襟部进行了大胆的改革,适合不同脸形穿着。还有琵琶襟旗袍礼服、双圆襟旗袍、双开襟旗袍等款式。

(3)材质色彩。制作旗袍的有布料、丝绸、锦缎等,目前又有真丝双绉、绢纺、电力纺、杭罗等真丝织品。

清代满人旗袍以蓝、黑二色为主,但读书人却有相当一部分人穿白、红、紫色的。至于黄色,因是皇家独尊之色,民众是忌用的。清代满族妇女的旗袍色彩鲜艳复杂、对比度高,在领口、袖头和掖襟上加上了几道鲜艳花边或彩色牙子,且认为越多越美。

(4)图案。清代旗袍纹样多以写生手法为主,龙狮麒麟百兽、凤凰仙鹤百鸟、梅兰竹菊百花以及八宝、八仙、福禄寿喜等都是常用题材,现代常见的旗袍图案为中国水墨画手法描绘的花卉图案设计。

礼仪视窗 2-13

旗袍相关知识

选购

旗袍品种繁多,选购时应注意以下两点:要根据自己穿着需要而定,如结婚礼服(旗袍)不仅面料质地上乘而且色彩鲜艳夺目,充满喜庆色彩;迎宾赴宴礼服(旗袍)面料应高级华贵,色彩柔和大方,外观稳重而高雅;便服旗袍可随心所欲,突出个性及形体美，穿着舒适大方。

市场上成衣旗袍的规格是按大众化的身材体型量制的。由于每个人身材都有自己特殊性，而旗袍又是趋于紧身、抱合性强的服装，尺寸规格则是选购旗袍的重要指标。所以，购买旗袍必须准确地测量出自己的“三围”，即胸围、腰围、臀围，并与旗袍“三围”相适或略有余；然后，在更衣室试穿观其“三围”是否贴体舒适；最后还要看领子、衣身、袖子的长短与肥瘦等。旗袍尺寸大小的选购不同于连衣裙等服装，要求十分严格，否则将会失去其风格和独到之处。

旗袍选料是很广泛的。日常一般穿着的旗袍，夏季可选择纯棉印花细布、印花府绸、色织府绸、什色府绸、各种麻纱、印花横贡缎、提花布等薄型织品；自制的短旗袍，轻盈、凉爽、美观、实用。春秋季可选择化纤或混纺织品，如各种闪光绸、涤丝绸以及各种薄型花呢等织物。这些织品虽然吸湿性、透气性差，但其外观比棉织品挺括平滑、绚丽悦目，在不冷不热的季节穿很适宜。

礼宾或演出穿的旗袍是十分考究的。夏季穿时，旗袍面料应选择真丝双绉、绢纺、电力纺、杭罗等真丝织品。该织品质地柔软、轻盈不粘身、舒适透凉。春秋季穿时，旗袍面料应选各种缎和丝绒类，如织锦缎、古香缎、金玉缎、绉缎、乔其立绒、金丝绒等等，这些高级面料制作的旗袍能充分表现东方女性形体美，点线突出，丰韵而柔媚，华贵而高雅，如果在胸、领、襟稍加点缀装饰，更为光彩夺目。

旗袍的整理

现在大部分女性所穿着的旗袍大都为织锦缎的面料，而这类锦缎都是不宜水洗的，所以穿着时应非常小心，尤其要注意不要沾染上油渍、可乐和口红，因为这类物质最难清洗，就算送去干洗店也未必能完全清除。旗袍不要连续穿着好几天，要留意尖锐的物件，以避免旗袍钩洞与抽丝。穿时不要将袖子高高卷起。

旗袍的洗烫

如果新穿的旗袍不小心被弄脏了，可以用块微湿的布铺在脏处用熨斗熨烫一下，这样一些灰尘就会附着到布上，既清洁了旗袍，又起到整烫的作用。

旗袍的收藏

旗袍如果不穿了要用衣架（宽宽的那种）把旗袍挂起来，注意肩部要撑妥当。在挂进衣橱前，还要记得放上防蛀用品。

另外，丝绸衣服要勤换勤洗，脱下后切勿搁置。穿着丝绸衣服时不要贴身，避免过多的汗液浸蚀衣服，使衣服变色、变质、破损。穿着丝绸服装也不要在席子、藤椅、木板等粗糙物上睡觉，以免造成不必要的破损和并丝。另外，收藏丝绸服装时，应放在樟木箱内，以防虫蛀。

（资料来源：http://www.zdic.net/cd/ci/14/ZdicE6Zdic97Zdic9785242.htm）

2.2.3 服饰搭配

1. 色彩搭配

不同的色彩有着不同的象征意义。暖色调——红色象征热烈、活泼、兴奋；黄色象征明快、鼓舞、希望、富有朝气；橙色象征开朗、欣喜、活跃。冷色调——黑色象征沉稳、庄重、冷漠、富有神秘感；蓝色象征深远、沉静、安详、清爽、自信而幽远、高傲而神秘。中间色——黄绿色象征安详、活泼、幼嫩；红紫色象征明艳、夺目；紫色象征华丽、高贵。过渡色——粉色象征活泼、年轻、明丽而娇美；白色象征明亮、纯洁、朴素、高雅；淡绿色象征生命、鲜嫩、愉快和青春等等。服装的色彩是着装成功的重要因素。

服装配色以"整体协调"为基本准则。全身着装颜色搭配最好不超过三种，而且以一种颜色为主色调，颜色太多则显得乱而无序，不协调。灰、黑、白三种颜色在服装配色中占有重要位置，几乎可以和任何颜色相配并且都很合适。着装配色和谐有以下几种办法。一是上下装同色——即套装，以饰物点缀。二是同色系配色。利用同色系中深浅、明暗度不同的颜色搭配，整体效果比较协调。三是利用对比色搭配。明亮度对比或相互排斥的颜色对比，运用得当，会有相映生辉、令人耳目一新的亮丽效果。年轻人着上深下浅的服装，显得活泼、飘逸、富有青春气息。中老年人采用上浅下深的搭配，给人以稳重、沉着的静感。

着装配色要遵守的一条重要原则，就是根据个人的肤色、年龄、体形选择颜色。如肤色黑，不宜着颜色过深或过浅的服装，而应选用与肤色对比不明显的粉红色、蓝绿色，最忌用色泽明亮的黄橙色或色调极暗的褐色、黑紫等。皮肤发黄的人，不宜选用半黄色、土黄色、灰色的服装，否则会显得精神不振和无精打采。脸色苍白不宜着绿色服装，否则会使脸色更显病态。而肤色红润、粉白，穿绿色服装效果会很好。白色衣服任何肤色效果都不错，因为白色的反光会使人显得神采奕奕。体形瘦小的人适合穿色彩明亮度高的浅色服装，这样显得丰满；而体形肥胖的人用明亮度低的深颜色则显得苗条等。大多数人体形、肤色属中间混和型，所以颜色搭配没有绝对性的原则，重要的是在着装实践中找到最适合自己的搭配颜色。

2. 体形搭配

服装的款式、质地和色彩能给人造成视觉上的错觉，因此通过选择适当的服装，可以弥补体形上的不足，提高人的美感。

(1) 丰满型。对于丰满者与圆形体形的女性，不宜穿雪白、冰黄、橙黄等明亮色彩的衣服，因为这些色彩令人有臃肿之感，适宜穿深色、冷色的服装，例如，墨绿、咖啡、藏青、深黑等冷色调及有收缩感的布料制作的服装，以减弱胖的感觉，稳健适中。丰满者也可穿着印花图案的服装，最重要的是仔细选择适当的图案，大而夸张的图案以及大格子、大花纹和花纹之间距离较宽的面料都会令人看起来更加丰满；但细致的图案如碎花、圆点或小方格却可以选择。

另外，不要选择紧身的服装，否则只会突出丰腴的体形，款式要简洁，尽可能穿得宽松一些。最好穿过膝的深色裙，不要穿健美裤或打折裙，否则会更显臃肿、腰粗。

若是凸肚,上衣不要束在裤腰或裙腰里。上衣穿宽肩的吊衫,而下身宜着收腰式的裙子、长裤。衣料宜选用软而垂悬感好的,粗糙、硬厚的织物往往会加宽自身的"体积"。宜穿深色的鞋、袜,以使腿部显得修长。如穿浅色鞋子,则应选择透明的浅色袜子。穿着设计纤细的鞋,会给人不堪重负的感觉。

(2)苗条型。对于苗条型的女性适宜穿浅色的有扩张感的服装,以增加胖的感觉,可选择红、黄、橙、白等明亮色调,化瘦小而显丰腴。如果穿棕、紫、黑等深色调服装,会显得更加清瘦,可选择较为合体的裙或裤,裤管不要太瘦,比较宽松的直筒裤或西裤为佳。选择收腰的外衣相搭配,显得更妩媚动人。可穿合身的 A 字裙,A 字裙使腰身显得更细,过膝的裙摆可以衬托小腿的线条,窈窕动人。

(3)迷你型。迷你型服装颜色可选用具有膨胀感的色彩,但不宜用太大的花型,否则花形与体形失之协调,显得不美。而几何线条的变化,则能拉长身高。

(4)脖颈过长或过短者。长颈女性宜选用高立领的服装,领口宜宽不宜深,一字横领最适宜,领形可采用圆形,忌用长尖领。如果发式采用披肩波浪发效果会更佳。颈部粗短者,领口可用深 V 形,不要用过于显眼的项链而使颈部缺陷成为注目焦点;忌用领结、领花等琐碎的装饰,避免用色彩鲜艳的围巾。

(5)臀部过于丰满或窄小者。臀部丰满的女性不宜采用明亮的大花图案,宜穿深色的下装,不宜在臀部过多装饰。穿斜裙效果较好,具有动感,可给人轻快、活泼的印象。可选穿直筒裤或连衣裙,再搭配一件盖住臀部的修长外衣。宜穿腰部以下呈喇叭状的上衣,使腰身细长。臀部过窄小的女性可穿塔裙或多层多褶的短裙,加强臀部丰满曲线;色彩花色宜鲜宜亮,既可掩饰不足又增添浪漫情调。

(6)腿或手臂偏粗者。腿偏粗宜选择高腰窄腿裤,上衣款式较短为宜。切忌穿紧身的弹力裤,且裙或裤和鞋的颜色最好能统一。手臂偏粗宜选穿肩幅较宽和带袖的上衣或连衣裙。

(7)腰长腿短或下身比较丰满者。应穿一些有少许腰身,有些线条的上衣,衫长不应超过臀部。要注意收腰,显示腰部线条会令人修长而窈窕迷人。

(8)体形匀称者。这种类型的女性对服装的要求较少,特别是上身重色,下身浅色的着装适用于体型匀称的人,能给人以轻快别致的感觉。

可见,女性选择服装时,应了解自己的体形,正视自己的身材缺点,不应盲目跟从时尚。

3. 服饰搭配

(1)西装搭配。西装是西方人的正统服饰,已经形成了一套固定的习俗。中国人穿西装,应该参照形成的习俗,否则,不仅不会增添风采,反而会出洋相,变得不合乎礼仪。年轻人穿的西装最好选择单排扣的成套西装。双排扣西装更适合级别较高或比较成熟的人士穿着。休闲西装和不配套的西装最好不要穿。西装、衬衫和领带颜色搭配得好,会为你平添几分风度和魅力,会给人留下良好的印象。如果搭配不协调,即使你费了大功夫,也会事倍功半。西装、衬衫和领带的搭配其实很简单。按照下面的搭配来穿,一般即可收到理想的效果。深色西装,穿浅色衬衫,戴中色或深色领带;浅色西装,穿浅色或中色衬衫,戴深色领带。

(2)帽子与服装的匹配。人们在很多场合都需要戴帽子。在国外,更加注重把帽子、鞋子以及腰带、丝袜、头巾、手套、阳伞和首饰等都考虑在时装配套的组成部分里。这样,既整体协调,又显得高贵典雅。只有这样的搭配时装,才能进入高级时装店。帽子必须与外衣、围巾以及手套、裙、裤等相配套。这是指帽子与它们之间在风格、外形、色彩上要浑然一体,相互配合,以给人一种协调统一和美的享受。

2.2.4 佩饰

1. 皮带

服饰配件中,皮带除了束腰固定裤子外,其装饰作用越来越被人们重视,在一条挺括的裤子上,配上一条新颖而精致的皮带,会为男士增添几分潇洒雅致。

皮带有皮革的(牛皮、羊皮、蛇皮等)、塑料的、金属的及人造革的;款式有窄的、宽的;皮带头有金属板扣和嵌式扣的。男式的皮带宜选择皮质好,皮带头精美的款式。较瘦的人不宜系太长的皮带。偏胖的、腰围较胖的男子,系一条宽皮带,不仅舒适大方,而且能给人一种并不胖的感觉,因为宽皮带遮住了胖腰的部分面积。但要注意不能系得过紧。当然,过宽的皮带也是不适宜的。皮带色彩与裤子色彩相配时,可采用同一色,类似色,也可运用对比色。同一色、类似色常用于西装裤等,而对比色常用在旅游装或新潮时装上。一般来说,黑色皮带可以配任何服装。

2. 皮夹

皮夹是男士重要的随身物品,是男士整体形象不可忽略的一部分。颜色可选含有华贵之感的暗咖啡色和黑色。但值得注意的是,无论你携带的皮夹款式如何,质量如何,都不应该塞满东西,使得皮夹过分鼓胀,有失雅观。

3. 钢笔

钢笔平时一般放于衣内或手提包中,藏而不露,待到用时,在露出笔来的一刹那,让人不禁惊羡其笔的精致与高级,从而达到瞬间拔高自己在别人眼中之文化品味的目的。

4. 手表

手表对于一个男人来说是极为重要的。男人可从中得到一种自信和力量。如果一块上档次的手表戴在男人的手上,这证明你是一个有工作、讲效率、有实力、有品位的人。男士一般不戴电子表或潜水表、卡通表去参加宴会、谈判等正式场合。男士最好戴机械表,薄薄的,款式简单的表。表带是金属的话,可以用金表带或银色的表带;表带是皮带的话,颜色应该与腰带颜色一致,这样,会给人富有修养的感觉。手表可以戴左手,也可以戴右手,但以左手为正统。

5. 首饰

首饰泛指耳饰、项链、戒指、手镯、手链、胸针等,穿着一身得体美观的服装,不可忽视饰品的佩戴。巧妙地使用首饰,能构成整体的和谐、完美,达到相互烘托和渲染的装饰效果。

(1)耳饰。圆脸形与任何长款式的耳坠或链式耳环都能互相呼应,可使脸部变得秀美一些,但不要戴又圆又大的耳环。长脸形比较适合菱形和心形耳环,圆耳环或大耳环可调节面部形象,使脸部丰满动人,不宜戴过长而且下垂的耳环。方脸形可戴长圆或圆形的耳环,以减少棱角感,小巧玲珑的耳钉或狭长的耳坠同样适合,不宜戴过于宽大的耳环。三角形脸适合花枝形耳环,它能使尖下颌显得丰满。鹅蛋形脸适合吊坠悬垂款式的耳环以及长形款式的耳环,因为吊坠和长形耳环的造型可以令你不大满意的尖削下巴产生宽大的视觉效果。瘦长脸形配上纽扣型的耳钉,可使脸部显得较宽。脖子太短或太长的人,都不宜戴有长坠子的耳环,否则会更加暴露脖子的缺点。

耳饰与服装色彩要很好地搭配。耳饰与服装最好保持同色系,这样会给人和谐的美感。比如一副很漂亮的紫色耳环,只适合在穿紫色衣裙时佩戴它,因为紫色很高贵,很难与别的颜色搭配得当,稍不注意,就显得土气,弄巧成拙。如鲜红色服装配草绿色耳环,灰色服装配桃红色耳环,会产生一种反差美。如没有较好的搭配,就选用金色耳环,它与服装的色彩都能搭配出好的效果。白色、黑色耳环配任何色调的服装都合适。耳饰与身材应协调。身体矮小的,佩戴贴耳式点形小耳饰,会显得优雅、秀气玲珑;如戴上有坠子的耳饰,由于视觉导向的下移,体形将显得更矮小。身材纤细瘦小的女性,应戴小巧秀气的耳环,如戴大耳环,则会看起来头重脚轻。身材高大的女性,应戴大的耳环,才能衬出落落大方的气质,给人以美感。

(2)项链。戴项链时,脖子细长的人,适宜戴直径较细的项链,显得纤细柔美,小巧玲拢;粗大结实的项链,年龄较大的人戴着更合适些;年轻小伙子较适合戴银链;双套链、三套链立体感强,美观雅致,少女佩戴它可平添姿色。

(3)戒指。戴戒指要注意手指的特点。手指多肉者,宜佩戴一些没有花纹,体积较小的戒指,不宜戴镶有宝石的戒指。手指纤细者,最好佩戴一些有装饰的戒指,如镶有大蝴蝶或宝石的戒指,这能令你的玉手看来较丰满,不会显得过于单薄。手指短小者,不适合佩戴又粗又大的指环,粗大指环只会令你的手指显得更为粗壮;更不要戴两枚戒指。手指过长者可戴一些有花而两枚重叠形戒指,这样能将视觉拉短。指关节粗者,绝对不适合佩戴有宝石的戒指,这样会显得关节更突出,可戴一些圆形而在戒指上刻有花纹的戒指,或一些扭绳状的指环。

礼仪视窗 2－14

戴戒指有讲究

李丽中专毕业被分配到某公司做文秘工作不久,一次在接待客户时,领导让她照顾一位华侨女士。临分别时,华侨对小李的热情和周到的服务非常满意,留下名片,并认真地说:"谢谢!欢迎你到我公司来做客,请代我向你的先生问好。"小李愣住了,因为她根本没有男朋友。可是,那位华侨也没有错,她之所以这么说,是因为看见小李的左手无名指上戴有一枚戒指。

(资料来源:http://www.sohu.com)

在众多的装饰中,戴戒指是很有讲究的。戒指戴在不同的手指,代表着不同的意义:戴在食指上,表示想结婚;戴在中指上,表示正处在恋爱中;戴在无名指上,表示已订婚,或已结婚;戴在小指上,表示独身。如果已婚女性不愿暴露婚姻状况时,可以不戴戒指。不是新娘不准把戒指戴在手套外面。在国外,男女婚嫁,一般都是赠送钻石戒指作为订婚礼品,因为钻石被称作爱情的宝石,象征永远纯洁;结婚戒指则一般用K金戒,黄金具有永远不变的价值,是吉祥的象征。

2.3 仪态礼仪

仪态是指人的表情、姿态、动作与风度,是一种无声的语言。它自然流露了一个人的气质风度。礼貌修养和所要传达的信息,是一个人品质、知识、能力等内在因素的外在反映。姿态是指一个人身体显现出来的样子,如站立、行走、躬身、就座、眼神、手势、面部表情等。而风度则是一个人内在气质的外在表现。人的内在气质包含许多内容,如道德品质、学识修养、社会阅历、专业素质与才干、个人的情趣与爱好、专长等。仪态主要通过人的言谈举止、动作表情、站姿、坐相、走姿、眼神及服饰装扮等方面体现出来。

2.3.1 表情

表情是人体语言最为丰富的部分,是人的内心情绪的流露,人的喜、怒、哀、乐可通过表情来体现和反映。表情类型有面部表情、声音表情、身段表情三种,其中最主要的是面部表情。与人说话表情要自然诚挚,语气要亲切,言辞要得体,态度要落落大方。为了吸引听者的注意力,应适当使用声音表情,使言谈显得生动和增强感染力。在说话中也可以加进一些身段表情,如手势,但动作不要过大,更不要手舞足蹈和用手指指人。

面带笑容,是一种友善、自信、尊重他人的表现,会使对方心理上感到轻松,增强交流的融洽气氛。当然,笑也要掌握分寸,如果在不该笑的时候发笑,或者在只应微笑时大笑,有时会使对方感到疑虑,甚至认为你是在取笑他,这显然也是失礼的,所以不可不慎。有的人一见到上级领导就立即会出现脸红、低头、出冷汗、干笑、颤抖等不良表情;有的人还会出现喉头颤抖、发音吐字不清,甚至全身发软、嗓子突然失音等现象;有的人在谈话过程中始终不敢抬头,眼睛不敢往上看;有的人目光过于向上,时时翻着白眼;有的人虽然目光位置没大毛病,但却不敢与对方对视,一有对视,马上躲闪。这种种不良表情,都是缺乏自信的表现。

2.3.2 手势

不同的手势,表达不同的含意。在运用手势的时候要注意区域性差异。不同国家、不同地区、不同民族,由于文化习俗的不同,手势的含意也有很多差别,甚至同一手势表达的含意也不相同。所以,只有了解手势表达的含意,才不至于无事生非。

①掌心向下的招手动作。中国表示招呼别人过来,美国是叫狗过来。②翘起大拇指,一般都表示顺利或夸奖别人。但也有很多例外,在美国和欧洲部分地区,表示要搭车;在德国表示数字"1";在日本表示"5";在澳大利亚就表示骂人"他妈的"。与别人谈话时将拇指翘起来反向指向第三者,即以拇指指腹的反面指向除交谈对象外的另一人,是对第三者的嘲讽。③"OK"手势。拇指、食指相接成环形,其余三指伸直,掌心向外。"OK"手势源于美国,在美国表示"同意"、"顺利"、"很好"的意思;而法国表示"零"或"毫无价值";在日本是表示"钱";在泰国表示"没问题";在巴西是表示粗俗下流。④"V"形手势,这种手势是二战时的英国首相丘吉尔首先使用的,表示"胜利"。但如果掌心向内,就变成骂人的手势了。⑤举手致意,也叫挥手致意。用来向他人表示问候、致敬、感谢。当你看见熟悉的人,又无暇分身的时候,就举手致意,可以立即消除对方的被冷落感。向他人挥手致意时,要掌心向外,面对对方,指尖朝向上方。

见面之初、告别之际、慰问他人、表示感激、略表歉意等时候,往往要握手。握手时,一是要注意先后顺序,双方伸出手来的标准的先后顺序应为"尊者在先"。即地位高者先伸手,地位低者后伸手。如果是服务人员通常不要主动伸手和服务对象相握。握手时,一般握上3秒钟即可,同时应注意用右手和人相握。

在社交场合,应注重手势的大小幅度。手势的上界一般不应超过对方的视线,下界不低于自己的胸区,左右摆的范围不要太宽,应在人的胸前或右方进行。一般场合,手势动作幅度不宜过大,次数不宜过多,不宜重复。与人交往时,多用柔和曲线的手势,少用生硬的直线条手势,以求拉近心理距离。与人交谈时,讲到自己不要用手指自己的鼻尖,而应用手掌按在胸口上。谈到别人时,不可用手指指别人,更忌讳背后对人指点等不礼貌的手势。和陌生人初次交往时,避免抓头发、玩饰物、掏鼻孔、剔牙齿、抬腕看表、兴奋时拉袖子等粗鲁的手势动作。避免交谈时指手画脚、手势动作过多过大。

2.3.3 体姿

2.3.3.1 站姿

优美的站姿能衬托出一个人的气质和风度。站姿的基本要求是挺直、舒展、线条优美、精神焕发。

1. 标准站姿

如同参加军训一样,从正面观看,全身笔直,精神饱满,两眼正视,两肩平齐,两臂自然下垂，两脚跟并拢，两脚尖张开60°，身体重心落于两腿正中；从侧面看，两眼平视，下颌微收，挺胸收腹，腰背挺直，手中指贴裤缝，整个身体庄重挺拔。采取这种站姿，会使人看起来稳重、大方、俊美、挺拔，它可以帮助呼吸，改善血液循环并在一定程度上缓减身体的疲劳。为了维持较长时间的站立或稍事休息，标准站姿的脚姿可以有一些变化：两脚分开，两脚外沿宽度以不超过两肩的宽度站立；以一只脚为重心支撑站立，另一只脚稍休息，然后轮换。

2. 站姿语言

胸挺背直、双目平视，表现出充分的自信，并给人气宇轩昂、乐观开放的感觉。相反，弯腰曲背的人，精神上已处于劣势，表现出自我防卫、消沉、封闭的倾向。双手插腰，挺立而站，也是精神上处于优势的表现，表示他对面临的事物有着充分的心理准备，采取的是有信心迎接挑战的姿态。双手插入口袋，具有不袒露心迹，甚至暗中思索的倾向。如果是同时出现弯腰弓背的姿势，可能是心情沮丧或苦恼的表现。两臂交叉，表明对别人的谈话采取的是审视或排斥的态度。女性还常以此作为习惯性的防范动作。踝关节交叉的站姿，表示态度上的保留或轻微拒绝。两人呈八字形站立，表明允许第三人加入他们的势力范围，从而构成一个三人的封闭圈；三人呈门字形站立，表明可容纳第四人，并形成拒绝别人再进入的"栅栏"。

3. 差异站姿

在升国旗、奏国歌、接受奖品、接受接见、听悼词等庄严的场合，必须采取"肃立"的姿势。"肃立"类似标准站立姿态，但神情严肃，不能乱动。眼睛可以随物慢慢移动，如升国旗、接见人，可以看着有关人员，目光可以不平视。

演讲时，为减少身体对腿的压力，减轻因较长时间站立双腿的疲倦，可以用双手支撑在讲台上，两腿轮流放松。

门迎、侍应人员往往站的时间很长，双腿可以平分站立。手的姿势可以是前握式，右手握住左手手背，垂放于腹前并稍微上提，注意肩膀向后打开，保持良好的精神状态；也可以是手背式，两手背后交叉，右手放到左手的掌心上，但要注意收腹，否则肚子很容易挺出来。

礼仪小姐的站立，要比门迎、侍应更趋向艺术化，双腿不能分开站。一般可以采用立正的姿势或者丁字步。这时的丁字步重心不一定要放在前面的左脚上，而可以同时放在左右腿上，要始终保持双肩后开。双手端拿物品时，上手臂不应张开，而应靠近身体两侧，但不必夹紧。下颌微收，面部肌肉松弛，略含微笑。总之，要给人优美亲切的感觉。

4. 站姿禁忌

两脚分叉分得太大；交叉两腿而站；一个肩高一个肩低；松腹含胸、屈膝；脚在地上不停地划弧线；交腿斜靠在马路旁的树干、招牌、墙壁、栏杆上；和别人勾肩搭背地站着。

2.3.3.2 坐姿

优雅的坐姿传递着自信、友好、热情的信息，同时也显示出高雅庄重的良好风范。经常会见到一些不雅坐法，比如两腿叉开，腿在地上抖个不停，而且腿还跷得很高，让人实在不敢恭维。女士应在站立的姿态上，后腿碰到椅子时，轻轻坐下来，两个膝盖一定要并起来，腿可以放中间或放两边。如果想跷腿，两腿需是合并的，假如穿的裙子较短时一定要小心盖住。特别是一些需要经常走动或要上高台坐下的女士不适合穿太短的裙子，并且坐下时不能两腿分开。男士坐的时候膝部可以分开一点，但不要超过肩宽，也不能两腿叉开，半躺在椅子里。

1. 入座

和客人同时入座时，要分出尊卑，先请对方入座，自己不要抢先入座。要从座位左侧入座。如果条件允许，在就坐时最好从座椅的左侧接近它。这是一种礼貌，而且也容易就坐。就坐时，如果附近坐着熟人，应该主动打招呼。即使不认识，也应该点点头。

在公共场合，要想坐在别人身旁，必须征得对方的允许，要放轻动作，不要使座椅乱响，以背部接近座椅。在别人面前就坐，最好背对着自己的座椅，这样就不至于背对着对方。得体的做法是：先侧身走近座椅，背对着座椅站立，右腿后退一点，以小腿确认一下座椅的位置，然后顺势坐下。必要时，用一只手扶着座椅的把手。

2. 离座

离开座椅时，身边如果有人在座，应该用语言或动作向对方先示意，随后再站起身来。和别人同时离座，要注意起身的先后次序。地位低于对方的，应该稍后离座。地位高于对方时，可以首先离座，双方身份相似时，可以同时起身离座，起身缓慢。起身离座时，最好动作轻缓，不要“拖泥带水”，弄响座椅，或将椅垫、椅罩弄得掉在地上。

3. 坐姿的基本形式

“正襟危坐”式，适用于最正规的场合。要求是：上身和大腿、大腿和小腿都应当形成直角，小腿垂直于地面。双膝、双脚包括两脚的跟部，都要完全并拢。

垂腿开膝式。它多为男性所用，也比较正规。主要要求是：上身和大腿、大腿和小腿都成直角，小腿垂直于地面。双膝允许分开，分的幅度不要超过肩宽。

前伸后曲式。这是女性适用的一种坐姿。主要要求是：大腿并紧后，向前伸出一条腿，并将另一条腿屈后，两脚脚掌着地，双脚前后要保持在一条直线上。

双脚内收式。它适合在一般场合采用，男女都适合。主要要求是：两条大腿首先并拢，双膝可以略为打开，两条小腿可以在稍许分开后向内侧屈回，双脚脚掌着地。

双腿叠放式。这种方式适合穿短裙的女士采用。要求是：将双腿一上一下交叠在一起，交叠后的两腿间没有任何缝隙，犹如一条直线。双脚斜放在左右一侧。斜放后的腿部与地面呈 45°，叠放在上的脚的脚尖垂向地面。

双腿斜放式。它适合于穿裙子的女士在较低的位置就坐时所用。要求：双腿首先并拢,然后双脚向左或向右侧斜放,力求使斜放后的腿部与地面呈45°。

双脚交叉式。它适用于各种场合,男女都可选用。双膝先要并拢,然后双脚在踝部交叉。需要注意的是,交叉后的双脚可以内收,也可以斜放,但不要向前方远远地直伸出去。

4. 上身的姿势

坐好后,上身的姿势很重要。头部位置要端正。不要出现仰头、低头、歪头、扭头等情况。整个头部看上去,应当如同一条直线一样,和地面相垂直。在办公时可以低头俯看桌上的文件、物品,但在回答别人问题时,必须抬起头来。在和别人交谈的时候,可以面向正前方,或者面部侧向对方,不要把后脑勺对着对方。坐好后,身体也要注意端端正正。在尊长面前,最好不要坐满椅面。坐好后占椅面的3/4左右,最合乎礼节。交谈的时候,为表示重视,不仅应面向对方,而且同时应将整个上身朝向对方。

5. 坐姿语言

不同的坐姿,表示着不同的含义。正襟危坐,上身紧张起来的姿势是严肃、认真的表现;深深坐入椅内,腰板挺直的人在心理上处于优势;抖动足或腿,是在传达内心的不安、急躁;张开两腿而坐的男性,充满自信,具有支配欲;一条腿自然地架在另一条腿上的女性,表示对自己的外貌有信心;频频变换架腿姿势,是情绪不稳定、焦躁的表现;把脚搁在桌子上,以此延伸自己的势力范围,表明此人有较强的支配欲和占有欲,在待人接物时会有傲慢无礼的表现;有教养的女性用脚踝交叉的动作代替架腿而坐,这种姿势不仅外观优美,而且传达的拒绝含义也比较委婉;始终浅坐在椅子上的人流露出心理上的劣势和缺乏精神上的安定感,迎合对方或随时准备起身;在会场中或公开场合,坐着时手捂嘴、掩嘴、摸下巴,多属以"评判"的态度在听对方发言。

6. 坐姿禁忌

在别人面前落座时,一定要遵守律己敬人的基本规定,不要采用犯规的坐姿。

双腿叉开不能过大,不论大腿叉开还是小腿叉开,都非常不雅。特别是身穿裙装的女士更不要忽略了这一点。坐后将双腿架在一起,不是说绝对不可以。但正确的方式,应当是两条大腿相架,并且一定要使两腿并拢。如果把一条小腿架在另一条大腿上,两腿之间还留出大大的空隙,就显得有些放肆了。双腿直伸出去,那样既不雅也妨碍别人。身前如果有桌子,双腿尽量不要伸到桌外。有人为图舒服,喜欢把腿架在高处,甚至抬到身前的桌子或椅子上,这样的行为是非常粗鲁的。把腿盘在座椅上也不妥。

抖腿。坐在别人面前,反反复复地抖动或摇晃自己的腿部,不仅会让人心烦意乱,而且也给人以极不安稳的印象。脚尖指向他人也是非常失礼的。

坐下来后,脚部一般都要放在地上。用脚在别处乱蹬乱踩,都是非常失礼的。在外人面前就坐时用脚自脱鞋袜,是非常不文明的。在就坐以后用手抚摸小腿或脚部,都是极不卫生又不雅观的。就坐后,双手都要在身前或放在桌上。单手、双手放在桌下,或是双肘支在面前的桌子上、夹在两腿间都是不允许的。

2.3.3.3 蹲姿

蹲的姿势与坐的姿势不同,但都是由站姿或走姿变化而来的相对处于静态的体位。

1. 常见蹲姿

高低式。主要要求在下蹲时,左脚在前,右脚稍后。左脚应完全着地,小腿基本上垂直于地面;右脚脚掌着地,脚跟提起。这时右膝低于左膝,右膝内侧可以靠在左小腿内侧,形成左膝高右膝低姿态。女性应靠紧两腿,男性可以适度地分开。臀部向下,基本上以右腿支撑身体。

交叉式。交叉式蹲姿,通常适用于女士,特别是穿短裙的女士采用。优点在于造型优美典雅。基本特征是蹲下后双腿交叉在一起。即在下蹲时,右脚在前,左脚在后,右小腿垂直于地面,全脚着地。右腿在上、左腿在下,二者交叉重叠。左膝由后下方伸向右侧,左脚脚跟抬起,并且脚掌着地。两腿前后靠近,合力支撑身体。上身略向前倾,而臀部朝下。

半蹲式。半蹲式蹲姿,一般是在行走时临时采用。它的正式程度不及前两种蹲姿,但在需要应急时也采用。基本特征是身体半立半蹲。主要要求在下蹲时,上身稍许弯下,但不要与下肢构成直角或锐角;臀部务必向下,而不是撅起;双膝略为弯曲,角度一般为钝角;身体的重心应放在一条腿上;两腿之间不要分开过大。

半跪式。它也是一种非正式蹲姿,多用在下蹲时间较长,或为了用力方便时,双腿一蹲一跪。主要要求在下蹲后,改为一腿单膝点地,臀部坐在脚跟上,以脚尖着地。另外一条腿,应当全脚着地,小腿垂直于地面。双膝应同时向外,双腿应尽力靠拢。在日常生活里,采用蹲的姿势较少。在工作场合,除了捡拾地面物品、整理鞋袜外,也用不着蹲的姿势。

2. 蹲姿注意事项

蹲下来的时候,不要速度过快。当自己在行进中需要下蹲时,特别要注意这一点。在下蹲时,应和身边的人保持一定距离。和他人同时下蹲时,更不能忽略双方的距离,以防彼此"迎头相撞"或发生其他误会。在他人身边下蹲时,最好是和他人侧身相向。正面面对他人,或者背部面对他人下蹲,通常都是不礼貌的。在大庭广众面前,尤其是身着裙装的女士,一定要避免下身毫无遮掩的情况,特别是要防止大腿叉开。有些地方,有蹲在凳子或椅子上的生活习惯,但是在公共场合这么做的话,是不能被接受的。

2.3.3.4 走姿

走姿是站姿的延续动作,是在站姿的基础上展示人的动态美。无论是在日常生活中还是在社交场合,走路往往是最引人注目的身体语言,也最能表现一个人的风度和活力。

1. 走姿的要求和练习

走的时候,头要抬起,目光平视前方,双臂自然下垂,手掌心向内,并以身体为中心前后摆动。上身挺拔，腿部伸直，腰部放松，脚步要轻并且富有弹性和节奏感。走路时上身基本保持站立的标准姿势，挺胸收腹，腰背笔直；两臂以身体为中心，前后自然摆。前摆约35°，后摆约15°，手掌朝向体内；起步时身子稍向前倾，重心落前脚掌，膝盖伸直；脚尖向正前方伸出，行走时双脚踩在一条线缘上。女士还要步履匀称、轻盈，端庄、文雅，显示温柔之美。练习时可以试着将一本书放在头顶上，放稳后再松手。接着把双手放在身体两侧，用前脚慢慢地从基本站立姿势起步走。这样虽有点不自然，但却是一种很有效的方法，关键是走路时要摆动大腿关节部位，而不是膝关节，才能使步伐轻捷。

2. 走姿语言

走进会场、走向话筒、迎向宾客，步伐要稳健、大方；进入办公机关、拜访别人，在室内脚步应轻而稳；办事联络，步伐要快捷、稳重，以体现效率、干练；参观展览、探望病人，脚步应轻而柔，不要出声响；参加喜庆活动，步态应轻盈、欢快、有跳跃感；参加吊丧活动，步态要缓慢、沉重，以反映悲哀的情绪。

3. 几种特例下的走姿要求

关于走姿，除了要牢记“应该怎么做”和“不应该怎么做”之外，还应了解一些有关走姿的特例。

(1)陪同引导。在陪同引导对方时，应注意方位、速度、关照及体位等方面，如双方并排行走时，陪同引导人员应居于左侧。如果双方单行行走时，要居于左前方约一米左右的位置。当被陪同人员不熟悉行进方向时，应该走在前面、走在外侧；另外，陪同人员行走的速度要考虑到与对方相协调，不可以走得太快或太慢。这时候，一定要处处以对方为中心。每当经过拐角、楼梯或道路坎坷、照明欠佳的地方，都要提醒对方留意。同时也有必要采取一些特殊的体位。如请对方开始行走时，要面向对方，稍微欠身。在行进中与对方交谈或答复提问时，把头部、上身转向对方。

(2)上下楼梯。要走专门指定的楼梯。有些单位往往规定本单位人员不得与顾客走同一个楼梯。要减少在楼梯上的停留时间。楼梯上的来往人很多，所以不要停在楼梯上休息、站在楼梯上与人交谈或是在楼梯上慢慢悠悠地走。坚持“右上左下”原则。上下楼梯、自动扶梯的时候，都不应该并排行走，而要从右侧上。这样一来，有急事的人，就可以从左边的急行道通过。注意礼让别人。上下楼梯时，不要和别人抢行，出于礼貌，可以请对方先走。当自己陪同引导客人时，上下楼梯时就要走在前面。如果是陪客人上楼，陪同人员应该走在客人的后面；如果是下楼，陪同人员应该走在客人的前面。

(3)进出电梯。有可能的话，工作人员不要和来访客人混用同一部电梯。如果是无人控制电梯，工作人员必须自己先进后出，以方便控制电梯。如果乘的是有人控制的电梯，应当“后进后出”。在乘电梯时碰上了并不相识的来访客人，也要以礼相待，请对方先进先出。尊重周围的乘客。进出电梯时，应该侧身而行，免得碰撞别人。进入电梯后，要尽量站在里面。人多的话，最好面向内侧，或与别人侧身相向。下电梯前,应该提前换到电梯门口。

出入房门。进入或离开房间时,要先通报。在出入房间时,特别是在进入房门前,一定要轻轻叩门、按铃,向房内的人进行通报。出入房门,务必要用手来开门或关门。开关房门时,最好是反手关门、反手开门,并且始终面向对方。用肘部顶、用膝盖拱、用臀部撞、用脚尖踢、用脚跟蹬等方式关门都是不好的做法。与别人一起先后出入房门时,为了表示自己的礼貌,应当自己后进门、后出门,而请对方先进门、先出门。平时,特别是陪同引导别人时,还有义务在出入房门时替对方拉门或是推门。在拉门或推门后要使自己处于门后或门边,以方便别人的进出。

2.3.4 眼神

眼神是面部表情的核心,是心灵的窗户。在社交场合中,眼神运用得当,有助于融洽气氛、交流思想、增进感情、加深印象。反之,轻则导致拘谨,重则产生误会,因此有必要明确目光运用的各种礼仪要求。

1. 眼神的类型

直视型。直视与长时间的凝视可理解为对私人占有空间和个人势力圈的侵犯,是很不礼貌的。直视对方,使人有压迫感。初次见面或不大熟悉的男性用这种目光看女性,会使女性感到不自然,以致产生反感。而女性用这种目光看男士,则有失稳重。

游移型。即与对方谈话时,目光总习惯四处游移,容易给人以心神不定,不够坦率和诚实的感觉,不利于双方的交谈。

柔视型。目光直视对方,但眼神不是火辣辣的,目光有神,却又不失柔和。这种目光投射出去,给人以自信和亲切的感觉。这是一种善于运用目光,容易与人相处且富有修养的人。

热情型。目光充满活力,给人以活泼、开朗和蓬勃向上的感受。这种目光运用得当,可以使对方情绪渐涨,提高谈话兴趣;但如果不分对象、不分场合,一味热情相望,也可能产生相反的效果。

他视型。即与对方讲话,眼睛却望着别处,容易使对方产生误解,是不尊重他人的注视形式。

斜视型。即目光不是从眼睛正中视向对方,而是从眼角斜视对方,这是极为失礼的,也给人以心术不正的感觉。

无神型。目光疲软,视线下垂,不时视向自己的鼻尖,这种目光透视出冷漠之感,往往会使谈话的气氛冷淡。

2. 眼神的语言

不同的眼神,表达不同含义:如相互正视片刻表示坦诚;互相瞪眼表示敌意;斜着扫一眼表示鄙夷;正视逼视表示命令;不住地上下打量表示挑衅;白眼表示反感;眼睛眨个不停表示疑问;双目大睁表示吃惊;眯着眼看既可表示高兴,也可表示轻视;左顾右盼,低眉偷觑表示困窘;行注目礼表示尊敬等。因此,在和别人交流时,要注意注视对方的时间、位置,运用恰当的眼神,注意使用眼神的礼仪规范。

3. 眼神的规范

用目光注视对方的面部应自然、稳重、柔和，这是一种坦荡、自信的表现。注视的时间不可过长，可偶尔将视线移开一下，但不得移开太久，自始至终地注视对方是不礼貌的。死盯住对方某部位，或不停地在对方身上上下打量，或东张西望，均是失礼的。眼神应是诚恳、友善的，表示对对方的尊重和友好。谈话时眼睛往上、往下、眯眼、斜视、闭眼、游离不定、目光涣散，是傲慢、胆怯、蔑视的表现。当别人难堪时，不要去看他；交谈休息时或停止谈话时，不要正视对方。对女子来说，一般要求说话时不要牵动眉眼、频繁眨眼、挤眉弄眼、目光游离等，这些都是有失文雅，很不得体的表现。

2.3.5 鞠躬礼

在社交场合，行礼方式很多，但最能表达谦卑的就要算鞠躬礼了。鞠躬礼有深有浅，不同的度数表达不同的含义，也适用不同的场景。接下来介绍四种鞠躬礼供参考：90°适用于深深谢罪；45°适用于面对最为尊敬的上司、长辈、老师等，一般用于较为隆重的场合；30°适用于接待客人时，尤其是特别的场合，如迎来送往等；15°使用在待人接物的每个细节，如握手、指引、端茶送水、请求落座、递接名片等，都需要这个微微欠身的礼貌动作。

本章小结

无论是男性还是女性，培养气质、加强自身修养都是树立自己良好形象的重要部分。高雅的气质源于内在的涵养。建议平时多读书看报，给人知书达礼、善解人意的印象。同时，还要注意言谈举止得体大方。这样，内外结合，相得益彰，才会显得气质高雅、魅力无穷。

相关网站

一方礼仪网：http://www.yifly.net

世纪秘书网：http://www.21mishu.com

洪恩在线：http://www.hongen.com

中国礼仪网：http://www.cnliyi.cn

中华礼仪网：http://www.d-liyi.cn

复习思考题

1. 简述个人礼仪的重要性。
2. 如何理解“你的形象价值百万”？
3. 如何理解“内在素质和外在形象高度统一是个人礼仪的最高境界”？

【案例分析】

形象的价值

前任美国总统尼克松曾在1961年就参加过总统竞选,但是却败在肯尼迪的手下,他的失败就与仪表风度有关。尼克松在当时被大多数美国人认为是仅次于总统艾森豪威尔的政治人物,他反应敏捷,善于表达,富有经验又具有坚强的毅力,在竞选前夕的民意测验中,尼克松以56%的多数票遥遥领先于肯尼迪,但竞选结果却出人意料。竞选过程中,尼克松与肯尼迪要面对美国7 000万电视观众展开辩论。尼克松却恰在不久前发生车祸撞伤膝盖,致使身体消瘦。这样,屏幕上的尼克松服装显得过于宽大松垮,灯影又使他看上去眼窝下陷,疲惫憔悴,萎靡不振。而此时的肯尼迪正好相反,高大魁梧,健康结实,衣着合体大方,精神饱满,气宇轩昂,结果肯尼迪以美国历史上最微弱的总统竞选差额49.9:49.6击败尼克松,取得胜利。

不难看出,仪表是导致尼克松失败的原因之一,尽管尼克松其他方面都比肯尼迪略高一筹,但对电视观众来说,与形象的差异相比,辩论观点的分歧已显得不那么重要,美国公民希望有一个神采奕奕,具有崭新领袖风度的总统,而他们只能从电视里的直观形象做出对比和选择。

竞选败北的尼克松终于对良好的仪表仪容在走向总统竞选成功中的作用有所醒悟,因而在1968年的美国总统大选中,他东山再起并投入角逐。这次,他雇用一大批公共关系顾问和广告专家,精心筹划竞选活动,花费很大的气力去塑造成功者的形象。结果一举成功,尼克松最终当上了美国总统。

虽然尼克松的当选还有很多更重要、更深层的原因,但是他的形象如何,却在很大程度上影响着他能否获得竞选的成功,这是毋庸置疑的。

可见,良好的仪容仪表,是个人的无形资产。你的形象越好,你就越自信,越注重自己的价值,从而工作也更加出色,得到别人敬重的程度也就越高,这一切反过来又会促使你提升自我形象。

(资料来源:http://www.chinadaily.com.cn/gb/doc/2005-03/14/content_424716_7.htm)

实践训练

实训项目:站姿的练习。

实训目的:站是坐和行的基础,也是最基本的姿势,所以显得非常重要。

实训内容:练站姿掌握的要领是平、直、高。

实训组织:全班学生分成若干组。

实训考核:现场让每组同学示范,评出等级,可适当记分。

3

个人社交礼仪

勿以身贵而贱人，勿以独见而违众，勿持功能而失信。

——诸葛亮

学习目标

本章要求学生通过学习社交礼仪规范，为交往创造出和谐融洽的气氛，建立、保持、改善人际关系。真正提高社交能力，培养良好的个人修养和气质。

主要概念

社交礼仪　会面　介绍　握手　交谈　名片

社交和礼仪同样具有调节人与人之间相互关系的重要功能，也同样具有深刻而丰富的文化内涵。这就必然使社交和礼仪紧密地联系在一起，甚至融为一体。礼仪是社交活动的一种重要形式和方式，社交离不开礼仪。人们所说的社交活动，是专指以处理和调节人与人（包括社会组织与组织）之间的相互关系为中心内容和目的的社会活动。因此，不能拿一般性的礼仪，来简单替代社交活动中的礼仪；不能拿处理家庭关系的礼仪，来替代社交活动中的礼仪；不能像对待父母一样对待社交活动中的老者；不能像对待妻子、女朋友一样对待社交活动中的女士；不能像举办家宴一样组织安排社交宴会。在社会交往中人们不仅需要注意社交礼仪拥有一般性礼仪普遍具有的共性，也应注意掌握社交礼仪的特殊性。

3.1 见面礼仪

3.1.1 称呼

每个人在社会交往中,都希望在社会地位、人格、才能等方面受到他人的尊重。这种渴求尊重的心理,又常集中表现在对称呼的重视上。因此,日常社交活动中,要善于得体地使用谦称和敬称。

(1)谦称。谦称是抑己,以间接表示对他人的尊重。谦称自己最常使用的是"我"、"我们"。目前还流行一些古人的谦称词,如"鄙人"、"在下"、"愚"、"晚生"等。

(2)敬称。通常所用的词如"您"、"您老""、"您老人家"、"君"等,都表明说话人的谦恭和客气,是在社交场合最常用到的敬称。

(3)通称。通称是一种不区分听话人的职务、职业、年龄等而广泛使用的一种称呼。过去比较常用的是"同志"一词,现在较常用的是"先生"、"太太"、"小姐"、"女士"等等。当得悉对方的姓名之后,"先生"、"太太"、"小姐"这三种称呼就可以与其姓氏或姓名搭配使用,如"汪太太"、"李小姐"等。需要注意的是:如果称"格林太太",就是指"格林先生"的夫人,因为西方人婚后是随丈夫姓的。通常"先生"一词是用来称呼男性的,而且不论其年龄大小。"太太"一词则是用在已知对方已婚情况下对女子的尊称。

(4)职业称谓。在比较正式的场合,往往习惯于职业称谓,这带有尊重对方职业和劳动的意思,同时也暗示了谈话与职业有关。如"师傅"、"大夫"、"医生"、"老师"、"律师"、"法官"等。同时在前面可以加上姓氏,有时,还可以用"博士先生"、"教授先生"等称呼。

(5)职务称谓。如书记、厂长、工程师、校长、主任、经理、老板等,并在前面冠以姓氏,显示了说话人对对方地位的熟知和肯定。

(6)亲属性称谓。对非亲属的交际对方用以亲属称谓来称呼,不仅可以表示尊敬,还能传达某种亲情。这种称谓法,常用于非正式交际场合。

3.1.2 介绍

在社交活动中,自我介绍或相互介绍是常有的事。介绍,往往成为给人的第一印象而产生"首因效应",因此必须慎重对待。

1. 自我介绍

自我介绍要介绍自己的姓名、身份、单位。如果对方表现出结识的热情和兴趣,可根据具体情况,适当介绍对方关心的问题:如自己的原籍、毕业学校以及学习情况、工作经历、兴趣特长等,不过,切忌信口开河,过分表现自己,应该在介绍完时,表示"请多多指教"。举止应该庄重、大方、充满自信。这样容易使人产生信赖和好感。

介绍时可将右手放在自己的左胸前,不要随随便便用手指指划划。表情应亲切、自然,眼睛应该看着对方和大家,用微笑的眼神和自然亲切的面部表情来表达友好之情,既不应拘谨忸怩,也不要满不在乎。

2. 为他人做介绍

为他人做介绍时,要准确了解被介绍双方各自的身份、地位等基本情况。介绍时,要遵照受尊敬的一方有了解对方的优先权原则。介绍时,先恭敬地称呼身份高者、年长者、主人、女士和先到场者;然后,把对方介绍给有身份者、年长者等;再把有身份者、年长者等介绍给另一方。为他人做介绍时,手势动作应文雅,无论介绍哪一方,都应伸出右手,和地面形成45°,四指并拢,指向被介绍的一方,朝向另一方点头微笑介绍。必要时,可以说明被介绍的一方与自己的关系,以便新结识的朋友之间相互了解和信任。被介绍的对方,都应当表现出结识对方的热情。介绍时,除女士和长者外,一般都应该站起来。但是若在会谈进行中,或在宴会等场合,则不必起身,略微欠身致意即可。

常见的介绍规则是:将男士介绍给女士;将年轻者介绍给年长者;将地位低者介绍给地位高者;将主人介绍给客人;将先到者介绍给后到者;将未婚者介绍给已婚者。

此外,如果被介绍的一方是个人,另一方是集体时,应该根据具体情况采取不同的方法。一种是将一个人介绍给大家。这种方法主要适用于重大的活动中对于身份高者、年长者和特邀嘉宾的介绍。介绍后,可让所有的来宾自己去结识这位被介绍者。

另一种是将大家介绍给一个人。这种方法适用于非正式的社交活动中,使那些想结识更多自己所尊敬的人物的年轻者或身份低者满足自己交往的需要,由他人将自己引见给那些身份高者、年长者;这种方法也适用于正式的社交场合,比如,领导者对劳动模范和有突出贡献的人进行接见时;还适用于两个处于平等地位的交往集体的相互介绍,其介绍的基本顺序有两种,一种是按照交往集体的相互介绍进行,另一种是以身份的高低顺序进行。

3.1.3 握手

握手礼源于西方人类半野蛮半文明时期,在战争或狩猎时,人们手上经常拿着石块或棍棒等作为防御武器。他们遇见陌生人时,如果大家都无恶意,就要放下手中的东西,并伸开手掌让对方摸摸手心,表示自己手中没有藏着什么武器,以证实自己的友好。这种习惯逐渐演变成今天作为见面和告辞的“握手”礼节,被大多数国家所接受。在我国,握手礼不但在见面和告辞时使用,而且还作为一种祝贺、感谢或相互鼓励来表示。因此是社交中应用最广泛的致意礼节。

礼仪视窗 3 -1

都是手套惹的祸

据香港文汇报综合外电消息:美国总统布什抵达斯洛伐克与该国总统及众高官见面时,出现外交礼节失仪事件,布什夫妇两人与对方握手时没有摘下皮手套,完全给人一种不礼貌的感觉。这次外交礼节失误在当地引起激荡。斯洛伐克风俗与礼仪专家卢瑟露娃表示,她并不知道这种握手方式在美国是否很普遍,不过在斯洛伐克则没有这种情况。戴手套握手十分罕见,事实上,斯洛伐克从未有领导人出现过类似失仪事件,她认为这并不寻常。

(资料来源:http://www.chinanews.com)

1. 种类

单手握是最普通的握手方式。握手时,上身要微微前倾,目视对方与之右手相握。并可适当上下抖动以示亲热。握手要有发自内心的诚意,才能收到好的交际效果。双手握是为了表示对对方加倍的热情和尊敬。应该同时伸出双手,握住对方右手。但是,这种握手方式不宜每次都用,它的适用范围只在年轻者对年长者,身份低者对身份高者,或同性朋友之间握手时使用。男子对女子一般不用这种礼节。握手之时,掌心向下显得傲慢,表现出有一种支配欲和驾驭感;掌心向上显得谦恭,伸出双手捧接对方的右手则更是谦恭备至了。

2. 规范

(1)握手对象的先后顺序。通常年长(尊)者、女士、职位高者、上级、老师先伸手,年轻者、男士、职位低者、下级、学生及时与之呼应。来访时主人先伸手,以表示热烈欢迎和等候多时之意。告辞时待客人先伸手后,主人再伸手与之相握才合乎礼仪,否则有逐客的嫌疑。男士如果伸出手来,女士一般不要拒绝,以免造成尴尬的局面。

(2)握手时机和时间。握手之前要审时度势,听其言观其行,留意握手信号,选择恰当时机。尽量避免出手过早,造成对方慌乱,也避免几次伸手相握均不成功的尴尬局面。握手时间长短的控制,可根据双方的亲密程度灵活掌握。初次见面者,握一二下即可,一般应控制在二三秒钟之内,切忌握住异性的手久久不松开,握住同性的手时间也不宜过长,以免使对方欲罢不能。

握手的力度以不握疼对方的手为限度。切忌用力过猛,甚至握得对方龇牙咧嘴,而完全不用力或柔软无力地同人握手,会给人缺乏热忱或虚应敷衍之感。另外,男士握女士手应该轻一些,不要握满全手,只握其手指部位即可。

3. 禁忌

握手时切忌左顾右盼,心不在焉,用眼睛寻找他人,而冷落对方。与客人见面或告辞时,不能跨门槛握手,要么进屋,要么站在门外同人握手。除非是年老体弱者或者有残疾的人,一般要站着而不能坐着握手。伸出右手与人握手时,左手应该自然下垂,不能插在口袋里。男士不能戴着帽子和手套与他人握手,军人不脱帽先行军礼,然后再握手。在社交场合中,女士戴薄纱手套或网眼手套可以不摘而握手,但在商务活动中讲男女平等,女士应该摘手套握手。当然这时男士仍旧不要先主动同女士握手。忌用左手同他人握手,除非右手有疾或太脏了,在这种特殊情况下应向对方说明原因并道歉。在印度和中东的一些国家,左手只能用于洗澡或上洗手间,因而被认为是不洁的。所以与这些国家的人握手时尤其不能用左手。握手时不要抢握,切忌交叉相握。因为有的国家视交叉握手为凶兆的象征,交叉成"十",意为十字架,认为这会招来不幸。

3.1.4 交谈

当你被介绍给他人之后,应当跟对方交谈。若只向他人点点头,或是只握一下手,通常会被理解为不想与之深谈,不愿与之结交。碰上熟人,也应当跟他交谈一两句。若视而不见,难免显得自己妄自尊大。

在不同时候,适用的交谈语各有特点。跟初次见面的人交谈,最标准的说法是:"你好!"、"很高兴能认识您"、"见到您非常荣幸";比较文雅一些的话,可以说:"久仰"或"幸会";要想随便一些,也可以说:"早听说过您的大名"、"某某某人经常跟我谈起您",或"我早就拜读过您的大作"、"我听过您的报告"等。跟熟人交谈,用语则不妨显得亲切一些,具体一些,可以说"好久没见了"、"又见面了",也可以讲"你气色不错"、"您的发型真棒"、"您的小孙女好可爱呀"、"今天的风真大"、"上班去吗?"等。交谈语不一定具有实质性内容,并且可长可短,需要因人、因时、因地而异,但它却必须具备简洁、友好与尊重的特征。

交谈语应当删繁就简,不要过于形式化,以免显得像写八股文。例如,两人初次见面,一个说:"久闻大名,如雷贯耳,今日得见,三生有幸",另一个则道:"岂敢,岂敢!"搞得像演古装戏一样,这就大可不必了。交谈语应带有友好之意,敬重之心。既不容许敷衍了事般地打哈哈,也不可用以戏弄对方。"来了","瞧您那德性","喂,您又长膘了"等,均应禁用。

问候多见于熟人之间打招呼。西方人爱说:"嗨!"中国人则爱问"去哪儿"、"忙什么"、"身体怎么样"、"家人都好吧"之类的话。

礼仪视窗 3-2

交谈礼仪

一天，参加工作不久的杨安琪小姐被派到外地出差。在卧铺车厢里，碰到一位来华旅游的美国姑娘。美国姑娘热情地向杨安琪打招呼，使杨小姐觉得不与人家寒暄几句实在显得不够友善，于是便操着一口流利的英语，大大方方地与对方聊了起来。

交谈中，杨小姐有点没话找话地询问对方："你今年多大岁数呢？"美国姑娘答非所问地说："你猜猜看。"杨小姐自觉没趣，又问道："你这个岁数，一定结婚了吧？"更令杨小姐吃惊的是，对方居然转过头去，再也不理她了。一直到分手，两个人再也没说一句话。

（资料来源：http://www.yifly.net）

在日常生活与工作中与别人交谈时，态度要真诚平等，表情要自然大方，目光要注视对方，语气应柔和、亲切，声音不宜过大。适当运用体态语言辅助谈话，但手势动作要少，不要手舞足蹈，唾沫星子飞溅，以免给人以不沉稳和没教养的感觉。谈话时双方要自然地保持一定距离，不要拉拉扯扯、拍拍打打。

交谈时要精神集中，切不可精神涣散，左顾右盼，更不应看手表，伸懒腰，抖动双腿，摆弄东西。如果在交谈中看到对方有上述表现，有可能是对方不想继续交谈的暗示，这时应礼貌地结束谈话。交谈时不可以只顾自己讲，要给别人发表意见的机会。若在别人讲话过程中需要插话，要寻找适当时机，或征得对方的同意。随意打断别人的话是不礼貌的。

谈话现场超过三人时，应注意不要只与一两个人谈话而冷落其他人，也不要与个别人谈只有你们两个人知道的事，更不要使用只有你们两个人才懂的语言。如果所谈的内容不便让其他人知道，应当另选场合。参与别人的谈话应先打招呼。别人在个别谈话，不要凑前旁听；若有事需与某人说话，应待别人把话说完。别人欲参与你们的谈话时，应点头微笑表示欢迎；谈话中如遇有急事需要离开时，应向对方打招呼并表示歉意。

交谈时应有问有答，置之不理是失礼的。对于没有听懂的话，可以要求对方重复一遍；对方不愿回答的问题不要追问；对方反感的话题，应避免说起，一旦说了，应马上致歉，然后立即转移话题。交谈中要避免太多的客套，客套太多了，也是一种失礼。

3.1.5 名片

名片，是人们用于交际或送给他人做纪念的一种介绍性媒介物。由于交换名片常在见面之时，所以也被视为一种见面的致意礼仪。名片在我国已有 2 000 多年的历史,名称屡有变化,样式各有不同。秦汉时叫"谒",汉末称"刺",六朝时叫"名",唐宋时期谓之"门状",明朝唤为"名帖",清朝又称"名刺",同时也出现了"名片"的叫法。

1. 名片制作

正规的名片长为9厘米,宽为5.5厘米,是一个较为规则的长方形。一些异形(如心形、树叶形)或者开合式的名片,虽有鲜明的特色,但不宜在较严肃的社交活动中使用。制作名片材料的质地要考究。要抗折耐磨、有质感、不要太薄。材料的色彩要淡雅简朴,最好选择白色、淡黄、淡蓝等。要慎重选用压底图案,不要太花哨。一些名片印有图案优美的徽记,或印有绚丽多彩的风光景色,或印有人物肖像,或幽默漫画、摄影、卡通、水墨等技法并用,把一张小小的名片变成了精美的艺术品,令人爱不释手。不过,在较为严肃的社交和工作场合,不宜使用这类名片。

名片上的文字要用中文,还可以选用一种外文印在名片后面,一般都采用应用范围广的英文。如果在国外工作,应当以外文为正面文字。一张名片上最多只能有两种文字,而且必须一正一反,不可同用于一面。名片上的数字一律用阿拉伯数字,不能用汉字大写,也不能用罗马数字。不管使用何种文字,选择印刷字体时都应本着易识第一,美观第二的原则。所以,中文的草书、篆书、行书、拼音文字的花体字都不宜用于名片。

名片正面应该包括三个方面的内容:本人所在单位名称,本人姓名、职务、职称,联络方式等。与外国名片相比,中国人名片的最大特点是头衔繁多。凡只要沾边的头衔都舍不得舍弃,密密麻麻堆积在名片上头,挤得应该突出的尊姓大名反而不显眼。有时让人看了,隐隐觉得名片主人太重名位了,反将其看轻。所以,头衔挑个最主要的就可以了。若交际广泛,各有所用,不妨分印几种头衔的名片。

名片印好后要随身携带。不要把名片随随便便地放在衣袋里、钱夹里,也不要将别人赠予的名片随手放在这些地方。

2. 名片交换

交换名片的恰当时机,通常是初次见面与对方握手寒暄之后,或者出门辞行之前。不过,对于美国人来说,只有在双方想保持联系时才送名片。

交换名片有一个先后尊卑的问题。一般的做法是:位卑者,即职务低者、身份低者、拜访者、辈份低者、年纪轻者、男性、未婚者,应当先把自己的名片递给位尊者,即职务高者、身份高者、被拜访者、辈份高者、年纪大者、女性、已婚者。把名片递向他人时,应立正,面向对方,双手执名片的两角,态度谦敬地递给对方。名片的正面要朝上,名片上文字的正面朝向对方。这样,对方不必翻转就可以阅读名片的内容了。递上名片后,还应说一声:"敬请指教"、"请多关照"、"希望今后保持联络"等。不可一语不发,单用一手递,或是随手一扔。接受名片的人要及时起立,态度谦敬地双手接过名片,说声"谢谢",然后双手接过来,捧在眼前,从头至尾默读一遍,以示恭敬。也可以把送名片者可能引以为荣的部分念出来,最好再赞扬几句。最后,要把名片当着送者的面,妥善地放置在名片夹中。最忌讳的是接过他人名片以后,看也不看,顺手一塞,或是乱丢。未经许可,也不要当着对方的面把名片让别人传看。

接受别人名片之后,理应立即将自己的名片递过去。如果这时到处寻找,或者错把别人的名片送给对方则是严重失礼的。对于别人交换名片的请求,一般都要尽快答应。如果真的不想把自己的名片送给对方,可以用"自己的名片刚刚用完"或者"今天忘了带"这样的借口来委婉地拒绝对方。因为这已经成为一种不成文的暗示。所以,一旦真的发生忘带名片或名片用完的情况,就会产生不必要的误解。因此,平时要注意随身携带一定数量的名片。在社交场合中,自己的名片给谁不给谁要考虑周到,把握好分寸。当对方看起来并没有要送自己名片的意图时,而自己又十分想结交对方,不妨先用自己的名片投石问路,看看对方是否会投桃报李。在送名片的同时,给予一定的暗示,如:"今后如何向您请教?""今后如何与您联系?"对方就会明白你的意图。

使用名片还需注意以下几个问题:忌随意散发自己的名片,忌逢人便要名片。倘若自己暂时没有名片进行交换时,不宜说"我们单位小,都没有印名片"或"我没有职务"或"印不起名片"等等,这样会有损自己单位形象,同时也贬低了自己。名片和存放名片的夹子,应避免放在臀部后面的口袋里。在交谈时不要拿着对方的名片玩耍。男士不宜主动给自己朋友的夫人或女朋友留下名片,以免发生不必要的误会。

3.2 通信

通信是指人们利用一定的电信设备,来进行信息的传递。被传递的信息,既可以是文字、符号,也可以是表格、图像。在日常生活中,商界人士当今接触最多的通信手段主要有电话、电报、电传、寻呼、传真、电子邮件等。通信礼仪,通常即指在利用上述各种通信手段时,所应遵守的礼仪规范。

3.2.1 电话

打电话,已经成为现代社交活动的重要方式和手段。打电话并不难,难的是在打电话时,给对方一个良好形象,打电话时的形象虽然不是直观的,但往往给对方留下的印象却是鲜明深刻的。因而,更要重视与形象有密切关系的电话礼仪规范。

电话礼仪规范,主要涉及打电话时的形体、表情、态度、语气、内容以及时间控制等方面;而且给别人打电话、接电话、转接电话,也有一些特定的礼仪规范。虽然听电话的一方不能直接看到打电话人的体态,但不良体态总会影响打电话的情绪与声音,而且会给周围的人留下不好的印象。

打电话时,身体应不倚不靠桌子、墙壁,更不能坐在桌子或椅子上、歪在沙发里、斜靠或是趴在办公桌上。另外,打电话时,除了利用必要的参考资料和做记录之外,不可三心二意地去做其他事,不应该一边与别人通电话,一边吃东西、喝饮料、看文件。使自己的口部与话筒保持 2 到 3 厘米左右的距离,是最规范的。因为人的表情与人的语音有自然联系统一性。因此，打电话时，要力求保持良好、平和的心态，脸色愉快、安详，这样声音就能客气、亲切、安详、谦恭而有礼貌。

打电话时，语音要平静、柔和，发音要清晰，吐字要准确，音量不要太大，以免使对方震耳欲聋，但要保证对方听得清，语速要适中。还要使用一些规范用语。电话中的语言要文明健康，应注意根据不同对象，恰当地调整使用。语气、语调要自然得体。

打电话之前，要慎重考虑通话的内容，确立中心，理清思路，拟好谈话要点和顺序，简明扼要，力戒在电话中想什么说什么，想到哪儿说到哪儿。电话中不宜抒发情感，也不宜进行长时间讨论，有些保密的内容和需要反复磋商的内容可以用封闭性较强的面谈方式。国外有个"打电话的 3 分钟原则"，是说一次打电话的全部时间，应当不超过 3 分钟。除非有重要问题必须字斟句酌地反复解释、强调，一般通话都应简化内容、简明扼要。另外，还要注意打电话的时间。一般情况下，公务电话要在上班时间打，不应下班后给家里打，更不应在早晨 7:00 以前和晚上 10:00 以后打，在午休和用餐时间随便给人打电话也是不礼貌的。

在家里打电话时应注意尽量不影响家人休息、学习等；在单位调低自己的音量，尽量不要影响同事办公；在公开场合打电话，不应谈及较秘密的事或需要回避他人的事；若使用公用电话时，更应该长话短说，具有自觉的公共意识。

礼仪视窗 3-3

电话聊天

谢小姐大学毕业后不久在某公司就职，她性格开朗、活泼，朋友非常多。朋友多，电话自然也很多。谢小姐上班时总要接一些私人电话。接到朋友的电话，谢小姐总是很高兴，她常常旁若无人地与朋友谈笑风生，似乎总有说不完的话。可是，她没有觉察到周围同事们那带有责备的目光。

（资料来源：http://www.yifly.net）

1. 打电话

（1）打电话时，发话人所讲的头一句话，应由向对方的问候与自我介绍两项基本内容构成。例如，发话人可以说："您好，我是××大学的王丽"；如果听出了正是自己要找的人，可以说："李先生，您好。我是××大学的王丽"；如果不能判定对方就是自己要找的人时，则不妨把自己的"开场白"多说几句，以便于对方了解自己的身份。

礼仪视窗3-4

电话语言

一位先生给远在俄罗斯留学的王姓朋友打电话。这位朋友居住在一个俄罗斯人家里。因为这位先生不会俄语,他打电话时,听到俄罗斯主人接起电话时,就一个劲地叫:“王、王、王”。俄罗斯主人听到如此问候,非常生气,事后问他的王姓朋友:中国人打电话都这么没礼貌吗?俄罗斯主人由此对他的王姓朋友也产生了看法。实际上,这位先生说一句英语“哈啰,好阿油”就能解决问题。

(资料来源:http://www.yifly.net)

(2)打错电话时,要向对方道歉:“对不起,打错了”,“打扰您了”等。切勿直接挂断电话,不做任何解释。

(3)发话人在拨电话号码,需要总机接转时,若话务员首先问候了我们,应立即回问对方一声好。

(4)通话中途万一断了,要主动打过去,并且说:“刚才电话断了,请原谅。”

(5)事情谈完了,要说些客套的结束语。如拜托了、麻烦您了、打扰您了、请多多指教、谢谢、再见等礼貌用语。还应注意:要等对方挂上电话之后,发话人再放下话筒,话筒应轻放。

礼仪视窗3-5

打电话

“喂,你给我找一下某某某。”一位先生有急事给某客户打电话,拨通电话后,高声地让接电话者去找人。正好那天接电话者心情不佳,听到这种电话心情更是不爽。而且接电话者也知道他要找的人正在开会,这时也不能接听电话。于是接电话者不高兴地说:“他不在。”随即挂掉了电话,这位先生也不知道客户到底干什么去了,什么时候才能打电话找着人,急得像热锅上的蚂蚁,他不知道造成这一结果的唯一原因是打电话忘了“客气”。

(资料来源:http://www.yifly.net)

(6)打电话时一定要记清电话号码,看清电话号码键盘再拨。如果一时打不通,应当耐心等待,重拨。万不可摔话筒、骂大街。电话接通后,至少应当等铃声响过六七遍,或是大约一分钟左右的时间,确信对方无人接听后,方可将电话挂断。不可急躁,一拨再拨。

(7)尽量少在单位用公家电话打私人电话。

(8)简单明了、语意清楚。通话过程中要注意做到简单明了,尽量将语意表达清楚。说话时含含糊糊、口齿不清,很容易让通话对象感到不耐烦。尤其需要注意的是,不要在通话的同时,嘴里含着食物或其他东西。

(9)勿因人而改变通话语气。不要因为对方身份的改变而改变通话语气,应该自始至终使用亲切平和的声音平等地对待客人。如果客人听到声音发生明显转变,心里很容易产生反感,从而认为打电话的人非常势利、没有教养。

(10)说话速度要恰当、抑扬顿挫、流畅。通话过程中要始终注意言谈举止,三思而后言。说话时速度要适当,不可太快,这样不但可以让对方听清楚说话人所说的每一句话,还可以帮助说话人自我警醒,避免出现说错话而没及时发现的情况。另外,说话的语调尽量做到抑扬顿挫和流畅,给人舒服的感觉。

(11)最多让来电者稍候7秒钟。根据欧美行为学家的统计,人的耐性是7秒钟,7秒钟之后就很容易产生浮躁。因此,最多只能让来电者稍候7秒钟,否则对方很容易产生收线、以后再打的想法。如果让来电者等待,则需要说:"对不起,让您久等了。"

2. 接电话

(1)电话铃响时,应尽量快接。宜在铃声响过两遍后,立即拿起话筒,尤其不要有意让它响上两三分钟。如果不能立即接,接通后要向对方说明原因。

(2)接电话人在拿起听筒后,先问"您好",再报本单位的全称或规范简称及个人姓名,让对方明白是否要对了电话,语调要柔和亲切。

(3)在接听电话时,如遇重要内容,应做好详尽笔录,然后及时转达有关部门负责人,不得延误,以免给工作造成损失。

(4)如果对对方所询问内容不甚了解,或不该由自己回答时,应由相应的部门主管或主要负责人答复。注意自己不可越权。

(5)如果电话是找其他人,要用手轻捂送话筒,然后再呼喊远距离的受话人。如果受话人距离太远,对来电方说"请您稍等一下",然后去找,不宜在楼道或门口大喊大叫。

(6)如果受话人不在或不便接电话,可代其询问对方的工作单位、姓名、电话号码等,或告知对方何时再打来电话。

(7)如果遇到对方打错电话时,请对方再重拨一次号码,不要责怪对方。

(8)电话中断时,应由发话人立即再拨打一次。而受话人不宜去做其他事,应稍候片刻。

(9)通电话时,如需查找有关资料,可告知对方稍等,一般这种"中断"的时间不应长于2分钟。如需时间较长,可请对方先把电话挂断,然后适时重拨。假如有两个电话铃声同时响起,先接一个询问对方是否介意自己去接另一个电话。待其同意后,才可按电话机上的"保留"键,放下话筒,立刻去接第二个电话。接第二个电话时,若是长途,应先与之通话;若是本地电话,则应先请对方挂断电话,而由自己过一会儿打电话去找对方。之后,应立即回头去接第一个电话。不要同时接听两个甚至两个以上的电话。

(10)在公家电话中接到私人电话时,高兴之余切勿忘记自己身份,放情欢笑喊叫,但也不要把声音压得很低,让别人以为有什么不光明正大的事,只能是尽快缩短通话时间。

(11)除非绝对必要,一般不要在打电话时要求通话对象转机。将对方的电话转来转去,会让对方感到不认真、不负责、无礼。

3. 移动电话

凡上班、开会、会见重要客人或是观看演出,应自动将移动电话关掉,或拨到震动,或是暂时交由他人代管。不要让它随时随地狂呼不已,既制造了噪音,又妨碍了他人。使用移动电话者,应当含蓄文雅,不要像某些"暴发户",手持移动电话到处招摇过市,在公开场合大声通话。放置它们的最佳之处,应该是自己随身携带的公文包。

3.2.2 书信

书信是人们生活中最为普通、最为古老的一种沟通方式。掌握书信的格式和要求,有助于更好地发挥书信的功能。书信信文由称谓、正文、敬语、落款及时间五部分组成。

(1)称谓。应在第一行顶格写,后加冒号,以示尊敬。称谓应遵循长幼有序、礼貌待人的原则,选择得体的称呼。

(2)正文。正文是信函的主体。可根据对象和所述内容的不同,灵活地采用不同的文笔和风格。问候语要单独成行,以示礼貌。有"你好"、"近好"、"节日好"等。先询问对方近况和谈与对方有关的情况,以表示对对方的重视和关切。然后回答对方的问题或谈自己的事情和打算。最后简短地写出自己的希望、意愿或再联系之事。

(3)敬语。写信人在书信结束时向对方表达祝愿、勉慰之情的短语。多用"此致"、"即颂"、"顺祝"等词紧接正文末尾。下一行顶格处,用"敬礼"、"平安"、"安康"等词与前面呼应。

(4)落款及时间。在信文的最后,写上写信人的姓名和写信日期。署名应写在敬语后另起一行靠右位置。写给领导或不太熟悉的人,一般要署上全名以示庄重、严肃;如果写给亲朋好友,可只写名而不写姓;署名后面可酌情加启禀词,对长辈用"奉"、"拜上",对同辈用"谨启"、"上",对晚辈用"字"、"白"、"谕"等词。

(5)信封。信封上应依次写上收信人的邮政编码、地址、姓名及寄信人的地址、姓名和邮政编码。邮政编码要填写在信封左上方的方格内,收信人的地址要写得详细无误,字迹工整清晰。发给机关、团体或单位的信,要先写地址,再写单位名称。收信人的姓名应写在信封的中间,字体要略大一些。在姓名后空二三字处写上“同志”、“先生”、“女士”等称呼,后加“收”、“启”、“鉴”等字。寄信人地址、姓名要写在信封下方靠右的地方,并尽量写得详细周全一些。最后填写好寄信人的邮政编码。

3.2.3 电子邮件

电子邮件,又称电子函件或电子信函。它是利用电子计算机所组成的互联网络,向交往对象发出的一种电子信件。使用电子邮件进行对外联络,不仅安全保密,节省时间,不受篇幅的限制,清晰度极高,而且还可以大大地降低通信费用。电子邮件已经在社交中得到了越来越广泛地使用。使用电子邮件应当遵守的礼仪规范主要有两个方面。

1. 发送

向他人发送的电子邮件,一定要精心构思,认真撰写。若是随想随写,是既不尊重对方,也不尊重自己的表现。在撰写电子邮件时,下列三点尤其必须注意:一是主题明确。一个电子邮件,大都只有一个主题,并且往往需要在前注明。若是将其归纳得当,收件人见到它便对整个电子邮件一目了然了。二是语言流畅。电子邮件要便于阅读,就要以语言流畅为要。尽量别写生僻字、异体字。引用数据、资料时,则最好标明出处,以便收件人核对。三是内容简洁。网上的时间极为宝贵,所以电子邮件的内容应当简明扼要,愈短愈好。

在信息社会中,任何人的时间都是无比珍贵的。所以有人才会说:“在社交中要尊重一个人,首先就要懂得替他节省时间。”有鉴于此,若无必要,不要轻易向他人乱发电子信件。尤其是不要与他人谈天说地,或是只为了检验一下自己的电子邮件能否成功发出,更不宜随意以这种方式在网上“征友”。

2. 接收

目前,有不少网民时常会因为自己的电子信箱中堆满了无数的无聊电子邮件,甚至是陌生人的电子邮件而烦恼不堪。对其进行处理,不仅浪费自己的时间和精力,而且可能耽搁自己的正事。不过一般而言,收到他人的重要电子邮件后,即刻回复对方是符合礼仪规范的。

3.2:4 传真

目前,在个人社交中,经常需要将某些重要的文件、资料、图表即刻送达身在异地的交往对象手中。传统的邮寄书信的联络方式,已难于满足这一方面的要求。在此背景之下,传真便应运而生,并且迅速为大家所接受。传真,又称传真电报。它是利用光电效应,通过安装在普通电话网络上的传真机,对外发送或是接收外来的文件、书信、资料、图表、照片真迹的一种现代化的通信联络方式。现在,在国内的绝大部分单位,传真机早已普及成为不可或缺的办公设备之一。利用传真通信的主要优点是:操作简便,传送速度非常之迅速,而且可以将包括一切复杂图案在内的真迹传送出去。它的缺点主要是发送的自动性能较差,需要专人在旁边进行操作;有些时候,它的清晰度难以确保。我们在利用传真对外通信联络时,必须注意下述两个方面的礼仪问题。

1. 发送

使用传真设备通信,必须在具体的操作上力求标准和规范。不然,也会令其效果受到一定程度的影响。本人或本单位所使用的传真机号码,应正确无误地告知交往对象。一般而言,在商用名片上,传真号码是必不可少的一项重要内容。对于主要交往对象的传真号码,必须认真地记好。为了保证万无一失,在向对方发送传真前,最好先向对方通报一下。这样做既提醒了对方,又不至于发错传真。

使用传真时,必须牢记维护个人和所在单位的形象问题,应做到处处不失礼数。在发送传真时,必要的问候语与致谢语是不可缺少的。发送文件、书信、资料时,更是要谨记这一条。出差在外,有必要使用公共传真设备,即付费使用电信部门所设立在营业所内的传真机时,除了要办好手续、防止泄密之外,对于工作人员亦须以礼相待。

2. 接收

在使用传真设备时,最为看重的是它的时效性。因此在收到他人的传真后,应当在第一时间内即刻采用适当的方式告知对方,以免对方惦念不已。需要办理或转交、转送他人发来的传真时,千万不可拖延时间,以免耽误对方的要事。

3.3 语言礼仪

语言是进行社交活动最普遍、最基本、最重要的交际工具和手段。语言的运用能力,往往最能鲜明地体现一个人的文化修养、思维和实践能力、社会阅历和经验,即体现一个人的综合素质。因此也是一个人社交能力的集中体现。所以社交语言礼仪在社交礼仪中占有极其重要的地位。

3.3.1 问候

问候,也就是问好、打招呼。就是在和别人相见时,以语言向对方致意的一种方式。在有必要问候的时候,要注意问候的次序、态度、内容等三个方面。

1. 次序

如果同时遇到多人,特别在正式会面的时候,宾主之间的问候要讲究一定的次序。

(1)一个人问候另一个人。一个人和另外一个人之间的问候,通常是“位低者先问候”。即身份较低者或年轻者首先问候身份较高者或年长者。

(2)一个人问候多人。这时候既可以笼统地加以问候,比如说“大家好”;也可以逐个加以问候。当一个人逐一问候许多人时,既可以由“尊”而“卑”、由长而幼地依次而行,也可以由近而远依次而行。

2. 态度

问候是敬意的一种表现，态度上需要注意以下几方面。

(1)主动。问候别人，要积极、主动。当别人首先问候自己之后，要立即予以回应，不要不理不睬摆架子。

(2)热情。问候别人的时候，通常要表现得热情、友好。毫无表情，或者表情冷漠的问候不如不问候。

(3)自然。问候别人的时候，主动、热情的态度，必须表现得自然而大方。矫揉造作、神态夸张，或者扭扭捏捏，反而会给人留下虚情假意的不好印象。问候的时候，要面含笑意，以双目注视对方的两眼，以示口到、眼到、意到，专心致志。不要在问候对方的时候，眼睛已经看到别处，让对方不知所措。

3. 内容

问候内容上有两种形式，各有不同的适用范围。

(1)直接式。所谓直接式问候，就是直截了当地以问好作为问候的主要内容。它适用于正式的公务交往，尤其是宾主双方初次相见。

(2)间接式。所谓间接式问候，就是以某些约定俗成的问候语，或者在当时条件下可以引起的话题，主要适用于非正式、熟人之间的交往。比如："忙什么呢"、"您去哪里"等，来替代直接式问候。

3.3.2 致谢

致谢礼仪是情感付出的一种表现形式，包括口头致谢和书面致谢，它传递了你内心深处的感激之情，也延续了你与他人的交往情感。因此，在家庭教育中给予孩子关于致谢礼仪的教育，可以培养孩子谦逊温和的性格，形成对别人尊重的态度，成为一个善于感恩和接纳的人。

礼仪视窗 3－6

没礼貌的后果

一位年轻人去风景区旅游。那天天气炎热，他口干舌燥，筋疲力尽，不知距目的地还有多远，举目四望，不见一人。正失望时，远处走来一位老者，年轻人大喜，张口就问："喂，离青海湖还有多远呀?"老者目不斜视的回了两个字："五里。"年轻人精神倍增，快速向前走去。他走呀走，走了好几个五里，青海湖也不见踪迹，他恼怒地骂起了老者。

(资料来源：http://www.yifly.net)

每个人都有遇到困难的时候。在公共场所遇到困难，需要人帮助时，开口要有礼貌。如果有好心人和富有社会责任感的人向你施以援手,你一定要表示感谢,即使有些人并不要你的回报,真诚的感谢总是必要的。要知道你所需要的帮助并不是每个人都应该必须给予你,所以不要提出过分的要求。

1. 当面感谢

以口语的形式向他人表达你的感谢,可以及时向人传递你的情感,使对方感受你的真诚和善意,形成礼尚往来的持续交往。口头致谢有当面致谢和电话致谢,其特点是你用真诚的话语亲自传达感谢,让对方听到你的声音,从中感受到你的关怀和真情。

(1)当面感谢。在你与人交往或亲属互访过程中,及时表示高兴、接纳和感谢。当接受礼物时,告诉对方“我喜欢您送给我的礼物,太可爱了!谢谢!”;当对方夸奖和赞赏时,告诉他们“多谢您的夸奖”;外出用餐和旅行过程中,应对服务人员所付出的服务与帮助及时表示口头感谢,以表达对他们劳动的尊重,如“谢谢你的帮助”、“麻烦你了”。在日常生活的每一个细节,要学会使用语言对朋友和同学的帮助表达感谢,对他人的礼让表达感谢,对老师的关怀表达感谢,对长辈的关心表达感谢,对父母的点滴付出表达感谢。

(2)电话感谢。当别人为你付出了服务行为之后,你通过电话来表达感谢。当你在需要的时候接受了朋友的帮助,事情办好后应该打电话表示谢意:“谢谢你的帮助!”虽然人已经不在面前了,但你的真诚感谢会通过电话传递到对方耳中,留在他的心中。

2. 书面感谢

以书面的形式向他人表达感谢,可以使人感到你的郑重、在意和真诚。同时,书面致谢易于保存,可以常常使人想起你的真挚情感,不断延续你与朋友的友谊、与亲人的感情和与他人的良好关系。书面致谢礼仪包括书信往来、写感谢便条、寄送卡片、发送电子邮件等,把你的感激之情通过书面的形式写出来,让对方看到这些致谢就如同看到你一样,使你们之间的感情与关系也因此而延伸。

(1)书信。一般对固定的朋友和家人可以保持定期书信往来,半年或一年一次,把在这段时间里的重要事情作一个提纲性的描述,对对方过去给予的帮助做出感谢。可以用彩色纸和彩色笔来书写,使绚丽多姿的致谢信表达出真挚的情感。

(2)便条。在参加了一些小活动后,可以写简短的便条表示感谢,可以用方形纸、心形纸、圆形纸或不规则形纸,再配上彩色笔,表达出自己的高兴和感谢,如“感谢你邀请我参加你的生日晚会,我很开心,祝你天天快乐”、“谢谢你让我在你的家度过了三天快乐的时光”、“谢谢你邀请我来做客,特别感谢你做的美味晚餐”。

(3)卡片。当受到热情接待后,用精心挑选的卡片或自制的卡片,配上彩色笔写出感谢之言,你的真情已融于卡片,跃于眼前了,如“美丽的花离不开阳光,甜蜜的友情离不开帮助与关怀。谢谢你这些天为我做的一切”、“感谢你的热情款待,无论走到哪里,你的真情永远和我在一起”。

(4)电子邮件。可以给朋友写邮件致谢,书写的同时可以配上可爱的小插图,选择相应的字体颜色和形式,制作成字画合一的电子艺术品,当然也可以做成动画卡,这样的电子传情一定会为你的致谢增添色彩。

无论是口头致谢还是书面致谢,只要你是真心表达感谢,那么这些致谢的语言、电话、信件、便条、卡片和邮件都会因你的真情而充满生命力。它们将成为对方的一个宝贵记忆,有时也会成为对方生活中的一个鼓励和动力,因为真情和爱心是具有极大感染力的。

3.3.3 道歉

有道是"知错就改",人不怕犯错误,就怕不承认过失。在人际交往中,如果自己的言行有失礼之处,或是打扰、麻烦、妨碍了别人,最聪明、最得体的方法,就是要向对方及时道歉。

(1)规范。有愧对别人的地方,就应该说:"深感歉疚"、"非常惭愧"。渴望别人的原谅,就可以说:"多多包涵"、"请您原谅"。有劳别人,可以说:"打扰了"、"麻烦了"。一般的场合,也可以讲:"对不起"、"很抱歉"、"失礼了"。

(2)及时。知道自己错了,马上就要说"对不起",否则越拖得久,就越会让人家"窝火",越容易使人误解,而且你也越不好开口。为一件很久以前的事情道歉,实在没什么大意义。

(3)大方。道歉绝非耻辱,应当大大方方、堂堂正正。不要遮遮掩掩,也不要过分贬低自己:"我真笨","我真不是个东西",这会让人看不起。

(4)真诚。有些道歉的话当面难以启齿,可给对方写一封信或送上一束鲜花,婉"言"示错。这类借物表意的道歉"物语",会有很好的反馈效果,也表达了道歉的诚意。

3.3.4 赞美

许多人成功,正是因为他们懂得一条秘诀:真诚、慷慨地赞美他人,但一般人常常忘记或者不善于赞美,所以总有那么多失败的人。出身贫寒的美国第 16 任总统林肯,他以伟大的品格,坚强的意志和高超的处世哲学从木工、摆渡工、律师、议员而成为美国总统。他后来总结说:"人人都需要赞美,你我都不例外。"

生活中我们需要赞美别人,真诚的赞美,是送给他人的玫瑰花,他人的优点因赞美而更加光彩。人们在赞美他人的同时,留在手上一缕清香,活得更潇洒、自在而充实。赞美别人,可以表现原原本本的自我,可以打破一次谈话的僵局,可以消除紧张心理,可以带来远见卓识,拥有宽广的胸怀,不仅使人们更健康,而且会获得真挚的友谊和良好的人际关系。赞美是一门需要修炼的艺术,但只要窥破了它的"秘诀",不但能赞美别人,而且也会得到别人的赞美。

1. 把握原则

(1)真诚。人们慨叹赞美别人难,是因为关注自己太多,即使赞美,也不是出自真心。古语说:“精诚所至,金石为开。”只有真诚的赞美,才能使人感到是在发现他的优点,而不是以一种功利性手段去分享他的利益,从而达到赞美的最高目的,把真诚赞美和阿谀奉承区分开来。菲力普说:“很多人都知道怎样奉承,很少有人知道怎样赞美。”赞美具有诚意,阿谀没有诚意;赞美是从心底发出,阿谀只是口头说说而已;赞美是无私的,阿谀完全为自己打算。因而人们喜欢赞美而厌弃阿谀奉承。

(2)得当。赞美别人之前,必须对被赞美者的基本情况了如指掌,如对方的优点和长处,缺点和弱点,还要熟悉对方的爱好、兴趣、人品等,这样才能避免泛泛而谈或者无话可说。知己知彼,方能百战不殆。金无足赤,人无完人,人有优点,也必有缺点,这才构成一个有血有肉真实的人,了解一个人的弱点,才能利用对方的弱点,用其弱点的反向去赞美他,实现他心理上的满足。性格善良既是优点,但有时难免优柔寡断,常言说:“马善被人骑,人善被人欺。”对于一位性格善良又被人利用的经理,可以这么说:“经理,你待人宽容大度,菩萨心肠,所以有人用卑鄙的手段连累你,实在对不住天地良心。”

(3)从细微入手。常言说:勿以善小而不为,勿以恶小而为之。赞美别人时,要“勿以善小而不赞”。因为凡夫俗子不可能有许多大事值得赞美,千万不要吝啬,一定要慷慨地从小事上称赞别人。善于从小事上赞美别人,不仅可以给人惊喜,而且可以树立你明察秋毫、体贴入微的形象。一位服装店的员工发现新上架的衣服做工有问题,及时把它移走。值班经理赞扬他为公司着想,决定给他加奖金。这位职员受宠若惊,到处称赞那位经理眼快心细,并称自己的工作很有价值。

2. 注意事项

(1)忌太夸张。赞美需要修饰,但是过分地、太夸张地赞美就会变成阿谀奉承,让人感觉不到真诚,只留下虚浮和矫揉造作。丁聪有一次被别人冠以“画家、著名漫画家、抗战时重庆的三神童之一……”,他听后就极不舒服,批评说话者给他戴了这么多帽子。

(2)忌陈词滥调。一些人的赞美言辞中,充满了陈词滥调。如久仰大名、百闻不如一见、生意兴隆、财源茂盛等。一些人在社交场合赞美别人时,只会鹦鹉学舌,说别人说过的话,殊不知别人嚼过的肉不香。

(3)忌冲撞别人。几乎每个人都有自己的忌讳,每个国家和民族都有自己的忌讳。忌讳仿佛是永不结疤的伤痕,每个人都不允许别人侵犯它。赞美别人千万不可触及对方的忌讳,否则,极易造成交际的失败,引起他人的反感。不要夸奖秃顶的领导:“你真是聪明绝顶。”也不要当着残疾人的面赞美别人:“我佩服得五体投地。”

3.3.5 倾听

很多人为了吸引别人,常常滔滔不绝地谈论着他的话题、自己的事情,占用了交谈的大部分时间。这样的人是一位谈话高手吗?他能吸引他人吗?不能。因为他不懂倾听的礼节和重要性。“使对方多说话”也是一种礼仪。

1. 倾听的益处

(1)尊重说话者。卡耐基曾说:“专心地听别人讲话,是我们所能给予别人最大的赞美。”不管对象是谁,上司、下属、亲人或者朋友,倾听有同样的功效。人们总是更关注自己的问题和兴趣,如果有人愿意听你谈论他自己,马上你就有被重视的感觉。

(2)缓和紧张关系。倾听可以增进人与人之间的相互理解,使公司和人员避免不必要的纠纷,从而节约时间和费用。

(3)解除他人压力。心理学研究证明,向人诉说心中烦恼之事能减缓心理压力,因此,当你有了心理负担或心理疾病时,找一个友善的、具有同情心的倾听者是很好的解脱办法。

(4)能学到更多东西。《圣经》中说,上帝赐予我们两个耳朵、一个嘴巴,就是要我们少说多听。如果你是一位话多的人,改变一下吧,先学会做一位优秀的倾听者。更好地了解人和事,能使自己变得聪明,成为一名智者。对一个成功的推销员来说,有效的推销方法是自己只说 1/3 的话,把 2/3 的话留给对方去说。

2. 倾听的技巧

(1)集中注意力,真心诚意地倾听。人的思绪进行得很快,往往超过讲话的速度。讲话的速度是每分钟 120 至 160 个字,而思考的速度则是每分钟 400 到 600 个字。因此要强迫自己集中注意力。如果你真的没有时间,或由于别的原因而不愿听人谈话,最好客气地提出来:“对不起,我很想听你说,但我今天还有一件事要做。”礼貌地提出来,比勉强听或者坐着开小差更好一些。

(2)有耐心,不要随便打断别人讲话。有些人话很多,或者语言表达有些零散甚至混乱,这时就要耐心听完他的叙述。即使听到你不能接受的观点或者伤害某些感情的话,也要耐心听完。听完后可以反驳或者表示你的不同意。偶尔的提问或提示可以澄清谈话内容,给讲话者以鼓励。如:“这几条建议,你认为哪一条最好呢?”、“这很有趣,请接着说。”同样,可以适时用简短的语言,如“是”、“对的”或点头微笑来表示你的赞同和鼓励。

(3)适时给予反馈。反馈就是用自己的语言复述对讲话人所表达的信息和情感的理解,这表明你已经听到并理解了信息。你可以逐字逐句地重复讲话人的讲话,也可以用自己的语言解释讲话人的意思。比如:“你的话是不是可以这样概括……”当别人说:“我不喜欢我的老板,再说,那个工作也很烦人。”你可以用自己语言解释:“你对你的工作不太满意。”

3.3.6 谢绝

人活在世上,总会遇到一些为难的事情,总会有些同窗好友、同事朋友,相处的日子久了,自然要相互求点什么,如果自己能办到的话应尽最大的努力去办,假若朋友提出的某些要求过分,不是个人力所能及的,这就出现了要谢绝、拒绝他人的问题。例如,有同学邀你外出游玩,可你因事不能同往;有人送给你礼物不好接受;父母因疼爱帮你做些事情,你不愿让他们替你做;别人提出过分要求等,面对这种“难题”,有时自己不得不拒绝、谢绝。但处理这类问题时,人们往往感到很棘手,因此不知道该如何开口谢绝、拒绝,明知道一些事情办不成,可又怕损害了朋友之间的友谊,怎样开口拒绝,才不会伤害对方呢?这就需要把握一个度,要特别注意礼貌、分寸,掌握一定的技巧,使自己能轻松愉快地说出“不”字,也能使对方高高兴兴地接受“不”字。

礼仪视窗 3-7

铁娘子“裸退”

“我在2008年‘两会’后会完全退休,我这个退休叫‘裸退’,在我给中央的报告中明确表态,无论是官方的、半官方的,还是群众性团体,都不再担任任何职务,希望你们完全把我忘记!”在北京人民大会堂举行的中国国际商会会员代表大会上,面对之前中国贸促会会长万季飞曾发出请其退休后担任该会名誉会长的真诚邀请以及台下500位中国工商业界人士时,今年已届69岁的吴仪通过这种方式进行话别,赢得了经久不息的掌声。人民给予吴仪高度评价:难得啊!不光在位时的成绩令人景仰,就是退休也一样令人敬佩!总理为人民树了一个崭新的灯塔!浮躁烦世独一花,端庄睿智铁女侠。有德有才傲环宇,不卑不亢为中华。今朝远离金銮殿,他日重入百姓家。翻破汗青无人比,难知后来谁似她。

(资料来源:http://www.yifly.net)

谢绝他人的技巧主要有以下几种。

(1)推托。对不喜欢,又不想扫对方兴致的问话,不想苟同就不要参与辩论,只需表现已收到信息,但对信息不加评论就行了。还可以借助一些形态语言加以婉拒。如不表态,一笑置之。也可以用拖延的方法表示拒绝。如遇到难缠的人,可以理直气壮地推脱,直到对方死心。但要注意态度不温不火。

生活中当我们暂时无法确定“是与不是”时,“无可奉告”、“天知道”、“这个,我也不懂”、“难说”等外交辞令都可以借用。

(2)转移。当别人提出无理的要求或问题,要拒绝时,在说“不”前,务必让对方了解自己拒绝的苦衷,态度要诚恳,语言要温和。把他引向另一方,巧妙地运用转移的方式进行拒绝。

(3)找个理由。从人际关系角度考虑,拒绝要尽可能把理由讲充分。从接受者的心理接受能力考虑,要给对方留出足够的思想准备空间。这样在适当时拒绝对方,还能让对方感到你至少已尽了努力了。把不得不拒绝的理由以诚恳的态度加以说明,直到对方了解是爱莫能助,这是最成功的拒绝,但要避免模棱两可的回答。

提出借口来谢绝对方并不是不礼貌。事实上,借口是生活中必不可少的。在许多情况下,要拒绝对方的某一要求而又不便说明理由,也不便向对方说什么道理,不妨寻找恰当的借口,以正当的、不至于被对方责怪的理由来回避对方的要求。例如,你不太喜欢同某一同学在一起玩,可他偏偏硬拉你去打球,而你又没有拒绝的理由,不妨找一个借口,说:"对不起,我妈妈让我早点儿回家。"这一借口,既达到了谢绝的目的,又不伤他的自尊。诚然,谢绝、拒绝总是令人不快的,但其目的无非是减轻双方,特别是对方的心理负担,并非捉弄人。需要注意的是谢绝、拒绝时态度要诚恳,结束交谈时要热情握手,略表歉意。

(4)婉转。对上司或主管交办的工作,出于责任心需要反对或拒绝,那么,既要坚持主见又要保护上司的体面,该选择什么样的拒绝方式呢?可以选择上司意见中某一方面被认同的地方加以肯定,然后提出相反意见,即先通过恭维打消上司意见被拒绝的不悦,让其不失体面。然后提出自己的观点,通过举例说明,让上司意识到自己的观点比上司的观点更切实可行。不要因为看到上司脸色不好又忙不迭地改变自己的观点,附和上司。这样非但解决不了问题,还暴露出自己胆怯无主见的平庸一面。

"对不起,让您失望了!";"很抱歉,我实在不能……";"请您原谅……"这些话绝不是可有可无的。没有它,将使你显得高傲和不近人情。因而,为不能满足对方的愿望而致歉是非常必要的。

(5)感谢好意。如果对方发出游玩的邀请,或赠送礼物等,自己出于某种原因需要谢绝时,要称赞和感谢对方的热情友好,表示非常高兴接受这份感情。如:"你对我非常关心。你这番心意我领了!"、"谢谢你的好意!"这样做来,对方即使被回绝,仍觉得你是通情达理的,因为你理解了他的美好用意。

本章小结

良好的人际关系表现为你来我往的沟通与交流,其中包含着交往双方彼此的付出和关怀,如时间的付出、空间的付出、行为的付出和金钱的付出,其中最重要的是情感的付出。你的牵挂、问候、关心和爱是所有付出中最有价值的部分。

相关网站

一方礼仪网:http://www.yifly.net
世纪秘书网:http://www.21mishu.com
中国新闻网:http://news.tom.com
中华礼仪网:http://www.d-liyi.cn
洪恩在线:http://www.hongen.com

复习思考题

1. 社交活动中如何交换名片?
2. 你知道的电话礼仪有哪些?
3. 握手礼仪的基本规则有哪些?

【案例分析Ⅰ】

出口勿伤人

在《梦想中国》重庆赛区上,一位残疾选手唱了第二首歌后,某评委问他:“你为什么喜欢唱歌?”选手答:“因为周围人瞧不起我,所以我把快乐都放在歌里了。”这位评委立刻反击道:“我说句话你别不爱听,你是把快乐建立在别人的痛苦之上。”有些选手生成了这副嗓子,本身就已经很苦恼了,又有什么理由去嘲笑他们呢?要想别人尊重你,首先要学会尊重别人。予人玫瑰,手留余香。这是连三岁孩子都知道的道理。他们当评委,就忘了这一点。再说,为了吸引眼球,显得自己很“酷”,就可以不尊重他人人格吗?“点评要实事求是、积极健康、平等善意,不搞不切实际的吹捧,不搞令参赛选手难堪的责难”。难怪观众质问:评委评点能超越广电总局的底线吗?

(资料来源:《楚天都市报》,2006年5月18日)

【案例分析Ⅱ】

周总理妙语巧对

1. 外国记者不怀好意地问周总理:“在你们中国,明明是人走的路为什么却要叫‘马路’呢?”周总理不假思索地答道:“我们走的是马克思主义道路,简称马路。”这位记者的用意是把中国人比作牛马,和牲口走一样的路。如果你真的从“马路”这种叫法的来源去回答他,即使正确也是没有什么意义的。周总理把“马路”的“马”解释成马克思主义,恐怕是这位记者始料不及的。

2. 美国代表团访华时,曾有一名官员当着周总理的面说:“中国人很喜欢低着头走路,而我们美国人却总是抬着头走路。”此话一出,话惊四座。周总理不慌不忙,脸带微笑地说:“这并不奇怪。因为我们中国人喜欢走上坡路,而你们美国人喜欢走下坡路。”美国官员的话里显然包含着对中国人的极大侮辱。在场的中国工作人员都十分气愤,但囿于外交场合难以强烈斥责对方的无礼。如果忍气吞声,听任对方的羞辱,那么国威何在?周总理的回答让美国人领教了什么叫做柔中带刚,最终尴尬、窘迫的是美国人自己。

3. 一位美国记者在采访周总理的过程中,无意中看到总理桌子上有一支美国产的派克钢笔。那记者便以带有几分讥讽的口吻问道:“请问总理阁下,你们堂堂的中国人,为什么还要用我们美国产的钢笔呢?”周总理听后,风趣地说:“谈起这支钢笔,说来话长,这是一位朝鲜朋友的抗美战利品,作为礼物赠送给我的。我无功受禄,就拒收。朝鲜朋友说,留下做个纪念吧。我觉得有意义,就留下了这支贵国的钢笔。”美国记者一听,顿时哑口无言。什么叫自搬石头砸自己的脚?这就是一个典型事例。这位记者的本意是想挖苦周总理:你们中国人怎么连好一点的钢笔都不能生产,还要从我们美国进口。结果周总理说这是朝鲜战场的战利品,反而使这位记者丢尽颜面。

4. 一个西方记者说:“请问,中国人民银行有多少资金?”周总理委婉地说:“中国人民银行的货币资金嘛?有 18 元 8 角 8 分。”当他看到众人不解的样子时,又解释说:“中国人民银行发行的面额为 10 元、5 元、2 元、1 元、5 角、2 角、1 角、5 分、2 分、1 分的 10 种主辅人民币,合计为 18 元 8 角 8 分……”周总理举行记者招待会,介绍我国建设成就。这位记者提出这样的问题,有两种可能性,一个是嘲笑中国穷,实力差,国库空虚;一个是想刺探中国的经济情报。周总理在高级外交场合,同样显示出机智过人的幽默风度,让人折服。

(资料来源:http://www.fldesign.cn/viewthread.php? tid=4429)

实践训练

实训项目:握手、介绍、交换名片。

实训目的:真正解决在社交场合见面时要面对的问题。

实训内容:分成几个小组,即兴以小品的形式,演绎握手、介绍、交换名片。

实训组织:每组选一位组长,合理分配组员。

实训考核:10 分钟后,各组进行表演,选出最好和最差的一组现场点评。

4

求职应聘礼仪

彬彬有礼是高贵的品格中最美丽的花朵。

——温特

学习目标

“教养体现于细节,细节展现其素质”。大学生如果想“职”在必得,除了有相当的专业知识,还要加强自身修养,通过本章学习,主要了解求职应聘礼仪的知识,把握求职应聘礼仪的要诀,把求职应聘礼仪应用到以后的面试和工作中。

主要概念

求职应聘前礼仪　求职应聘中礼仪　求职应聘后礼仪

美国职业学家罗尔斯说:“求职成功是一门高深的学问。”如果把高考比做是千军万马过独木桥的话,那么求职应聘就是八仙过海,各显其能的竞技场了。无论是初出茅庐的年轻人,还是不甘现状的跳槽者,无不渴盼伯乐的慧眼。而大学生如果想“职”在必得,除了有相应的专业知识,还要加强自身修养,掌握一定的社交技巧和求职应聘礼仪,以避免因为一些细节问题而影响自己的前程。正所谓“教养体现于细节,细节展现其素质”。

求职礼仪是求职者在求职应聘时必须熟悉掌握的交际规则。求职者在面试中表现出的礼仪水平,不仅反映出求职者的人品和修养,而且直接影响面试官的最终决定。在面试中,一个仪表出众、懂得礼仪的人,更能得心应手,也比别人有更大的成功机会。因此,越来越多的有识之士开始重视面试礼仪。而由于对礼仪知识的缺乏或是对礼仪的不重视,以至于有的应聘者功亏一篑,与机遇失之交臂。因此,怎样在面试时充分展示自己,赢得用人单位的录用,已成为大学毕业生的焦点话题。正如心理学家奥里・欧文所说:“大多数人录用的是有礼节的人,而不是最能干的人。”

4.1 求职应聘前礼仪

4.1.1 调整求职心态

何为心态?心态就是性格加态度。每个人都有自己的个人心态,在职业领域体现的就是职业心态。而求职是迈入职场的第一个门槛,因此在求职过程中,应聘者不能以日常生活中的心态来求职,应该展示出一种“求职”的心态。正所谓“成也心态,败也心态”。

4.1.1.1 理性思考、走出误区

大学生求职应聘的误区有以下三种。

(1)高学历就业论。用人单位需要的是合格且合适的人,对用人单位来说,合格加合适就是优秀。因此,招聘单位并不总是一味青睐高学历。高学历的人,就其总体而言,较之低学历的人来说拥有更多的知识,但学历并不总是和能力、经验成正比,而招聘单位需要的恰恰是后者。记住,高学历是可以按照计划“批量生产”的,而优秀的员工不是培养出来的,是自己从无数次失败中“悟”出来的。

(2)证书就业论。由于社会分工的高度专业化,用人单位很难完全靠自身力量来判断应聘者是否符合要求,因此常常提出一些诸如学历、文凭、证书、职称等硬性指标,这就是我们所谓的就业门槛。但是一定要记住,这些只是“敲门砖”,用人单位真正需要的是分析问题、解决问题的综合能力。再高的文凭,再多的证书,如果不符合就业单位的要求,也是无用的。知识面广的大学生,可供其选择的机会也更多一些,千万不要为了考证而学习。学习是为了应用,考证只是一种检验评价能力的手段,已步入社会的毕业生和多数用人单位把证书看得并不重要,许多进入社会的大学生在实际工作中真正了解到,在校期间锻炼好自己的实践能力,比考取大量证书更重要。同时有一点不要忽视,就是培养计算机和外语的实际运用能力十分重要。

(3)一步到位论。大学生初次就业固然要慎重,因为一个好的起点对今后的发展是十分重要的。但是,期望一步到位的想法是很不现实的。现在很少有人会在一个单位工作一辈子,因此,跳槽、再就业甚至下岗将是不可避免的事情。所谓到位就是对找的工作在待遇、个人兴趣、事业发展、地区环境、人际关系、组织文化等方面都十分满意。但这一切都是在变化中的,当你越来越深入地了解社会,你才会真正认识到“天外有天”的道理。因此,初次就业重在通过实际锻炼将所学知识转化成技能和经验,而对待遇上的要求不要太高。

4.1.1.2 端正心态、从容应对

人们时常把当今的世界称为竞争的时代,大到国与国之间的对抗,小到人与人之间的竞争。竞争冲击着人们的事业和生活,冲击着人们的意识和思想,在求职择业上亦是如此。如果在激烈的竞争中,没有乐观向上的拼搏精神以及强烈的进取欲望,是很难获得成功的。相反如果你是一位乐观向上、积极进取的求职者,总能把每一个面试机会看做千载难逢的好机会,那就是新的成功在向您招手。

1. 自我定位

卡耐基说:"我非常相信,这是获得心理平静的最大秘密之一——要有正确的价值观念。而我也相信,只要我们能定出一种个人的标准来——就是和我们的生活比起来,什么样的事情才值得的标准,我们的忧虑有50%可以立刻消除。"人生要成功,你必须从自己这座价值连城的宝库中,主动分析,找出你的长处,并且全然接受它,将它付诸行动,才有机会达到成功的境界。所以,真正了解自己,才是实现奋斗目标,拥抱成功的关键。唯有真正了解自己的长处、优势、特质,才能在实践中扬长避短,快速成功。以下是两种比较有效地了解自己的方法。

W 分析法。①Who am I?(我是谁?):面对自己,真实的写出每一个想到的答案,并按重要性排序,比如自己的专业、家庭情况、年龄、性别、性格、动手能力、思考能力等等。②What will I do?(我想做什么?):可以从小时候回忆,将自己喜欢做的事情写下来。③What can I do?(我会做什么?):可以把自己有能力做的,还有通过潜能开发能够做的事写下来。④What does the situation allow me to do?(环境支持或允许我做什么?):将自己所处的家庭、单位、学校、社会关系等各种环境因素考虑进去。⑤What is the plan of my career and life?(我的职业与生涯规划是什么?)

把回答前四个问题的四张纸和回答第五个问题的第五张纸一字排开,然后认真比较第一至第四张纸上的答案,将内容相同或相近的答案用一条横线连起来,会得到几条连线,而不与其他连线相交的又处于最上面的线,就是最应该去做的事情,职业生涯就应该以此为方向。

SWOT 分析法。SWOT 是"优势、劣势、机遇、威胁"4 个英文的第一个字母的组合。优势:学了什么、做过什么、最成功的是什么、忍耐力如何;劣势:性格弱点、经验或经历中欠缺什么、最失败的是什么;机遇:现在的就业形势、各种职业发展空间、社会最急需的职业;威胁(挑战):专业过时、同学竞争、薪酬过低。

通过上述方法,了解自己的个性特点、职业气质和能力倾向,评估自己的优势和弱势,并结合自己的兴趣爱好和专业知识,找到适合自己的工作,制定合理的职业生涯规划。

2. 直面面对

直面面对是一位成功者的基本素质。无论是成功还是失败,只要自己付出了,努力了,就肯定会有收获,哪怕是拿钱买教训,吃亏长见识也是值得的。拥有这种心态的求职者在面试时就会不怕挫折、不怕失败,反而会大大增强面试时的自信心。这样

在应对主考官的提问时,也会回答自如、理直气壮。即使遇到比自己各方面能力都强的竞争者,也不会自惭形秽。有了这种积极的求职心态,求职者一定会表现出极大的勇气和耐力,努力去寻找自己理想的工作岗位,直到成功为止。

3. 不卑不亢

随着求职者的竞争越来越激烈,在求职过程中,求职应聘者首先应展示出一种“求”的心态。无论自身素质如何高,条件如何好,就业状况对自己如何有利,都不能摆出舍我其谁的架势。在求职过程中,求职者更要讲究礼貌涵养,尊重对方,争取给招聘方一个良好的印象,展示出你对招聘方的尊重和恭敬。一般来说,在求职应聘过程中,招聘方是“强势”,求职应聘方是“弱势”,得到招聘方的满意,应聘成功的几率才会高一些。

正确的求职态度必须建立在人格平等的基础上,求职应聘并不意味着低三下四,逆来顺受。应聘是双向选择,招聘方有权利去选择我们,而我们同样也有资格和权利去挑选一个适合自己专业和特长发挥的用人单位。有了这种想法后,求职者就会很自然地产生不卑不亢的态度,从而更好地维护自己的正当权益、要求和尊严。实际上,招聘方更注重的是应聘者的人格,如果为了工作不惜贬低自己,是最不被招聘方接纳的,最终结果恐怕也会是与即将得到的工作擦肩而过。

反之,认为自己就是招聘方很需要的人才,坐地起价,咄咄逼人,让自己很强势,不顾及招聘方的感受,那么招聘方就会感觉很别扭,放弃你的可能性就会很大。即便招聘方求贤若渴,一时接纳了你,但在招聘方内心对你的人品处事也有了一个反面的定性,势必对你以后的职业发展产生极大的负面影响。

4.1.1.3 高度重视、积极准备

(1)仔细阅读招聘资料。每个求职者都可能投寄出数十,甚至上百封求职信,因此在寄出求职信的同时,应该把每个招聘单位的招聘广告剪辑记录下来,以便在收到组织的面试通知时进行查阅,避免张冠李戴。查阅的同时要重温该组织的背景情况,同时再重温当时应聘的是何种职位,该职位的要求是什么等等。如果你备有几种不同的求职信,应当了解寄出的是哪一种求职信,最好再看一遍,做到心中有数。

(2)查找路线以免迟到。接到面试通知后,应仔细阅读通知上是否标有交通路线,要搞清楚究竟在何处上下车、转换车。要留出充裕的时间去搭乘或转换车辆,包括一些意外情况都应考虑在内。如果对交通不熟悉的话,最好把路线图带在身上,以便问询查找。

(3)必备用品随身携带。面试前,应把自己准备带去参加面试的文件包整理一番,诸如文凭、身份证、报名照、钢笔、其他证明文件(包括所有的复印件)均一一备齐,同时带上一定数量的现金以备急需。

4.1.2 搜集求职信息

就业信息是指求职者利用各种渠道获悉在一定的时空和条件限制下招聘单位的人才需求信息以及与此相关的情况,是经求职者理解、加工处理后用以作为择业参考

的消息、知识、资料与情报。主要包括就业政策与形势、就业法规、就业途径、行业信息、用人信息等。及时获得就业信息是求职者在激烈的竞争中占得先机的先决条件。对于求职者来说,如能及时掌握大量可靠的就业信息,不仅可以降低择业的盲目性,从信息中把握机会,找到一份合适的职业,而且还能提高求职的成功率。因此,求职者开始求职时,首要环节就是关注就业信息,并逐步培养就业信息的搜集、整理筛检、分析判断、储存运用的能力,为成功求职做好充分的准备。

4.1.2.1 信息获得

搜集就业信息可以通过以下几种渠道。

1. 本校毕业生就业指导机构

学校每年都向用人单位输送毕业生,举办不同形式、规模的供需见面会,与社会各有关单位保持着广泛而密切的联系,并在与用人单位、主管部门长期合作中,建立了稳定的工作关系,了解和掌握了大量的人才需求动态和信息。因此,从学校就业部门获取的需求信息,针对性强、可信度高,是大中专毕业生获取就业信息的主要渠道,是毕业生重要的求职信息源。

2. 毕业生供需见面会和人才招聘会

毕业生供需见面会和人才招聘会是由高校或当地毕业生就业主管部门组织的,让毕业生与用人单位直接见面、洽谈的一种择业活动方式。毕业生将直接面对招聘单位,通过彼此的交流不仅可获得更为丰富和全面的信息,而且可以当场拍板、签订协议,大大提高了毕业生应聘的成功率。供需见面会有多种形式:如学校举办的供需见面会、各地有关主管部门组织的大型供需见面会(有的还分季节、分专场等)。

人才招聘会主要是社会各级人才市场举办的与大学毕业生有关的招聘会。人才市场在一定的时间内向用人单位提供场地,让他们进场招聘所需要的毕业生,组织者向用人单位收取摊位费,向毕业生收取门票费。这类招聘会往往以营利为目的,注重广告宣传,规模较大,但参加单位成分较复杂,有时难免鱼目混珠。

此外,还有一些实力雄厚的用人单位自己组织的人才招聘会。这类招聘会一般对应聘者要求严格,多重筛选。因此,竞争激烈,淘汰率高。不过,这也是毕业生向用人单位展现自我风采,实现自己人生抱负的好机会。

3. 社会关系

毕业生手中的资源有限,社会经验较为缺乏,而利用各种社会关系获得就业信息是一个非常有效的渠道。每个人都可以通过自己身边的家庭成员、亲友、师长、校友等社会关系,建立一个广泛的就业信息关系网络。家长或长辈社会阅历比较丰富,社会交往广泛,拥有较多的社会资源,获取信息的渠道也很多,容易提供适合毕业生要求的信息,并在帮助了解就业信息或推荐就业时积极主动、不遗余力。而多数教师都拥有良好的社会背景和人脉资源,不少还与校外的研究机构、企业、公司等合作开发科研项目,他们提供的就业信息价值较高,也比较对口,可以说这是一条获取就业信息的捷径。校友会也是获取就业信息的重要渠道之一,许多高校会定期邀请校友举办交流会、讲座等，这些校友多数是比较有成就的人士，毕业生可以向他们咨询就业的相关信息，自我推荐，他们通常都会提供用人单位信息；另外也可以通过组织策划活动，邀请校友参加，既加强联系，又可以让他们进一步认识你，了解你的才干。当然，这些都需要靠平时人际关系的不断积累。因此，大学期间要学会做人与处事，处理好与师长、同学、校友之间的关系。真诚待人，善于表现自己，让更多人了解你的才华、性格、特长、爱好。你所做的这些他们都会看在眼里，一旦有适合你的工作，他们就会主动推荐。

通过社会关系搜集到的就业信息一般都比较可靠、及时，针对性强，价值相对也比较高。

4. 计算机网络

计算机网络是目前最热门最快捷的找工作方式。通过许多人力资源网站，你可以随时查询到数万条有效信息。所有的工作类别和需求都可以在网络上搜寻，同时可以直接把履历表用电子邮件的方式寄给对方，求职者也可以经由网络了解公司的背景资料、营运状况等。

据不完全统计，目前全国各类人才信息网将近 2500 个，许多大中城市已基本实现网上求职、网上招聘。除了学校自建的就业指导网站提供的大量高质量的信息外，利用网络搜集就业信息主要有四种方法。一是从专业的求职网站）如南方人才网、求职无忧网、中华英才网等）上查找信息。求职者注册登录后，即可根据自己的需求，使用职位搜索引擎或订阅免费招聘信息，填写个人资料后就可以直接外发简历。二是从各大搜索引擎上查找就业信息。大家不妨使用 Baidu、Google、Yahoo 等搜索引擎。这些搜索查询比较简便，仅需输入关键词并敲一下回车键，即可获得相关信息。假如查询结果条目太多，需要缩小搜索范围，简单方法就是添加搜索词，且各搜索词间用空格分开，或者在结果中输入第二个关键词进一步搜索。此外，利用搜索引擎可以查阅到几乎所有就业指导网站。三是门户网站招聘专区或用人单位网页中的招聘通告。例如，搜狐、21 世纪、新浪网的招聘频道。四是各类求职 QQ 群、MSN、泡泡等聊天软件和论坛。这些一般都是由求职者群体建立起来的，其目的在于信息资源共享。求职者可以适当挑选加入，不仅可以获得大量就业信息，也会获得成功就业人士传授的就业经验、考试经验等信息。这种方式的最大优点在于就业信息资源的共享。

网络是求职者搜集就业信息的首选渠道，网上求职正以其开放、全面、快捷、节约的特点吸引着广大的求职者，不足之处是网上常夹杂着虚假或过时的垃圾信息。

5. 社会实践和毕业实习

社会实践是大学生自我开发职业信息的重要途径。在社会实践的过程中，通过自己的努力赢得用人单位的好感、信任，取得职业信息甚至直接谋得职业的大学生不乏其人。因此，大学生在各种社会实践活动中，也要做一个搜集就业信息的有心人。此外，还有一个很重要的实践环节是毕业实习。毕业实习是学生踏入社会的前奏，是参加工作的预演，所以每个毕业生都必须充分认识到这是一份非常难得也是很有价值的经历。通过实习，一方面使用人单位对你有所认识和了解，另一方面使学生对择业领域有更深的了解。如果你向单位证明你是一个可靠的职员，而单位又发现了你的潜力，那么通过实习阶段你也许会获得通向永久性职业大门的钥匙。所以要充分重视“毕业实习”这一教学环节，尽力建立最好、最有意义的实习关系，也许这比你一味空口无凭地求情要好许多。

6. 人才中介代理机构

人才中介代理机构提供的就业信息多数是面向有经验的工作者的。目前国内、省、市、区相继建立了劳务市场或人才交流中心。其主要业务是办理人才交流登记、户籍档案挂靠，为用人单位招聘人才，为求职者做好中介服务，从而赚取服务费。人才中介机构的就业信息量大、复杂多样，毕业生一时难以筛选，往往委托中介机构帮忙就业，提供就业信息。这虽然很便捷，但是求职成本最高、投诉最多、成功率相当低。因此，选择人才中介机构搜集就业信息一定要谨慎，要选择实力好、声誉好、效率高、专业性强，得到有关部门许可的从事中介服务的机构。当前，有不少中介机构为了赚钱，常不择手段、坑蒙拐骗，设置陷阱坑害毕业生，需要引起我们的高度警惕，病急乱投医是不可取的。

综上所述，就业信息有多种来源，而各种来源的信息是互补的。每个信息渠道都各有特点，毕业生要熟练掌握，灵活运用。在搜集信息的过程中，注意投入和产出的关系，不同类型和不同层次的求职者，应当尽量选择适合自己的收集求职信息的渠道，降低求职成本。

4.1.2.2 信息整理

就业信息的整理就是对搜集到的信息进行加工、分类、过滤，从中筛选出适合自身需要的有用信息。

1. 真伪辨析

利用各种渠道获悉大量的就业信息后，不要急于联系、发简历或打电话。因为就业信息的来源、传播渠道比较复杂，所以，搜集到的就业信息有的带有一定的模糊性、多余、滞后性，有的甚至是虚假信息或骗人的广告。建议求职者首先要判断这些信息的真伪，避免走弯路。如果对难以把握的就业信息进行认真分析的话，可通过网络搜索或电话查询甚至现场调查等办法来确认它的真实性和准确性。

2. 整理、筛选

在辨析真伪、删掉无效和内容残缺不全的信息的基础上，毕业生要根据自己的实际情况、专业和特长等设置一套标准，对信息进行进一步筛选，把力量真正用在刀刃上。可以通过以下的问题，对自己进行分析：

①我的核心竞争力是什么？

②我具备哪些专业理论知识和技术能力？

③我的兴趣爱好是什么？

④我的性格特征适合从事那些职业？

⑤这份职业是否可以挖掘和提升我的能力?

⑥什么是别人做不到而我做得到的?

然后,要比较排列出质量较高、较完整的就业信息。一般就业信息应该包括以下六个要素。

(1)用人单位的名称。用人单位的名称往往包含着所属的行业、业务范围、所在地区、组织级别、所有制形式等。

(2)用人单位的主管部门及其发展趋势。随着改革的发展,某些事业编制单位也可能成为企业,其主管部门也会相应变化。主管部门不同,劳动人事管理办法可能存在区别,而且工资、福利、医疗、养老、住房等待遇也有区别。

(3)用人单位所属行业及其发展前景。毕业生供职于不同行业,职业生涯发展也各不相同。而用人单位的固定资产、流动资金、科技含量、人才构成等因素,则与发展前景密切相关。

(4)工作环境和福利待遇。工作环境包括人际关系、工作时间(有无夜班等)、户外还是户内、编制还是合同、流动还是固定以及工作场所的温度、湿度、噪音等。福利待遇包括工资、奖金、三保一金、退休等,有无入职培训、进修机会和晋升可能也应包括在内。

(5)用人单位对求职者的具体要求。如学历、专业、性别、身高、相貌、体力、户口以及职业资格、技术等级方面的要求。有些用人单位还对心理素质、能否经常出差等方面有特殊要求。

(6)招聘数量和报名办法。包括用人单位本次招聘哪些岗位的从业者,每个岗位招聘的数量,报名的时间、地点、方式、应准备哪些证书(如身份证、户口本、学历证书、职业资格证书等)和材料(如简历和有关证明等)。

求职者可按这几个基本要素对搜集到的大量就业信息进行甄别,经过初步分析和研究,淘汰不符合自身实际情况的信息。

3. 分析招聘方

在求职面试中你一定想知道招聘方是怎样一些人,也许你会把主考官想像成监考老师、严格的家长、无情的上司、选美的评委……,其实这些都是错误的认识。面试是一项专业而严肃的工作,招聘方受这种职业的限制必须对你作以下4个方面的评价:你的情绪稳定性、成熟程度、兴趣爱好、判断力和交流能力;你的自信心、个人仪表和坦率性等方面的情况;你的教育状况、身体状况、家庭背景及工作经验;还有除工作技能之外,你的个性是否能与部门的其他人愉快合作。主考官会通过各种看来与工作无关的话题与你交谈,他会观察你、审查你、评判你。尽管招聘方在面试内容上大同小异,但由于招聘方的性格各异,兴趣不同,处世方式也大相径庭,从而使你面对的问题变得格外复杂起来。

对招聘单位考察的方式有很多,可以通过网站、组织的宣传资料、熟悉该单位的朋友进行查询,必要时还可以到单位调查一番。当然,这种了解还只是对招聘单位表层的了解，真正的了解只有在作为一名员工工作一段时间后才能做到，如同鞋子是否合适只有自己的脚知道一样。但是，这样的调查还是十分必要的，特别是在防止陷入招聘陷阱方面有很大作用，不要盲目看到哪个招聘单位围的人多就一窝蜂拥去，找到适合自己的才是最重要的。因此，招聘和求职是一个相互了解、双向选择的过程。可以这样说，对你感兴趣的单位了解越多，应聘时和考官的共同话题就越多，应聘成功的可能性也就越大。

4.1.2.3 信息运用

信息运用是指对经过求职者理解并加工处理后的信息的转换过程，即依据信息进行择业的过程。毕业生要学会合理、充分地利用这些有效信息。

(1)确定职业目标。求职者使用就业信息进行择业时，首先要分析自身条件和实际状况，然后确定职业目标。职业目标的确定是求职者的专长、兴趣、能力、性格、气质、期望值、价值观与社会职业需求之间不断协调的结果。确定职业目标还应把行业目标、收入目标、岗位目标、地区目标等考虑进去。最终确定最适合自己的职业发展目标，然后迅速做出决策。记住适合自己的就是最好的。

(2)了解信息背后的启示。招聘信息往往反映了用人单位的发展需求和目标，求职者必须要深入分析思考，转换角度，了解招聘信息背后的动机和启示。用人单位最需要的是安全和保障，希望招进来的人能为他们创造业绩，创造利润，节约成本。他们害怕在招聘上犯了错误，用错了人，对他们而言，招聘也是一种风险投资。因此，了解信息背后的启示必须站在用人单位的角度上考虑问题，记住不要以自我为中心。

(3)及时准备。就业信息有很强的时效性，为众多求职者所共有，因此需求信息一旦选定，就要及时主动地与用人单位主管人员联系。不要犹豫不决，更不能守株待兔，否则“机不可失，时不再来”。另外应主动询问面试的方式、时间、地点和要求，并准备好一套自己完整的求职材料，使需求信息尽早变成供需双方深度沟通的重要桥梁。同时，根据筛选出来的需求信息的要求对照检查自己的不足，及时调整自己的期望值以及智能结构。这一做法尽管在毕业前的有限时间内显得有些仓促，但无动于衷、依然故我的做法却是绝对错误的。记住犹豫不决会使你错失良机。

(4)共享就业信息。有些信息对自己不一定有用，可是对他人却十分有用。遇到这种情况，要及时输出对他人有用的信息，千万不要抓住这些信息不放。你能主动输出对他人有用的信息，不仅对他人是个帮助，同时也增加了与他人交流信息的机会，说不定你也会从别人手中获得对自己十分有益的信息。因此和其他的求职者组成一个团体，一起搜集信息，发出求职申请，问询他们是否有需要你们能够胜任的职位，这是非常有用的，记住帮别人就等于帮自己。

礼仪视窗 4－1

面试问题巧妙回答

某知名企业在学校组织的一次面试中，面试官先后向两位考生提出了同样的问题："我们单位是全国数一数二的大公司，下面有很多子公司，凡被录用的人员都要到基层去锻炼，基层的条件比较艰苦，请问你是否有思想准备？"毕业生 A 说："吃苦对我来说不成问题，因为我从小在农村长大，父亲早逝，母亲年迈，我很乐意到基层去，只有在基层摸爬滚打才能积累丰富的经验，从而为今后的发展打下基础。"毕业生 B 说："到基层去锻炼我认为很有必要，我将努力克服困难，好好工作，但作为年轻人总希望有发展机会，不知安排我们下去的时间多长？还有可能上来吗？"结果前一学生被录用，后一学生被淘汰。由此可以看出，在面试的过程中，回答问题的技巧很重要。对有些问题的回答，表面上看起来合情合理，无可厚非，但却令考官反感。

（资料来源：http://www.chinahr.com）

4.1.3 准备求职文书

毕业生的求职材料应多侧面、多角度准确全面地反映自己的专业水平、组织能力、领导能力和综合素质。广义的求职材料应包括就业推荐表、求职信、个人简历和其他相关材料组成的完整材料。通过准备的书面求职材料，用人单位可从中了解到毕业生的身份、能力、综合素质等基本情况，以判断和评价毕业生的学习成绩、工作潜力，从而确定能否给毕业生提供面试的机会。

4.1.3.1 准备原则

（1）外观整洁，款式大方。求职材料要说明求职者的身份、学历、工作经验、日常爱好等，为了达到引起对方注意的目的，必须做到清晰明了、简洁大方。

（2）字迹工整。求职材料的字迹一定要清晰工整，给人留下良好的第一印象。如果字写得不好，就不如用计算机打印；如果有一手漂亮的好书法，最好手写，不要用复印件。

（3）篇幅适中，精心安排。求职材料首先要长短适宜。其次，格式规范，行文正确。对于求职资料要认真校对，确保无错别字及标点符号无错误，对于一些不太明白、没有把握的用词，要格外小心。避免用错词语，贻笑大方，甚至自己的原意也被误解。

（4）表述真诚，词句精炼。求职材料要以真诚朴实见长，既不能过高地吹嘘自己，也不能过分自谦。尽量使用简短精炼的词语和句子，避免繁杂冗长。

（5）牢记招聘单位的地址和名称。求职材料上一定要写明招聘单位的地址和名称,免得邮寄出去后无法得到面试通知。同时注意地址不要写简称,不要使用外单位的信封,不可涂改,这样才能显出对招聘方的尊重。

4.1.3.2 个人简历

个人简历是概括介绍求职者的基本情况,是对个人的技能、成就、经验、教育程度、求职意向做的一个简单总结。个人简历的真正目的是让用人单位全面了解自己,进而为自己创造面试的机会,最终达到就业的目的。

1. 内容和格式

个人简历一般有三种形式:表格式、时间顺序式、学习工作经历式。表格式是用表格的形式列出自己的基本情况和学习、工作的经历,使人一目了然;时间顺序式是按年月顺序,列出自己的学习、工作经历,充分表现自己的技能、品德。对于即将毕业的大学生来说,采用表格式和时间顺序式最好。

个人简历一般应包括以下几个方面的内容。

(1)标题。一般为“简历”、“个人简历”或“求职简历”。

(2)个人基本资料。主要包括姓名、性别、年龄、民族、籍贯、政治面貌、就读院校、通信地址及联系电话等。联系地址、电话要写清楚,以免用人单位因联系不到你而使你失去就业机会。

(3)学历。用人单位主要通过学历情况了解应聘者的智力及专业能力水平。习惯上书面学历的顺序是按时间的先后,但实际上用人单位更重视现在的学历,最好从现在开始往回写,写到中学即可。学习成绩优秀,获得奖学金或其他荣誉称号是学生生活中的闪光点,可一一列出,以加重分量。

(4)生产实习、科研成果和毕业论文及发表的文章。这些材料能够反映出你的工作经验,展示你的专业能力和学术水平,这将是简历中一个有力的参考内容。

(5)社会工作。近几年来,越来越多的用人单位渴望招聘到具有一定应变能力、能够从事各种不同性质工作的大学毕业生。社会工作对于仍在求学的大学毕业生来说,主要包括社会实践活动和课外活动,是应聘时相当重要的内容,书写的内容包括职务、职责以及业绩。

(6)特长、兴趣爱好和性格。是指你拥有的技能,特别是指中文写作、外语及计算机能力。兴趣爱好与性格特点能够展示你的品德、修养、社交能力及团队精神,它与工作性质关系密切,所以用词要贴切。

2. 写作原则

个人简历真正的用处就是让用人单位充分了解自己,从而提供可能的就业机会。因此简历要突出自己的特点、专业特长;写得简洁精炼,切忌拖泥带水;要用词妥当,言语诚恳,自信而不自大,自谦而不自卑;简历的格式要便于阅读,有吸引力,从而使用人单位对自己有良好的印象。如果自己感觉到有些字眼需要特别引起用人单位的注意,可在这些词句下画杠,或加着重号提醒。当然,简历的用语要得体,书写要工整清楚,最好控制在一张 A4 纸内,一般不要超过两张。

3. 注意事项

(1)简历与自荐信不同。简历是叙述求职者的客观情况；自荐信则是主要反映求职者主观情况和求职意向。从某种意义上说自荐信是对个人简历的必要说明和补充。

(2)简历是一份材料，重在证明个人的身份详情、学习经历、生活经历、学习成绩以及工作经验等，其目的是用来支持自荐信，让用人单位全面了解自己，用以证明自己能否担当起所求职位的工作。

(3)求职简历不同于工作简历。一般的工作简历只是个人的一份历史纪录，仅仅反映自己曾经做过什么。而求职简历，不仅要反映自己能做什么，做过什么，还要反映出做得如何，具备了哪些素质和能力，从而给用人单位一个醒目的印象。

4.1.3.3 求职信

在成百上千的求职信中，如何使你的求职信与众不同且能脱颖而出，让用人单位给你一个难得的面试机会，求职信的质量事关重大。求职信是一种介绍性、自我推荐性的信件，它通过表述求职意向和对自身能力的概述，引起对方的重视和兴趣。一般来说，打开自荐材料，首先看到的便是求职信，正是有了求职信，招聘单位才会对你的简历上所写的经历与业绩感兴趣。所以，求职信无论在问题上还是内容上都必须给招聘方留下好印象。

1. 内容和格式

求职信和书信既有相同之处，又有不同之处。一般来说，求职信是属于书信范畴，所以其基本格式应当符合书信的一般要求。主要包括称呼、正文、结尾、署名、日期、附件等六个方面的内容。

(1)称呼。求职信的称呼往往比一般书信的称呼正规一些，在实际书写时要区别对待：如果写给国家机关、事业单位的人事处领导，用“尊敬的 XX 处长(科长等)”称呼；如果求职三资企业，则用“尊敬的 XX 董事长(总经理)先生”；如果是写给其他类组织领导的，则可以称之为“尊敬的 XX 厂长(或经理)”；如果写给大学校长或人事处的求职信，则称之为“尊敬的 XX 教授(或校长、老师等)”。不要用“XX 老前辈”，“XX 师傅”等不正规的称呼。当然，有些求职信，也可以不写姓名，如“尊敬的负责同志”、“尊敬的董事长先生”等。

(2)正文。正文是求职信的核心部分。主要包括个人基本情况、个人所具备的条件，如受过何种奖励、社会实践情况、担任社会职务以及参加各种竞赛的情况等，这是求职的关键部分。在介绍自己的特长和个性时，一定要突出与所申请职位有联系的内容，千万不能写上那些与职位毫不沾边的东西。比如你应聘业务代表一职，却在求职信中大谈“本人好静，爱读小说”等与业务无关的的性格特征，结果肯定会失败。

正文部分可写内容比较多，但一定要简明扼要，写明你对招聘单位的理解程度、你应聘这个岗位原因和能胜任本岗位的各种能力。重在突出你就是最适合这个职位的人选，简单来说，正文实际上就是“我有什么 + 我能做什么/我要做什么”。

(3)结尾。求职信应写好结束语,不要虎头蛇尾。一般应表达两个意思:一是提醒用人单位,你希望得到他们的回复或回电,以表达你希望用人单位给你面试机会的心愿;二是表示敬意、祝福之类的语句。如“祝贵公司兴旺发达”、“顺候安康”、“深表谢意”等,也可以用“此致敬礼”之类的通用词。日期一般写在署名右下方,最好用阿拉伯数字写,并写上年、月、日。

最重要的是别忘了在结尾认真写明自己的详细通信地址、邮政编码和联系电话,如果让你的亲朋好友转告,则要注明联系方式,以方便用人单位与之联系。

(4)署名。国外一般都在名字前加“你诚挚的、你忠实的、你信赖的”等之类的形容词。按照中国人的习惯,直接签上自己的名字即可。

(5)附件。求职信一般都要求同时寄一些有效证件,如外语等级证书、计算机等级证书、获奖证书的复印件及简历、近期照片等。最好有附件目录,这样既方便招聘单位的审核,同时也给对方留下一个“有条不紊、很负责任、办事周到”的好印象。

2. 写作技巧

求职信写起来不难,但写好却不易。毕业生写出的求职信,既要有吸引力,又要不落俗套,还要突出自己的个性和特长。

(1)对优缺点艺术处理。求职者既不能对自己缺乏自信,也不能自吹自擂,炫耀浮夸。适度的谦虚是一种美德,也会使用人单位产生好感,但过分的谦虚容易使用人单位产生一种虚假无能或缺乏自信的感觉。在竞争日益激烈的社会,没有一家用人单位愿意录用一个没有自信的人。与此相反,个别同学认为求职是一个自我推销的过程,既然“推销”就应该进行精心包装,但在经验丰富的人事主管面前,这种不切实际的自吹自擂很容易被揭穿。因此,写求职信应做到适度“推销”。

(2)恰如其分的文字处理。求职信要做到文字工整、清洁、美观,不要出现错别字。语气要恰如其分、流畅通顺,文字要通俗易懂,切忌字迹潦草、书写脏乱、滥用词句。俗话说,“字如其人”。整洁、美观的字会给用人单位留下严谨、干练、利索的感觉,而字迹潦草、龙飞凤舞则会给用人单位留下办事草率、敷衍了事的不良印象。

(3)附件完整、篇幅适中。求职信最好与个人简历、有关证明材料、获奖证书复印件一并寄给用人单位,使之有一份系统、完整的自荐材料,给对方以办事认真、考虑问题周全的印象。切忌选用印有外单位名称的信封和信笺纸。

礼仪视窗 4-2

中文求职信写作范例一

尊敬的先生/女士:

您好!我是一名即将毕业的××大学本科生,非常高兴在中华英才网、中国人才指南网和我们的校园网站上看到中国移动广东分公司的招聘信息,特别是看到广州和中山分公司都在其中,如果能在自己的家乡加入移动,对我这个喜爱移动喜爱广州的人来说是绝妙的。

但是您一定有疑虑,因为我这个学旅游酒店管理的人却想应聘市场营销!关于这个问题,我想进行如下说明。

(1)在学科知识上我并不逊于市场营销专业的学生。我们的专业除了学习市场营销的一系列课程外,还专注于消费者心理的研究,正如移动所说"沟通从心开始",把握消费者心理对于营销策划更为重要。另外,我还广泛阅读了从《定位》到《忠诚的价值》等众多营销论著。

(2)市场营销中许多具有艺术性、技巧性和因地制宜的东西,都不是可以从书上学到的。大卫·奥格威在成为广告教父之前是一个被牛津退学的郁闷厨子,策划狂人史玉柱也不过是一个整天计算数学方程式的学生。在这点上,我已经证明了我的天赋:我的营销案例分析课程是全院最高分95分,而且从简历中您能够看到,我曾经成功地参与了企业的策划活动。

在广东移动的业务当中,我很中意12580移动秘书服务,我觉得这是一个设计得非常好的增值服务,工作人士以及像我们这样正在找工作的大学生就非常需要此项服务。最关键的问题是如何推广给顾客。假如我有幸能够加入移动,我会采取如下的方法进行推广。

(1)在大学校园设立咨询台进行推广。我们可以联系学校的就业辅导中心,强调我们这项服务可以帮助大学生不错过任何一家企业的面试通知,那么很可能学校会免费提供场地让我们做宣传。

(2)免操作为顾客提供半个月的12580移动秘书服务。所谓免操作,是指顾客不需要到营业厅办理,不需要自己打10086开通,也不需要设立密码,一切都和短信息一样,是自行开通的。顾客对于任何一项服务都是非常非常怕麻烦的,所以我们要把服务做到0麻烦。当顾客已经习惯这项服务时,我们就可以要求顾客打电话开通此项业务了。

当然,目前我对于移动的业务完全是门外汉,您可能会对我的幼稚哑然失笑,不过,我只是想让您了解我对通信业务的热情和喜爱,同时我相信自己能够为广东移动的壮大添砖加瓦,和全球通的新广告词一样,"我能"!

感谢您的阅读,衷心期待您的回复。同时祝您身体健康,一切顺利!

此致

敬礼

××大学 郑××

二〇〇七年九月一日

中文求职信写作范例二

尊敬的招聘主管：

您好！

我是XX大学经济管理学院国贸专业的学生，愿意将20余年所积累的学识和锻炼的能力贡献给贵单位，并尽自己最大所能为贵公司的进步与发展贡献自己的力量。

我深知，“机遇只垂青于有准备的头脑”。在校期间，我抓住一切机会学习各方面知识，锻炼自己各方面的能力，使自己朝着现代社会所需要的具有创新精神的复合型人才发展。我的英语达到六级，计算机通过国家二级、省二级(优秀)，并连年获得奖学金。在努力学习专业知识的同时，我还广泛涉猎了哲学、法律、文学、经济学等领域，修完了专业以外其他经济领域的多门课程，并辅修了经贸英语，自学了第二外语——德语。

“在工作中学会工作，在学习中学会学习”。作为一名学生干部，我更注重自己能力的培养。乐观、执著、拼搏是我的航标，在险滩处扯起希望的风帆，在激流中凸现勇敢的性格，是我人生的信条。由我创意并组织的多次大型活动得到了老师的认可，同学的赞许，使我以更饱满的热情投入到新的挑战之中，向着更高的目标冲击。

为了更全面地锻炼自己的能力，我利用假期先后在政府机关、企事业单位进行了社会实践，我的实习论文被评为“优秀实习论文”，这些经验为我走入社会，参与商业经营运作奠定了良好的基础，而且从中学到了如何与人为善、袒露真诚。

在即将走上社会岗位的时候，我企盼着以满腔的热情与真诚加入贵公司，领略贵公司文化之魅力，一倾文思韬略，才赋禀质为您效力。

此致

敬礼

郑 ××

二〇〇七年九月一日

(资料来源：http://www.158job.com)

礼仪视窗4－3

英文求职信写作范例

英文求职信一般由五个组成部分：写信动机、自我介绍、能力(技能)介绍、结尾和附件。

(1)写信动机。要直截了当地在信的开头提出。

(2)自我介绍。写信人应述明自己的年龄或出生年月、教育背景,尤其是与应征职位有关的训练或教育科目、工作经验、特殊技能等应详细注明。

(3)能力介绍。如果缺乏工作经历,可以将社会工作细节放在工作经历中,这样会填补工作经验少的缺陷。例如,在做团支书、学生会主席等社会工作时组织过什么活动,联系过什么事,参与过什么都可以一一罗列。

(4)生产实习、科研成果和毕业论文及发表的文章。这些材料能够反映你的工作经验,展示你的专业能力和学术水平,将是简历中一个有力的参考内容。

(5)结尾。写英文求职信结尾时,需重点注意:不要等对方先打电话联系你,你应该在英文求职信中明确写出,你会在此期间打电话约对方见面并告知对方具体联系时间。还要写明在见面之前,若对方有什么问题需要了解的,可发 Email 或打电话联系你,并写清楚你的联系方式。最后,再一次写明感谢他们抽时间看你的求职信,并感谢他们考虑你的应聘。

April 13,2000
P. O. Box 36
BiiT University
Beijing,China 100000

Dear Sir/Madam:

Please consider me for your Sales Management Program. My background is one of selling ideas, concepts and programs, and of motivating myself and others to realize our potential.

Attitudes predict behavior – or so goes the saying in sales. If this holds true, I am sure to be as successful in sales management as I am in my college endeavors. My unceasing optimism, self-determination and ability to set goals have allowed me to achieve academic and personal objectives.

Because of my "can do" attitude, sales will provide the challenge and opportunity to continue my successful history of setting and achieving goals. Please allow me the opportunity to elaborate on how my background predicts sales success. I guarantee you will be providing your corporation with an outstanding sales management . Thank you for your attention.

Sincerely,
Deng Yun

(资料来源:http://www.51job.com)

4.2 求职应聘中礼仪

4.2.1 服饰礼仪

据有关专家研究表明:第一印象由55%的穿着、化妆,38%的行为举止,7%的谈话内容构成。显而易见,求职者的形象给面试官的印象好坏,常常关系到求职的成败。所以大学毕业生在面试前对个人形象进行设计是完全有必要的,但是并非所有的“包装”都能奏效,有时“包装”不当反而给面试考官留下不好的印象。因此,应聘时要特别注意自己的衣着和言谈。

4.2.1.1 男性服饰

(1)西装。男生应在平时就准备好一至两套得体的西装,不要到面试前才去匆匆购买,那样不容易选购到合身的西装。衣服颜色应当以主流颜色为主,如灰色或深蓝色,这样在各种场合穿着都不会显得失态。在价钱档次上应符合学生身份,不要盲目攀比,乱花钱买高级名牌西服。因为用人单位看到求职者的衣着太过讲究,不符合学生身份时,对求职者的第一印象也会打折扣的。

(2)衬衫。以白色或浅色为主,这样较好配领带和西裤。另外平时也应该注意选购一些较合身的衬衫,面试前熨平整。这里要提醒一点:面试时你所穿的西服、衬衫、裤子、皮鞋、袜子都不宜给人以崭新发亮的感觉。原因是人事主管会认为你的服饰都是匆匆凑齐的,那么你的其他材料是不是也加入了过多人工雕琢的痕迹呢?而且太多从没穿过的东西从头到脚包裹在你的身上,一定有某些东西会让你觉得别扭,从而分散你的精力,影响你的面试表现。

(3)皮鞋。皮鞋以黑色为宜,且面试前一天要擦亮。不要以为越贵越好,要以舒适大方为度。袜子的颜色也有讲究,穿西服时的袜子必须是深灰色、蓝色、黑色等深色,这样在任何场合都不失礼。

(4)领带。男生参加面试一定要在衬衣外打领带,领带以真丝的为好,表面不能有油污,不能皱巴巴,平时应准备好与西服颜色相衬的领带。

(5)头发。保持仪容整洁是取得用人单位良好第一印象的前提。尽量避免在面试前一天理发,以免看上去不够自然,最好在三天前理发。男生女生都应在面试前一天洗干净头发,避免头屑留在头发或衣服上。此外,指甲应在面试前一天剪整齐。男生要将胡须剃干净,并且在刮的时候不要刮伤皮肤。

4.2.1.2 女性服饰

(1)套装。每位女生应准备一至两套较正规的套服,以备去不同单位面试之需。女式套服的花样可谓层出不穷,每个人可根据自己的喜好来选择,但原则是必须与准上班族的身份相符,颜色鲜艳的服饰会使人显得活泼、有朝气,素色稳重的套装会使人显得大方干练。记住这个原则,针对不同背景的用人单位选择适合的套装。

(2)化妆。参加面试的女生可以适当地化点淡妆,包括口红。但不能浓妆艳抹,过于妖娆,这不符合大学生的形象与身份。

(3)皮鞋。鞋跟不宜过高,过于前卫。夏日最好不要穿露出脚趾的凉鞋,更不宜将脚趾甲涂抹成红色或其他颜色,丝袜以肉色为雅致。

(4)皮包。女生的皮包要能背的,与装面试材料的公文包要有所区别。可以只拿公文包而不背皮包,但不能把公文包里的文件全部塞在皮包里而不带公文包。

(5)手表。面试时不宜佩戴过于花哨的手表,容易给人过于稚气的感觉。面试前应调准时间,以免迟到或闹笑话。

礼仪视窗 4-4

艳丽着装,适得其反

小李是某校文秘专业应届毕业生。在同学们的眼中,她择业优势太多了:学习非常好、学生会干部、号召力强……而更让一些女生羡慕的是她天生丽质,再配上前卫的装束,在校园中,堪称是鹤立鸡群。一家著名大公司要招聘文秘人员,小李递交了个人简历。很快公司通知她面试,小李立即"行动"起来,她几乎试穿了衣橱中应季的所有衣服,最终选定了时下最流行的那套"韩装",连她自己都觉得镜中的人太酷了。接着,她又精心地搭配了一对同样是时下最流行的耳环,亮晶晶的耳环沿着她的耳廓部位顺序排列,使她看上去更加光彩夺目,酷似韩国的一位明星。小李满怀信心地走进考场,按照预先的准备,镇定地回答了几位考官的提问,出来的时候,她觉得自己势在必得。但她万万没有想到,正是那套"韩装"使自己名落孙山,而那副金光闪闪的耳环,干脆令一切全泡了汤!

(资料来源:陶应虎等.公共关系原理与务实[M].清华大学出版社.2006.)

4.2.2 表情礼仪

整个面试过程的时间通常只有一个小时左右,我们可以把它想象成一个舞台剧。戏里的主角是人事主管和求职者,角色只有两个,但剧情是千变万化的。作为扮演求职者的一方,一定要把握求职礼仪上的分寸,不要过火或不到位,把"好戏"给演砸了。

怎样掌握求职面试时的礼仪分寸呢?

1. 微笑

进入面试场地,求职者应始终面带微笑,不要过分紧张,对碰到的每个公司员工都应彬彬有礼。不要低估了一句话、一个微笑的作用。它很可能使一个不相识的人走进你,甚至欣赏你,成为你开启幸福之门的一把钥匙,成为你走上柳暗花明之境的一盏明灯。

2. 眼神

面试时，应试者应当与主考官保持目光接触，以表示对主考官的尊重。目光接触的技巧是：盯住主考官的鼻梁处，每次 15 秒左右，然后自然地转向其他地方。例如，望向主考官的手，办公桌等其他地方，然后隔 30 秒左右，再望向主考官的双眼鼻梁处。切忌目光犹疑，躲避闪烁，这是缺乏自信的表现。

4.2.3 举止礼仪

4.2.3.1 体态

在进出面试办公室时，注意进退礼仪。一定要保持抬头挺胸的姿态和饱满的精神状态，不要与人交谈时频繁地耸肩、手舞足蹈、左顾右盼、坐姿歪斜、晃动双腿等，这都是不好的身体语言。总之，手势不宜过多，需要时适度配合表达。

礼仪视窗 4－5

要员工，不要浪子

应届毕业生小荣在班里的学习成绩一般，但开拓能力很强，人也很机灵。面临择业，小荣既兴奋又紧张。通过参加一系列招聘活动，最后他选择应聘一家有知名度的广告公司。

小荣一进公司大门，由前台小姐引领，只见他晃晃悠悠走进办公室，见到办公桌前坐着的两位考官直看自己，忙点头说了声“你好”。不等回话，小荣一屁股就坐在了椅子上，两腿叉开，胳膊肘支在了办公桌上，等着主考官的问话。两位考官开始问问题，小荣略显紧张地回答着，两只脚在办公桌下不由自主地抖动。也许是为了缓和自己紧张的情绪，小荣不断地变换着坐姿，一会儿翘起“二郎腿”，一会儿又踮起脚尖，两条腿还不时地晃动着。面试只进行了 5 分钟就结束了。小荣站起身来，斜着身子问何时能得到答复。考官只说了一句：回家等着吧！小荣高兴地走了，可考官还在嘟囔：“我们要的是员工，不是浪子。”

（资料来源：http://www.thebeijingnews.com）

4.2.3.2 问候

1. 握手

当面试官的手朝你伸过来之后，握住它，握手应该坚实有力，双眼要直视对方。不要太使劲，不要使劲摇晃，也不要用两只手，用这种方式握手在西方公司看来不够专业。手应当是干燥、温暖的。如果你刚刚赶到面试现场，用凉水冲冲手，使自己保持冷静。如果手心发凉，就用热水捂一下。如果面试官是女性，无握手之意，男方可用点头或鞠躬致意。握手时精神要集中，双目注视对方，微笑致意，同时眼睛不要看着第三者，更不能东张西望，这都是不尊重对方的表现。

2. 名片

交换名片时双手捏着名片下角，名字冲着对方，然后用弧线的方式把名片呈上去。接面试官递给你的名片很大的一个忌讳是，不能一把就抽过来，应该用双手捏着名片的下角，然后轻轻地用弧度把它接过来。更重要的是，仔细看，正面看一下，反面看一下。如果有当时不认识的字，千万别读，马上说："对不起，这个字我不认识，请问怎么读？"有的单位，为了表示礼貌，接过对方的名片时，至少要正面看半分钟，把它读出来，而且背面再看半分钟，再把它读出来。

4.2.3.3 入座

不要紧贴着椅背坐，也不要坐满，坐下后身体要略向前倾，一般以坐满椅子的三分之二为宜。这既可以让你腾出精力轻松应对考官的提问，也不至让你过于放松。

4.2.3.4 递送资料

自己随身带的物品，不可放置于面试官的办公室桌上。可将公文包、大型皮包放置于座位下脚旁边，小型皮包则放置在椅侧或背后，不可挂在椅背上。

礼仪视窗 4-6

细节决定成败

某校应届毕业生小刘准备去一家外资公司应聘。应聘前，他觉得面试要体现个人的现代气息，体现现代青年时尚，便特意带上了一部手机和一个商务通。小刘外语很好，专业知识功底也很不错，面试时对答如流，应付自如……突然，他的手机响了，只见他一通忙乎，一边接听电话，一边掏出商务通作记录，俨然是一个职业经理人……可这时的外方经理被搁在了一边。经理在想："哼，他还没进门，就拿我不当回事！"

面试时接听电话是最伤感情的。奇异的心态，多余的"装备"，一览无余的炫耀与展现，都来自于缺少基本的个人形象训练。这种欠缺会使你本来接近成功的面试功亏一篑！

（资料来源：http://www.ejobshow.com）

4.2.3.5 注意事项

1. 喝水

一般在面试时，别人会给你用塑料杯或纸杯倒一杯水。这些杯子比较轻，而且倒的水也不会太多，加上面试时你往往会比较紧张，不小心碰倒杯子的情况难免发生。一旦洒了水，心里慌，不是语无伦次就是手忙脚乱，很长一段时间都调整不过来。虽然对方通常会表现得很大度,但这样也会给用人单位留下慌慌张张、局促不安等不好的印象,所以要非常小心。杯子可以放得远一点,水喝不喝都没有关系。有些人临走了,看到满满一杯水没动,觉得不好意思,就咕咚咕咚喝上几大口,这也没有必要。

如果招聘人员问你喝什么或要你提出选择时,一定要明确地回答,这样会显得有主见。最忌讳的说法是:"随便,您决定吧。""随便"是一种非常不好的回答方法。有些单位,一听到这两个字就皱眉头。

2. 负面肢体动作

(1)交叉翘脚的坐姿。放松心情,双脚平放,是面试时最基本的坐姿要求。因此,求职者应避免翘脚的坐姿出现,以免让主考官产生不端庄的印象。

(2)拉裙子。求职者在面试时,若是因为自己穿的裙子太短,坐下怕曝光,而不断地拉摆裙子时,容易让主试者觉得求职者的个性太过于浮躁。因此,为避免这种窘境的产生,求职者在面试前,应对裙子的长度多加考虑。

(3)支支吾吾地小声谈话。面谈时,求职者的谈话,如果太小声,即主考官无法听清楚的话,会使人留下一种没自信的印象。同时,求职者在面试时,若两眼到处乱瞄,则容易让主考官觉得这是一位没有安全感、对任何事都抱着没有信任感态度的应试者,从而给人以负面的印象。

(4)夸张的肢体动作。面试时,太过于活泼、夸张的动作,易招致不稳重的印象。因此,在回答主考官时,应以平稳、平实的态度为原则。

(5)不停地看手表。在面谈或与人交谈时,不停地看时间,都会让人产生一种压迫感,因此,在面谈时,求职者切记要留下一段充裕的时间,以防此种情形发生。

4.2.4 语言礼仪

1. 声音礼仪

嗓音可以看出一个人是否紧张,是否自信等。因此,平时应多练习演讲、交谈的艺术,控制说话的语速,不要尖声尖气,声细无力。应保持音调平静,音量适中,回答简练,不带"嗯"、"这个"等无关紧要的习惯语,这些都显示出在自我表达方面不够专业。

参加面试时,除了熟记自己准备的资料外,如何把握短短一个小时左右的时机,最大限度地利用自己的长处来树立良好形象,另外掌握良好的交谈技巧也是面试成功的重要因素。

2. 表达礼仪

语言是求职者的第二张名片,它客观地反应了一个人的文化素质和内涵修养。准备面试时,要与同伴找时间互相进行角色扮演,多熟悉一下面试时自我介绍的环节和有关问题的回答方式,多研究主考官观察人的角度和侧重点。

在整个面试过程中,注意不要紧张,表述要简洁、清晰、自信、幽默。同时注意观察主考官的表情变化,也就是做到察言观色,尽快掌握主考官感兴趣在哪些方面,再根据事先的准备做着重表达。

在面试中要尽量避免下列语言的使用。

在与主考官的意见不一致时,不要据理力争,那会导致一时“嘴巴上的快活”而满盘皆输。要知道生死大权皆掌握在主考官手上,即使你不同意他的看法,也不能直接给予反驳,可以用诸如:“是的,您说的也有道理,在这一点上您是经验丰富的,不过我也遇到过一件事……”

可以用类似的开头方式进行交流,但在下结论时不要与主考官的观点完全相反,要引导主考官自己做结论,这样就避免了与主考官直接发生冲突,又巧妙地表明了自己的观点。特别是在回答情景面试问题时,稍不注意,容易处理失当,过度自信而忽略了场面控制。

3. 交谈礼仪

面试时对所提出的问题要对答如流,恰到好处,不夸夸其谈。面试主考官一般较欣赏谈吐优雅、表达清晰、逻辑性强的职位应试者。交谈中应把握以下几个要点。首先,要突出个人的优点和特长,并有相当的可信度。言语要概括、简洁、有力,不要拖泥带水,轻重不分。其次,要展示个性,使个人形象鲜明,可以适当引用别人的言论,如用老师、朋友的评论来支持自己的描述。第三,坚持以事实说话,少用虚词、感叹词。第四,要注意语言逻辑,介绍时层次分明、重点突出。最后,尽量不用简称、方言、土语和口头语,以免对方难以听懂。当不能回答某一问题时,应如实告诉对方,含糊其辞和胡吹乱侃会导致失败。

礼仪视窗 4-7

用语言营造气氛

英国人最常用的词汇是“对不起”。警察对违章司机进行处理时,先要说声“对不起”;两车相撞时,相互说声“对不起”。在这样的气氛中,双方的自尊心都得到了满足。

中国人爱用的敬语,如表示尊敬之意可用:请问、敢问、借问、指教、见教、讨教等;打扰他人时可用:打扰、劳驾、费心、辛苦等。

(资料来源:葛梅.公共关系学[M].机械工业出版社,2006.177—178)

4.3 求职应聘后礼仪

4.3.1 告别礼仪

求职犹如音乐会,同样需要善始善终,讲求结束之术。要知道面试结束并不代表求职过程的完成,也不意味着可以回去等待结果的到来。许多求职者只留意应聘面试时的礼仪细节,却忽略了面试后的善后工作,而这些步骤亦能加深别人对你的印象。因此,要利用好结尾的机会,让面试官欣赏并能够记住你。

1. 掌握时间

面试临近尾声之前,考官在谈过主要问题之后,可能会提一两个比较尖锐或敏感的问题以便深入、彻底地了解应试人的情况。在此之后,话题的选择可能会非常随意,有一点聊天的味道,谈话十分轻松,这就已经标志着面试进入了收尾阶段。

在收尾阶段,考官的神情会更为自由放松,目光中"审视"的意味会明显减少,谈话语气会显得更加柔和,往往会说:"我的问题完了,我想听听你有没有什么问题,如果有,尽管提,我们来一起讨论。"这时可以针对单位和工作本身提一些问题,提问的原则和技巧请参阅前面的有关论述。在此,需要强调的是提问一定要谨慎,注意礼节和分寸,不要提问太多,不要让考官因回答你的提问而费力劳神。

2. 面试结束

在面试的收尾阶段,应试人最重要的任务之一就是创造时机、抓住时机充满自信地重申一下自己的任职资格。你可以勇敢地说出这句话:"老师,请问我最晚什么时候能得到回音?"或:"老师,您看我有希望吗?"面对你的勇敢,面试官也许会说:"我们需要时间考虑。"你将得到的最坏答复就是:"我们需要时间对所有的面试者进行综合评估。"据说,有很多人是因为在面试结束时勇敢地问了这个问题或是诸如此类的问题,最终得到了那份工作。也许是这样的勇敢打动了考官,也许是这份执着热切让他们不好意思再拒绝。你能否胜任应聘职位的工作任务,是考官最为关注的事情,你应该用自己的自信心来感染考官的情绪,使他更加相信你是一个优秀的人选。

3. 离开房间

面试结束后,应该把刚才坐的椅子扶正,一面徐徐起立,站在椅子的旁边;一面以眼神正视对方,与人事主管以握手的方式道别,趁机做最后的表白,以显示自己的满腔热忱,可以边点头边说:"谢谢,请多关照。" 或"谢谢您给我一个面试的机会,如果能有幸进入贵单位服务,我必定全力以赴。"然后拿好随身携带的物品,到刚进门时的位置,先打开门,在出去之前要转向屋内并有礼貌的鞠躬行礼,再次说"谢谢您,再见!"之类的话。特别要注意的是,告别话语要说得真诚,发自内心,才能让招聘者"留有余地",产生"回味"。然后转过身轻轻地退出面试室,再轻轻将门关上。这样既保持了与相关单位主管的良好关系,又表现出自己杰出的人际关系能力。当用人单位最后考虑人选时,能增加自己的分数。

离开办公室后,在走廊里不要和别人讲述过程。不要马上打电话,甚至兴高采烈大声高叫,也不能无精打采地走出办公大楼。经过前台或在接待处归还来宾证时,要主动与工作人员点头致谢,边点头边说:"多谢关照。"有些应聘者对面试官彬彬有礼,走出门却对普通员工或其他工作人员傲慢无礼。不要忘记,进入招聘单位的瞬间,就要接受所有人的面试,每个人都是你的面试官。

礼仪视窗 4－8

胜出者总是有其胜出的道理

小孔是前来应聘的50多人中唯一的胜利者。那天，由于应聘者众多，大家都在楼道中等候面试，他不像其他人那样使劲往里挤询问何时面试，而是耐心地排队等候。面试室是一个双扇门的房间，在等待过程中，只听得应聘者进进出出的开门声不断。轮到小孔进去面试，他站起身，轻轻地推开面试室的门，进门后又轻轻地关上，摘下帽子坐在了应聘者的坐位上。考官看着他衣着整洁，发型有个性，甚至连指甲也洗得干干净净……必要的开场白之后，便敏捷地开始回答考官的问话。临走的时候，他发现地上有一张被其他人踩脏了的纸，于是他捡了起来，看了看没有内容，便将它带出面试室，放到了门外的垃圾箱内。正是小孔得体的举止使他获得一个理想的职业。

（资料来源：http://www.thebeijingnews.com）

4.3.2 感谢礼仪

面试结束时，不论是否如你所料，被顺利录取，得到梦寐以求的工作机会，或只是得到一个模棱两可的答复，我们都不能不注意礼貌相待，要用平常心对待用人单位。况且许多招聘单位经常是经过两三轮面试之后才知道最后几个候选人是谁，而且还要再做最后的综合评估，竞争是相当激烈的。

当你回到家中，应该仔细记录整个面试经过。每个面试提问、每个细节都要记载在面试记录手册里。面试成功与否并不是最重要的，最重要的是从上一次面试中分析各种因素，学到经验，下次面试会更强。这样，就可以知道自己到底为什么落选，能得到这样的反馈不容易，你应该好好抓住时机。

求职是一个艰苦漫长的过程，到此并不意味着求职过程的结束。面试后不要忘了对招聘方的感谢。因为这不仅是礼貌之举，也会使面试官在做决定时对你更有印象。为了增加招聘方对你的印象，增加求职成功的可能性，面试后的两天内，你最好向招聘人员打电话或者写信表示谢意。

1. 打电话

打电话表示感谢。在面试后的一两天之内，不妨给面试官打个电话表示感谢。电话感谢要简短，最好不要超过5分钟。一是打电话可能干扰别人的工作；二是如果招聘方感觉不便回答可能陷于尴尬；三是会显得自己太着急。电话里不要询问面试结果，因为这个电话仅仅是为了表现你的礼貌和让对方加深对你的印象而已。

2. 感谢信

面试官对求职者的记忆是短暂的，感谢信是你最后的机会。用感谢信使面试“锦上添花”，它能使你显得与其他求职者有所不同。面试感谢信包括电子邮件和书面感谢信。

如果平时是通过电子邮件的途径和组织联系的话，那么在面试结束后，发一封电子感谢信，既方便又得体。

但大多的情况下还是写书面感谢信，特别是在面试的单位非常传统的情况下，更应如此。书面感谢信最好用白色的A4纸，字的颜色要求是黑色，内容要简洁，最好不要超过一页纸，在书写方式上有手写和打印两种。打印出来的感谢信较为标准化，但有时难免给人留下千篇一律的印象。如果想与众不同，或是想对某位给予你特别帮助的面试官表示感谢，手写则是最好的方式，这个前提是你的字写得要比较正规而好辨认。

感谢信必须是写给某个具体负责人的，你应该知道他的姓名，不可以写“负责人”、“部门负责人”等之类的模糊收件人。感谢信的开头应提你的姓名及简单情况以及面试的时间，并对主考官表示感谢。中间部分要重申你对该组织、该职位的兴趣，或增加一些对求职成功有用的新内容。结尾可以表示你对能得到这份工作的迫切心情以及为组织的发展壮大做贡献的决心。

面试后表示感谢是十分重要的，因为这不仅是礼貌之举，也会使主考官在作决定之时对你有印象。据调查，十个求职者往往有九个人不回感谢信，你如果没有忽略这个环节，则显得“鹤立鸡群”，格外突出，说不定会使对方改变初衷。

礼仪视窗4-9

面试感谢信范例

尊敬的王经理：

您好！我是11月11日上午前去面试销售经理职位的××。很高兴认识您，与您谈话是一段很愉快的经历。非常感谢您给我这次面试机会。从这次面试中，我更加深刻地了解到了贵公司的企业文化、管理特点等。

诚如我在面试中提到的，我的学习成绩、专业知识、实习经历能帮助我在贵公司获得长足发展。我十分欣赏贵公司的企业文化、管理方式，我相信自己能在学习中取得更大的进步。

真诚希望能有机会和您共同工作，期待能为公司的发展贡献一份力量。

再次感谢！

此致

敬礼

于　洋

二〇〇七年十月一日

（资料来源：http://www.zhaopin.com）

4.3.3 询问礼仪

面试结束后，每个人最想知道的就是自己是不是被列在被录取的名单中，急切的心情不亚于等高考通知书。在询问求职结果时，应注意以下几个方面。

1. 耐心等候

在一般情况下，主考人员每天面试结束后，都要进行讨论和投票，然后送人事部门汇总，最后确定录用人选。所以，求职者可能要等3~5天。在这段时间内一定要耐心等候消息，不要过早打听面试结果。

2. 询问方式

一般来说，如果在面试两周后或面试官许诺的时间到了，还没有收到对方的答复，就应该写信或者打电话给招聘单位或面试官，询问是否已有了结果。一是提醒一下招聘方，表示自己对这个组织很感兴趣。二是在面试官难以做出判断时，你的信件可能为自己增加入选的机会。三是有经验的主考官不会在面试时把你面试失败的信息表露出来，所以很可能你没机会当面问他。但是如果求职者在信中以很客气的口吻问："您觉得我适合做什么样的工作？"一般都会有一个客观的答复，如果几个主考官都答复你同样的结果，那你就要考虑按他们说的修改求职方向和简历了。即使是一个你非常不愿意从事的职业方向，你也要考虑是否无意中表现了那种职业倾向。

3. 保持联系

即使未被录用，最好能与主考官保持联系，这也是建立职业关系网的一个重要组成部分。如果没有得到这份工作，你或许可以交个朋友，给自己留一个机会，让你可以进一步询问他们的同事是否知道有人需要具备你这样技能的人。如有一个女生应聘某单位，由于那个部门因为工资没谈拢没有聘她，后来她没忘了经常联系那位面试时的主考官；并对他的帮助表示感谢。结果，那位主考官就把她介绍到了另一个部门——她终于如愿以偿地进入了这家单位。

4.3.4 心理调整

1. 做好准备

面试回来后，你已经完成一次面试，但这只是完成一个阶段。如果你同时向几个单位求职，则必须尽快地将心情平静下来，全身心地投入第二家的面试。因为，未有聘书之前，仍不算成功，你不应放弃其他机会。

第一次面试后，如果你对该单位还感兴趣，并且自己也有很大的把握进入第二轮面试，那么就应该积极为第二轮面试做准备。应对应聘单位的整体框架、经营状况及职责范围、能力做相应了解。一般来说第一轮面试招聘方看的是整体素质，包括形象、教育背景、沟通能力和相关的实践经验等等。因此，如果觉得自己发挥不好，可以在给招聘单位的感谢信中提一提，说明一下自己发挥不好的原因，是生病了还是受了别的什么干扰。但不必特意大书特书，这样反而加深了别人对你面试发挥不佳的印象。

2. 失败莫气馁

应聘中不可能个个都是成功者,万一你在竞争中失败了,也不要气馁。这一次失败了,还有下一次,就业机会不只一次。关键是必须总结经验教训,找出失败的原因,并针对这些不足重新做准备,"吃一堑,长一智",谋求"东山再起"。主要从以下四方面入手:

找出自己失败的主观原因是什么,拿出改进措施;

①分析客观原因是什么,思考下一步对策;

②经常与面试官联系,寻找新的机遇;

③全方位准备,准备再次冲刺的计划,迎接新一轮的挑战。

3. 平常对待

由于竞争激烈及其他一些不可知因素,面试的结果有很大的不确定性。对此,每个应试者都应有充分的思想准备,并不是自己感觉非常称职,面试中的表现也非常出色就一定能够被录用。你既要充满信心和希望地积极等待面试结果的反馈,又要做好多方面的准备。

"芝兰生于深谷,不以无人而不芳;君子修道立德,不以困穷而改节。"良好的个人修养在平时更能得到真实的体现,不要因环境的改变而大起大落,适当保持一下绅士风度。

不论从个人修养、长远发展还是单纯从争取录用机会的角度来看,在面试后的几天内,应试者都仍需保持良好的仪表形象,文雅的言谈举止,怡人的精神风貌。由于日常生活行为不检点而意外被考官在考场外察觉,而被取消录取资格的例子屡见不鲜。因此,面试失败后,不以胜败论英雄,多找自己的主观原因,才能继续再战。

4.3.5 职场前奏

一般来说,如果你没有被录取,你将收到一份辞谢通知书。这时,你也可以礼貌地回一封信,对该单位表示感谢。感谢给了自己一次面试的机会,使自己学到许多东西,以后要更加努力学习,争取将来有幸加盟该单位。如果你幸运地被录取,你将接到一份试用通知。接到试用通知书之后,如果你拿定主意,决定去该单位,你可先打电话,一方面表示感谢,一方面更详细地询问相关事宜,然后做好报到的相关准备。

1. 深入了解

你一旦知道自己已获录用,就应该去研究是否要更改聘用条件以助你达成目标,也应到该单位去彻底参观一次。去参观你将要加入的那个部门,要求和那个部门的人见面,看看有哪些资源归你支配,再次慎重考虑是否是你的最佳选择。要了解某个单位,最好的方法就是去找该组织的员工谈谈。罗切斯特大学电机工程学及光学博士班学生肯登·格林毕业前去求职,就采用了这种方法:"我会去找一篇在我感兴趣的那家单位工作的同行所写的论文,然后打电话给他要求跟他谈谈,向他查询我是否达到受雇条件,并且讨论单位的需求。这样做了之后,结果通常是:我获邀请去面试,要不然就是总算知道这个单位并不适合我。"如果你是那种拿不定主意的人,可以用两天时间考虑清楚,看清自己的要求、前途,组织的声望和文化等等。一般来讲如果你推掉这份工作,或者犹豫太久的话,这个单位是不会再重新打开大门,除非你能提出非常好的理由来说服他们。

2. 薪酬谈判

要视不同的情况采取不同的对策。如果你面试的单位是政府部门、事业单位或正规的大公司,他们一般都有很严格的薪资管理制度,不同的岗位会有不同薪资标准,一般不会因为某个人而改变。对这种情况,你可以说:"我相信单位的薪酬制度会给我一个合理的报酬。"但在这种情况下,他们还是会问一个你的期望值,那么你可以在面试前搜集相关的资料,看看你申请的职位在大部分情况下薪酬是多少,然后报出一个价格。如果你面试的是中型或小型的公司,他们虽然也有薪酬制度,但如果你能证明你能创造更高的价值,一般也会给予你更高的薪水。关键的问题是你要证明你的价值。只要你提出要求的时候有技巧,所提要求也合理,组织是会考虑的。

总之,薪酬谈判关键在于充分地展示自己的实力,好的薪水是要靠实力得到的。如果组织很认同你的实力,那么如果你要的薪水不是高得太离谱,大部分时候都会成功。但要多调查和注意这方面的资讯,使自己在面试前做到对这个职位的大致薪水有个了解,就会使你不至于提太高或太低的要求,从而失去到手的工作。

本章小结

面对当前人才流动越来越频繁,求职者竞争越来越激烈的现实,怎样才能找到一份称心如意的工作就成为困扰求职者的一个难题。求职应聘不仅是大学毕业生必须关心的一个问题,而且是一个你将终身考虑的问题。求职者除了要具备良好的专业素养外,还需要掌握一些礼仪知识和技巧。良好的礼仪表现会给主考官留下良好的第一印象,进而取得他们的好感,赢得尊重和信任,甚至可以说礼仪修养决定了大学生求职应聘的成败。大学生在求职过程中,掌握良好的社交礼仪知识是走向成功必要的铺路石。如果你以高雅的仪表风度、完善的语言艺术、良好的个人形象,展示自己的气质修养,必将赢得招聘方的青睐,获得更多的就业机会。

相关网站

南方人才网:http:// www.job168.com
中华英才网:http:// www.chinahr.com
卓博人才网:http://www.jobcn.com
中国高校毕业生就业服务信息:http://www.myjob.edu.cn
八方人才:http://www.job88.com
智通人才招聘网 :http://www.job5156.com

复习思考题

1. 请简要回答求职应聘礼仪的重要性并说明它的类别。
2. 个人简历的写作需注意哪些问题?
3. 简述举止礼仪的原则。
4. 简述语言礼仪的重要性。
5. 求职应聘后礼仪包括哪些内容?
6. 如果你参加面试,应注意哪些礼仪?

【案例分析Ⅰ】

功亏一篑

安丽是个销售干将,年轻时,做事风风火火,雷厉风行,人也厉害,干脆利索。可是,今年31岁的她,已渐渐没有了当年的魅力,事业开始走下坡路,甚至有点力不从心,看到老板总不给加薪,就辞职跳了槽,结果到了职场上才知道,老板不给加薪的理由。经过3个月东奔西跑,敢情其他老板见了她这年龄,也都给开了低价。安丽这才感觉到自己在销售场上真的人老珠黄不值钱了,于是,也就只好给自己开在3000元以下。这一天她应聘到了一个小公司,双方谈得很好,但是,没有谈到工资问题,原来老板很欣赏安丽的销售能力和口才,同时也担心她的脾气。安丽也很想在这个公司干下去,面试之后,忍耐不住,当晚用QQ与老板谈起了工资问题。老板问她:"你准备接受多少的工资标准?""起码2 800元吧!"老板心中得到认可,但是说:"我现在还不能完全了解你的能力,需要一个月的试用,这一个月,基础工资1 800元,加上提成也可达到你的标准。"安丽一听火冒三丈,当时就关闭了QQ,不再搭理老板,当然,老板也就不再搭理她了。

【案例分析Ⅱ】

都是礼仪"惹的祸"

侯杰跳槽后,投了几十份简历,才得到面试机会。这家公司是人力资源咨询公司,面试方法与众不同,除了回答问题还有在电脑上做大约3个小时的测评题。面试结束后,让他们在两天之内等通知。侯杰因做过一年多的人力资源工作,HR将他的名字列在录取名单中,等待与老板研究后定下来。第二天下午,心情急切的侯杰打电话给公司说:“公司录不录取我没关系,能否把测评结果给我?”接电话的 HR 愣了一下,和蔼地告诉他:“测评结果只是公司用来选拔人才用,不给个人。”侯杰又补充一句:“录不录取我没关系,我只想要测评结果,因为我测评了三个多小时呢!”放下电话,HR 将录取名单取出,划掉了侯杰的名字。

(资料来源:http://www.chinahr.com)

实践训练

1. 实训项目:模拟求职应聘中的礼仪。

2. 实训目的:通过这个项目,让同学们认识到自己身上存在的不符合礼仪规范的言行举止,加强自身修养,成为一个合格的应聘者。

3. 实训内容:分组进行表演,观察应聘者的言行举止、服饰、动态语言等。

4. 实训组织:全班分为若干组,每组成员分成应聘者和招聘者,在课堂上表演。

5. 实训考核:分析评价每位同学在模拟求职应聘中的表现。

5

公关人员的礼仪修养

国家用人,当以德为本,才艺为末。

——康熙

学习目标

通过本章学习,了解修养的内涵及其与礼仪的关系,能够通过自测,明确需要加强的修养部分,在注重礼仪知识学习的同时,更注重自身修养的提升。

主要概念

礼仪修养　品德　知识　性格　气质　风度

现代社会,商品经济高度发达,竞争日趋激烈,社会组织的生存与发展决定了公共关系对"礼仪"的呼唤,对有良好素质和礼仪修养的公关人员的呼唤。良好的个人礼仪、规范的处事行为并非与生俱来,也非一日之功,是要靠后天不懈努力和精心教化才能逐渐形成的。因此,可以说个人礼仪由文明的行为标准真正成为个人的一种自觉、自然的行为的过程是一个渐变的过程。只有努力提高思想道德修养,不断地陶冶情操,追求至善的理想境界,才能使人的礼仪水平得到相应的提高。

5.1 礼仪修养的内涵

5.1.1 修养

孔子认为,“质胜文则野,文胜质则史。文质彬彬,然后君子。”修养绝不仅仅是一种外在的行为表现形式,它是人内在的道德、文化和艺术修养的反映和折射。

1. 品德

“君子以德服人”,“德”是为人之本。法国启蒙思想家孟德斯鸠说:“品德,应该高尚些;处世,应该坦率些;举止,应该礼貌些。”品德是公关礼仪人员的核心素质要求。品德是对一个人思想品质和人际关系处理能力的全面要求,品德高尚的人,必定是深明大义、胸怀广阔、深谙事理的人,既能坚持自己的立场,又能顺应社会环境要求。这里的品德包括优秀的个人品德和良好的职业道德两部分。

(1)诚信。公关人员应以诚待人,以诚相见,心口如一。宁可人负我,不可我负人。实际上也只有真心相对,才能让他人感受到你的真情;反之表里不一,阿谀奉承,缺乏诚意的沟通,即使在礼仪形式上做的天衣无缝,也难获得对方的真正信任。

(2)公正。公关人员应视所有公众为你的朋友,一视同仁,不以衣貌取人,不以地位取人,更不能厚此薄彼。当组织利益与公众利益相冲突时,应全力保持双方利益兼顾,力求双赢,不能将组织利益的获取建立在对公众利益损害的基础上。

(3)热忱。公关礼仪人员应热忱对人,使人感到温暖、亲切。热忱能弥补人际交往的距离,使他人有一种被关注的感觉,尤其是在一些公众场合,主动热情地结识新朋友,更能显示出自己的人格魅力。当然,这里的热忱是建立在真诚公正基础上的,而不是虚情假意、应付式的热忱。

(4)宽容。公关人员要有宽广的胸怀,尤其是在面对着思想不同、性格各异、志趣不一的交际对象时,对对方的误解甚至无礼要有气量、宽大为怀。同时也应求同存异,允许别人保留不同的意见。

甘地曾经精辟地指出:“假如我们大家都把‘以牙还牙,以眼还眼’作为生活的准则,那么人就要变成‘瞎子’了。”从根本上来说,宽容是有力量的象征,坚强的表示。它以爱为动力,去打破“坚冰”,驱散“乌云”,迎来和煦的“春风”。一个人不肯原谅别人,就是不给自己留有余地,要知道每个人都犯过错,都有需要人们原谅的时候。宽容之所以被大力提倡,就因为它是一种治愈精神创伤的“灵丹妙药”。

(5)无私。俗话说,心底无私天地宽。在平时生活中,经常会遇到许多烦恼,细究其原因,有相当一部分是自己心底的“私”字在作怪,是它让你拿不起、放不下,也是它让你在个人与组织、自己与他人、名利与成功之间惶恐不安。一旦悟通这个道理,思想境界就会上升到一个新的高度,学习、生活、工作会更加光明磊落,也能正确地把握自己的行动方向。①

2. 能力

公关人员要求具备各种较高的能力素质。

(1)思维能力。公关人员要具有较高的政策分析水平和对新情况、新问题的敏感性,提高发现问题、推理预测、协调关系及角色转换等方面的的思维能力。

礼仪视窗 5 – 1

晏子语言的智慧

《晏子春秋》中记载着一段晏子出使楚国的故事,表现了他非凡的应变能力。晏子出使楚国,楚国人觉得晏子个子矮小,想奚落他,就让他从大门旁的小门进去,晏子不干,说:"出使到狗国的人才从狗门进,现在,我出使到楚国,不该从这个门进。"接待他的人只好打开大门让他进去了。

见到楚王,楚王想羞辱晏子,就说:"齐国没有人了吗?怎么派你来呢?"晏子马上回答说:"齐国人多得很,只不过我们齐国派遣使臣,各自都有所担负的使命,他们之中贤明的人被派遣出使到有贤明君主的国家,不贤明的人被派遣出使到有不贤明君主的国家,我晏婴是最不贤明的,所以适合出使到楚国。"

(资料来源:http://tieba.baidu.com/f? kz=160316389)

(2)管理能力。公关人员要具备战略眼光和组织各个主体如职能部门、各生产业务环节等保持畅通的信息交往;了解产品和服务、内外部环境变化、同行及竞争对手的情况,真正起到决策参谋的作用。公关人员还要提高组织协调能力。因为组织、筹办各种公关活动是公关人员的经常性工作。

(3)写作能力。编辑写作是公关工作的一个重要方面,公关人员要编写各种宣传资料以沟通内外公众,要撰写具有发表水平的新闻稿以供新闻媒体选用,要汇编公关情报通报、各种总结、简报,要草拟各种报告、演讲稿等,这些都需要公关人员具有较强的写作能力。

(4)交往能力。公关人员要具有广泛的兴趣爱好和随机应变的能力,了解并遵循各种社交场合的礼仪规范要求。

(5)表达能力。公关人员要对语言体系中自身可利用的各种技能加以把握;了解语言运用的具体环境、特点并能及时适应,通过良好的表达,提高处理和解决各种问题的能力。

---

① 张岩松:《现代公关礼仪》,北京,经济管理出版社,2006。

(6)创造能力。公关工作是有计划、有步骤的活动,而公关活动的新颖独创、别出心裁则更会使其成效大增,也会使其因具有较高的新闻价值而成为新闻“主角”。

(7)传播能力。了解大众传播、人际传播的优劣,合理利用传播技巧,使公众对传播的信息充分理解和接受。

(8)幽默感。曾经有调查机构访问了数千名女士,问心目中理想男士的标准是什么,在候选的十多条标准中,“具有幽默感”这一条在问卷中居榜首。如果在日常生活中能做到谈吐幽默风趣,使他人觉得因为有你而开心、快乐,并能从你身上得到启发和鼓励,你就会成为一个交往核心,一个人人都喜欢的“开心果”,自然你的“人和”状态就会很快建立起来。

3. 文化

公关礼仪人员要接受相当程度的文化教育,并非仅仅是一个“好人”、“知礼之人”就够了,而应该具有一定的文化涵养和较广博的科学知识。文化涵养是思维的基础,也是掌握公关技巧的基础。广博的科学知识从搞好公关礼仪工作所需知识范围来说,包括语文写作、新闻编辑、广告学、美学、心理学、传播学、营销学、管理学、礼宾、艺术修养、国际社交语言等各方面的知识。有了这些文化基础,公关礼仪人员在实际工作中,就能够自如地表达自己的观点,为组织的信息交流提供良好的人力资源保障。反之,在工作中就会遇到障碍,不能很好地胜任本职工作。

当然,知识重在灵活运用,这里我们更偏重的是掌握知识并运用知识的能力。先贤子夏有云:“贤贤易色;事父母,能竭其力;事君,能致其身;与朋友交,言而有信。虽曰未学,吾必谓之学矣。”

5.1.2 相关概念

1. 礼仪知识与礼仪修养

掌握礼仪知识并不是一个困难的问题。目前报纸、电视、网络中介绍的礼仪知识是比较多的。就北京而言,在对北京市民进行的一次调查中显示:礼仪知识的知晓率已经高达90%。这当然与北京这两年对礼仪知识的普及程度分不开,同时也与礼仪知识的容易掌握分不开。虽然这些知识的掌握是容易的,但是把它内化成自己的习惯、教养、品位就很难了。

2. 个体形象与礼仪修养

个体形象的表现取决于两方面,即内敛的精神、修养和外显的气质、风度。前者是指个体本身学习、磨炼及熏陶而逐渐形成的个体素质和能力,也可称之为人格魅力。这是个体形象的核心。修养和外部环境的结合就形成了个体的气质、风度。奥地利著名精神分析学家弗洛伊德认为,人是由本我、自我、超我三个属性构成。本我是无意识层面的不受理性约束的,没有礼仪道德准则,只根据唯乐原则满足本能需要;自我是有意识的,且很大程度上是与环境相互作用的产物;超我是理想的自我,来源于社会(主要是父母)的道德引导、理想吸引,实际上是父母的道德价值在自己内心的化身。礼仪就是自我和环境相互作用的产物,由超我强化而成。从中不难看出,个体形象礼仪的关键就是自我,即自我觉悟、自我意识及自我道德观。

良好的外在个体形象包括仪容整洁、举止得体、用语文明、待人有礼等基本内容,其本质是个体内在的礼仪修养。一个人只有从外表到本质都是文雅有礼的,才能成为一个受人尊敬的文明的人。

3. 职业素养与礼仪修养

职业素养,是职业人在掌握职业技能的基础上,在观念、态度、形象、行为等方面都具有的职业修养和状态。

美国著名的《哈佛商业评论》评出了9条职业人应该遵循的职业道德:诚实、正直、守信、忠诚、公平、关心他人、尊重他人、追求卓越、承担责任。但是组织往往无法对员工职业素养有强制性的约束力,职业素养更多体现在员工的自律上。

礼仪修养是员工职业素养中的重要组成部分。职业人在每一个职业场合,无论是日常办公、会见客户、接听电话或是宴请宾客,一定会使用到礼仪知识。拥有良好礼仪素养的职业人,才能为组织创造出良好的形象。

5.2 公关礼仪修养的培养

公关礼仪是在公关活动中对礼仪的具体操作和运用。公关礼仪修养则是为了在公关活动中展现良好的组织形象而需日常培养的内在素质。

古人云:"相由心生",说明了这两者之间的关系。现代人也曾提出这样一种观点:知识美容论。他们认为,掌握丰富的知识,深化自己的内涵,是一种深层次的化妆,生命的化妆。因为人的精神面貌的塑造,在很大程度上取决于其思想境界、道德情操和文化素养这些内在品质,这才是人生命美的常青树。比如,有的人尽管穿着高级的名牌衣服,但他的服饰样式、色彩的选择都不合适,穿在身上整体效果并没有显示出美;有的人礼仪语言的表达很动听,但给人的感觉是言不由衷的;有的人在社交场合尽管按要求做了一些礼仪动作,但只有形似没有神似,因为他没有外在表现的根基——内在的修养。为此,在学习公关礼仪行为规范的同时,还要注重自己的内在公关礼仪修养,只有在勤奋求知中不断地充实自己,才能从根本上提高自己的公关礼仪水平。

优良的公关礼仪修养来自于后天的培养与自身的努力,这也告诉我们,只要有志向、有目标就能"功到事成"。那么,如何才能使自己的公关礼仪修养符合职业要求呢?需要从以下两方面做出努力。

5.2.1 消除不良心理障碍

一些存在于公关礼仪工作者身上的不良心理倾向会严重妨碍正常人际交往,这是首先应注意的。

1. 自卑心理

在公关交往中,身材矮小、容貌欠佳、性格内向、不善言谈等,都会引发当事人的自卑心理。尤其是当他们面对着漂亮、身材修长的女士或英俊潇洒的先生,看着他们自如而自信地与交往对象侃侃而谈时,更为自惭形秽,悲从中来。自卑心理源自心理上的一种消极的自我暗示,常常表现为对自己价值的否定,因而悲观,缺乏勇气,他们害怕被别人轻视与排斥,不敢表现自己,也不能自如地与他人交往,这样,往往会给公关工作者带来负面影响。

实际上,虽然外表会给你的人际交往带来一定影响,但决非是决定性的,更何况自身形象的关键在于内在素质。晏子不满三尺却能说服六国"合纵";邓小平同志是世界伟人,然而,谁又会计较他的身高呢?这就要求每个公关工作者要扬长避短,培养自己的特长,以显示出自己独特的魅力。

2. 情绪障碍

每个人都有喜怒哀乐,有时候会高兴,有时候会沉闷,有时候会生气。如果把这些个人情绪带到公关工作中,就容易出现这样的情况:高兴时快人快语,不假思索;沉闷时一声不吭,把客人晾在一边;生气时遇见客人有求,态度生硬,甚至无理拒绝,这些都会对公关工作产生不良影响。公关工作要求保持稳定的情绪,安详、和蔼、愉快、平等地待人,不能为个人的情绪所左右,所以要学会调节、控制自己的情绪。

在个体交往中情绪互相影响,一旦导入情绪僵局,就很难扭转。所以提倡不将情绪带入工作中。你要在踏入办公室时,先把自己的情绪调整到兴奋点,把不快忘去(可以在家里、在空旷处高喊几声,发泄一番)。在遇到客人情绪低落时,要耐心劝导,切勿同病相怜,抱头痛哭,并且应在充分同情的基础上,保持一份冷静的心态,不能过于投入。

3. 社交恐惧

公关交往很多情况下表现为人际直接交往,而有些人缺少社交经历,在与人交往,特别是公众场合下露面时,会脸红、心慌、冒汗、浑身不自在。正是由于这种体验,他们在行动上竭力避免参加社会活动,回避出头露面的大型场合,显然这不利于公共关系工作的展开。这就要求对社交存有恐惧心理的人,应自觉克服这种心理,在交往中不必过多地考虑别人会怎么看,从而解脱心理上的束缚;注意学习各种待人接物的技巧,增强自信心;在交往前,应做好充分准备,包括仪表、言谈、举止等,这样才能有把握地进行交往。

戴尔·卡耐基是世界人际关系学权威,在踏入社会初期,因不善言辞、心理恐惧,而找不到工作;疯狂英语的发明人李阳曾经是一个严重的社交恐惧者,还有口吃。对于一个初次踏入社会的人来说,社交恐惧是一种正常心理现象,关键是自己要保持正确的社交心态,树立"自我尝试、自我表露、自我推销"的观念,抛弃"个人本位、自我中心"的思想,宽以待人、助人为乐、热情主动、善待他人,培养自身健康的心理素质。

5.2.2 良好的公关礼仪修养

1. 培养开朗的社交性格

开朗、活跃、率直、热情这是人际交往中较受欢迎的交际性格,你想要成为交际的主动者,让他人尽快熟悉你、了解你、喜欢你,就应该学会主动展示,当然这里也应注意因人而异、因时而异。

(1)充满信心。你可能会说:“我从小怕生”,“不敢当众讲话”,“我说不好”,不!你实际上比自己想象的更强,在你身上有座尚未开发的富矿,只不过你束缚了自己,没有发掘出来。无数事实证明,成功者在凯旋之前大都自信必成,这种信心给他以神奇的力量,使他百折不挠。可以说自信是成功的钥匙,只要你已准备充分,只要你已具备了一定的素质,掌握了公关礼仪的基本规范,你就应相信自己一定能成功。

(2)掌握风格。言语有各种风格:大众的风格、艺术的风格、科学的风格和机关的风格。你的风格多半由生活环境决定,但在面对不同的交谈对象时,你应该适当选择,正所谓在什么山上唱什么歌,你应事先了解参与这次活动的对象是哪一个层面的公众,什么性格,爱好如何,他们所习惯的表达方式是什么,再有针对性地采取“讨公众喜欢的”风格,成功的希望就大了许多。

(3)扬长避短。每个人都有自己的语言优势:有的以思想性取胜,说话富有哲理,含义深刻;有的以逻辑性取胜,层次分明,条理清晰;有的以情感取胜,富有感染力,以情动人;有的则以声调取胜,抑扬顿挫,引人注意。你应当了解自己的特长,发挥自己的优势。例如,对方是一个性格豪爽者,善于主动表达,你就不妨做一个聆听者,仔细分析他的“话外音”,对于对方表达的不完善处和纰漏,可在适当时间以适当方式表达:“您讲的太好了,我也这么想,但我觉得……您说呢?”既显示出自己的力量,也可以避免对方因你是一个“听众”而轻视你。

(4)事先预演。语言表达能力、演讲才华都不是与生俱有的,需要平时的刻苦训练。可以对着空旷地大声地喊出你想说的;也可以找几个朋友听你讲故事;或者参与同仁的辩论会,逐步培养自己在公众环境下不怯场的心理。提供一个这样的训练方法给你:每次读报,把最重要的或最有趣的消息告诉一两个人;跟三四个人谈家常;和朋友讨论一下共同感兴趣的电视节目和电影、戏剧。到月底检查一下执行情况,看看表达能力是否提高,如果提高了,再进一步训练“独白”能力、即兴讲演能力;如果提高不多,就要继续训练复述和随机交谈的能力,鼓足勇气去实现这个计划,你的表达能力一定会迅速提高。

2. 把握合理的交往尺度

公关礼仪交往中一个很重要的问题,就是交往尺度的把握。所谓“当止即止,过犹不及”,热情过分了,对方会烦你;话太多了,“语多必失”,也令对方不快,为此要注意下列几方面。

(1)自尊也尊重他人。自尊是可贵的,但在社交中不能只尊己而不尊人,应把自尊和尊人统一起来,应具备有礼有节、不卑不亢的风范。

(2)信任但不轻信。信任对方是获得对方信任的前提条件,但是信任要有一定限度,切忌轻信盲从,否则往往容易上当受骗,正像俗话说的:害人之心不可有,防人之心不可无。

(3)表现自己但不贬低别人。社交中适当表现自己是完全应该的,但若清高自负,有意贬低别人,就会使社交变得失去意义。记住:社交是广交朋友,不是竞争,更不是“斗牛”。用矫饰的表情、夸张的动作来表现自己,反而会令人反感。

(4)坦诚但不粗鲁。与人交往需要坦诚,但坦诚不等于粗率、信口开河,哪怕你面前的那位是个徒有其表、举止粗鲁的人,你也不能拂袖而去,更不能直言相斥。

(5)谦虚但不虚伪。谦虚是人类的美德,谦虚使人进步,也能讨人喜欢,人们不是常用“谦谦君子”来赞扬一个人吗?在人际交往中适当的谦虚更易获得他人的尊重,但谦虚也有一个度,否则就变成虚伪了。

(6)活泼但不轻浮。谈吐幽默风趣,举止愉快活泼是交往的良好触媒,尤其在一些陌生的社交场合,相互间不熟悉易冷场,能以幽默风趣的语言引出话题活跃气氛,最能引起他人的注意与好感。金鸡奖最佳男配角得主傅彪,在上台领奖时没有讲那些谢谢之类的客套话,而是说“中国申奥成功了,申博(上海世博会)成功了,中国足球出线了,我傅彪也得奖了”,短短几句话,几件似乎不相关的事,却蕴涵了非常高明的幽默,令人难忘。但活泼不是轻浮,不能在社交场合随意表现出轻浮、庸俗的行为。如漠视身边上年纪的长辈,却故意找年轻女性搭话;众人都在静静等待或悄悄商议,你却旁若无人,大发议论;随意迟到、早退主办方盛情相邀的社交活动。

(7)严己又善待别人。对自己要高标准严要求,对别人则要宽宏大量,人敬我一尺,我敬人一丈。甚至在一些社交场合,你可以容忍他人的不礼貌举止,谅解别人的失态,自己则须保持一分理智、一分清醒和一分谦和。这里要指出一点,即不要牺牲原则去讨好别人,更不必献媚,阿谀奉承。帮助人、理解人、谅解人都是应该的,但为了讨好别人而故作姿态是毫无必要的,社交活动是广交朋友,但朋友必须平等相待,无原则的退让、牺牲也不是交友之道,甚至还会遭到对方的轻视。

把握合理交往尺度的关键是要学会“察言观色”、“随机应变”,要随时注意交际环境的冷热变化,关注其他参与人的神色,特别是眼神,仔细观察你就能从对方的眼神、对方的举止中读出他(她)在想什么,兴趣转移了没有,使你能主动保持社交环境的良好气氛。

3. 显示良好的自我修养

衣着要整洁大方、得体,与你本人身份和所参与的社交环境相吻合。衣冠不整本身是对生人的一种不礼貌行为。“首创科技”董事长刘小光先生曾说过这样一件事:创业初期他带了一个部下去香港融资,在进入对方大厦时,发现穿着还不够档次,与一个要去融资数亿元的老总身份不配,怎么办?他和下属把身上所有的钱都掏了出来(大概一万余港币),买了一套西服,再进去拜会客户。

言行举止要讲礼貌,不要以为是“小事”而不在乎。互敬才能互爱,人际交往最看重的就是这类不是“小事”的“小事”,因为你我的言行举止都在传递给对方这样一种信息:我是否在乎你,我是否尊重你。

不要当众揭人短处,或讲别人忌讳的事情。社交也是一种“面子”之交,切忌使他人感到失“面子”,受到伤害。记住:真正的朋友是平等的,又是互敬的。

不要不懂装懂。不懂装懂也是一种虚伪、无知的表现,有时承认自己不懂,虚心向他人请教要比被别人揭穿你的不懂装懂要主动得多,也有利得多。

讲信用,守时间。诚信是礼仪的首要原则,不要轻易承诺,更不要随意表态,但一旦承诺了,就应义无返顾地兑现,这就是诚信,这就是你做人的价值。

不要问不该知道的事情。要尊重他人隐私权,每个人都有权保留属于自己的秘密,有权拥有一片属于自己的净土,即使是最亲密的朋友也不应该刨根问底。

为人不要过分敏感。有时需要大智若愚,要学会“难得糊涂”。对于他人在背后议论与你有关的事情,只要不是当面对你而需要去澄清的,一般就可当作耳旁风,随遇而安。

力戒有失风度的事。在任何社交场合都要保持一份外松内紧的心情,无论谈话、聊天还是正式酒会,都要保持高度的清醒,你可以装糊涂,切不可真糊涂。公众场合的失态、失礼都是有失风度、有损自身形象的,应尽力避免。

待人要亲切,要有人情味。这是礼仪真诚、热忱原则的基本要求,对方有困难应尽力帮助;对方苦闷,如自己方便的话,应给他倾诉的机会,必要时当一个好的聆听者。

做事要光明磊落,堂堂正正,不要以卑鄙、狡猾的手段去达到自己的目的。“路遥知马力,日久见人心”,一个投机行为可能会换来一次成功,但不会永远成功,更主要的是你会失去最重要的“诚信”这个无价之宝。

与人交往时,应客观、谦逊地表达自己的意见,不要固执。即使对方观点你完全不能同意,也不能“据理力争”,记住这是社交场合,不是谈判。实际上,谈判也讲究“利益”之争,而不是“面子”之争。

勇于承担责任。错了就应立即承认,并主动道歉,勇于承担责任,这样可以很快让对方谅解,避免不必要的误解和麻烦,找借口为自己的错误辩解,只会增加别人的不满和反感。

珍惜对方时间。时间对双方都很宝贵,现代信息社会的快节奏更要求人们惜时如金。办事拖拉,谈话无边无际,都不符合现代人际交往要求。当然并不是说,除了办正事就不说其他话,不做其他事了,与人交往必要的聊天或办闲事还是需要的,它能培养双方感情,消除陌生感,能为下一步办正事提供条件,这其实也是正事,关键是要把握度。

礼仪视窗 5－2

赵小兰寄语后生晚辈

2001 年年初成为美国历史上首位亚裔内阁成员的劳工部部长赵小兰女士，不久前风姿绰约地站在纽约赛奥斯特高中大礼堂的讲台上，回忆自己多年前在这里上学时的情景。她用六条人生经验勉励在校的高中生们。

——要友善待人，要有同情心；

——要不断扩展自己的视野；

——不怕失败，因为失败乃成功之母；

——寻找自己的人生楷模；

——理解人类社会的多样性，美国就是因为尊重这种多样性而生机勃勃的；

——勤奋工作，因为只有勤奋才能梦想成真。

（资料来源：http://news.sohu.com/20080114/n254646379.shtml）

4. 要拘小节

在公关礼仪交往中，人的修养往往反映在那些不太引起自己重视的小节上，也往往有人因为不注意某些小节，而致使自己的良好形象毁于一旦，“阴沟里翻了船”。“不拘小节”是中性词，褒义上指这个人大大咧咧，比较随和、直率；贬义上则指这个人缺乏修养，太粗鲁。在注重礼仪的社会里，不注意小节的人是不受欢迎的。

当有人来你单位找某同事时，不管来人是男是女，等到来人走后，如果该同事不向你介绍来人，你不要询问他（她）是谁。同时也不要谈论来人的长相、言行、穿戴等。

当你接到有人给你的同事打来的电话时，如果其本人在，千万别问对方是谁，哪个单位的，应立即请本人接电话；当他们对话时，你不要在旁边有意倾听，等挂上电话后，也不要追问对方是谁，说的什么事，这属于隐私，你无权干预，除非对方主动告诉。

当有人在写私人信件时，你不要在一旁走来走去，或打听给谁写信等；如果对方刚接到寄来的信件拆看时，你不要凑过去，更不要问：“谁写来的？什么事？”

当路遇熟悉的人正与初恋的情侣散步或攀谈时，你与对方打完招呼后，不要长时间唠叨个没完，更不要询问有关情况。

当你要挽留客人和朋友时，千万不要以扣留他人的行李或车锁、钥匙等来表示自己的好意，这样会适得其反。很明显，只要你是真诚相邀，对方如无其他要紧事务，一般都会允诺，除非他有不能说出的苦衷或其他想法（如对你身边的人有成见），这时最好是任其自然。

当你出差办事到了该吃饭的时候，不要突然赶到朋友家中，因为这样会打乱人家的饮食计划，使其措手不及，除非是你非常亲密的朋友，因为家人的饮食也属个人隐私内容，贸然上门会让主人觉得尴尬。

上班时找领导汇报工作，应事先电话请示，同意后方可进入，不能随意闯入，而且汇报的内容要有所准备，不可想说什么就说什么。

上下班遇到同事应主动打招呼，互致问候，哪怕曾在工作中闹过不快也应放下。

有客来访，应先打招呼、问好，手头确有急事也应请客人先坐下，并表示歉意请他稍等会儿，切忌不理不睬，对方主动向你打招呼，你也应“嗯哪”一声，不能头都不抬。

与客人交谈时，身体应坐直，不能摇晃着说话，更不能脱下鞋子，露出光脚。古人匆匆迎接客人时还要“倒履相迎”呢，在国内，边说话边脱鞋是对客人的极不尊重。

上门拜访时，有烟瘾者请事先关注一下，是否允许抽烟；同样，有女士来与你会晤，你也应事先问一下：“我能抽烟吗？”

在与异性交往中不可直视对方眼睛或一些敏感部位，以免引起对方紧张和不自在。

在酒宴上敬酒时，应注意就座者身份及年龄，做到上下有序、长幼有序，不能随心所欲。

众人一起闲聊会融洽气氛，可以讲一些幽默、风趣的小故事、短信息助兴，但千万注意不可有所指向或带有黄色成分，尤其是在座中有长者、领导或异性的时候。

总之，良好的公关礼仪修养是公关礼仪人员优良素质的体现，也是公关礼仪工作能否正常展开的基础。

5.3 公关人员的礼仪修养构成

提高礼仪修养，培养良好的礼仪习惯，这不仅是当代公关人员自我完善、自我提高、自我发展、塑造美好形象的内在要求，而且也是社会精神文明建设的需要。一个优秀的公关人员，不仅要有高尚的思想品德、广博的知识经验、过硬的业务能力和健康的身心，还要有良好的礼仪修养。

5.3.1 公关人员的性格

5.3.1.1 性格种类

上面谈到性格形成有一定的“先天”因素，基于此，可将性格按不同方法进行分类。

1. 气质说

公元前5世纪，古希腊医生希波克拉斯提出“气质学”，他认为人体内有4种不同的体液，即血液、黏液、黄胆汁、黑胆汁。根据个人体液的分配比例，人的性格可分为4类。

(1)胆汁质。优点：充满热情，精力充沛，态度爽朗，动作粗犷有力，说话直露干脆,办事果断,勇猛坚强。缺点:性情急躁,易发脾气,爱冲动,缺乏耐性,不讲究方式方法,容易好心办坏事。

(2)多血质。优点:活泼开朗,热情奔放,感情比较丰富,待人亲切,富有同情心,思维敏捷,反应迅速,健谈,善交际,接受能力很强。缺点:情绪缺乏稳定性,喜怒不定,兴趣广泛但难以持久,易动摇。

(3)黏液质。优点:沉着冷静,耐性较强,言行谨慎,情感不易外露,性情比较稳定。缺点:固执死板,灵活性不够,一般只按指示或经验办事,不喜交际。

(4)抑郁质。优点:感情细腻、执著,善于观察,爱思索,喜静少动,敏感多虑,韧性强。缺点:胆怯怕羞,性情内向,较孤僻,疑心较重。

这四种气质的人,一般认为多血质的人最适宜公关活动,容易成为活动的中心人物;胆汁质的人往往是公关活动的拥护者和行动者;而黏液质和抑郁质的人在公关活动中,往往缺少热情,冷淡寡言,谨小慎微,显得十分被动。不同气质的人忍耐性、感受性、可塑性、敏感性、兴奋性都有所不同。每种气质类型都有其所长,也有其所短,各种气质类型的人都可以成为优秀的公关人员。多血质、胆汁质的人可以他们的热情、机敏、乐观征服观众;而黏液质、抑郁质的人,其沉着、稳重、文静也会产生特有的魅力。而且,人们可以通过后天的生活、学习和教育,影响乃至改变气质类型。

2. 神经说

前苏联心理学家巴甫洛夫提出"神经系统学说",把人的性格分成4类:兴奋型、活泼型、镇静型、抑郁型,其特点大致与"气质说"内容相同。

3. 血型说

近代医学根据人的血型种类,把人的性格也分为4类。

A型:倔强、固执、坚韧、细心。

B型:随和、乐观、热情、爽朗。

AB型:专心、有毅力、较孤僻。

O型:自信、坚定、兴趣广泛。

但必须指出,既然人的性格不是一成不变的,就应该有意识地培养、锻炼自己的性格,扬长避短,使之适应现代社会的要求,即优化性格。

5.3.1.2 性格要求

性格是选择、培养公关人员的重要条件。性格是先天性的,有的人生来就是不急不躁的稳重型,也有的是急躁型,但性格的后天培养成分更大,一个人的生活环境、学习环境及工作环境都会对其性格的最后形成产生直接影响。孩提时期会潜意识地受父母的性格影响,家庭环境也会改变一个人的性格(如经常受宠、受关注就会形成以自我为中心,强化个性化的性格);少年时期与学校老师、同学经常交流,也会影响到自身性格的形成;长大后的工作环境更会改变个人的性格,或者说引起性格变异。公关礼仪工作处于社交活动的中心,要与各类性格、层次的人打交道,这不是任何人都能胜任的。优秀的公关人员应具备以下性格特点。

(1)活泼开朗。能主动与人相处,善于交往,无论对新朋老友都能给人一种活力,一种热情,一种较强的情绪感染力。

(2)举止文雅。让人感觉你有很好的性格修养,举止落落大方、不卑不亢,既得体又清雅,使人产生认同感。

(3)谈吐动听。能真情投入,设身处地站在对方角度考虑,讲求语言文明、礼貌,思路清晰,措辞得当。

(4)感染力强。阐述问题广征博引,逻辑能力出众,且能对自己的观点自圆其说,再附以丰富的动作语言和情感语言,打动听众。

(5)兴趣广泛。有广泛的兴趣爱好,对天文地理、琴棋书画都有所涉猎,对各类公众对象的不同爱好都能有共同语言,并能引起双方共同兴趣。

(6)知识丰富。在文化知识的深度和宽度上都有所造诣,不是"半桶水",也不是"三脚猫"式的那种,能就某类问题与人做一定程度的探究。

(7)善于交际。通晓人际关系、社交心理及公关礼仪各项规范,具有丰富的人际交往实践经验。

(8)具有幽默感。能随时调动公众情绪,拉近与交往对象距离,具有很好的亲和力。

当然,让每一个公关礼仪工作者都同时具备上述性格特点是不切实际的,但这也给我们指明了方向,提出了努力的目标,需要每一位公关工作者不断学习,把自己训练成为一个高品质的优秀公关工作者。

5.3.2 公关人员的气质与风度

1. 气质

所谓气质,是指人的相对稳定的气质特点,是表现在人的情感、认识、语言个体行为中比较典型、稳定的动态方面的心理特征。气质具有恒常性和稳定性的特点,以不同的方式作用于人的心理,支配着人的各种行为,甚至影响着人的容貌。气质是一个人的真正魅力所在。人们常把人的容貌比作美丽的花,而花是有季节性的,它总有凋零之时;与容貌这支花相比,人的气质就如同一棵树,它带给人的美是不受容貌和年龄制约的。气质的美会在一个人的举手投足、言谈举止、待人接物中表现出来,这种美是自然而然地流露出来的,而不是可以生硬模仿的。

良好的气质,是以人的文化素养、思想品质为基础的,同时还要看他对待生活的态度。在现实生活中,有些人只注意穿着打扮,修饰外表,而不注重内在素质的提高。其实气质给人的美感是不受年龄、服饰和打扮制约的,没有内在的东西,便不能自然地体现出美的气质来。气质美是一种内在的美,它是人的高级神经活动类型及特点在行为方式上的具体表现。多读书的人便自然有书生气;多接触艺术的人,便能透出艺术家的气质来。

总之,气质是一个人多种内在素质的综合反映,这些素质包括思想、品德、个性、情操、文化艺术修养、才识智慧等。气质看似无形,实为有形,它通过一个人对待生活的态度、个性特征、言谈行为等表现出来。有的人相貌很美,但言行举止都流露出粗俗和肤浅;有的人相貌平平,但却以渊博的知识、非凡的智慧、精深的见解、健康的个性吸引他人,征服他人。培养良好的气质,绝非一朝一夕之事,须经过多方面的长期积累和锻炼。一个公关人员应具备下列气质。

(1)丰富的内心世界。气质美首先表现在有丰富的内心世界。理想是内心世界丰富的一个重要方面,因为理想是人生的动力和目标,没有理想与追求,内心空虚贫乏,就根本谈不上气质美。品德是气质美的另一重要方面,为人诚恳,心地善良是为人处世不可缺少的,宽容忍让,正直无私、乐于助人都是具有良好品质和丰富的内心世界的重要表现。

(2)优美的举止仪态。一个人的举手投足,走路的步态,说话的表情,待人接物的风格等都能显现出自己的气质。如朋友初交,热情诚恳而不轻浮、不造作,就会给人留下深刻而美好的印象,就会使对方感觉到你的气质美来。

(3)良好的性格。要注重自己的教养、涵养、修养,要忌怒、忌狂、忌暴,要宽容、忍让、理解人、体贴人。温柔并非软弱,宽容并非无原则,更不是逆来顺受,毫无主见。

(4)高雅的兴趣。兴趣是指人们积极探索某个领域或进行某种活动的心理行为倾向。爱好文学并有一定的表达、写作能力,欣赏音乐并有较好的乐感,喜欢美术且有基本的色彩感等都是气质美的具体体现。

(5)较高的文化素养和语言修辞能力。气质美主要表现在语言修养高、文化知识丰富而广泛,对古今中外、天南海北、历史典故、风土人情都有所了解,说起话来生动有趣,富有韵味。另外,还有工作的认真、执著、聪慧、洒脱、精明、干练等,都能体现和谐统一的气质美。

2. 风度

风度是指人的言谈、举止、神情、姿态、仪表等方面总的表现和风貌,即人的思想、文化、修养、性格、气质等的外在表现。风度也包括控制自己情绪的一种能力。风度是一个综合的概念,它不是指某一表情动作,而是指一个人在日常行为中表现出来的仪表、神情、姿态等,是指人的全部生活姿态所提供给人们的综合印象。

风度没有优劣之分,敏捷与稳重、果断与谨慎、幽默与深沉、潇洒与浪漫以及文质彬彬、含情脉脉、雍容华贵、朴素大方,都有着其特有的魅力。风度美不是千篇一律的,温柔恬静是美,雄伟粗犷也是美,只要能够追求自然和谐,并具有独特的个性,那就是风度美。它包含如下内容。

(1)饱满的精神状态。神采奕奕,精力充沛,显得自信和富有活力,能激发对方交往动力,活跃交往气氛,使对方获得交往的信心和力量。如若神态上萎靡不振,无精打采,即使你有交往的诚意,对方也会感到提不起精神来,交往的前景无法乐观。

(2)诚恳的待人态度。真诚无欺,做人根基;人贵诚,艺贵真。不论对谁,都应以诚恳的态度平等对待,不哄不骗。切忌吞吞吐吐,含糊其辞,言语与表情动作自相矛盾。交往中要做到端庄而不矜持冷漠,谦逊而不矫揉造作,能够“上交不谄,下交不渎”。

(3)受欢迎的性格特征。性格通过行为表现出来,与风度密切相关。如性格孤傲的人,风度就显得傲慢、孤芳自赏、咄咄逼人;性格软弱的人,风度就显得纤细、委婉、优柔寡断;性格强悍的人,风度就显得大气、粗犷、叱咤风云;性格文静的人,风度就显得淡雅、恬适、文质彬彬;性格活泼的人,风度就显得洒脱、活络、挥洒自如;性格刻板的人,风度就显得呆滞、沉郁、缄默无言。

(4)幽默文雅的谈吐。风度美体现在谈吐上,豪放的人,语多激荡而不粗俗;潇洒的人,言谈文雅而不随便;谦虚的人,含蓄蕴藉而不猥琐;博学的人,旁征博引而不芜杂;脚踏实地的人,声调沉稳;只图虚名的人,喜好浮词;好嫉妒的人,语言带刺……语言是风度的窗户,风度有时通过语言体现出来。因而欲达到风度美,须注重谈吐幽默、文雅的基础训练。

礼仪视窗 5 -3

周总理巧对基辛格显风度

基辛格博士首次来华访问期间,为试探周恩来总理的口才和应变能力,他有意识地提出一个挑战性的“建议”:“尊敬的总理阁下,贵国‘马王堆一号汉墓’的发掘成果震惊世界,那具女尸的确是世界上少有的珍宝啊!本人受我国科学界的委托,想用一种地球上没有的物质来换取一些女尸周围的木炭,不知贵国愿意否?”周恩来不动声色地问道:“国务卿阁下,不知贵国政府将用什么来交换?”“月土。”基辛格笑道,“就是我国宇宙飞船从月亮上带回的泥土。总理阁下,这总算是地球上没有的东西吧!”基辛格说完,脸上现出一种得意的神色。周恩来自然听得出其话外之音,便哈哈一笑说:“我道是什么,原来是我们祖宗脚下的东西!”基辛格一惊,“怎么,你们早有人上了月亮,什么时候?为什么不公布于世?”见到基辛格那一脸焦急相,周总理又是一笑,然后用手指着茶几上的一尊嫦娥奔月的牙雕,认真地说:“我们怎么没公布?喏,早在五千多年前,我们就有这位嫦娥飞上了月亮,在月亮上建起广寒宫住下了。不信,我们还要派人去看她呢!怎么,你这个中国通还不知道?”听了周恩来幽默而机智的回答,国务卿一时无言以对,在座的双方陪同人员都情不自禁地笑了起来。

(资料来源:张百章,何伟祥.公关礼仪[M].大连:东北财经大学出版社,2006.9.)

(5)洒脱的仪表礼节。一个人风仪秀美,俊逸潇洒,就能产生使人乐于接近的魅力。这种魅力不取决于长相和衣着,而在于人的气质和仪态,这是人的内在品格的自然流露。得体的礼仪能使人的气质、风度变得宽厚、平和、善良、洒脱。

(6)适当的表情动作。人的神态和表情,是沟通思想的非语言交往工具,也是社交风度的具体表现方式。以体态表情而言,略微倾向于对方,表示热情和兴趣;微微欠身,显得谦恭有礼;身体后仰,显得坦然和随便,但有时会显得过于怠慢;侧转身子表示厌恶和蔑视;背朝人家,则意味着不屑理睬。在面目表情上,自然的微笑是一种轻松友好的表示;若面肌绷紧,脸似冰霜,或是出于过分的拘谨,或是含有敌意,则旁人就不敢接近了。在声调表情上,语言应柔和自然,诚恳友善,切忌阴阳怪气,冷嘲热讽。只有朴实大方,自然得体、温文尔雅的行为习惯,才能随时随地表现出合乎礼仪规范的表情动作。

礼仪视窗 5-4

华盛顿的风范

1754年,美国之父华盛顿还是一名血气方刚的上校军官。那时,他正率部下在亚历山大驻防,是当地的军事首脑。那年,弗吉尼亚州的议员选举战正打得硝烟弥漫,华盛顿也很狂热地投入了选战,为他所支持的候选人助威。有个名叫威廉·佩恩的人,是华盛顿的坚决反对者,到处发表演讲,批评华盛顿支持的候选人。为此,华盛顿很生气。

某一日,华盛顿与佩恩两个冤家聚头了,并且发生了激烈的唇枪舌剑。情急之中,华盛顿说了一些过头话冒犯了佩恩。佩恩觉得自己受了侮辱,不由火冒三丈,冲过去一拳将华盛顿击倒在地。这一拳却把华盛顿打醒了,他忍痛站起来,命令摩拳擦掌的部下跟他返回营地。一场流血冲突就这样烟消云散了。

第二天,华盛顿写了一张便条,派一名部下送给佩恩,约他到一家酒馆见面,解决昨天两个人结下的芥蒂。

佩恩看了便条大吃一惊。华盛顿作为军人,约他解决矛盾的方法肯定是进行生死决斗。佩恩虽然紧张,但绝不想让人说他是胆小鬼,在家里做好了决斗准备,便去酒馆赴约。

佩恩赶到酒馆时,一见华盛顿就傻眼了。华盛顿西装革履,一副绅士派头。见佩恩进来,他端着酒杯微笑着站了起来,伸手握住佩恩的手,很真诚地说:"佩恩先生,人不是上帝,不可能不犯错。昨天的事是我对不起你,不该说那些伤害你的话。不过,你已经采取了挽回自己面子的行动,可以说我已为我的错误遭到了惩罚。如果你认为可以的话,我们把昨天的不愉快统统忘掉,在此碰杯握手,做个朋友好吗?我相信你是不会反对的。"

佩恩感动了,紧紧地握住了华盛顿的手,热泪盈眶地说:"华盛顿先生,你是个高尚的人。如果你将来成了伟人,那么,佩恩将会是你永久的追随者和崇拜者。"

一对完全有可能成为仇敌的人做了朋友。同时,也被佩恩说对了,后来华盛顿果然成为美国人民世代崇敬的伟人。佩恩没有食言，他至死都是华盛顿的忠实追随者和狂热崇拜者。

（资料来源：张百章 何伟祥. 公关礼仪[M]. 大连：东北财经大学出版社，2006.9.）

5.3.3 公关人员培养礼仪修养的途径

优良的公关礼仪修养来自于后天的培养与自身的努力，在日常的工作实践中，应注意和加强对礼仪修养的培养。

1. 强化意识

态度是人的行为和思想发生变化的根本条件，也是人提高自身素质，形成良好礼仪风范的基本前提。作为社会个体，每个人只有首先具备了勇于战胜自我，不断完善自身的思想意识，才能发挥自己的主观能动性，行动中才可能表现出较强的自律性，自觉克服自身的不良行为习惯，自觉抵御外来的失礼行为。礼仪实际上是道德内涵外在的体现。礼仪是通过良好的方式去建立一个自己对外人的形象展示。有了自己的礼仪素质，那么你的社交能力，你的整体的“木桶”才能够得到一个有效的整合。中央电视台有一句广告词“思想有多远，我们就能走多远。”同样，公关人员的思想意识观念有多到位，对自己的要求，对自己的努力就有多到位。

2. 提高认识

在现实生活中，有的人之所以有这样或那样不合礼仪要求的行为，甚至发展为危害社会公共利益，往往并不是一开始就有意做不合礼仪的事情，而是由于对各种事情、场合、活动等方面的礼仪无知和不能正确理解造成的。因此，提高认识，是加强礼仪修养的起点。

3. 自觉自省

众所周知，礼仪修养是一个自我认识、自我剖析、自我教育、自我改造、自我提高的过程。在这个过程中，必要的外部条件的影响是不可少的。但是，最终要取决于有没有高度的自觉性。如果没有强烈的求知欲，在外力的推动下，也许你会“强记”一点礼仪知识，但根本不可能进行礼仪修养，养成良好的礼仪习惯也就是空谈了。内省是一种经常性的自觉的自我检查，提高判断是非能力的重要途径。“吾日三省吾身”是儒家的修养法则，对当代公关人员也是适用的。

4. 注重实践

人的认识来源于实践，认识正确与否，只能用实践来检验。

(1)公关人员应该身体力行地使用礼仪，用礼仪培育自己美好的心灵，同时还要用自己的礼仪行为去影响他人，用礼仪缩短人与人之间的距离，同时赢得别人对自己的尊敬。

(2)公关人员在实践中，要真正培养起相应的礼仪情感、礼仪意志和礼仪信念，养成良好的礼仪习惯。而良好的礼仪习惯的形成，不仅要从小事做起，点滴养成，还依赖于有克服坏习惯的决心和毅力。因此，公关人员要用礼仪来指导自己的行动，合乎礼仪的就做,不合乎礼仪的就不做,勿以善小而不为,勿以恶小而为之,绝不做有悖礼仪的事。

(3)要注重礼仪教养习惯的培养。培养礼仪教养习惯重要的不在于掌握多少知识,而是在于掌握分寸感。有了知识还要有举一反三的悟性。如在一次出国旅行时,同团的一位老师由于身体状况不是很好,年纪也大了,所以领导特地派了一位年轻的女同志照顾他。结果下了飞机在出美国机场的时候,女孩把老师的行李一一拿下,然后放在行李车上推着跑在前头,而那位老师两手空空轻松地走在后面。这时候有位机场工作人员在旁边叽里咕噜地说着,经过翻译才知道,原来在说:"你一位先生甩手走路,让一位小姐推着这么重的行李不合适吧?"这个问题在中国是很能理解的,长者为先。但是西方文化却是女士优先。长者优先和女士优先在这种情景下撞车了。所以这就需要人们去把握它的分寸感。在什么情况下,对多大年龄的长者,需要动用"长者优先",而在何时动用"女士优先"。在国际活动中,都要考虑到这些问题。这就要求人们培养礼仪教养的分寸感。

本章小结

学习礼仪知识、宣传礼仪知识、实践礼仪言行、提高礼仪素养、培养礼仪习惯。个体形象的优劣取决于两方面,即内敛的精神、修养和外显的气质、风度。前者也可称为人格魅力,是个体形象的核心。品德是公关礼仪人员核心要素,它又包括优秀的个人品德和良好的职业道德两部分。一名优秀的公关人员应具备真诚、公正、热忱、宽容和无私的品德。优良的个人修养包括开朗的社交性格、合理的交往尺度、良好的自我修养,同时还能拘小节。性格是影响个人成功与否的重要因素,但性格是可以改变的;具备活泼、开朗、举止文雅、谈吐动听、兴趣爱好广泛、知识丰富、善于交往的性格是公关礼仪工作者的必要条件。气质具有恒常性和稳定性的特点,以不同的方式作用于人的心理,支配着人的各种行为,甚至影响着人的容貌,它是一个人的真正魅力所在,气质是一个人多种内在素质的综合,气质美是一种内在的美。风度是指人的言谈、举止、神态、姿态、仪表等方面总的表现和风貌,即人的思想、文化、修养、性格、气质的外在表现;风度必须以内在气质作基础,风度美也不是千篇一律的,只要能够追求自然和谐,并具有独特的个性,那就是风度美。公关人员要明确礼仪修养与礼仪之间的关系,在日常的工作学习中培养自己的礼仪习惯,提高自己的综合素质,提升自己的修养品位,确保公关礼仪水平的不断发展。

相关网站

中国公关网:http://www.chinapr.com.cn

中国营销传播网:http://www.emkt.com.cn

传媒学术网:http://academic. mediachina. net
中国礼仪网:http://www. cnliyi. net/Index. html

复习思考题

1. 有人说,公关礼仪工作者应当是那些相貌堂堂、体态端正的俊男靓女们胜任的工作。对此,你怎么看?

2. 社交恐惧症是现代社会的一种综合症,试结合自己谈谈社交恐惧症的症状及解决途径。

3. 具备幽默感是公关人员良好的性格特点之一,试问幽默在任何场合都适用吗?

4. 你的同学小王说话一直以来嗓门都很大,也从不顾及环境与别人,很多人为此对他侧目,请问你作为他的朋友该怎么办?

【案例分析Ⅰ】

从“陪饮”看修养

当年英国王室为了招待印度当地居民的首领,在伦敦举行晚宴,由温莎公爵主持。宴会上,达官贵人觥筹交错,相与甚欢,气氛融洽。可就在宴会快要结束时出了这么一件事:侍者为每一位客人端来了洗手盘,印度客人们看到那精巧的银制器皿里盛着亮晶晶的水,以为是喝的水呢,就端起来一饮而尽。作陪的英国贵族目瞪口呆,不知如何是好,大家纷纷把目光投向主持人。温莎公爵神色自若,一边与众人谈笑风生,一边也端起自己面前的洗手水,像客人那样“自然而得体”地一饮而尽。

(资料来源:http://blog. 163. com/aleafofmaple@126/blog/static/31707242200821472040160/)

【案例分析Ⅱ】

细节展现教养

在报纸上,媒体上听到说中国人在国外的一些标识性的共识。这些人教你怎么从东方人中辨认出大陆中国人。比方说你看到随地吐痰的多半是大陆中国人;随地扔垃圾的是大陆中国人;在公共场所大声喧哗的、抽烟的是大陆中国人;飞机刚着地就开始打手机的多半是大陆中国人;节假日背着大包小包旅游,脖子上挂着相机但是穿着西装革履的也是大陆中国人。

国外一些资料说在一些中国留学生居住的地方,还有一些中国游客比较多的地方,会在垃圾桶的上方,或者在卫生间的某些地方,有相关英文提示语的旁边会有中文的提示语,提示你"请把杂物投在垃圾桶里"、"便后请冲厕所",包括还有一些地方专门用中文赫然写着:"请不要随地吐痰。"当你看到这些用中文来做一些底限的提示的时候,你会想到什么呢?"为什么要用中文?为什么除了英语这国际通用语外,还要用中文?"这很说明问题。中国这些年发展得很快,但是随着经济发展的同时,中国人的素质也应该跟着一起得到世界的认可。在这些方面人们去探讨的都是一些小问题,都是一些文明教养,文明习惯的问题,但恰恰是这些文明教养、文明习惯却是一个人素质的重要标尺。

【案例分析Ⅲ】

涵养与效益

原一平(日本最著名的保险推销员)有一天去烟酒店拜访。由于已成为客户,而今是第二次拜访,所以原一平自然而然比较松懈、随便,把原来头上端端正正的帽子都戴歪了。

原一平一边说晚安,一边拉开玻璃门,应声而出的是烟酒店的小老板,虽然是小老板,但年纪已经不小了。小老板一见原一平,就生气地大叫起来:"喂,你这是什么态度,你懂不懂礼貌,歪戴着帽子跟我讲话,你这个大混蛋。我是信任明治保险,也信任你,所以才投了保,谁知我所信赖公司的员工,竟然这么随便、无理。"

听完这句话,原一平双腿一屈,立刻跪在地上。

"唉!我实在惭愧极了,因为你已经投保,把你当成自己人,所以太任性随便了,请你原谅我。"原一平继续磕头道歉说:"我的态度实在太鲁莽了,不过我是带着向亲人请教的心情来拜访您,绝没有轻视您的意思,所以请您原谅我好吗?千错万错,都是我的错,请你息怒跟我握手好吗?"

小老板转怒为笑:"喂,不要老跪在地上,站起来吧,其实我大声责骂你也太过分了。"他握住原一平的双手,说:"惭愧!惭愧!太鲁莽、太无礼了。"

两人愈谈愈投机。小老板说:"我向你大发脾气,实在太过分了一点,我看这样吧!上次我不是投保了5000元吗?我看就增加到3万元好啦!"

(资料来源:张百章,何伟祥.公关礼仪[M].大连:东北财经大学出版社,2006.22.)

实践训练

1.实训项目:对礼仪内涵的把握。

2. 实训目的:加深对素质教养与礼仪相互关系的理解和认识。

3. 实训内容:试以你所工作(学习)的环境为例,请列举出10条以上你认为应拘的“小节”,并简述理由。

4. 实训组织:把全班分为若干个小组,每组选出一名学生进行讲解。

5. 实训考核:考察学生对礼仪教养的掌握,对教养与礼仪关系的把握。

6

办公礼仪

人可以犯错误,但人不能有一个失礼的举动。

——马克·吐温

学习目标

了解办公室的环境礼仪标准,熟悉办公室的交际礼仪要求。把握办公室的业务礼仪规范并能加以熟练运用。

主要概念

办公室环境　办公室交际　办公室业务

办公礼仪是指公关人员在办公室的工作岗位上处理日常事务时所应遵循的基本礼仪。遵守办公礼仪,是公关人员作为办公人员身份的必然要求,否则在相关公众眼里,工作人员的形象就有可能受到损害,进而使办公人员所处的组织整体形象也会受到影响。所以,办公礼仪是公关礼仪的重要内容,因为它是公共关系人员职业化的最直接的体现,是实现公共关系专业化的平台和基础。公关人员遵守办公礼仪的必要性主要有两点:一方面,是为了维护个人的形象,为了维护所处的组织的整体形象;另一方面,亦可使公关人员在一定程度上提高个人的办公水平,更为妥善而艺术地处理日常公务,提高工作效率,更好地开展公共关系的专业化服务。就时间而论,办公礼仪适用于公共关系人员的一切上班时间。就地点而论,办公礼仪则适用于公共关系人员的一切办公地点。也就是说,在一切工作场合,作为一般性守则的办公礼仪,是任何公共关系人员均应恪守不怠的。

6.1 办公室环境礼仪

随着现代化进程的加快,人们的办公“硬件”水平逐渐提高,同时对办公环境的要求也越来越高,办公环境对人工作效率的影响也越来越大。整洁、明亮、舒适的工作环境,能使员工产生工作热情,进而提高工作效率。

6.1.1 总体环境标准

礼仪视窗 6-1

秘书初萌每天一上班和下班前都将自己的工作区域清洁整理得干干净净、有条不紊,同时她也主动清洁整理自己常用的复印机、打印机、饮水机、档案柜、公用书架等。每当看到复印纸抽拿零乱,公用字典扔在窗台,废纸桶满了没人倒,她都及时做些清洁整理工作,以维护办公环境的整洁。

秘书小王每天都认真清洁整理自己的办公桌,常用的笔、纸、回形针、订书器、文件夹以及专用电话等都摆放有序。下班前,她也将办公桌收拾得干净整齐,从不把文件、物品乱丢乱放在桌面上。但小王很少参与清理和维护公用区域的活动,也常将公共用品如电话号码本、打孔机、档案夹等锁进自己的办公桌,常常使别人找不到,影响了工作。

秘书小李上班匆匆忙忙,接待室的窗台布满灰尘,办公桌上堆得满满当当,电脑键盘污迹斑斑,上司要的文件总是东放西藏,“访客接待本”也总是找不到。自己的办公桌都没有管理好,更无暇顾及它处。

(资料来源:秘书——国家职业资格培训教程[M].北京:海潮出版社,2003.3)

通过上述案例,可以看出办公室工作环境的清洁、有序直接对组织的形象和绩效产生一定的影响.

一个良好的工作环境,有利于组织对外形象的塑造,有利于提高工作人员的工作效率。办公场所的环境概况标准如下。

6.1.1.1 整体要求

(1)宽敞的办公室可以放置盆花,但盆花要经过认真选择,一般不用盛开的鲜花装点办公室,过艳的色彩会夺取来访者的注意力,使人们的注意力发生偏移,可以选用以绿色为主的植物,绿色植物是装点办公室的主要材料,绿色可以给人舒适的感觉,可以调节人的情绪。对盆花要给予经常地浇灌和整理,不能让其萎枯而出现黄叶。可以在绿叶上喷水,使其保持葱绿之色。花盆的泥土不能有异味,肥料要经过精选。有异味的肥料会引来苍蝇或滋生寄生虫,反而会给办公室带来污染。

(2)办公室的门不应该关闭过紧,以免来访者误以为没人在,也不能用帘布遮挡。办公室是公众场所，未经允许，主人和客人均不得吸烟或高声喧哗。任何人不应摔门或用力开门，出入要轻手轻脚。办公室的墙切忌乱刻乱画，不能在办公室的墙上记录电话号码或张贴记事的纸张。墙面可悬挂地图、公司有关图片。

(3)办公室中不宜堆放积压物品，堆积物会影响观瞻，给来访人以脏乱差的印象，要经常清理办公室里的废弃物。所有办公场所必须保持干净整洁，禁止摆放与工作无关的个人用品(如餐具、玩具、装饰品等)，每天至少做一次清洁，做到窗明几净，地面无污物，桌面无灰尘。窗户要经常打开换气，否则室内空气混浊，会给访问人带来不便。

(4)书架应靠墙摆放，这样比较安全。如果办公室里有沙发，最好远离办公桌，以免谈话时干扰别人办公。茶几上可以适当摆放装饰物，如盆花等。临时的谈话可在这里进行，较长时间的谈话或谈判，应在专门的会议室。

(5)办公场所最先修饰的应该是办公桌。办公桌是办公的集中点，是进入办公室办理公务的人员注意力最为集中的地方，办公桌摆放好了，办公环境就确立了一半。办公用品摆放整齐，桌面不得堆放与手头无关的办公用品，个人办公桌及文件柜至少一个月清理一次，无价值或价值不大的东西一律丢弃。

(6)电话是办公室的必备用品，但同时也是办公室的饰物。办公电话一般摆放在专用电话桌上，无电话专用摆放桌，也可以摆放在办公桌的角上。电话机要经常清理，用专用消毒液进行擦洗，不能粘满尘土和污垢，一个办公室是否清洁，电话机是一个重要指标。接电话时声音要小，不能高声喊叫，以免影响他人。任何在电话中谈及私事的做法都是违反规定的。电话中谈及隐私，对办公室里的其他人也是不尊重的行为。办公场所的电话应保持通畅，个人私事用线路一次不得超过两分钟。①

(7)计算机硬件部分要保持整洁，键盘、屏幕擦拭干净，确保正常运转。不准在计算机里安装与工作无关的软件，桌面(屏幕)须保留原系统设置，工作时间一律不得用计算机玩游戏。

(8)服务场所应为来访人员准备笔、墨水、涂改液、印台等必要用品。

(9)所有办公场所月末最后一天(遇假日顺延)进行一次大扫除。

6.1.1.2 物品设置

1. 办公室定置标准

(1)各职能部门办公室要统一绘制物品摆放定置图，并将图贴在办公室门后或室内墙壁上。

(2)物品要按定置图的编号顺序依次摆放，做到整齐、美观、舒适、大方。

(3)办公室内与工作无关的物品，一律清除。

(4)文件资料柜要贴墙摆放。

(5)轮流安排值日，负责卫生清扫及检查物品定置摆放情况(或按单位既定安排

---

① 公文共享网：http://www.gwgx.com/content/2005-10-15/23537.html

执行)。

2. 办公桌定置标准

(1)定置要分门别类,分出哪些物品常用,哪些不常用,哪些天天用。

(2)物品摆放部位要体现顺手、方便、整洁、美观、有利于提高工作效率。

(3)办公桌设置摆放要有标准定置图,与工作无关的物品不要放在办公桌上。

(4)桌面定置的参考要求:中上侧摆放台历或水杯(烟缸)、电话等;右侧摆放文件筐(盒)、等待处理的管理资料;中下侧摆放需马上处理的业务资料;左侧摆放有关业务资料。

3. 工作椅定置标准

(1)人离开办公室(在办公楼内),座位原位放置。

(2)人离开办公室短时外出,座位半推进。

(3)人离开办公室,超过四小时或休息,座位完全推进。

4. 文件资料定置标准

(1)文件资料的摆放要合理、整齐、美观。

(2)各类资料、物品要编号,摆放应符合定置图中的要求,做到号、物、位、图相符。

(3)定置图要贴在文件资料柜内。

(4)保持柜内清洁整齐,随时进行清理、整顿。

6.1.2 桌面环境

从办公桌的状态可以看到当事人的状态,会整理自己桌面的人,工作起来肯定也是干净爽快。为了更有效地完成工作,桌面上只摆放目前正在进行的工作资料;在休息前应做好下一项工作的准备;用餐或去洗手间暂时离开座位时,应将文件覆盖起来;下班后的桌面上只能摆放计算机,而文件或资料应该收放在抽屉或文件柜中。

随着办公室改革的推进,有的公司已废弃了个人的专用办公桌,而是用共享的大型办公桌,为了下一个使用者,对共享的办公桌应更加爱惜。

办公桌要向阳摆放,让光线从左方射入,以合乎用眼卫生。案头不能摆放太多的东西,只摆放需要当天或当时处理的公文,其他书籍、报纸不能放在桌上,应归入书架或报架;除特殊情况,办公桌上不放水杯或茶具。招待客人的水杯、茶具应放到饮水机的上方,有条件的应放进会客室,文具要放在桌面上,为使用的便利,可准备多种笔具:毛笔、自来水笔、圆珠笔、铅笔等,笔应放进笔筒而不是散放在桌上。

6.1.3 心理环境

"硬件"环境的改善仅仅是提高工作效率的一个方面,而更为重要的往往是"软件"条件,即办公室工作人员的综合素质,尤其是心理素质。这个观点正在被越来越多的"白领"们所接受。

在日常工作中,人际关系是否融洽非常重要。相互之间以微笑表达友好、热情与温暖，以健康的思维方式考虑问题，就会和谐相处。工作人员在言谈举止、衣着打扮、表情动作的流露中，都可以体现出是否拥有健康的心理素质。

总之，办公室内的软件建设是需要在“心理卫生”方面下一番功夫的。因为“精神污染”会涣散人们工作的积极性，乃至影响工作效率、工作质量，从某种意义上说要比大气、水质、噪声的污染更为严重。所以，构建和谐、积极、向上的办公室工作氛围，也是公关人员办公礼仪的重要组成部分。

6.1.4 办公仪态

办公室既是工作场所也是公共场合，工作人员要注意个人卫生的清洁，仪表要保持整洁、大方。发型要简洁，女士一般应略施淡妆，衣着朴素得体，西装、套裙等都很适宜。新潮服装、无领无袖的衣服、汗衫、牛仔装则与办公室的严肃气氛十分不协调，穿拖鞋和赤脚穿凉鞋更是没有礼貌的表现。在办公室里举止要庄重、文明。大声嚷嚷、指手画脚会显得没修养、粗俗。注意保持良好的站姿和坐姿，将脚搭在办公桌上十分不雅，不要斜身倚靠办公桌，更不能坐在办公桌上面。尽量不在办公室内吃东西，尤其吃瓜子等有响声的食品。谈话时注意身体距离，1 米左右为宜，过近（尤其异性）会令对方不自在，更不要过分亲昵地拍肩搂臂。

6.2 办公室交际礼仪

公关人员在办公室内所从事的具体工作往往有别，但从其本质上来看，都免不了要与他人打交道。因此，在实际工作中，公关人员必须力求交际美，即妥善协调自己的各种人际关系，高度重视自己的每一位交往对象，以达到内求团结，外求发展。

6.2.1 内部同事相处

同事是与自己一起工作的人，与同事相处得如何，直接关系到自己的工作、事业的进步与发展。如果同事之间关系融洽、和谐，人们就会感到心情愉快，有利于工作的顺利进行，从而促进事业的发展。反之，同事关系紧张，相互拆台，经常发生磨擦，就会影响正常的工作和生活，阻碍事业的正常发展。公关人员必须首先处理好自己在本单位、本部门的各种内部人际关系，因为它是自己所需正视的种种交际的基础之所在。进行内部交际时，公关人员应当讲究团结，严于律己，宽以待人，并且善于协调各种不同性质的内部人际关系。

处理好同事关系，在礼仪方面应注意以下几点。

(1) 尊重同事。相互尊重是处理好任何一种人际关系的基础，同事关系也不例外。同事关系不同于亲友关系，它不是以亲情为纽带的社会关系，亲友之间一时的失礼，可以用亲情来弥补，而同事之间的关系是以工作为纽带的，一旦失礼，创伤难以愈合。所以，处理好同事之间的关系，最重要的是尊重对方。

(2) 物质上往来应一清二楚。同事之间可能有相互借钱、借物或馈赠礼品等物质上的往来,但切忌马虎,每一项都应记得清楚明白,即使是小的款项,也应记在备忘录上,以提醒自己及时归还,以免遗忘,引起误会。向同事借钱、借物,应主动给对方打张借条,以增进同事对自己的信任。有时,借出者也可主动要求借入者打借条,这也并不过分,借入者应予以理解,如果所借钱物不能及时归还,应每隔一段时间向对方说明一下情况。在物质利益方面无论是有意或者无意地占对方的便宜,都会在对方的心理上引起不快,从而降低自己在对方心目中的人格。

(3)对同事的困难表示关心。同事的困难,通常首先会选择亲朋帮助,但作为同事,应主动问询。对力所能及的事应尽力帮忙,这样,会增进双方之间的感情,使关系更加融洽。

(4)不在背后议论同事的隐私。每个人都有"隐私",隐私与个人的名誉密切相关,背后议论他人的隐私,会损害他人的名誉,引起双方关系的紧张甚至恶化,因而是一种不光彩的、有害的行为。

(5)对自己的失误或同事间的误会,应主动道歉说明。同事之间经常相处,一时的失误在所难免。如果出现失误,应主动向对方道歉,征得对方的谅解;对双方的误会应主动向对方说明,不可小肚鸡肠,耿耿于怀。

6.2.1.1 与上级

基层公关人员在实际工作中,必须处理好自己与上级的关系。要做好这一点,基本要诀有三:一是要服从上级的领导,恪守本分;二是要维护上级的威信,体谅上级;三是要尊重上级,支持上级。

1. 与上司单独相处时之交谈

(1)如果上司好像很心烦,一直专心沉思的话最好不要打扰他。

(2)假如对方答非所问,则表示他不想说话。

(3)有时上司会主动问一些问题,此时下属回答的语气应简洁而诚恳。

(4)选择谈话的主题时,下属应视上司之意,看他想要谈公司内的事还是其他的话题,这些可以从他提出的问题中判断出来。

2. 上司生病时

上司生病时,不一定非要亲自到医院或家中拜访。

如你与上司相当熟悉,可以打电话,简短地表达希望他早日康复的慰问之意。但不宜问上司病情或手术情形,且应长话短说、简明扼要。

另外,合适的表达方式也可以用一束花、一本书、一本杂志和一张慰问卡片祝他早日康复。

3. 上司接听私人电话时

上司接通电话时,立即替他关上办公室的门。同时,为人上司者,也应当以身作则,尽量不在公务时间接私人电话,以免失去上司应有尊严与风度。①

---

① [日]长尾裕子:《商务礼仪》. 李平,易元秀译, 北京,中国人民大学出版社,2005。

6.2.1.2 与同级

处理与平级同事的人际关系,也不容基层公关人员有丝毫的忽略。与平级同事打交道时,基层公关人员对以下三点应当予以充分重视:一是要相互团结,不允许制造分裂;二是要相互配合,不允许彼此拆台;三是要相互勉励,不允许讽刺挖苦。

6.2.1.3 与下级

与下级进行交往时,公关人员切切不可居高临下,虚张声势。处理好与下级之间的关系,公关人员至少需要注意以下三个方面的问题:一是要善于"礼贤下士",尊重下级的人格;二是要善于体谅下级,重视双方的沟通;三是要善于关心下级,支持下级的工作。

6.2.2 外部公众交往

不论因公还是因私,公关人员在办公室工作时都有大量机会与外界人士进行交往应酬。与外界人士交往或相处时,公关人员既要与人为善,广结善缘,努力扩大自己的交际面,又要不忘维护组织形象与个人形象,注意规范自己的举止行为,使之不失自己的身份。

6.2.2.1 主场交际

主场交际是指交往场地为己方办公场所。进行这种交往时,准备工作是重点。

1. 心理准备

(1)具有岗位意识。岗位意识主要是要求公关人员既热爱本职工作,又严守工作岗位。在工作岗位上不可一心二用,而是要干一行爱一行,全心全意地做好本职工作。

(2)具有责任意识。责任意识是岗位意识的自然引申,它指的是公关人员在实际工作中应具有高度的责任心,遇事不但要区分职责,更要主动负责,尽职尽责,不允许得过且过,敷衍了事,缺乏基本的工作责任心。

(3)具有时间意识。所谓时间意识,是公关人员岗位意识与责任意识的直接体现。其具体含义,是要求公关人员在实际工作中要做到心到身到,自觉遵守法定的作息时间,每天准时上下班,不准迟到早退,不得旷工、怠工、磨洋工。

2. 设备准备

在保持办公场所清洁、整齐的基础上,要为来访者提供可允许的、便捷的相关设备服务,例如,组织资料、名片、茶具、茶点、杂志、报纸、香烟、烟灰缸、打火机以及文具等相关办公设备。

6.2.2.2 客场交际

客场交际是指交际场所为他人的办公场所。作为公关人员在他人办公室会面所要注意的礼仪有以下几个方面。

准时。如果有紧急的事情不得不办,立刻通知要见的人。如果打不了电话,请别人打电话通知一下。如果遇到了交通阻塞,车上有电话,要充分利用电话,通知对方要晚一点到。如果是对方要晚点到,您将要先到,要充分利用剩余的时间。例如,坐在汽车里仔细想一想,整理一下文件,或问一问接待员是否可以利用接待室在对方到来之前休息一下。

到达时,告诉接待员或助理你的名字和约见的时间,递上名片以便助理能通知对方。如果助理没有主动帮您脱下外套,可以问一下放在哪里。

在等待时要安静,不要通过谈话来消磨时间,这样会打扰别人工作。尽管您已经等了 20 分钟,也不要不耐烦地总看手表,可以问助理他的上司什么时候有时间。如果您等不及,可以向助理解释一下并另约时间。不管对助理的老板有多么不满,也一定要对助理有礼貌。

当被引到交往对象的办公室时,如果是第一次见面应做自我介绍,如果已经认识了,只需互相问候并握手。

一般情况下对方都很忙,要尽可能快地将谈话进入正题。清楚直接地表达要说的事情,不要讲无关紧要的事情。说完后,让对方发表意见,并要认真地听,不要辩解或不停地打断对方讲话。有其他意见的话,可以在他讲完之后再说。

6.3 办公室的业务礼仪

6.3.1 谈吐礼仪

语言是双方信息沟通的桥梁,是双方思想感情交流的渠道,语言在人际交往中占据着最基本、最重要的位置。语言作为一种表达方式,能随着时间、场合、对象的不同,而表达出各种各样的信息和丰富多彩的思想感情。谈吐礼仪的关键在于尊重对方和自我谦让。

6.3.1.1 规范

1. 语言文明

语言文明,在此主要是要求公关人员在选择、使用语言时,要文明当先,以体现出自身良好的文化修养。其具体要求有三个方面。

(1)讲普通话。作为一个地域广大的多民族国家,我国的各民族都有使用和发展自己的语言文字的自由,但是《中华人民共和国宪法》明文规定:“国家推广全国通用的普通话。”公关人员在这一点上必须身体力行。应当强调的是,公关人员使用普通话进行交际,不但反映其较高的文明程度,而且也有助于相互交流。因此,除面对外国友人、少数民族人士或个别不懂普通话的人员之外,公关人员最好都要讲普通话,尽量不讲方言、土语。

(2)用文雅词。在日常交谈中,公关人员要努力做到用词文雅。用词文雅,并非是要求公关人员在交谈时咬文嚼字,脱离群众,而是重点要求其自觉回避使用不雅之词。即不允许公关人员在日常性交谈中,尤其是在公务性交谈中动辄讲脏话、讲粗话,更不能讲黑话、讲黄话、讲怪话。

(3)检点语气。语气直接表现着讲话者的心态,是语言的有机组成部分之一。

与外人交谈时，特别是在面对人民群众之际，公关人员务必要检点自己的语气，令其显得热情、亲切、和蔼、友善、耐心。在任何情况下，语气急躁、生硬、狂妄、嘲讽、轻慢，都绝不允许。

2. 语言礼貌

语言礼貌，是公关人员所应具备的基本礼仪修养。具体而言要求公关人员在日常性交谈中主动使用约定俗成的礼貌用语，以示对交往对象的尊重友好之意。一般而言，公关人员所须使用的基本礼貌用语主要有如下五种。

(1)问候语。它的代表性用语是“你好”。不论是接待来宾、路遇他人，还是接听电话，公关人员均应主动问候他人，否则便会显得傲慢无礼，目中无人。

(2)请托语。它的代表性用语是“请”。要求他人帮助、托付他人代劳，或者恳求他人协助时，公关人员照例应当使用这一专用语。缺少了它，便会给人以命令之感，使人难于接受。

(3)感谢语。它的代表性用语是“谢谢”。使用感谢语，意在向交往对象表达本人的感激之意。获得帮助、得到支持、赢得理解、感到善意，或者婉拒他人时，公关人员均应使用此语向交往对象主动致谢。

(4)道歉语。它的代表性用语是“抱歉”或“对不起”。在工作中，由于某种原因而带给他人不便，或妨碍、打扰对方以及未能充分满足对方的需求时，公关人员一般均应及时运用此语向交往对象表示自己由衷的歉意，以求得到对方的谅解。

(5)道别语。它的代表性用语是“再见”。与他人告别时，主动运用此语，既是一种交际惯例，同时也是对交往对象尊重与惜别之意的一种常规性表示。

6.3.1.2 要点

公关人员若要想通过语言展示自身的专业素质，就不能不要求自己做到语言美。在具体工作中使用语言时，公关人员既要重视自己“说什么”，又要重视自己“如何说”。这就是说，语言的具体内容与表达方式这两方面的问题，均应为公关人员所关注。不然的话，就不可能真正做到语言美。

1. 使用敬语、谦语、雅语

(1)敬语。敬语，亦称“敬辞”，它与“谦语”相对，是表示尊敬礼貌的词语。除了礼貌上的必须之外多使用敬语，还可体现一个人的文化修养。

①敬语的运用场合。比较正规的社交场合；与师长或身份、地位较高的人的交谈；与人初次打交道或会见不太熟悉的人；会议、谈判等公务场合等。

②常用敬语。人们日常使用的“请”字，第二人称中的“您”字，代词“阁下”、“尊夫人”、“贵方”等，另外还有一些常用的词语用法，如初次见面称“久仰”，很久不见称“久违”，请人批评称“请教”，请人原谅称“包涵”，麻烦别人称“打扰”，托人办事称“拜托”，赞人见解称“高见”等。

(2)谦语 。谦语亦称“谦辞”，与“敬语”相对，是向人表示谦恭和自谦的一种词语。谦语最常用的用法是在别人面前谦称自己和自己的亲属。例如，称自己为

“愚”,称家人为“家严、家慈、家兄、家嫂”等。自谦和敬人,是一个不可分割的统一体。尽管日常生活中谦语使用不多,但其精神无处不在。只要你在日常用语中表现出你的谦虚和恳切,人们自然会尊重你。

(3)雅语。雅语是指一些比较文雅的词语。雅语常常在一些正规的场合以及一些有长辈和女性在场的情况下,被用来替代那些比较随便,甚至粗俗的话语。多使用雅语,能体现出一个人的文化素养以及尊重他人的个人素质。

在待人接物中,要是你正在招待客人,在端茶时,你应该说:“请用茶。”如果还用点心招待,可以用“请用一些茶点”。假如你先于别人结束用餐,你应该向其他人打招呼说:“请大家慢用。”雅语的使用不是机械的、固定的。只要你的言谈举止彬彬有礼,人们就会对你的个人修养留下较深的印象。只要办公人员注意使用雅语,必然会对形成文明、高尚的办公室氛围大有益处,并对组织整体形象的提高有所帮助。

2. 日常场合应对

(1)与人保持适当距离。说话通常是为了与别人沟通思想,要达到这一目的,首先必须注意说话的内容,其次也必须注意说话时声音的轻重,使对话者能够听明白。这样在说话时必须注意保持与对话者的距离。说话时与人保持适当距离也并非完全出于考虑对方能否听清自己的说话,另外还存在一个怎样才更合乎礼貌的问题。从礼仪上说,说话时与对方离得过远,会使对话者误认为你不愿向他表示友好和亲近,这显然是失礼的。然而如果在较近的距离和人交谈,稍有不慎就会把口沫溅在别人脸上,这是最令人讨厌的。有些人,因为有凑近与别人交谈的习惯,又明知别人顾忌被自己的口沫溅到,于是先知趣地用手掩住自己的口。这样做形同“交头接耳”,样子难看也不够大方。因此从礼仪角度来讲一般保持一两个人的距离最为适合。这样做,既让对方感到有种亲切的气氛,同时又保持一定的“社交距离”,在常人的主观感受上,这也是最舒服的。

(2)恰当地称呼他人。无论是新老朋友,一见面就得称呼对方。每个人都希望得到他人的尊重,人们比较看重自己业已取得的地位。对有头衔的人称呼他的头衔,就是对他莫大的尊重。直呼其名仅适用于关系密切的人之间。你若与有头衔的人关系非同一般,直呼其名来得更亲切,但若是在公众和社交场合,你还是称呼他的头衔会更得体。对于知识界人士,可以直接称呼其职称。但是,对于学位,除了博士外,其他学位不能作为称谓来用。

(3)善于言辞的谈吐。不管是名流显贵,还是平民百姓,作为交谈的双方,他们应该是平等的。交谈一般选择大家共同感兴趣的话题,但是,有些不该触及的问题:比方对方的年龄、收入、个人物品的价值、婚姻状况、宗教信仰,还是不谈为好。打听这些是不礼貌和缺乏教养的表现。①

---

① 中国礼仪网:http://www.cnliyi.cn/

6.3.1.3 技巧

(1)交谈。成为一个成功的交谈者有三个要素:一是要真诚;二是要有幽默感;三能熟练运用"三 T"方法进入谈话领域(Tact—机智;Timing—时间的选择;Tolerance—宽恕)。同时,不要忘记随时随地自我训练,并学习工作范围以外的各种知识。

(2)聆听时要做到:

①记住对方的名字;

②眼光注视发言者,并保持微笑;

③身体微微倾向发言者,这是"用心聆听"的肢体语言;

④知道对方所谈论的问题重心;

⑤表现出对话题感兴趣及愿意学习的态度;

⑥适时地做出一些反应,如点头或提出相关问题,表示你非常用心聆听对方的讲话;

⑦适当地表扬对方;

⑧要有宽容、忍耐的气量。

(3)应避免的话题有以下一些:

①自己的健康状况;

②他人的健康状况;

③有争议性的话题;

④东西的价钱;

⑤个人的不幸;

⑥老生常谈或过时的主题;

⑦关于品位不高的故事;

⑧害人的谣言。

6.3.2 电话礼仪

电话礼仪是能够直接体现组织工作效率、员工素质的职业礼仪,总体说来,电话礼仪应具备以下要求。

①电话铃响三次之内,拿起电话机首先自报家门,然后,再询问对方来电的意图等。

②电话交流要认真理解对方意图,并对对方的谈话作必要的重复和附和,以示对对方的积极反馈。

③应备有电话记录本,重要的电话应做记录。

④电话内容讲完,应等对方结束谈话再以"再见"为结束语。对方放下话筒之后,自己再轻轻放下,以示对对方的尊敬。

1. 铃响之初

(1)如果你是一般工作人员,应立即接听电话,并亲切地回复;如你是一个主管,且在举行会议或与来宾商谈时电话铃响起,秘书又正好不在,最好先接起电话,很快地解释你正在与人会谈或有要事处理,并答应有空时立即回电。

(2)如果你是在他人办公室里洽谈事务,而此时电话铃响起,你可以站起来并轻声地问:“我应该先到外面等一下吗?”

2. 交谈之中

①在打电话之前,应先确定明确的目标,以便能言简意赅地说清楚。

②大多数人都不喜欢在家中接到可以在办公室解决的商务电话。

③打错电话时,不要忘记向对方诚恳道歉。

④接电话开始讲话前,先琢磨自己的措辞和音量。

⑤不能马上拨通电话时不要沮丧。

⑥接商务电话要尽快切入主题,谈话应简短清楚。

⑦当对方讲话时不要一直保持沉默。

⑧接听电话时不要吃或嚼东西。

⑨不要让身后的声音通过话筒(如电视或音响)。

⑩使用电话时要专注对方的讲话。

⑪办公室内有访客时不要打任何电话,除非真的非常紧急重要。

⑫如果进入他人办公室时,发现对方正在接听电话,应退出来站在外面等候。

⑬如果正接电话,另一部电话铃响了,可先向对方抱歉有电话进来,然后接听第二部电话,告诉他:“对不起,我正在接听另一部电话。”

3. 录音使用

要录制自己的电话录音机留言时,先将内容写成手稿,练习一下速度、发音和语调,然后录下来重听一次,以确定自己的音调在电话中听起来自然不做作。

记录的内容方面,如果是办公室所用,应尽量简单明了:“这里是××公司的××,听到讯号后,请留下您的姓名、公司名称及联络电话,我将尽快与您联络。”

而在他人电话录音机留言时,应力求简洁。

4. 记录要点

应该记录的内容包括:

①来电者之姓名、电话号码、分机及区域号码;

②来电者之公司名称、部门名称及头衔;

③来电之日期、时间;

④留言内容;

⑤负责记录者姓名;

⑥记录的时间、日期。

同时,在日常的工作中,难免遇到恶意电话,其应对方式应结合实际情况加以处理,有一些较温和的方式可供参考:

①表示有一部紧急电话进来;

②表示有事要处理或突然想起有个约会;

③给对方保留下一次谈话的希望;

④表示老总正在叫你,你不方便再讲话了;

⑤表示有客人来访,你必须过去招呼了。

6.3.3 文书礼仪

6.3.3.1 文书拟写

1. 传真

传真是各级机关、企事业单位与社会团体通过有线电、无线电或国际互联网络传送的一种文书。它的特点一是真实,即传送的是文书原件的真迹;二是便捷,即操作便当,传递迅速;三是可靠,即所传递的是图像信息,不会出现文字的改动和错漏。

礼仪视窗 6-2

传真简员

大地公司传真
收件人:王纯 单　位:晋通运输公司 抄　送: 传真号:(010)123456 发件人:夏虹 日　期:2008/1/5 传真号:(010)654321 电　话:(010)654322 页　数:共 1 页 主　题:联系仓储运输 ■紧急　□请审批　■□请批注　■请答复　□请传阅
环宇运输公司: 我公司现有100吨压缩食品急需运往湖南灾区,请贵公司速与我联系有关仓储运输事宜。 大地公司(公章) 二〇〇八年一月五日

上面是一份传真首页,标题通常是"公司名称+文种"。正文的首部写明收件人姓名、单位、抄送人姓名、传真号及发件人的姓名、发件日期、传真号、电话、总页数,主题及回复要求选项等。传真的语言要简洁,格式规范。通常公司的传真纸是统一印刷的,在传真纸的上方或下方印有公司名称、地址及公司的标志图案。

2. 备忘录

备忘录是通信的简化书面形式,用于各级机关、企事业单位与社会团体内部人员之间的交流。在英文中"备忘录"通常缩写为 memo。其特点一是形式灵活多样,它一般装订成薄册,或放置案头,或随身携带;二是写法不拘一格,只要写清楚,能起到提醒、备忘的作用即可。至于那些属于外交或经济法规类文书的备忘录(如《谅解备忘录》、《合作备忘录》等),不属于本书的研究范围。

礼仪视窗 6 - 3

备 忘 录

发给:初萌——秘书
发自:施林——行政部经理
日期:2003 年 1 月 6 日
内容:总经理来京行程安排

总经理将于 2003 年 1 月 8 日星期三到达北京,并将于 1 月 10 日下午离开返回香港。希望你安排一下总经理在北京期间的行程,并经我确认后发到香港办公室。

注意:在备忘录中不需要签名或表示敬意的结束语。

3. 事务性通知

事务性通知的分类及常见写法如下。

(1)事项通知。事项通知,可以平行,也可以下行,其目的主要是为了让对方了解某件事情或某些情况,一般不要求执行或办理。

①事项通知的适用范围。当发文单位需要向有关方面知照某一事项或交流某些信息时,可使用这种通知。如成立、合并、撤销、调整某一机构,启用新的印章,更换单位名称,更正某一次发文的差错等,都需要用这种通知。

②事项通知的写法。这种通知的正文结构比较简单,要开宗明义,直叙其事,写得清楚实在,使对方不仅能够了解到相关情况和动态,而且还能从中受到启发和教益,对工作有所推动和改进。

这类通知的特点是实用性强,时效性短,政策性弱。不用于发布法规,也不用于批转公文,多是针对一些临时性事务,只起告知和沟通的作用。这类通知在形成时大都不编发文号,用过之后,也无须立卷归档。

(2)非正式公文类通知。这类通知有以下两种。

①启事性通知。这种通知与启事相近。当需要把一些临时发生的情况和采取的措施告知有关单位和个人时,多使用这种通知,如"××办事处关于报送 2002 年卫生工作总结的通知"。有些启事性通知的标题并不标明事由,只写"通知"二字也可以。

②凭证性通知。这种通知既起告知有关情况的作用,又起证明对方的作用。其行文对象都是与某一事项有关的单位或个人。比如,某单位要主持召开一个全省乃至全国范围的学术讨论会、产品鉴定会等,总要事先向有关单位和个人发出通知。一方面告知与会议有关的单位和个人做好准备,一方面又作为其参加会议的凭证。

(3)会议通知。会议通知应开门见山,直述其事,把会议通知的有关要素写清楚。大体包括以下方面。

①把召开会议的根据、原因写清楚,是急需解决工作中的某一问题,还是上级布置了一个新的工作任务。

②把会议名称写清楚,是代表会、座谈会,还是协商会、工作例会。

③把会议的主持单位(主持人)写清楚,是领导机关主持,还是办公部门主持,还是主管部门主持。

④把会议的内容或主要目的写清楚。

⑤把会议的起止时间写清楚,如果会议结束的时间难以确定,也一定要把会议开始的时间写清楚。

⑥把与会人员写清楚。会议通知中的与会人员有两种:一种是直接点出具体与会人员的姓名,一种是给与会人员划定一定范围和界限,如果是干部会,可写"召开副科级以上干部会议",如果是党员干部会,可写成"召开党员干部会议"。

⑦把会议地点、报道日期及具体报到地点写清楚。会议地点与报到地点有时不尽一致,比如,假定会议地点在郑州市黄河饭店,报到地点可能是会议主持单位的办公所在地或是黄河饭店的某一个房间。

⑧把对与会人员的具体要求写清楚。常见的有这样一些内容:与会人员需要准备哪些公文、材料、证件、生活票证及有关日用品。如果与会人员在外地,还要请与会人员提出返程时需要乘坐飞机、火车、轮船的班次等等。

⑨把联系单位(联系人)、联系电话写清楚。会议通知发出后,收到通知的单位或个人在准备赴会的过程中,由于各方面的原因,可能还会遇到一些不太清楚的问题,这就需要通过电报、电传、电话、书信或当面询问等形式向会议单位打听。向谁打听,如何联系,要把具体负责这一工作的部门或个人写清楚。

⑩主办会议单位落款、时间。

上述10个方面内容,并不要求每次会议的通知都具备,其排列顺序也可以有所变化。但不管怎么写,都要做到简洁、清楚、周密,免得贻误会期,造成工作上的混乱。

4. 邀请信

(1)邀请信的概念及实例。邀请信是各级机关、企事业单位与社会团体举办重要活动,召开重要大会,邀请上级领导、协作单位和有关人士参加所用的信函。邀请信与请柬有相似之处,但使用范围比请柬更广泛,信息量更大,一些重大的商业活动经常以邀请信形式邀请社会各界人士参加。

礼仪视窗 6－4

2006 年中国国际人才交流暨项目洽谈会邀请信

各专家组织、培训机构:

由中国国家外国专家局主办,××省人民政府协办,中国国际人才交流协会、××省外国专家局承办的"2006 年中国国际人才交流暨项目洽谈会"将于今年 11 月 6 日至 9 日在中国××市国际展览中心举行。

随着中国经济建设的发展和加入 WTO 的临近,中国市场拥有十分旺盛的国际人才交流需求。国家外国专家局作为中国聘请外国专家和出国培训归口管理的政府部门,举办此次大会旨在加强全国各省市有聘请外国专家和出国培训需求的单位,与国际上具有一定实力的专家组织、培训机构的交流,就 2007 年及今后聘请专家、出国培训项目进行洽谈,促进中国与世界各国在经济、技术和社会发展等各个领域的合作。

此次洽谈会是国家外国专家局在以往举办"聘请外国专家暨国际人才交流项目洽谈会"、"外国文教专家项目洽谈会","国(境)外培训渠道建设工作会议"的基础上,首次召开的综合性国际人才交流大会。

洽谈会得到中国有关部委、各省、市、自治区的大力支持,洽谈项目涉及工业、农业、软件与集成电路、医疗卫生、教育、金融、证券、保险、旅游等多个专业领域。国内有关部委、各省、区、市外专局(引智办),国际人才交流协会及企事业单位代表等 1 000 多人将参加会议。

为方便展示贵组织的优势,洽谈会将提供展位和洽谈间;大会组委会竭诚欢迎国外各专家组织、培训机构参加此次会议,与中国各有关部门和企事业单位不断拓展交流合作领域,并就国际人才交流与国际人力资源发展提出意见和建议。

有关报名注册等事宜会议组委会秘书处将与你们联系。

联系人分别为:

经济技术专家事务,×××,电话:010－××××××

教科文卫专家事务,×××,电话:010－××××××

出国培训事务,　　×××,电话:010－×××××××,传真:010－××××××

中国国际人才交流协会会议秘书组:×××、×××,　电话:010－××××××

专此奉达,并颂秋祺

中国国际人才交流协会副主席兼秘书长
×××
二〇〇六年九月十六日

（资料来源：秘书—国家职业资格培训教程[M]．北京：海潮出版社，2003．186）

这是一封商业邀请信，标题是“会议名称 + 文种”，正文较为详尽地说明了邀请的原因和活动的内容，介绍了活动安排的细节，因受文单位广泛，信息量较大，故不采用“请柬”形式。

（2）邀请信的结构与写法。邀请信的结构是：标题 + 称谓 + 正文 + 落款 + 成文日期。

①标题。事由 + 文种，或会议名称 + 文种（如例文）；文种，即“邀请信”。

②称谓。在邀请信的开头顶格书写被邀请者的姓名或单位名称。个人姓名后应加职务、职称或“同志”、“先生”、“女士”等相应称谓。

③正文。邀请信正文的结构是：信首问候语 + 主体 + 信末问候语。

其一信首问候语。在邀请信正文的开头首先是问候语“您好”等。

其二主体。说明邀请的原因和活动的内容，介绍活动安排的细节，并提出邀请。

其三信末问候语。正文结束后，在正文下 1 行左空格书写问候语。

④落款。在邀请信末尾右下方适当位置写上邀请单位名称或个人姓名。

⑤成文日期。在落款下面签上年、月、日。

（3）注意事项。①语气诚恳热情，使对方感受到邀请者的诚意而愉快地接受邀请。②文字简洁明了。写清楚活动的时间、地点、内容。如有其他要求也可提出，供被邀请者事先考虑准备。

5．感谢信

（1）感谢信的概念与实例。感谢信是各级机关、企事业单位、社会团体和个人，对帮助、支持自己工作的单位或个人表示感谢的信函，这种信函的写作者一般是受助者本身或受助一方代表，写信的目的在于表示不忘对方的关爱和帮助，肯定对方的事迹和风格，表达自己的感激和谢意。感谢信有以下两个特点。

①真实性。主要体现在两方面，一是感谢的对象要真实，如下面例文中出租汽车司机的姓名、车号等；二是叙述的事实要真实，如事情发生的时间、地点、经过和结果等。

②感召力。感谢信中充满了热情洋溢的感激之情，可使被感谢的一方受到鼓舞和鞭策，感谢一方从中也受到教育和激励，对其他人也有一定的感染力和号召力。

礼仪视窗 6－5

感 谢 信

××出租汽车公司：

9月3日下午,我公司经理王明先生乘坐贵公司"京A1986"号出租汽车时,不慎将皮包丢失。内有人民币8万余元、身份证1张、护照1本、空白支票3张及各种票据若干张。在我们焦急万分之时,贵公司司机马强同志主动将拾到的皮包送至我公司,使我公司避免了一次重大损失。为此,我们再三表示感谢,并拿出1万元作为酬谢,马强同志却说:"这是我们应该做的",并表示不能接受。马强同志这种拾金不昧的高尚品德,体现了社会主义社会良好的道德风尚,对我们全体工作人员是一次很好的教育。在此特致函贵公司,深表谢意,并建议对马强同志的高尚行为予以表扬。

此致

敬礼

大地公司

二〇〇七年五月八日

(资料来源:秘书——国家职业资格培训教程[M].北京:海潮出版社,2003.188.)

这是一篇对拾金不昧行为表示感谢的信,格式规范。例文首先简要地叙述了事情的经过,然后强调了这一行为对失物一方的重要意义,最后向拾金不昧者及其所在单位表示了真挚的赞美和感谢。

(2)感谢信的结构与写法。感谢信的结构是:标题+称谓+正文+落款+成文日期。

这里具体介绍标题、称谓与正文的写法,落款、成文日期与其他常用事务文书相同。

①标题。感谢信的标题比较灵活,大致有3种:

第一,以文种作标题,即在首行正中写"感谢信"三字;

第二,用公文式标题,如:发文机关+事由+文种;

第三,用双标题——正标题和副标题,即先用一个生动形象的正标题,然后再用"给XXX的感谢信"作为副标题。

②称谓。称谓顶格书写在标题下1行,后面加冒号。对方名称前可加上修饰语,如"尊敬的"等。

③正文。正文在称谓下1行空两格书写。内容通常是:简要回顾对方的事迹,说明对方帮助的意义和作用,向对方表示赞美和学习,表达自己的感谢之情。正文结尾是致敬语,表示祝愿、敬意,方式可以灵活多样。

(3)注意事项有以下几点。

①真实、具体。在感谢信中,叙述事情务必真实、具体,不可任意夸大或缩小。时间、地点、单位名称、个人姓名的表述应当准确无误。

②简练、精当。在感谢信中,叙述事实务必简练、精当,不要陷于对事情的详尽描述中而不能自拔。

③情真意切。在感谢信中,表达感激之情是主要内容,因此,语言表达要情真意

切。

6. 贺信(电)

(1)贺信(电)的概念与实例。贺信(电)是表示祝贺、赞颂的函电,一般用于领导机关、企事业单位或个人对取得巨大成绩、做出卓越贡献的集体或个人表示祝贺,或者对国际、国内发生的重大喜事,对一些重要会议、节日、婚礼、寿辰表示祝贺。贺信(电)的篇幅一般比较简短,感情充沛,文字明快。

贺信的第一个特点是祝贺性。贺信(电)的使用目的主要体现在"贺"字上,祝贺者通过这种形式表达对他人的祝贺和赞颂,这种由衷的祝愿可以增进了解、加深友谊、促进团结合作。贺信的第二个特点是信电性。贺信(电)是通过书信的投递和电文的拍发达到祝贺目的的,庆贺者无法当面宣读,而由受贺者收后阅读,这就要求语言热烈真挚又要做到篇幅短小。

礼仪视窗 6-6

贺 信

××公司全体员工:

喜闻10月1日是贵公司成立10周年纪念日,谨此表示热烈祝贺!10年来贵公司员工发扬了自力更生、艰苦创业、同心同德、锐意创新的可贵精神,不仅仅在国内计算机芯片研究领域获得了重大突破,而且培养了大批技术人才,支援了兄弟单位。多年来,贵公司在技术力量方面,给我公司以无私的帮助和支持。为此我们表示衷心地感谢,并决心以实际行动向贵公司全体职工学习,努力钻研技术,提高产品质量,为达到同行业的先进水平而努力。

最后,祝贵公司在新的世纪中取得更辉煌的成就。

此致

敬礼

大地公司总经理　×××

二〇〇二年十月一日

(资料来源:秘书——国家职业资格培训教程[M].北京:海潮出版社,2003.190.)

这封贺信首先写明了祝贺的内容、祝贺原由,并给予对方高度的赞颂。语言热烈真挚,起到了增进友谊,促进合作的重要作用。

礼仪视窗 6 -7

贺　电

××科技公司：

欣闻贵公司在第16届埃及科技博览会上摘取科技发明金奖，我谨代表大地集团公司向你们表示热烈的祝贺并致以崇高的敬意。你们今天取得的辉煌成绩是你们多年来倡导"求实、拼搏、进取、创新"精神的最好体现。希望你们继续发扬这种精神，在科学的道路上勇攀高峰。为我国微电子科学事业的发展做出新的贡献。

大地公司总经理　×××

二〇〇二年二月二十二日

（资料来源：秘书——国家职业资格培训教程[M]. 北京：海潮出版社，2003. 190.）

这封贺电首先热烈地祝贺××科技公司在第16届埃及科技博览会上取得的辉煌成绩，继而表扬了××科技公司的优良传统和作风，最后提出殷切的希望。篇幅短小，层次清楚，感情充沛，文字简练。一方面向××科技公司表示祝贺，另一方面对××科技公司"求实、拼搏、进取、创新"精神进行了歌颂和赞扬，具有很大的鼓舞意义。

(2)贺信的结构与写法。贺信的结构是：标题＋称谓＋正文＋落款＋成文日期。

下面具体介绍标题、称谓与正文的写法，落款、成文日期与其他常用事务文书相同。

①标题。标题有4种写法：

第一，只写"贺信"或"贺电"二字；

第二，写谁发出的贺信(电)，如"××公司贺信(电)"；

第三，写给谁的贺信(电)，如"给××公司贺信(电)"；

第四，写明谁给谁的贺信(电)，如"××协会给××公司贺信(电)"。

②称谓。标题下一行顶格写受文单位名称或个人姓名。如果是祝贺会议，只写会议名称。

③正文。贺信正文的结构是：开头＋主体＋结尾。

第一开头。用简练的语言写出祝贺理由，表示祝贺。经常用"值此……之际，谨代表……向……表示热烈的祝贺"之语。

第二主体。由于对象不同，主体的内容与措辞也应有所区别。如果是祝贺对方取得了突破性成绩，在主体里就要充分肯定和热情赞扬对方所取得的成绩和意义，表示向对方学习，提出希望或鼓励。如果是祝贺会议，在主体里要侧重说明会议召开的重要意义和深远影响。如果是祝贺担任新职务的领导人，主体就要侧重于提出祝愿，祝愿对方在任期内取得新的成就,并祝愿双方的友谊进一步加强。

第三结尾。写祝愿、鼓励和希望方面的内容。

(3)注意事项有以下几点。

①强烈的感情色彩。贺信(电)是向对方表示祝贺的,感情要真挚饱满,语言要热情洋溢,给人以鼓舞、希望、褒扬之感。

②实事求是。贺信(电)要热情赞扬对方所取得的成绩,但对成绩的评价一定要实事求是,切忌讲过头话,否则会使对方感到不安。

③语言简练。贺信(电)的用语要简练,避免累赘,切忌浮夸老套,篇幅也不宜过长。

7. 请柬

(1)请柬的概念与实例。请柬,也称请帖。它是各级机关、企事业单位、社会团体或个人邀请有关人员参加某项活动而专门的信柬。请柬的使用范围十分广泛,虽属书信类,但比起一般的信函更具有庄重性的特点。所以,一般只有遇到较大的事情或庄重的场合才使用请柬,以示对被邀请者的尊重。请柬有时也用作入场和报到的凭证。

礼仪视窗 6-8

请　柬

李伟先生:

谨定于2008年1月15日上午9时在九州宾馆三楼会议室举行贸易洽谈会。

敬请光临

大地公司

二〇〇七年十二月十五日

这是一则会议请柬,称谓用尊称“先生”,正文写明会议的时间、地点以及会议名称,结尾另起顶格书写敬语,语言简约明了。

(2)请柬的结构与写法。请柬一般分为封面、封里两部分,又分横式、竖式两种。但无论哪种形式,其内容结构都基本相同,即:标题+称谓+正文+落款+成文日期。

下面具体介绍标题、称谓与正文的写法,落款、成文日期与其他常用事务文书相同。

①标题。在封面或页面上部居中,用大字书写“请柬”二字。标题如在封面,往往要做些图案装饰。

②称谓。另起行(或一页)顶格书写被邀请人姓名或单位名称。姓名之后要加职务、职称等称谓,或用“同志”、“先生”、“女士”、“小姐”等。称谓后边加冒号。如

邀请夫妇两人,应将两人的姓名并列书写,加"伉俪"两字。

③正文。称谓下一行空两格书写正文,应写明活动的时间、地点、内容。如有其他要求,也可简要地提出,以便被邀请者事先准备。如需乘车乘船,应交待到达路线和有无专人接站等。正文的结尾一般要写"敬请光临"、"敬请莅临"、"敬请出席"、"敬请光临指导"等敬语。

(3)注意事项。制作请柬一般用红纸或较为鲜艳的彩色纸,封面可用花边、图案等装饰,以表示喜庆和对被邀请者的尊敬。表意宜周全,措辞简洁、文雅、庄重。请柬不宜滥用,应与会议通知有所区分。①

6.3.3.2 文件处理

1. 收文(邮件)工作的程序

(1)签收。对所收文件的件数要认真清点,检查实收件数与投递清单上的件数是否相符。清点后,要检查文件信封上或封套上所注明的收文机关、部门、姓名是否都应是本机关收的,如有误投,应立即退回。还要检查包装和封口是否损坏;文件经清点检查无误后,收件人要在送件人的"投递回执单"或"送文簿"上签字,并注明收到的时间。

(2)拆封。启封时,注意保持原封的完好,特别注意封内文件不能损坏。必要时,应把原封订在文件后面,一并处理,以便日后查阅。如发现有不属于本单位的文件,或内装文件与应送文件不符,应按规定处理,一般应予以退回。

(3)登记。登记是收文处理中的重要环节之一。登记时,按收文登记簿中所列内容,逐项登记,并在收进每份文件首页贴上"来文件处理",应将"来文件处理单"的有关内容,如来文单位、来文标题、来文字号、缓急程度、密级、份数、日期等填写好,然后再转入下一道处理程序。

(4)对信件(文件)迅速分类。将信件(文件)分为急件、要件、例行公事件、密件、私人件5类,分别归入5个规格一致但颜色不同的专用文件夹内,分送各主管上司处理。有的也可以用数字做文件夹的标识。如上司有要求,秘书呈送信件(文件)前应先阅读后注出重点部分,如信件(文件)中的公司名称、日期、产品名称、数量、价格,应用尺和黄色笔(因如需复印,黄色不会在复印件上显现)在这些内容下面画出直线,或在信件(文件)上用简练的文字作旁注,以提醒上司。重要的信件(文件),转送前最好复印一份保存,以备查考。

2. 发文(邮件)工作的程序

(1)首先要对发件进行查对,即检查信封上的收信人姓名、地址和信笺上的收信人姓名、地址是否一致。

(2)检查附件,即检查信函的附件是否放进邮件,附件是否齐全。

(3)邮件分类,将各类信件、包裹等分类,快件立即处理,大宗的信件可以捆扎。

---

① 《秘书——国家职业资格培训教程》,北京,海潮出版社,2003。

(4)邮件标记,即检查信封上应该标注的标记是否标注。

(5)邮政编码,即检查信封上收信人的邮政编码是否正确。

(6)签名,即检查必须由领导者签名寄发的信函是否签署。

(7)登记,使用一个登记册或记录本登记重要邮件(文件)。

(8)了解和适应邮政(政务)方面的规章制度和寄发(发文)时间。

3. 立卷归档

立卷归档是资料保存的第一个环节,收集工作做不好,直接关系到文件利用的其他各个环节。

(1)立卷归档文件范围如下:

①上级来文;

②本单位形成的各种文件;

③下级报送的文件;

④相关文件。

(2)归档份数。归档份数是指组织文件归档的数量。总的来说,凡是需要归档的文件一般归档一份,重要的、使用频繁的则需多归档若干份。

4. 履行归档手续

(1)按移交清单移交,双方交点清楚。

(2)确保清单无误后,双方签字,各留一份,以备查考。

(3)科技文件归档时,还需编写归档文件简要说明,由归档人员编写。一般包括以下内容:项目的名称和代号、项目的任务来源、工作依据和实施过程,项目的科技水平、质量评价和技术经济效益,科技档案质量情况,项目主持人及参加者姓名和分工,文件整理者和说明书撰写人姓名、日期等。

6.3.4 接待礼仪

接待礼仪可分为日常接待礼仪和专项接待礼仪。日常接待礼仪是公关人员在办公室所进行的经常性访客接待,这类接待一般不需要进行接待前的安排部署,在事务处理中属于“见招拆招”的一类。专项接待礼仪将在仪式礼仪章节中进行论述,本章仅对日常接待礼仪中的流程和注意事项进行阐述。

6.3.4.1 接待准备

(1)美化空间,布置环境。

(2)服装整洁。

(3)准备资料及茶点,迎接客人来临。

6.3.4.2 接待流程

1. 访客进门时的注意事项

面带微笑,使进来的客人感觉亲切且受到欢迎。坐在位子上的接待人员要立刻起身迎接,表示尊重客人。亲切地说“您好”或“欢迎光临”。在宾客的左或右前方引导其进入办公室。

2. 有效率又职业化的接待技巧

说话口齿清晰、音量适中。要有先来后到的次序观念。在工作场所十分忙碌，人手又不够的情况下，记住应当接待等候多时的访客，应先向对方道歉，表示招待不周恳请谅解，不能气急败坏地敷衍了事。访客有疑问时，应以职业、愉悦的态度为客人解答。如有必要应主动对访客提供帮助。不要忽略陪在访客身旁的友人，应一视同仁、一起招呼。

3. 奉茶及接受奉茶的礼仪

(1)奉茶时应注意的事项。茶水不要装得太满，以八分满为宜。水温不宜太烫。同时有二位以上的访客时，端出的茶色要均匀，最好要配合茶盘端出。左手捧着茶盘底部，右手扶着茶盘的外缘，如是点心则放到客人的右前方，茶杯应摆在点心右边。上茶时应向在座的人说声："对不起！"再以右手端茶，从客人右方奉上，面带微笑，眼睛注视对方并说："这是您的茶，请慢用！"奉茶时应依职位高低顺序先端给不同的客人，再依职位高低端给自己单位的接待同仁。以咖啡或红茶待客时，杯耳和茶匙的握柄要朝着客人的左边(最好准备砂糖和奶精)。

(2)受人招待奉茶。注视奉茶者，并诚恳地说声"谢谢"。喝咖啡时，如需调和糖与奶精，应先调好之后，将茶匙横放在碟子上，再以右手端起杯子。(除非你惯用左手)喝茶时不需将杯垫一起端起也不可以出声。女士喝茶先用化妆纸将口红轻轻擦掉些，以免口红印留在杯子上。商务拜访时，如对方未先提出备有饮料款待时，来访者不宜主动提要求。

4. 接待预约与未预约的访客流程区别

(1)对预约的客人须注意的事项。立刻向客人问好，并请教对方身份以便通报。主管若表示与客人有约，要亲切地引导会面。若预约的宾客迟到，应亲切地表示问候及关心，最好先请宾客稍作休息。若预约的宾客早到，应先请宾客至接待室休息，准备茶水及书报杂志让客人打发时间。若主管无法提前与客人见面或有事耽搁，接待人员应不时地与宾客讲两句客套话。

(2)对未事先预约的客人应注意的事项。先请对方稍候，通报主管办公室。当主管表示不愿接见访客时，要小心对答(不可直说主管不愿接见)。可向客人要张名片并表示主管回来时会"告知"他的"来访"(切不可说主管回来时会回电)。

5. 送客礼仪

(1)握手致意，亲切相送。

(2)注意客人遗留的物品。

(3)送远道访客要告知路线。

(4)送客真诚，送离视线。

6. 日常接待礼仪中的注意事项

(1)上级来访，接待要周到。对领导交待的工作要认真听、记；领导了解情况，要如实回答；如领导是来慰问，要表示诚挚的谢意。领导告辞时，要起身相送，互道"再见"。

(2)下级来访,接待要亲切热情。除遵照一般来客礼节接待外,对反映的问题要认真听取,一时解答不了的要客气地回复。来访结束后,要起身相送。

(3)到办公室来的客人与领导见面,通常由办公室的工作人员引见、介绍。在引导客人去领导办公室的路途中,工作人员要走在客人左前方数步远的位置,忌把背影留给客人。在陪同客人去见领导的这段时间内,不要只顾闷头走路,可以随机讲一些得体的话或介绍一下本单位的大概情况。

(4)在进领导办公室之前,要先轻轻叩门,得到允许后方可进入,切不可贸然闯入,叩门时应用手指关节轻叩,不可用力拍打。进入房间后,应先向房里的领导点头致意,再把客人介绍给领导,介绍时要注意措辞,应用手示意,但不可用手指指着对方。介绍的顺序一般是把身份低、年纪轻的介绍给身份高、年纪大的;把男同志介绍给女同志;如果有好几位客人同时来访,就要按照职务的高低,按顺序介绍。介绍完毕走出房间时应自然、大方,保持较好的行姿,出门后应回身轻轻把门带上。

(5)陪同外出乘车时注意事项。让领导和客人先上,自己后上;要主动打开车门,并以手示意,待领导和客人坐稳后再关门,一般车的右门为上、为先、为尊,所以应先开右门,关门时切忌用力过猛。

6.3.5 公用设备使用礼仪

1. 借用

(1)借还有信。假如同事顺道替你买外卖,应先付所需费用,或在他回来后及时把钱交还对方。若你刚好钱不够,也要在翌日还清,因为没有人喜欢厚着脸皮向人追讨金钱。同样,虽然公司内的用具并非私人物品,但亦须有借有还,否则可能妨碍别人的工作。

(2)严守条规、程序。严格按照组织要求,采取程序化的方式正规地借用物品。

2. 使用

在使用公用物品时,应尽量保持物品的完整性和功能性,同时,应以组织宏观需求为重,合理决定使用顺序。如使用复印机时应注意以下几方面。

(1)使用的先后问题。复印机是公司里使用频率较高的公共设备,这时同事容易在使用时间上发生冲突,一般来说,遵循先来后到的原则,但是如果后来的人印的数量比较少,可让他先印。当先来的人已花费了不少时间做准备工作,那后来者就等一会儿再来。

(2)在公司里一般不要复印私人的资料。

(3)如果碰到需要更换碳粉或处理卡纸等问题,不知道如何处理,就请别人来帮忙,不要悄悄走掉,把问题留给下一个同事,让人觉得你不为别人着想,遇到困难和责任不敢承担。

(4)使用完毕后,不要忘记将你的原件拿走,否则容易丢失原稿,或走漏信息,给自己带来不便。使用完后,要将复印机设定在节能待机状态。

3. 归还

公用物品使用完毕后,应立即归还,以免影响他人使用,同时办理归还手续,保证公用物品使用的连续性。

6.3.6 公共区域礼仪

办公室是集体工作的场所,在办公室进行沟通的时候,应该注意哪些礼仪习惯呢？最重要的一点是,你要对他人,包括你的同事、上级和下级,表现出你对他们的尊重,尊重他人的隐私,尊重他人的习惯。

1. 行为原则

(1)非工作原因不在公共区域停留。

(2)行走时快捷、右行、姿态挺拔、目视前方。

(3)遇到客人和员工时,先向客人示礼,示礼时注目、微笑。

(4)员工到规定的员工动态公告板上表明去向和任务。

(5)保持你的工位整洁、美观大方,避免陈列过多的私人物品。

2. 注意事项

在上下楼梯时,不抢上抢下、打闹说笑。

和他人进行电话沟通,或者是面对面沟通的时候,你的音量尽量要适当控制,两个人都能够听到就可以了,避免打扰他人工作,哪怕当电话的效果不好时也应该这样。

应该尽量避免在自己的工位上进餐。实在不能避免的情况下,尽量节省时间,就餐之后迅速通风,以保持工作区域的空气流通。在办公室里用餐,一次性餐具最好立刻扔掉,不要长时间摆在桌子或茶几上。如果有突然事情耽搁,也记得礼貌地请同事代劳。客气的请求易于被他人接受。

容易被忽略的是饮料罐,只要是开了口的,长时间摆在桌上有损办公室雅观。如果不想马上扔掉,或者想等会儿再喝,就把它藏在不被人注意的地方。

吃起来乱溅以及声音很响的食物,会影响他人。如果食物掉在地上,要马上捡起扔掉,餐后将桌面和地面打扫一下,是必须做的事情。

有强烈味道的食品,尽量不要带到办公室。即使你喜欢,也会有人不习惯的。而且其气味会弥散在办公室里,这是很损害办公环境和组织形象的。

不要用手擦拭油腻的嘴,应该准备好餐巾纸,及时擦拭。

嘴里含有食物时,不要贸然讲话。他人嘴含食物时,最好等他咽完再与他讲话。

本章小结

办公礼仪,是指公关人员在办公室的工作岗位上处理日常事务时所应遵循的基本礼仪。一个良好的工作环境,有利于组织对外形象的塑造,有利于提高工作人员的工作效率。办公室环境包括硬件环境和软件环境两方面。在实际工作中,公关人员必须力求交际美,即妥善地协调自己的各种人际关系,高度重视自己的每一位交往对象,以内求团结,外求发展。在办公室的业务工作中,公关人员应能够在具体公务中正确选用传真、备忘录、事务性通知、邀请信、感谢信、贺信、请柬,并能准确拟写这些礼仪文书。掌握事项性通知(事务通知、会议通知)等礼仪文书的知识与拟写。同时,对日常的接待工作也应有所掌握并能运用自如。

相关网站

中国公关网:http://www.chinapr.com.cn
中国营销传播网:http://www.emkt.com.cn
传媒学术网:http://academic.mediachina.net
中国国家企业网:http://www.chinabbc.com..cn
祝你成材网:http://www.znccw.com

复习思考题

1. 办公室的桌面环境礼仪要求是什么?

2. 以北京市科协的名义给相关专家写一封召开科技成果转让洽谈会的邀请信,要求内容具体,写法规范。

3. 收文(邮件)工作的程序是什么?

【案例分析Ⅰ】

该谁先进电梯

刚工作不久,跟随西人老板前去温哥华五帆酒店开会,与我们会谈的是一个在他的行业里从业30多年的职业人,头发花白,言谈恳切,令我很是敬重。会议进行得很愉快。可是会后我却遇到了麻烦——走到电梯前,花白头发老人按了电梯,请我先进去。我想,与我同行的,一个是老板,一个是长者,怎么也不该轮上我呀。可两位男士却连说带比划,坚持让我先进。我只好忐忑地先走进电梯,两只脚迈得很不自在。短短的几秒钟,感觉很漫长,因为确实不知道如何才妥当。

更糟糕的是,我们那次的任务是代表亚洲的客户实地查看办公室,花白头发人要带领我们依次看三层楼,意味着要进出好几次门,迈进迈出好几次电梯。每一次走到门前我都很不自然,多年养成的对领导对长者的尊重习惯在这儿不知如何发挥。所以,整个一个上午我很是不爽——缺乏对基本礼仪的把握,令我郁闷,虽然事情并不大。

在回办公室的途中,我忍不住问老板,当时的情况到底应该谁先进电梯。他的说法是:“女士优先”的规则与职位高低、年龄大小毫无关系。通常进出电梯的次序是:年长女士,年轻女士,年长男士,年轻男士。老板当时说了一句有意思的话:“虽然我是老板,但有个事实谁也改变不了,我是男人,你是女人,你自然应该享受和接受这种尊重。”

我刚习惯了这种规矩没几天,却又遇到了令人不知所措的事情。这次是国内的一个代表团来我公司谈项目,中午一起去吃工作餐,进电梯的时候,我又自觉不自觉地按照中国的习惯,让中国代表团的领导先进,而他看到我的老板比他年长,拼命让我的老板先进;而我的老板这时一脸困惑,不知道是该让我这个女士先进还是让客人先进。大家在电梯口让了半天,最后还是我先跳了进去,说“我来按电梯”。

其实仔细想一想,谁先进电梯虽然事小,背后却有许多的文化和习俗的差异。中国人自古以来尊重权威、尊重长者,在这种场合肯定要让领导和长者优先;而西方人已经养成了女士优先的习惯,根深蒂固,任何年长的老板也要靠后,而且还有替女士开车门,为女士挪椅子,帮女士穿大衣的规矩,“绅士”风度,一应俱全。其实这些都无所谓对错,不能说一种规矩就比另一种更好、更优越。

所以,在温哥华西人的公司上班,我乐得享受永远的“女士优先”;要是回国出差,或者是接待从国内来的客户,我仍然不会忘了领导第一、老板第一。

(资料来源:http://www.21emr.com/tszt/emr22/200605/tszt_20060509163501.shtml)

实践训练

1. 实训项目:对文书礼仪的运用。

2. 实训目的:加深对文书操作规范的进一步理解和认识。

3. 实训内容:找一份会议通知,分析其是否规范,并写出评价意见。

4. 实训组织:把全班分为若干个小组,组间进行点评。

5. 实训考核:考察学生对文书礼仪的掌握以及与同学之间进行不同意见交流时的言谈礼仪。

7

公关演讲礼仪

一人之辩，重于九鼎之宝；三寸之舌，强于百万之师。

——刘　勰

学习目标

通过本章学习，主要了解公关演讲礼仪的内涵与特征，基于演讲者、听众、主持人三个维度掌握公关演讲操作礼仪，并把握专项演讲礼仪的具体礼仪。

主要概念

公关演讲礼仪　演讲提纲　演讲稿　风度　自信心

现代社会步入知识经济和信息时代，国际化、市场化席卷了绝大多数国家和地区。面对日益激烈的竞争，无论是政府还是企业，都必须面对组织的公关活动。而在公关活动中的介绍、迎送、答谢、祝贺、凭吊等各类公关演讲就显得十分重要。只有注意及培养公关演讲的礼仪，思想上提高认识，行动上落实成习惯，才能在具体的公关演讲中体现良好的组织形象，为组织赢得其他组织及公众的认可、尊重。

7.1　公关演讲礼仪概述

7.1.1　公关演讲礼仪内涵

在公共关系形成与发展的历史阶段中，人们对公关演讲礼仪的认识经历了一个由浅入深、由感性到理性的过程。对演讲、公关演讲、公关演讲礼仪进行研究,构成了公关演讲礼仪的基本框架。

1. 演讲

"演讲"这一概念在西方最早见诸于荷马史诗,相传双目失明的行吟诗人荷马,常年云游各地,演讲关于特洛伊战争的英雄事迹。在我国"演讲"一词较早出现在《北史·熊安生传》中,"公正于是有所疑,安生皆为一一演说,咸究其根本。"从此可以得出,演讲有释疑解惑的作用。现代常规意义上的演讲,是指演讲者在特定的时空环境下,运用口语等有声语言和借助于姿势、表情等体态语言,明确完整地阐述自己对某一问题或事物的见解与主张,以说服听众的一种社会交往活动。

2. 公关演讲

公关演讲不同于重在鼓动的政治家演讲、重在论证的科学家演讲,而是在公共关系活动中发表的演讲。它是以公关人员为主体、以公关活动为主要领域,针对相对固定的公众而发表的演讲,目的是协调社会组织与其他组织、社会组织与其相关公众之间的关系,宣传、教育、组织和激励公众,同时塑造良好的组织形象。

3. 公关演讲礼仪

公关演讲礼仪是指在公众节令或重要仪典上发表演讲时的礼仪规范。公关演讲礼仪是把演讲运用于公共关系活动中,通过一定的礼仪仪式,向公众传递重要信息,沟通情感,从而达到宣传组织形象,提高组织的社会知名度的目的。

7.1.2 公关演讲礼仪特征

1. 工具性

公关演讲礼仪综合运用有声语言和相应的体态语言来实现其公关目的。语言的根本属性是人们交流感情的工具,作为语言活动之一的公关演讲礼仪从本质上来说也是一种沟通交流的传播工具。在公关活动中,公关演讲具有公共交往的性质,人们在开展政治活动、经济活动、科学文化活动以及其他各种社会交往活动中,必然要发表见解,以说服人、教育人、激励人。公关从业人员使用演讲礼仪这一工具,可以更加有效地达到对外塑造组织形象,对内提高组织成员认识,加强团结,以期谋取公众的理解、信赖与支持,创造组织生存与发展的良好氛围。公关演讲礼仪作为一种工具,具有实用、快捷、方便的特点。因此,在各种公关活动中,演讲礼仪深受各类社会组织的重视,如在重大外事访问中发表迎送性演讲,表示热烈欢迎欢送,体现了本组织对来宾的重视与尊重,同时也提高了本组织的形象。

2. 特定性

首先,公关演讲礼仪在特定的时空环境中进行。一般而言,公关演讲礼仪都要与演讲的环境布置、场合、听众、时限相适应。因此,一旦时空环境发生转移和变化,演讲礼仪的内容、规范等也必将随之变化。其次,公关演讲礼仪的受众具有特定性。公关演讲礼仪信息传播的对象也是特定的内部公众和外部公众。不同的受众,其思想状况、文化程度、职业状况、心理期望、关心问题的程度等均不同。所以公关演讲礼仪要了解其受众，才能有的放矢，为他们所面对的实际问题提供建设性意见，引发互动与感情共鸣，实现演讲的目的。

3. 艺术性

公关演讲礼仪的原则可能是固定的，但其应用却是灵活和艺术的。不同的环境、不同的人使用相同的演讲礼仪原则，效果可能大不一样。同时，公关演讲礼仪不是一般地使用有声语言和体态语言，而是刻意追求运用技巧，使之具有优美动人的表现形式和深刻感人的思想内涵，带有强烈的艺术色彩。通过特有的语言、表情、动作等来显示人的素养，以一种特殊的感受来撞击人的心灵。同时，也可以通过特殊的环境布置、特殊的活动、氛围，来达到公关演讲的目的。

7.1.3 公关演讲礼仪意义

礼仪与公关演讲的正常开展、协调演讲者与听众的关系、公关演讲工作者自身素质与能力的提高都有密不可分的关系，它在公共关系活动中发挥着极其重要的作用，是公关人员不可忽视的一种修养和技能。公关演讲不能忽视礼仪规范，礼仪在公关演讲活动中具有特殊意义。

1. 公关演讲正常开展

从公关演讲产生那天起，礼仪便与公关演讲活动有着密不可分的关系。随着社会历史的发展，礼仪的内容和方式有了巨大的变化，对公关演讲人员礼仪素质和操办礼仪活动能力的要求也有了相应变化，但无论这种变化多么广泛，多么深刻，礼仪从未离公关演讲活动而去。

公关演讲是一个外向性的工作，公关演讲工作者（公关演讲者、主持者及其他人员）必须在各社会组织的公关活动中广泛地接触各类人，处理各种关系、安排各种演讲活动，这些行为都含有礼仪的内容或直接就是一项礼仪活动。因此礼仪对公关演讲活动的正常开展具有特殊意义。

2. 处理公共关系

当今社会，科学技术突飞猛进，生产力高速增长，经济全球化和信息化，使得任何一个组织都不能孤立地存在和发展，而是融合在一个大的组织系统和环境中。同时，社会关系日益复杂，各种社会现象错综复杂，经济文化竞争日益激烈，几乎所有的组织都面临着与外部组织及公众的沟通交流需求。因而，处理公共关系，已成为组织的一个重要职能。

公关演讲工作者作为某个社会组织中专为特定事情而处理各种公共关系的辅助者，社会交往活动是其主要工作内容之一。同时，由于工作特点，公关演讲工作者既在单位内部起联系沟通作用，又在社会上成为本单位的窗口和代表，所以礼仪在公关演讲工作者身上是全方位地体现的。处理好各种不同关系是公关演讲工作艺术的体现，恰当地运用礼仪来理顺组织与组织、组织与公众的关系，树立良好的组织形象，对公关演讲工作总体效益的提高大有裨益。

3. 公关演讲工作者提高自身素质

礼仪是社会的规范，公关演讲礼仪与整个社会的文明程度密切相关。通过对礼仪的学习和掌握，可以提高公关演讲工作者个人修养。

首先，由于演讲本身在内容和形式方面的特殊要求，可以有意识地通过演讲实践来训练思维能力、观察能力、分析能力、应变能力和口语表达能力。其次，公关演讲礼仪活动的开展可以使公关演讲工作者掌握在不同环境和情况下的公关演讲礼仪知识、提高操办礼仪活动的能力。同时在公关演讲活动中分清主次、内外，把握分寸、分量，对各国、各民族、各宗教、各地的文化风俗礼仪习惯有所了解，并在实践中融会贯通。

7.2 公关演讲应用礼仪

演讲的最基本组成形式是由演讲者和听众两方组成，较为庄重的场合由主持者、演讲者、听众三方组成。在演讲这种“一人讲，众人听”的传播格局中，人们的联系呈现出多层次、多侧面的网络系统。构成这一传播系统的主要环节包括演讲者与现实生活之间的认识环节、演讲主持者与演讲者及听众的沟通过程、演讲者与演讲词之间的表述环节、听众与演讲词之间的再认识环节。因此，公关演讲应用礼仪主要从演讲者、听众、主持者三个维度论述。

7.2.1 演讲者

演讲者的形象是演讲者思想道德、情操学识及个性的外在体现，是演讲者的仪表、举止、礼貌、表情、谈吐的综合反映。演讲者一经上场，就会把自己的形象诉诸于听众，直接影响到听众的评价和审美。所以，演讲者从演讲前、演讲中到演讲结束，都应该充分准备及注意自身的一言一行，给人以完美的印象，塑造良好的组织形象。

7.2.1.1 演讲前准备

演讲虽是一种言语的表达，但是与平常的讲话不同，需要较充分的准备工作，一般包括演讲材料、个人形象、心理准备以及受众评论的准备。成功的演讲是从准备开始的。充分的准备工作可以帮助演讲者更加清楚地了解自己、了解听众，充分做到心中有数，从而缓解演讲者内心的紧张情绪，以取得更大成功。

礼仪视窗 7－1

林肯演讲前的准备

美国历史上最伟大的总统之一林肯非常重视演讲前的准备。林肯在葛提斯堡国家烈士公墓落成典礼上发表了著名演说。在这次演讲前两周即林肯接到邀请后，他在穿衣、刮脸、吃点心时都想着怎样演说，演说稿改了两次，他仍不满意。到了典礼前一天晚上，还在做最后的修改，然后半夜找到他的同僚高声朗诵。走进会场时，他骑在马上仍把头低到胸前默想着演说词。那位埃弗雷特讲了近两个小时，在将近结束时，林肯不安地掏出旧式眼镜，又一次看他的讲稿。他的演说开始了，一位记者支上三角架准备拍摄照片，等一切就绪的时候，林肯已走下讲台。这段时间只有两分多钟，而掌声却持续了10分钟。后人给予极高评价的那份演说词，在今天译成中文，也不过500字。

（资料来源：http://www.ajob007.com/News/332008222164359.html）

1.演讲材料的准备

演讲者作为公开的"一对多"式的演说者，其对演讲材料的准备是对听众的尊重和礼仪的自律。

(1)演讲题目。演讲题目包括两方面内容，即演讲选题和演讲主题。

①演讲选题。选题就是选择话题，确定谈哪方面的内容。选题原则如下：第一，需要性原则。每一次演讲，都要从客观实际出发，认真考虑所选论题是否符合公关的现实需要，是否属于听众所亟待解决而又有意义的问题。第二，适合性原则。公关演讲的演讲内容要与演讲场合和气氛相协调，也就是要考虑演讲的时间和空间环境。时空环境不仅指演讲现场的布置，也包括时间、背景、组织和听众。如果不考虑演讲的时间、场合和环境，不考虑听众的文化水平、思想修养、职业特点、阅历、心理和愿望，其选题再好，也无法做好演讲。

②演讲主题。主题是演讲的灵魂，它是选题的具体化和明朗化，它决定演讲思想性的强弱，制约材料的取舍和组织。演讲主题要求：第一，集中。一般来说一篇演讲只能有一个主题，一个中心，不能多主题。第二，鲜明。主题要贯穿于全篇，必须旗帜鲜明，即肯定什么，否定什么，赞扬什么，贬斥什么，都要清清楚楚，明明白白。第三，新颖。见解独特，给人以醒目之感。第四，深刻。提出的主张和见解能揭示公共关系的本质，能使听众的认识和理解由感性上升到理性，从而把握演讲的实质。

礼仪视窗7－2

演讲主题需深刻

曾经荣获1984年"全国十六省市演讲邀请赛"一等奖的林波的演讲《不倒的碑》，最初确定的主题是"缅怀先烈，悼念先烈"。这个主题虽然鲜明、正确，但很一般，缺乏新意，也不够深刻。后来几经讨论，"大家认为，作者的外祖父（革命先烈）宁死不屈、死而无憾的精神，同她外祖母（'双枪老太婆'原型人物之一）蒙冤受屈、矢志不移的精神都说明了一个问题：因为他们有纯正的入党动机，所以才会洒热血仰天大笑，历万劫不改初衷。特别是其外祖母自解放以来便受到不公平待遇，甚至被劝退党，而她仍旧按时交纳党费，仍然努力为党工作。这种信念是多么的坚定！”几经讨论，最后主题确定为“端正入党动机，矢志不渝为党奋斗终身。”这样一提炼，角度改了，主题深化了，当80年代金钱观冲击着人生观和价值观的时候，特别是当时在部分人中产生信仰危机的时候，其针对性和教育意义就更显得突出了。

（资料来源：http://ebook.mumayi.net/14/gljx/ts014006.pdf）

最后，演讲题目的确定。确定好演讲的题目，就像给全篇演讲树起了一面旗帜，这不仅与演讲的形式有关，更重要的是与演讲的内容、风格、情调有直接关系。演讲题目的确定有以下四条原则：文题相符、大小适度、遣词得体、合乎身份。

（2）演讲资料的收集。收集资料对演讲非常重要。收集资料的过程，本身就是一个鉴别筛选的过程，要求善于识别、确定资料的性质和价值。

①收集资料的方法。获取演讲资料一般分为获取直接资料和获取间接资料。所谓直接资料，是指演讲者自己的经验和思想，即在日常工作、学习生活中的亲身经历，所见所闻所感，留神观察，认真体验。所谓间接资料，主要指从书报刊物等平面媒体、广播电视等声讯媒体以及近年来方兴未艾的因特网等电子媒体中得到的资料，这是最广泛的资料来源。

②收集资料的原则。第一，定向。收集资料要把准方向，防止盲目性和随意性。第二，充分。演讲要求大量且详尽地收集和占有资料，既要纵向了解事情发生、发展的过程，也要横向了解事情与其他事情各方面的联系；不仅了解事情的正面材料，还要了解事情的反面材料。第三，真实。材料要客观，不掺杂个人主观意见。为了保证材料的准确性和真实性，必须交代材料的出处。恪守5个“W”和1个“H”——Who（什么人）、When（什么时候）、Where（什么地方）、What（什么）、Why（为什么）、How（怎样）。这样可增强真实感，提高信息的可信度和影响力。第四，典型。典型即深刻揭示事物本质，使其具有代表性。因而要认真审慎地收集那些最能说明主旨、最具代表性的事实材料和事理材料，防止和避免材料的平淡化。事实材料主要指例证、数据等；事理材料包括科学原理、科学定律、文件精神、法律条文、名言警句等。第五，感人。在演讲活动中，要注意选择那些能提高听众兴趣和打动听众感情的材料。

（3）演讲提纲的编列。编列演讲提纲是演讲前的重要准备工作。所谓编列提纲，实际上就是确定框架，以提要或图表方式列出观点、材料以及观点和材料的组合。编列提纲的作用主要体现在以下几点：第一，确定演讲稿整体轮廓框架，构思更为周密、完善，可使内容不断明朗化和条理化；第二，选材组材，进一步筛选和补充材料；第三，通过分析演讲的主题、材料、层次、结构和其内在的逻辑联系，使思维条理化和科学化；第四，不断熟悉材料，逻辑条理清晰，可以起到提示启发、避免遗忘的作用。

演讲提纲的内容包括以下几点。第一，标题。如果有副标题和插题，均应分别列举出来。第二,论点。演讲的中心论点必须明确清晰地列出。中心论点所包括的分论点以及分论点下属的小论点,也应用简明的语言逐层列出,应根据事理的内在逻辑关系依次排列。第三,材料依据。应用简明的语言和符号在相应的部位列出。这些事实和事理依据能使演讲持之有据,言之有理,具有说服力和感染力。第四,整体结构。演讲提纲的编列要依据演讲的内在逻辑体现出演讲内容的先后顺序。例如,如何开头、结尾、突出重点、过渡等。

(4)演讲稿的设计。演讲稿一般包括开头、正文、结尾三部分。

首先,演讲稿应有个“凤头”,开头小巧精彩。出手不凡的开头,能唤起听众的兴趣和求知欲,产生巨大的吸引力。有人形象地说,当你站在听众面前时,你有5秒钟的时间来引起他们的注意,有30秒的时间来引起他们的兴趣和好奇。如何开头,对演讲至关重要。好的开头,主要取决于演讲的内容、听众和环境的情况。演讲内容和情况的多样性决定了演讲稿开头的多样性,常见的开头方法有以下几种。

①设问式开头。演讲者提出一个或几个出乎意料的问题,迅速激发听众的兴趣和注意力,以期引起人们深思。

礼仪视窗7－3

演讲稿设问式开头

1940年,肩负着反对法西斯德国侵略的重任,丘吉尔出任英国首相,他在5月13日下院特别会议上发表了首次施政演讲:摆在我们面前的是一场极为痛苦的严峻的考验,在我们面前,有许多许多漫长的斗争和苦难的岁月。你们问:“我们的政策是什么?”我要说:“我们的政策就是用我们全部能力,用上帝所给予我们的全部力量,在海上、陆地和空中进行战争,同一个在人类黑暗悲惨的罪恶史上所从未有过的穷凶极恶的暴政进行战争。这就是我们的政策。”你们问:“我们的目标是什么?”我可以用一个词来回答:“胜利——不惜一切代价,去赢得胜利;无论多可怕,也要赢得胜利;无论道路多么遥远和艰难,也要赢得胜利。”……此时此刻,我觉得我有权利要求大家的支持,我要说:“来吧,让我们同心协力,一道前进!”

(资料来源:http://ebook.mumayi.net/14/gljx/ts014006.pdf)

②叙事式开头。演讲者一开始就讲述新近发生的生动感人、惊人意外的事情或故事,这样容易赢得听众的注意,激起听众的兴趣。

礼仪视窗7-4

演讲稿叙事式开头

四川周光宁《救救孩子》的演讲开场白：

去年5月24日的《新民晚报》披露了这样一个事实：一个四年级的小学生，每天要带父母亲手剥光了壳的鸡蛋到学校吃。有一次，父母忘了给鸡蛋剥壳，差点憋坏了孩子，他对着鸡蛋左瞅右看，不知如何下口。结果只好原蛋带回。母亲问他怎么不吃蛋，回答很简单："没有缝，我怎么吃！"……

所有的教师，所有的家长，是否也应该考虑一下我们的学生社会生活能力究竟怎样？今后他们能自立于社会，贡献于社会吗？

（资料来源：李元授等．演讲与口才[M]．华中科技大学出版社，2004.412.）

③明旨式开头。这种方式开门见山，直接揭示主题。

礼仪视窗7-5

演讲稿明旨式开头

1883年3月14日，马克思与世长辞。恩格斯作了《在马克思墓前的讲话》的著名演讲。演讲草稿是这样开头的："就在十五个月以前，我们中间大部分人曾聚集在这座坟墓周围，当时，这里将是一位高贵的崇高的妇女最后安息的地方。今天，我们又要掘开这座坟墓，把她丈夫的遗体放在里边。"作者考虑后进行了修改，写成："3月14日下午2点3刻，当代最伟大的思想家停止了思想。让他一个人留在房里总共不过两分钟，等我们再进去的时候，便发现他在安乐椅上安静地睡着了——但已经是永远地睡着了。"两者比较，后者入题较快，演讲一开始就抒发了对逝者的无限敬爱和万分惋惜的心情，使现场的人们也沉浸在对马克思的缅怀与崇敬之中。正是这种认真的态度和精心的修改，才为恩格斯每次演讲的成功提供了有力的保证。

（资料来源：http://www.2008red.com/member_pic_523/files/xzfw2008/html/article_3327_1.shtml）

④抒情式开头。这种开头多采用排比、比喻等修辞手法，诗化的语言等，意在营造气氛、以情感人，使听众受到情绪感染而注意聆听演讲内容。

礼仪视窗7－6

演讲稿抒情式开头

美国演讲史上几乎与林肯齐名的爱德华·埃弗雷特国务卿，在1863年11月19日葛底斯堡国家烈士公墓落成仪式上发表的演讲。

站在明净的长天之下，极目远眺人们长年耕耘而已安静憩息的广阔田野，那雄伟的阿勒格纪山脉隐约耸立在我们前方，兄弟们的坟墓就在我们脚下，我真不敢用这微不足道的声音打破上帝和大自然安排的这意味无穷的寂静。但我必须履行你们交给我的任务，因此请求你们施与我宽容和同情。

埃弗雷特的演讲，一开始就把听众带入到美丽、壮阔、庄严、肃穆的气氛之中。

（资料来源：http://ebook.mumayi.net/14/gljx/ts014006.pdf）

⑤示物式开头。这种开头通过展示实物，先给听众一个感性的直观印象，然后借助具体实物，提出和阐述自己的见解。

礼仪视窗7－7

演讲稿示物式开头

闻一多先生曾在一次纪念“五四”运动的学生夜间集会上发表演讲，他触景生情地打了一个比喻：我们的会开得很成功！朋友们，你们看：（他指着刚从云缝中钻出来的月亮）月亮升起来了，黑暗过去了，光明在望了，但是，乌云还等在旁边，随时还会把月亮盖住……

闻先生的这种现场比喻深刻而形象地表达了革命者对前途的坚定信念和对形势的清醒认识。

（资料来源：http://ebook.mumayi.net/14/gljx/ts014006.pdf）

⑥幽默式开头。幽默式开头是以幽默诙谐的语言或事例作为演讲的开场白，它能使听众在轻松愉快之中很快进入演讲的氛围。

礼仪视窗7-8

演讲稿幽默式开头

1965年11月,美国友人安娜·路易斯·斯特朗女士在中国庆祝她的80寿辰,周恩来总理特意在上海展览馆大厅举行了盛大的祝寿宴会。周总理的开场白是:今天,我们为我们的好朋友、美国女作家安娜·路易斯·斯特朗女士庆贺40"公岁"诞辰(参加宴会的祝寿者为"40公岁"这个新名词感到纳闷不解)。在中国,"公"字是紧跟它的量词的两倍。40公斤等于80斤,40公岁就等于80岁。周总理巧妙地解释,在几百位祝寿者中激起了一阵欢笑,斯特朗女士也高兴地流下了眼泪。

(资料来源:http://ebook.mumayi.net/14/gljx/ts014006.pdf)

其次,演讲稿主体应像"猪肚",大而丰。演讲稿主体,篇幅较大,要做到内容充实丰满,有血有肉,围绕中心论点,安排好论点与论据的关系,合乎逻辑地逐层展开论述。第一,安排好讲述层次。要根据客观事物内部联系的特征和共性来合理安排层次。比如事件一般有发生、发展、结局等几个阶段;问题有提出、分析和解决等几个过程。安排层次注意通篇格局,统筹安排,给人以整体感;主次分明,详略得当,给人以层次感;互相照应,过渡自然,给人以匀称感。第二,组织与安排演讲高潮。演讲最忌平铺直叙,而必须有波澜起伏,内容上吸引听众,感情与听众共鸣。在演讲的过程中,要组织和安排一个或几个演讲高潮,形成强烈的共振效应。

最后,演讲稿结尾应像"豹尾",言止意长。结尾要回味无穷。如果开头和高潮很精彩,结尾又出人意料,耐人寻味,则是锦上添花,给人以美的享受。常见的结尾方式有以下几种:第一,总结式结尾。简单扼要地总结演讲内容,给听众留下完整的总体印象。第二,号召式结尾。对听众提希望,发号召等鼓励听众。第三,警言式结尾。通常引用蕴含深刻哲理或浓烈诗意的谚语、成语、格言等方式结尾,使听众心底掀起感情的波澜,受到深刻的教诲。第四,呼应式结尾。这种结尾与开头相呼应,使整篇演讲首尾圆合,结构完整。

(5)认真演练。自练是一种比较简单、便捷的练习方法。为了纠正语音、锻炼遣词造句能力、训练形体语言,演讲者可以自撰一个演讲题,模仿名家的演讲,在僻静处独自演练。自练主要包括两种方式。一种是默讲默诵,即在脑子里"过电影"。这种方法简单易行,并且不会干扰别人。另一种是有声有形的自练。这种方式实感性强,便于纠错补漏。可就口、音、讲或手势等作单项练习。如对着镜子或利用录音设备进行演讲。例如,著名演讲家,美国第十六任总统林肯,年青时就经常模仿律师、传教士的演讲,独自一个人对着森林和玉米地反复练习。

集体演练是演讲者直接面对特定听众进行演练或试讲,这种演练更为逼真。演讲者可以选择一些同事、亲朋等作为特定的听众,组织一个小范围的场面,造成一种逼真效果。演讲者可直接观察他们的反应,并征求他们的意见,做进一步的完善与提高。

2. 演讲者个人形象准备

演讲者不仅应该是真理的宣传者、知识的传播者,更应该是美的体现者。演讲者注意仪表的修饰、讲究风度,以美的姿态出现在听众面前,这种行为本身就显示出对听众的尊重。这种无声的信息传递,很自然地缩短了演讲者与听众的心理距离,可以赢得听众的关注和尊重,形成融洽和谐的气氛。良好的仪表风度,能产生很强的吸引力,牢牢地吸引听众的注意力。在一般的演讲中,听众的观看、听讲、触觉等三个方面在演讲中的重要程度如下:看——75% ;听——13% ;闻、尝、触等——12% 。由此可知,在一次演讲中,与视觉效果有关的内容及表现都是应该给予高度重视的。

(1)仪容仪表。仪容应大方得体,整洁文雅。男士要具有绅士风度,女士要具有淑女风范。女士应化淡妆,应根据自己的头型、肤色、体态、年龄、职业等因素,选择适当的发型和眼镜等,也能有效地美化仪表,给人增添风采。

(2)服饰。服饰可以展现人的内在精神面貌、生活情趣和审美追求,可以赢得听众的信任和尊重,可使演讲者的形象更加富有魅力。

礼仪视窗 7-9

服饰与演讲的匹配

有位女青年四次演讲,根据演讲主题不同,分别选择了不同的服饰。她讲“社会主义好”,穿西装,显得庄重严肃;讲战斗英雄事迹,穿军干服,表示稳重肃穆;在参加题为“青春·理想”的演讲比赛时,穿T恤衫,显得活泼爽朗;而参加小说分角色演讲,她却穿上白衬衫,并结上领带,显得潇洒而又大方。她的这种做法,很值得借鉴。

(资料来源:http://ebook.mumayi.net/14/gljx/ts014006.pdf)

庄重场合的演讲,演讲者应注意以下几点。

①符合年龄和身份。服饰的色彩和款式,应符合演讲者的年龄、职业和身份,做到和谐统一,即绝不能为了突出个别部分的美而破坏了整体形象的美。如年龄上,少女应穿活泼鲜艳的红、黄、浅蓝色等;中年妇女应穿棕色、浅灰色、黑色等淡雅的服装。

②符合体型和肤色。一般而言,人瘦不穿黑衣服,人胖不穿白衣服;脚长的女人要穿黑鞋子,脚短的要穿白鞋子。肤色与服饰也应协调,皮肤黑不宜穿粉色等服装。

③符合内容和环境。服饰的款式和颜色要与交际的场合所表达的内容协调一

致,如参加喜庆典礼晚会,就应穿得鲜明、漂亮。针对不同的听众要求也不一样,如同工农大众在一起,要穿得朴实大方;同知识分子演讲,则应穿得典雅美观。

(3)风度。风度并不是指人的某一动作,而是指演讲者的举止和姿态给听众的一种视觉和感觉的综合反应。这种举止和姿态是由人的思想、品德、性格、气质等内在因素所决定的。

培养良好的风度美,首先要修身养德,塑造美好的心灵。诸如通过努力学习,提高文化素养,树立崇高的理想,培养高尚的道德情操,使自己具有正确的审美观,精神生活更加充实,心灵也更加美好。其次,不仅重视自身的服饰打扮,更要重视自己的言谈举止。服饰打扮可以显示一个人的思想、气质,烘托其形象美,而言谈举止更能表现一个人的思想修养、精神气质和形象美。最后,演讲者在演讲时,要力求外观形象与内在修养的和谐统一,产生真正的风度美。

3. 演讲者心理准备

演讲者演讲前应充分调整好自己的情绪,放松心情。

(1)强烈的成功欲。成功欲在人们的思想和行动中有着巨大的推进作用。在演讲活动中,成功欲是促使演讲成功的一个重要驱动力,因而是一切演讲者重要的心理素质。演讲的需要是演讲者的内在激励因素,同时强烈的成功欲和对目标价值的认知能增强演讲者内在激励能量。人们的演讲活动,都是为了达到某种预期的目的,获得某种具体的效果。演讲者对这种预期目标价值的认知愈深刻,成功的欲望就愈强。演讲的成功欲主要表现为对社会效益和思想疏导的欲望满足。

(2)充分的自信心。自信心是演讲者必备的心理素质。许多人害怕当众说话,许多人又希望自己能在公众面前侃侃而谈。人们把当众说话产生的恐惧心理称之为"怯场"。美国著名作家、演讲学家戴尔·卡耐基在总结他毕生从事演讲教学生涯的体会时说:"我一生几乎都在致力于协助人们去除恐惧、培养勇气和信心。"怯场是一种正常的心理反应,几乎每一位演讲者都必须逾越这一道演讲障碍。不过有关研究表明,轻度的怯场对演讲反而有帮助。因为轻度的怯场使演讲者对外来的刺激保持了某种警觉性,临场反应能力会更加敏捷,说话更加流畅,对演讲反而有帮助。

充分的自信,是演讲成功的一个秘诀。在演讲过程中,可以运用以下具体方法缓减怯场心理。首先,自信暗示法。现实的实验心理学表明,由自我启发、自我暗示而产生的学习、行为动机,即使这动机是佯装的,也是促使学习、工作取得良好效果的有力手段。演讲者要对自己的演讲题材和演讲效果充满自信,要在精神上鼓励自己去争取成功。演讲者可以用如下语句反复暗示、刺激自己:"我的演讲题材对听众具有极大的价值,听众一听一定会喜欢"、"我非常熟悉这类演讲题材,我一定会成功"、"我准备得非常充分了"、假想自己成功时的景象等等,而演讲者不应在上台演讲前多想可能导致演讲失败的因素,如"我忘了演讲词怎么办"?"听众嘲笑我怎么办"?等等。其次,呼吸调节法。适度的深呼吸有助于缓解紧张、焦躁、烦闷的情绪。演讲者在临场发生怯场反应时,可以运用深呼吸法进行心理和生理调节:演讲者全身呈放松状态,目光转移到远方景物,做缓慢的腹式深呼吸,同时,随呼吸节奏心中默数1,2,3,……。最后,目光回避法。初学的演讲者往往害怕与听众进行眼神的交流,于是出现了低头、抬头、侧身等影响演讲效果的不正确的态势。但是,演讲要求演讲者正视听众,这不仅出于一种礼貌,更重要的是演讲者与听众全方位交流的需要。初学的演讲者不妨按以下方法处理自己的目光:将视线移至演讲会场后排稍前的地带,以回避前排听众的目光;同时采用虚视方式,目光在会场内缓缓流动。此方法既避免了演讲者直接与听众目光对视所产生的窘迫和局促,又能使演讲者在听众心目中留下落落大方的形象。

(3)坚定的自制力。自制力就是根据需要,对自我情绪和情感进行调节和控制的能力。这种自控能力,既是演讲者重要的心理能力,也是演讲者意志力的表现。演讲者要有效运用自制力,当情绪低落时,要以实现成功演讲的目标激励自身,排除消极情绪干扰;而当情绪激昂时,要恰当地自我控制与调节,头脑清醒,保持自然。

礼仪视窗 7 – 10

演讲控制自制力,成就完美谈判

原香港招商局董事长、深圳特区的创业者之一袁庚先生,曾率一经贸代表团访问某国。在与某财团谈判合资建造新型玻璃厂时,对方恃其技术设备先进的优势,漫天要价,谈判陷入僵局。在当地市商会举行的欢迎会上,袁庚的答谢演讲若有所指地插入了以下内容:

中国是一个文明古国,我们的祖国早在1 000多年前,就将四大发明——指南针、造纸、印刷、火药的生产技术,无条件地贡献给了人类,而他们的后代子孙,从未埋怨他们不要专利权是愚蠢的;相反,却盛赞祖先为推进世界科学的进步做出了杰出的贡献。现在中国在与各国的经济合作中,并不要求各国无条件地让出专利权,只要价格合理,我们一分钱也不少给……

袁庚先生不卑不亢的精彩演讲深深地打动了某财团的董事长,事后,外商主动恢复谈判并降低要价。双方就一亿美元的合作项目达成协议。

(资料来源:http://ebook.mumayi.net/14/gljx/ts014006.pdf)

4. 演讲者受众分析准备

礼仪视窗 7 - 11

尼克松总统引毛泽东诗词创演讲高潮

1972 年 2 月,尼克松总统第一次访华。他在中国政府举行的欢迎晚宴上致答词时说:"'多少年,从来急;天地转,光阴迫。一万年太久,只争朝夕!'现在就是只争朝夕的时候了……"不久前还被视为中国人民头号敌人的美国政府领导人,竟然引用中国人民中享有崇高威望的领袖毛泽东的诗词,不仅借此表达了他对毛泽东的崇敬,而且巧妙地缩短了与中国民众的感情距离。

(资料来源:http://ebook.mumayi.net/14/gljx/ts014006.pdf)

(1)受众类型分析。受众类型大体分为四类,即路人旁听型听众、群众型听众、研讨型听众、严密组织型听众。

①路人旁听型听众。这类如同一群过路人的临时听众除了置身演讲场所外,并无其他方式与演讲者发生联系。对于这类听众,演讲者的首要任务是采取有效措施吸引他们的注意,调动他们的兴趣。

②群众型听众。这类听众通常由正式或非正式群体构成。基于共同的兴趣和价值观、普遍约束力的行为规范,他们能相互影响、相互作用。对于这些注意力和兴趣已经基本具备的听众,演讲者关键要保证演讲内容真正切合他们的需要。

③研讨型听众。基于较为明确的共同目的和兴趣,他们能在理解演讲者的观点和提供的信息基础上,及时进行解释和评价,以确定取舍。对于这类听众,演讲者要注意提高演讲内容的深刻性。

④严密组织型听众。这类听众本身就是一个有严密组织结构的团体。基于共同的目的和利益,而且受严格的组织纪律的约束,每个成员都明确了自己应该承担的责任。对于这类听众,演讲者要有权威感,对演讲内容、重点做出指示。

(2)受众心理特征分析。受众主要心理特征为群体效应、功利目的及有限注意力。

①"群体效应"。"群体效应"指集体行为中,个人行为取向的相互影响和感染。个人对任何种类的情绪暗示都易于接受,从而使他像周围的人那样行动。即使一个头脑冷静而具有较强理智的人,一旦进入某一规模的群体之中,常常会放弃平常抑制自身行为的社会准则。如政治信仰者的狂热暴乱、足球迷的骚乱、"追星族"的疯狂等,都表现了集体行为中感染的力量及"群体效应"。同样,在演讲活动中也往往出现数人笑,众人皆笑;数人鼓掌,众人皆鼓掌;数人打哈欠,众人皆有睡意的现象。因此,演讲者要善于控制、调节听众的情绪,不仅能适时煽动起听众的热情,把演讲推向

高潮,也能及时发现听众的不耐烦情绪,以主动方式控制消极情绪的蔓延。

②功利目的。某些演讲失败,并不完全是演讲者缺乏足够的准备,而是听众对与己无关的演讲缺乏兴趣。这在某些形式主义的讲话场合中更为常见。听众往往考虑那些与他们切身利益密切相关的事情。如晋升职务、调整工资话题总是比计划生育、人口普查、道德教育等话题更引人关注。因此,演讲者应充分注意听众的兴趣和利益,不论何种类型的演讲,都应从听众角度精心选择和设计内容,满足听众功利的需求。

③有限注意力。实验报告显示,人类注意力的持续时间非常有限。以一个单位对象为标准,人类注意力持续时间大约只有3秒到24秒。人的大脑时刻准备接受新的刺激。演讲实践也表明,听众很难聚精会神倾听关于一个问题的长时间演讲。因此,演讲者应有意识地制造演讲内容的跌宕起伏,适时变换语调和节奏,以维系听众的注意力。

(3)受众的心理需求。受众的心理需求主要表现为:知识的需求、对组织的归属与成就感需求及审美的需求。

①知识的需求。在演讲活动中,听众听取演讲的动机主要出于求知需求。绝大多数听众意欲通过参加演讲活动来增长见识,拓宽知识面,增加新的见识和获得启迪。因此,演讲者在演讲时选择的材料要使听众感兴趣,演讲主题有时代新鲜感,演讲者的思想观点及对事情的深刻认识等。

②对组织的归属与成就感需求。在演讲活动中,组织的内部听众出于对组织的认可与归属,支持组织的公关活动,参加组织活动使他们获得成就感与荣誉感。

③审美的需求。从某种意义上讲,演讲活动也是一种审美活动。听众审美对象涉及演讲环境、演讲者、其他听众、演讲内容形式等有关演讲的方方面面。这就要求演讲者着装大方得体、姿态自然、表情丰富,体现风度美。

7.2.1.2 演讲中流程

对于一些庄重场合的公关演讲,演讲者一般要经过以下流程。

1.准时赴会场

准时一般是指在规定的演讲时间前20分钟到达,准备好演讲的材料、用具。

2.走进会场

演讲者走进会场要面带微笑,不论听众是否注意。如果是重要的演讲者或被邀请者,往往由大会主持者陪同,则更应该大方、谦和诚挚,用眼神和微笑与听众交流,步履稳健地向安排的座位走去。

3.就座

演讲时如需提前上台就座,演讲者将和大会主持者或陪同人员一起走到座位前,演讲者应先以尊敬的态度主动请对方入座,对方也会礼貌地恳请演讲者坐,这时才可坐下。坐下后不要前探后望,也不要和台上台下的熟人打招呼,也不可接电话或发短信。

4. 介绍

主持者介绍后，演讲者应自然起立，自然地面对听众，并向大会主席（主持者）点头致意，并要由衷地从面部、眼神表示谦虚和感激之意。

5. 登上讲台

演讲者向大会主席点头致谢后，稳健地走到台前，自然面对听众，端庄大方、举止从容、精神饱满，也可面露微笑。

6. 演讲开始

演讲开始前，先以友好、诚恳、恭敬的态度向听众致敬，以表示对听众的尊重和致意。不要急于开口，暂停几秒钟，以亲切、和蔼的眼光遍视一眼听众，表示打招呼和问候。这样能起到组织听众、安定听众情绪的作用。同时也可深呼一口气，平静一下心情，以免紧张。

7. 演讲中

（1）站姿。如果会场设有演讲台的，演讲者应站于演讲台中央。如未设演讲台，演讲者一般站在前台中央。这样可以统观全场，最大限度地与听众进行言语、眼神的交流，使不同位置的听众都能从各自角度与演讲者交流。

站姿一般分为两种：第一种是前进式站法，即一脚在前，一脚在后，两足成45°角，身躯微向前倾，给人一种振奋、向上的感觉；第二种是自然式站法，即两足平行，相距与肩等宽，给人一种注意力集中、精神抖擞的印象。无论哪种站姿都不应该晃来晃去、前后摆动或身体完全支撑在一条腿上。

（2）眼神。对于演讲者，眼神的接触与交流是非常必要的。经常不断的眼神直接接触，传达着诚挚、热情和权威。通过眼神，可以同听众连接起来，保持他们的兴趣。良好的眼神接触并不是瞬间的一瞥，也不是像探照灯一样，在听众中扫来扫去。演讲者要望着听众的眼睛，好像进行一对一的交谈，通常要使眼神在一个人的脸上停留5~10秒钟，然后再转向下一个人。在大批的听众之中，如果你望着一个人，此人周围的许多人也觉得你在跟他们交谈。

表达者的视线，无论上下左右，都传递着一定的信息。视线向上，传递着傲慢、祈求、思索的信息；视线向下，传递着羞涩、悲伤、悔恨的信息；左顾右盼，传递着惊心动魄或征询意见的信息；视线向门窗，传递着情绪不安或心不在焉的信息。

（3）言语。演讲过程中要使用规范用语，同时语言要精确，简单明了，发音要清晰、流利，声音不要过大也不要过小。语气要有节奏感，并适当变化。

（4）面部表情。面部表情是依靠五官的动作来表达的。五官中起主导作用的是眼睛，其次是脸、眉、口、鼻。同时要注意到，五官中某一个器官的单独运动几乎是不可能的，面部表情依靠的是眼、脸、眉、口、鼻的组合运动。第一，脸。一般情况下，脸上的肌肉动作都向上，则显示出“愉快”、“和谐”、“善意”的表情；脸上的肌肉动作都向下，显示出“不快”、“悲哀”、“痛苦”。第二，眉。横眉竖目表示愤怒；双眉紧锁表示忧愁；眉目骤紧表示惊异；眉目低垂表示冷漠；眉飞色舞表示兴奋。第三，口。口角向上意为“高兴”、“愉快”；口角向下意为“忧愁”、“失望”；嘴唇紧闭，口角向上，意为“厌恶”、“不满”；嘴唇微张，口角向下，表示“悲哀”、“痛苦”；口大张意为“畏惧”；嘴唇一直张开，表示“麻木”、“呆傻”；口角平而嘴唇微开，则表示“期望”、“倾听”等等。

(5)手势语。手势语是指演讲者运用手指、手掌、拳头和手臂的动作变化来辅助有声语言表情达意的一种体态语。第一，食指伸直，余指同屈。这是表示指物之意。有表示提醒听众应当特别注意之点。其中当手掌向上时，食指平指，表示所讲事情十分重要，强调这个话题待论。若指向某个听众，则是有意与其作对，这种动作会给人留下敌视态度和专制的权势欲印象。而当食指上指或食指上下点动，常有警告之意，也可表示勉励、斥责或告诫。第二，手指向上，与身体形成约 45°，拇指力张，食指伸直，余指微屈呈自然状，这是表示欢欣、请求、许诺或谦逊的意思。第三，手掌向下，手指与第二相似。这是表示安排、否认或批评的意思，还可表示距离、高度等。第四，手掌附于身体的某一部分。其中击头表示后悔或痛苦，抚额表示深思，抚胸表示坦诚，抚手心表示焦虑。第五，双掌合抱。高举表示祈求；高举并频频前后摇动，则表示感谢。第六，紧握拳头或高举或挥动。常用来表示感情之激动，意志之坚决，或示威、报复之意。

(6)合理支配时间。演讲过程中，演讲者要注意控制好时间。例如，在 45 分钟的演讲中，听众最容易集中精力听的时间是前 15 分钟，后 30 分钟则收益甚浅。因此，演讲者应尽量将关键内容控制在 15 ~ 20 分钟之内，如果要超时，最好在演讲 20 分钟后休息一会。实际上，演讲时间越短，收效越大。如果演讲时间很长，可以在演讲过程中安排一些生动有趣的对话。

7.2.1.3 演讲结束

演讲完毕，演讲者应说“谢谢大家，再见”等礼节性道别，接着向听众敬礼致意，向大会主席(主持者)致意，然后回到原座。坐下后，如果大会主席和听众以掌声向演讲者表示感谢，则应立即起立，面向听众致礼，以表示回谢。演讲会结束，在大会主席陪同演讲者往外走的时候，听众常常出于礼节鼓掌欢送。这时演讲者更应谦虚，用鼓掌或招手表示答谢，直到走出会场。

7.2.2 听众

在公关演讲活动中，听众是一个集体名词，由数量不等的不同个体组成，而每个个体都有自己的独特经历、见解，每个人听到的信息及做出的反应是不同的。听众有时是以独立个体的形式出现，有时是以其组织代表形式出现。因此，演讲是演讲者与听众的交流。听众在演讲过程中也有其必要的礼仪规范。

7.2.2.1 参加演讲前准备

1. 思想道德储备

思想道德储备是听众对自身的品行进行的锤炼。在演讲活动的特定条件下，演讲者与听众之间的关系是人际伦理关系的缩影，因而听众应讲究公德，不可忽视修身养性。演讲者以观念、知识及感情影响听众，听众应主动配合，通过接受信息，从而获得发展智能与交流情感的满足。

(1)遵守社会公共纪律。在演讲现场,不宜东张西望,左顾右盼,交头接耳,说笑谈论;也不宜看书读报,修剪指甲,出出进进,肆无忌惮;更不应该逗打喊叫,吹口哨,喝倒彩,聚众起哄,无理取闹。即使对演讲很不感兴趣,也应出于礼貌,遵守会场规章制度。

(2)谦虚谨慎,有诚意。要以虚怀若谷的态度来聆听演讲,这样才有收获。如果刚愎自用,骄傲自满,自以为了不起,就很难集中精力听讲。即使勉强听下去,也可能抓住只言片语,进行非议,攻其一点而不及其余。

(3)豁达大度。气量要宽宏,特别是听到与自己观点不同的意见,要能仔细听清其所以然,冷静地辨别是非真伪。切不可稍微听到一点不如意的话,就失去理智,粗暴抵制。这样,往往容易失去获得真知的机会。

2. 知识储备

(1)基本知识。每个听众应尽可能地使自身基本知识丰富、多元化。天文、地理、风土人情、历史典故、革命理论、文艺常识、语言修辞、逻辑知识,不妨都涉猎一点。见多识广,对演讲者所表达的内容就易于深刻理解。

(2)演讲内容知识。每个听众在参加演讲活动时,应该对演讲内容有所了解。这样听演讲时有的放矢,才能了解演讲者的话意,同时体现了对演讲和演讲者的尊重与支持。

7.2.2.2 参加演讲

(1)准时入场。一般演讲要求听众提前20~30分钟到达会场。不要出现迟到现象。即使因事来迟,也要不打扰其他听众听讲。

(2)入场后,有秩序地找到各自的位置,进入会场不哄抢;听从会场管理人员的安排,文明就座;关掉手机或调成振动,不影响正常演讲;不带瓜子等零食进入会场,演讲活动期间不吃零食、看书看报、东张西望、左右攀谈;积极反馈与回应。

(3)出场。除特殊事情外,听众一般不要早退。在演讲结束后,欢送演讲者后再离场。离场听从会场管理人员统一安排,不抢退场。

7.2.3 主持者

演讲主持者是演讲会场的关键人物,在演讲者与听众之间搭起桥梁,使演讲得以顺利进行。在演讲活动过程中,如果主持者的主持艺术与礼仪高明正确,便能使演讲获得圆满成功;反之,很可能使演讲搞砸。因此,掌握演讲会的主持艺术与主持礼仪,对搞好演讲活动具有重要意义。

7.2.3.1 会前准备

演讲会的成功与否,与主持者的组织管理技能与礼仪密切相关。

1. 明确演讲内容

(1)明确演讲会的宗旨。举办演讲会绝不是为了演讲而演讲,必然有明确的目的。主持者以目的为导向,进行组织和安排。

(2)了解演讲内容。了解演讲者演讲的确切题目、演讲主题以及演讲者阐明主题的方式方法,据此做出恰当的顺序安排,同时也便于向听众作介绍。

2. 沟通演讲者

主持者要事先主动与演讲者进行沟通,了解其政治面貌、职业、职称、工作业绩等有关情况,以便完整正确地向听众作介绍。

3. 了解听众

了解听众类型、年龄特征、文化素质、心理需求等,并将这些信息与资料提前与演讲者沟通。这样主持者可以有效地控制演讲现场,牢牢掌握主动权。

4. 配置会场设备

(1)会场现场。确定举办的时间地点、会场环境、场内布置、音响设备、灯光强弱等,以避免非常情况的发生。

(2)桌椅、茶水、数码电子产品等物质准备。

5. 主持者自身形象与技能准备

(1)主持者要认真考虑自己的服饰、仪表仪容,注意自己的形象。

(2)主持者要培养伶俐的口头表达能力、敏捷的思维反应能力,具有丰富知识的文化修养。

(3)主持者要具有良好的组织能力,对如何开场、怎样串联以及用什么办法结束,都应统筹兼顾,娴熟于心。这样在临场主持时,便能挥洒自如,得心应手。

7.2.3.2 开场艺术

凡有主持者主持的演讲会,主持者最早在听众面前亮相。一上台,主持者的仪表、举止就要展现在听众面前。因此,主持者上台要步履从容稳健,上台后态度谦和大方,显得精神焕发、生机勃勃,给听众以赏心悦目以及庄严威信的感觉。

主持者的开场白为演讲拉开序幕。开场白一般很简短,一般不超过几分钟,但亦需要精心准备。

(1)简要介绍演讲的目的、宗旨和意义。

(2)介绍来宾。介绍来宾个人时,需指明其身份、职位、最高成就等;介绍组织及组织代表时,需指明该组织在同行业的地位、取得的成就等。总的原则是尊敬而不卑微,热情而不夸张。

(3)介绍演讲题目。主持者在介绍时尽可能讲清题目与听众利益的关联度。

(4)介绍演讲者。主持者要善于介绍演讲者,在介绍时,最好指出他最高的或最新的职务,特别是要指出演讲者经历中最卓越的成就,同时要突出地介绍他讲这个题目的优势。这样介绍就能达到提高听众注意力的目的,便于听众接受演讲者的讲话。

7.2.3.3 串场

串场就是主持人用过渡语将演讲者、演讲环节串联起来。串场能起到引导演讲、提请注意、承上启下的作用。恰当灵活、随机应变地串联与控制演讲,可以获得演讲的成功,因此大会主持者不仅要设计出色的开场白,而且要在会议过程中时刻注意观察会场的动向，观察听众对演讲的反应。当会场气氛热烈，听众情绪高涨时，主持者应进一步利用机会鼓动听众，把演讲推向高潮；如果出现口哨声、喧哗声、吵闹声等异常现象，则采取果断措施，排除干扰，保证演讲顺利进行。当遇到设备故障或停电等突发情况时，主持者要清醒镇静，一方面安定听众情绪，一方面迅速组织力量排除故障等。

7.2.3.4 总结

总结的流程大致包括以下几点。

(1)征求会议领导者意见。主持人在演讲会将结束时，应主动征求会议领导者的意见，以便总结或做出新的部署。

(2)总结语。发表新颖别致的结束语，是主持者主持会议的最后环节。俗话说："编筐编篓，贵在收口"。主持者要避免那些刻板、枯燥的套话，尽可能选用生动、富有深意的话来表达。结尾要雄健有力，言简意赅。要求做到以下两点。第一，准确概括，点明主旨。优美的结束语就如同导游引导游客登上顶峰，居高临下回顾旅途的景观一样，使人感到生动、完整、心旷神怡，有一种强烈的整体感。第二，言简意赅，新颖含蓄。结束语宜短小，富有文采，使人觉得新鲜而含蓄深刻，耐人回味，值得咀嚼。

(3)致谢。演讲会议结束时，主持者要以主人翁的姿态，向辛劳的演讲者，向热情的听众，向一切对大会做出贡献和支持的人表示感谢。

7.3 专项演讲礼仪

公关演讲是在各种社交仪式上发表的表达一定感情的讲话，包括迎送、答谢、祝贺、凭吊、介绍等各类礼仪性讲话。除上节介绍公关演讲礼仪的一般规范外，本节从文书规范和演讲操作礼仪两个角度逐项讲述迎送、答谢、祝贺、凭吊、介绍类公关演讲礼仪所要求的特殊礼仪规范。

7.3.1 迎送类

迎送类演讲是社会组织在其公关交际活动中的重要内容，一般包括组织对外接待来宾参观、访问、离去，或是对内迎接新职员的加入、老职员的离去，为了表示礼敬而举行的演说活动等。迎送类演讲礼仪使用的范围较广，从重大的国事迎送，到机关、部门、企业的参观、交流迎送，再到新兵入伍老兵退伍、学生毕业校友返校等，都可用来表达组织的诚挚情意。

7.3.1.1 文书规范

迎送词一般包括以下几个部分。

1. 标题

迎送词的标题有两种，一种是简单地写"欢迎词"或"欢送词"。第二种是在"欢迎词"或"欢送词"前面加上限定性词语。限定性词语由致辞人和迎送仪式(或会议)组成。例如，"xxx 同志在欢迎 xxx 宴会上的讲话(欢迎词\ 欢送词)"。迎送词的标题只是一种写作形式，在致辞时并不宣读，有些重要的欢迎词在报刊刊登时，必须要有标题。

2. 称呼

在重要的礼仪场合，尤其是外交场合，称谓的措辞要讲究一些，迎送对象的称呼，由姓名、职称、尊词组成。例如，当迎送的宾客是个人时，可以用“尊敬的 xx 先生”、“尊敬的 xx 夫人”；如果迎送宾客人员很多，则称“尊敬的女士们、先生们、各位来宾”等。

3. 正文

(1)欢迎词的正文。欢迎词的正文要根据欢迎对象、具体场合而行文，一般包括以下几点。首先，有感情地对来宾表示欢迎。如果欢迎对象比较广泛，而且又需要分别表示欢迎时，则可分成若干段写。其次，简要介绍。主要根据主宾双方关系，写来访的意义、作用，也可叙述相互交往的历程，还可介绍彼此合作的友好成就。例如，外国专家学者来访组织，应写明对客人的热烈欢迎，简要介绍专家、学者在业务或学术上的成就、造诣，祝愿外国专家学者在新的环境中生活愉快；欢迎新生、新兵时，可表示热烈的欢迎，简略地介绍本单位的大概情况，对新来者的期望和要求；对来参观、学习、开会的同仁，应表示热烈的欢迎，希望客人指导、批评，祝愿会议圆满成功等。

(2)欢送词的正文。首先，真挚恳切，谦虚朴实地表达欢送、感谢、惜别之情。其次，回顾欢聚的美好时光、取得的友好合作成就和为进一步发展双方的友好关系和合作而作出的努力或贡献表示热烈的祝贺和赞扬，再次阐明此次来访的深远意义和影响。最后，再次表示欢送、感谢、祝愿与希望。

4. 结语

结束语一般都要写几句祝愿、希望之类的话，诸如“祝各位身体健康、工作顺利”、“预祝会议取得圆满成功”等。

7.3.1.2 演讲操作礼仪

1. 演讲者

(1)演讲前，演讲者注重资料信息的准备。尤其注意重大国事欢迎会，最好能先了解对方的观念、制度以及风俗习惯，避免其忌讳的内容。

(2)迎送词要热情洋溢、语言优美，写得热情，有礼貌，但要适度。既不能低三下四、谦虚过分，也不能盛气凌人。特别是国家间的交往更应注意这一点。

(3)有些场合，如涉及国与国之间的关系而又必须表达自己的立场原则时，则须谨慎措辞，既要委婉含蓄地表达自己的立场，又要表现出友好的态度。

(4)在演讲的态度上，要胸有成竹，充满自信，面带微笑。特别要注意，在与听众交流眼神时，不要只看着上司、熟人、异性，而让其他人被冷落。

2. 主持者

主持者在选择迎送类演讲的最佳地点，首推经过特意布置的接待室、会客室或会议室。站在人来人往的大门口或人声嘈杂的楼道里，都会影响效果。

礼仪视窗 7 - 12

周恩来总理在欢迎尼克松总统宴会上的讲话

总统先生、尼克松夫人,

女士们、先生们,

同志们、朋友们:

首先,我高兴地代表毛主席和中国政府向尼克松总统和夫人以及其他的客人们表示欢迎。同时,我也想利用这个机会代表中国人民向远在太平洋彼岸的美国人民致以亲切的问候。尼克松总统应中国政府的邀请,前来我国访问,使两国领导人有机会直接会晤,谋求两国关系正常化,并对共同关心的问题交换意见,这是符合中美两国人民愿望的积极行动,这在中美两国关系史上是一个创举。

美国人民是伟大的人民。中国人民是伟大的人民。我们两国人民一向是友好的。由于大家都知道的原因,两国人民之间往来中断了二十多年。现在,经过中美双方共同努力,友好往来的大门终于打开了。目前,促使两国关系正常化,争取缓解紧张局势,已经成为中美两国人民强烈的愿望。人民,只有人民,才是创造世界历史的动力。我们相信,我们两国人民的这种共同愿望,总有一天要实现的。

中美两国的社会制度根本不同,在中美两国政府之间存在着巨大分歧。但是,这种分歧不应当妨碍中美两国在相互尊重主权和领土完整、互不侵犯、互不干涉内政、平等互利和和平共处五项原则的基础上建立正常的国家关系,更不应该导致战争。中国政府早在1955年就公开声明,中国人民不想同美国打仗,中国政府愿意坐下来同美国政府谈判,这是我们一贯奉行的方针。

我们注意到尼克松总统在来华前的讲话中也说到:"我们必须做的事情是寻找某种办法使我们可以有分歧而又不成为战争中的敌人。"我们希望,通过双方坦率地交换意见,弄清彼此之间的分歧,努力寻找共同点,使我们两国的关系能够有一个新的开始。

最后我建议为尼克松总统和夫人的健康,

为其他美国客人们的健康,

为在座的所有朋友和同志们的健康,

为中美两国之间的友谊,

干杯!

(资料来源:http://www.ndcnc.gov.cn/datalib/2004/PRCDoc/DL/DL-182078)

礼仪视窗 7－13

在 xx 级学生毕业典礼上的讲话

尊敬的书记、尊敬的各位家长、各位来宾、各位老师、各位毕业生同学：

今天是 xx 级同学告别自己大学本科时代的日子，对你们来说，这是个值得终身纪念的节日，对于学院来说，每年一度的毕业典礼和毕业晚会，也是学院一道亮丽的风景。

去年的毕业典礼，是在 6 月 22 日那个飘着蒙蒙细雨的略带忧伤的日子举行的。与自己朝夕相处四年的同学和老师就要分开了，一时的伤感是难免的，但更多的依然是喜悦和欢快的面孔。一年过去了，此情此景，依然历历在目。今天是个好日子，我特别想说的是，同学们，祝你好运！

生活就像是一本厚厚的书，你们打开的还只是前面几页。在未来的工作与学习生活中，还需要你们细细地品味。今天，你们中的大多数同学都有了自己的归宿，无论是工作还是读研、出国，我们和你们一样期待，呈现在你们面前的是美好的明天。每个老师，无一例外地，都希望自己的学生永远生活在阳光之下，就像父母对孩子一样。作为院长，我想抓住最后对你们说话的机会，提醒你们：今后的困难和艰辛是在所难免的，《圣经》里说，人类的降临就是要经历苦难的。我不是想打击大家，而是想说，逆境和苦难是对人生的历练。无论你们遇到什么样的苦难、挫折、打击，都要以乐观的心态去对待，要学会坚强，敢于面对困难和挑战。请记住，没有任何人能够打垮你，除了你自己。

诗人顾城有一句诗“黑夜给了我黑色的眼睛，我却用它寻找光明”。你们迎接困难、迎接挑战的勇气，就来自于你们对光明的向往。你们是法律专业的毕业生，你们对社会的苦难有着天然的敏感性，对社会正义的实现有着不可推卸的责任。日本北海道大学的首任校长告诫学生：“年轻人，要胸怀大志。”我很欣赏这句话，转送给你们。因为我相信，无论你们今后遇到多么大的困难，只要你志向高远，就不会被困难打倒。

期待着你们的幸福！

最后，我代表学院的老师和低年级同学祝你们一切顺利！

（资料来源：http://www.zbwgy.com/Article/fuzhongjianjie/xiaozhangjiyu/200606/665.asp）

7.3.2 答谢类

答谢类公关演讲，是指在正式的集会上，向有惠于自己组织的人表示由衷的感谢的演说活动。现代社会交际中，需要答谢的场合很多，例如，组织或组织代表受到欢迎、欢送,得到祝贺、祝福,获得荣誉、奖励,接受帮助、支持等均应答谢。

1. 文书规范

答谢词同迎送词的结构基本相同,即由标题、称谓、正文、结语四部分组成。

(1)标题和称谓。答谢词标题、称谓可参照迎送词。

(2)正文。答谢词的正文侧重点应放在"谢"字上。首先,对主人的盛情邀请和招待表示感谢,并表明能有机会出席这一盛会或来访是件荣幸的事情。其次,赞美主人的成就和在接待方面所做出的努力。要在事件产生、发展的过程中选择那些有说明性、说服力、充分表达情感的细节,进行有感受、有分析、有认识的表述。在宴会、酒会、茶话会及其他仪式上发表的答谢词可以有以下内容:对主人所提供的热情款待和帮助表示感谢,简单说明对方帮助所起的作用;赞扬主人为发展双方友谊或合作而做出的努力和贡献。最后,提出自己的希望或努力方向。

(3)结语。干净利落地将上面讲过的情感、良好的祝愿或诚挚的谢意等概括集中抒发出来。

2. 演讲礼仪

对于演讲者,有以下礼仪规范。

(1)材料准备。感谢别的组织或个人对自己组织的帮助或支持,要重在用事实说话,以真实的材料,具体详细地叙述受助过程和意义。这样既表达了感激之情,又充分展示被感谢者的精神品质,给被感谢的组织或个人带来极大的满足与荣誉感。

(2)答谢词开场白坦诚真切。开场白要坦诚真切,直入主题,努力戒除套话、废话。常见套话、废话有"我好激动""在此我首先感谢党、感谢领导"或者在结尾没话找话,牵强拿出自己的优点、缺点等。

(3)举止大方自然。致答谢辞时要沉着冷静,切不可六神无主或手舞足蹈,同时应避免大幅度地身姿晃动。大摇大摆难免给人以内敛不够,过于张扬或是不善于自控的印象。如果有可能,在表示真诚的谢意时,配合着语意,答谢者要将右手掌贴于胸腹之间弯腰鞠躬,表达谢意。

礼仪视窗 7 - 14

晚宴答谢词

尊敬的 xx 先生,

尊敬的 xx 集团公司的朋友们:

首先,请允许我代表 xx 代表团全体成员对 xx 先生及 xx 集团公司对我们的盛情接待表示衷心的感谢!

我们一行五人代表 xx 公司首次来贵地访问,此次来访时间虽短,但收获颇大。

仅三天时间,我们对贵地的电子业有了比较全面的了解,与贵公司建立了友好的技术合作关系,并成功地洽谈了 xx 电子技术合作事宜。这一切,都得益于主人的真诚合作和大力支持。对此,我们表示衷心的感谢。

电子业是新兴的产业,蒸蒸日上,有着广阔的发展前景。贵公司拥有一支由网络专家组成的庞大的队伍,技术力量相当雄厚,在网络工作站技术市场中一枝独秀。我们有幸与贵公司建立友好的技术合作关系,为我地电子业的发展提供了新的契机,必将推动我地的电子业迈上一个新台阶。

最后,我代表 xx 公司再次向 xx 集团公司表示感谢,并祝贵公司迅猛发展,再创奇迹。更希望彼此继续加强合作,共创明天。

最后,我提议:

为我们之间正式建立友好合作关系,

为今后我们之间的密切合作,

干杯!

(资料来源:《新概念写作范例大全》编辑部,中华写作网.新编商务文书范例大全[M].哈尔滨出版社,2006.149.2)

7.3.3 祝贺类

祝贺类公关演讲,是指在喜庆场合发表以传达真心恭喜、热烈祝贺感情的演说活动。这类喜庆活动可以是组织对外部组织和个人的祝贺,也可以是组织对内部公众的祝贺活动。当代社会,喜庆活动不胜枚举,如组织成立、开业、周年庆典;个人生日、结婚、寿诞、结婚纪念、立功、获奖、晋升等。良好的祝贺类公关演讲,能使与会者接受致辞者的祝愿祈求,从而使其代表的组织知名度大大提高,能使组织间、织织与外部公众、组织与内部公众关系进一步巩固和深化,为相互间建立新的友谊或合作创造良好的环境。而一旦演讲失败,大则影响国家、政府的形象,小则伤及组织及个人的发展。

1. 文书规范

祝贺类演讲文书,一般分为祝婚词、祝寿词、祝酒词、祝事业词等。各种祝辞的内容各有侧重,使用范围也有一定差异。但在通常情况下,有约定俗成的格式。

(1)标题。标题大致有三种写法:①在首行正中写明“贺词”两字;②写明受贺者和祝贺理由,如“xx 公司 10 周年庆祝贺词”;③正标题和副标题相结合,如“每个人都有成功的机会——在 xx 公司成立大会上的贺词”。

(2)称谓。称谓包括对主宾及其夫人、副宾(主宾之外被邀请的客人)、陪客(主方参加人员)等称呼。主宾要求称谓后加上尊称或职称,如“xx 经理”、“xx 总统”等;副宾及陪客可以用泛指称谓,如“女士们”、“先生们”、“同志们”。同时在称呼中,通常是主宾在前面,然后是女士们,最后是先生们、朋友们的泛指。称呼要有次序性、层次性、包容性。

(3)正文。表示热烈的祝贺是祝辞最基本、最核心的内容。首先,表明祝贺之意。正文的开始应交待清楚双方的身份以及祝贺的理由。其次,祝贺的主要内容和意义等。一般根据祝贺的事由对被祝贺者给予赞颂性评价,肯定对方的成绩,阐发对组织的积极意义。最后,根据双方关系,提出勉励要求或向对方虚心学习的号召。

(4)结语。结束语一般表达良好的愿望。如祝词的结语常用"预祝大会圆满成功"、"祝 xx(组织或个人)兴旺发达(心想事成)"。祝酒词多用"朋友们请举杯,为 xx 的……干杯";祝寿词多用"祝 xx 福如东海,寿比南山"、"祝您与青天比寿,与日月共存"等。

2. 演讲操作礼仪

对于公关演讲者,有以下规范要求。

(1)出席庆典活动,道贺者除了表示良好的祝福外,最好应附带着赠送某些表示恭贺、祝福的礼品或纪念品。譬如道贺时,随送一个花篮,既表达心意又能渲染喜庆气氛。

(2)公关演讲者祝贺时,其语言、表情、动作也应尽量体现欢快的节奏和祝福的心情。同时,措词要谦虚得体,在称谓、称呼上慎重行事,礼貌周到,切不可因疏忽轻率而发生错漏现象;语气要适合身份,如上下级、平级、主与客等,关系不同其语气也要相应变化。关系的深浅、往来的亲密度都决定着语体和语气,对朋友要注意彼此的职业与地位,对亲戚要注意辈份的高低。

礼仪视窗 7 - 16

纺织厂 10 周年祝辞

xx 纺织厂:

首先,请允许我代表 xx 进出口公司全体员工,并以我个人的名义,向贵厂成立 10 周年表示热烈的祝贺!

贵厂技术力量雄厚,已建成年产 x 万米的 xxx 生产线,现生产 30 个品种的适销对路的产品,1990 年被晋升为国家二级企业。贵厂成绩卓越,经济高速发展,与建厂初期相比,1995 年工业总产值增产 3 倍,销售收入增长 4. 2 倍;xx 牌砂洗真丝获 1991 年全国消费者信得过产品金奖,xx 牌麦尔登尼获 1993 年国家银质奖,xx 牌精纺华达尼获 1995 年国家金质奖。贵厂建厂 10 载,取得了巨大的成就,为繁荣我国经济做出了贡献,可喜可贺。

最后,祝愿贵厂更加兴旺发达!

(资料来源:《新概念写作范例大全》编辑部,中华写作网. 新编商务文书范例大全 [M]. 哈尔滨出版社, 2006. 152.)

礼仪视窗 7－16

欢迎 xx 经理来洽谈业务宴席上的祝酒词

经理先生：

尊驾光临，不胜荣幸！热烈欢迎经理先生前来指导工作，相信在平等互利、真诚合作的基础上，我们这次洽谈一定会取得圆满的结果！祝经理先生工作顺利，精神愉快！

让我们为经理的身体健康，
为我们相识，
为我们第一次真诚合作，
干杯！

（资料来源：柳宏．当代公关礼仪文书写作[M]．陕西师范大学出版社，1998．354．）

礼仪视窗 7－17

周恩来同志为庆祝朱德总司令 60 大寿而发表的祝词

亲爱的总司令朱德同志：

你的 60 大寿，是全党的喜事，是中国人民的光荣！

我能回到延安亲自向你祝寿，使我万分高兴。我愿代表那些反动统治区千千万万见不到你的同志、朋友和人民向你祝寿，这对我更是无比荣幸。

亲爱的总司令，你几十年的奋斗，已使举世人民公认你是中华民族的救星，劳动群众的先驱，人民军队的创造者和领导者。

……

人民祝你长寿！
全党祝你永康！

（资料来源：http://ebook.mumayi.net/14/gljx/ts014006.pdf）

7.3.4 凭吊类

凭吊类公关演讲，是指在追悼会场合发表以传达哀婉深情、对死者的深切情感的演说活动。这类活动可以是组织对外部组织个人的凭吊，也可以是组织对内部公众的凭吊活动。

1. 文书规范

一般由标题、正文、结语等部分组成。

(1)标题。标题常是“在xx同志追悼大会上的悼词”或“致xx的悼词”。

(2)正文。正文是悼词的重点部分,一般要写出如下内容:首先,表明悼念者以什么样的心情悼念什么对象,同时说明死者的主要职务及称呼、逝世的原因、时间和终年岁数,以示庄重和尊崇。其次,介绍死者籍贯,历述生平业绩,重点称颂其重大贡献和高贵品德。可先具体介绍再概括总结,也可先概括说明再具体叙述。最后,评价该同志逝世给事业或工作带来的损失,号召人们学习死者的优秀品质或崇高精神,化悲痛为力量,完成其未竟的事业。

(3)结语。最后再次对死者表示深切悼念之情。常用“xx同志永垂不朽”、“xx千古”、“xx同志永远活在我们心中”等结语。

2. 演讲操作礼仪

对于公关演讲者,有以下规范要求。

(1)基调哀婉深情,语句中渗透着致词人对死者的深切情感。

(2)对死者生平业绩一般持称颂态度,主要记述其成绩与贡献,赞颂其美德。对其一般缺点错误通常避而不谈,对其犯下的重大错误,一般采用较婉转、笼统的语句点到为止。

(3)评价公允。应实事求是,客观公正,适当多一些溢美之词,但也不能太过头。

(4)注意活动当地的风俗习惯与禁忌。

礼仪视窗 7－18

在xx同志追悼大会上的悼词

同志们,朋友们:

今天,我们怀着十分沉痛的心情悼念xx同志。

xx同志患肝癌以后,思想乐观,仍坚持工作,同疾病作顽强的斗争,终因病情恶化,医治无效,于xxxx年x月x日x时在xx医院逝世,终年xx岁。

xx同志于xxxx年在xx参加工作。xxxx年加入中国共产党。历任xxx、xxx……职务。xx同志热爱党、热爱社会主义,坚持原则,大公无私,工作认真负责,是一位优秀共产党员。

多年来,xx同志在社会主义革命和社会主义建设中,立场坚定、爱憎分明,认真执行党的各项方针政策,团结同志,宽以待人,严以律己,自觉遵守党的各项纪律,发挥了一个共产党员应有的先锋模范作用,为革命事业做出了宝贵的贡献。

xx同志的一生是革命的一生,是为人民服务的一生。他的逝世,使我们失去了一位好党员，好干部。

我们悼念xx同志，要化悲痛为力量，学习他全心全意为人民服务的革命精神，坚持原则、大公无私的优良品质，在党的领导下，努力工作，为早日实现我国的现代化而努力。

xx同志，安息吧！

（资料来源：柳宏.当代公关礼仪文书写作[M].陕西师范大学出版社，1998.349.）

7.3.5 介绍类

介绍类公关演讲可分为简介类公关演讲与解说类公关演讲。简介类公关演讲，主要针对相对正式的交际场合，向公众介绍自己、介绍他人、介绍自己所在单位、介绍自己所负责的某项工作等等。简说类公关演讲是指组织在新产品与新技术的陈列会、展示会、发布会以及日常的推销、促销工作中，组织代言人针对某一事件或某一物品向公众解释说明其事理或特征的演说活动。介绍类公关演讲不仅仅是让公众了解被介绍的人、事、物，它实际上也起着宣传组织声誉，树立组织形象的作用。

7.3.5.1 文书规范

一般由标题、正文、结语等部分组成。

（1）标题。介绍类公关演讲文书，标题大致有两种写法：①在首行正中写明“xxx（被介绍的人或物）在xx（展览会或发布会）的简介辞”；②用优美诗词句等概括被介绍事或物的特征，如介绍兰州某学校可用“浩浩陇原苍茫遒劲，滚滚黄河气吞万里”。

（2）称谓。因针对的是大量公众，因而大部分都是各位来宾、先生们、朋友们等的泛指。

（3）正文。首先，正文的开始应说明举行介绍产品及事件活动的理由。其次，介绍产品及事件的主要内容和特征意义等。在公关演讲文书中，要紧紧围绕明确的业务目的，把有关情况如姓名、职务、所在单位等介绍清楚；同时要抓住人、事、物的特点，突出地将其介绍清楚。比如在介绍个人时，要重在介绍其特殊的专长和成绩等与众不同之处，介绍单位时则重在介绍组织的社会知名度、业绩、特色等。

（4）结语。结束语一般表示良好的愿望。如结语常用“祝xx（组织或个人）兴旺发达（心想事成）”、“祝各位一路顺风，旅途愉快”等。

7.3.5.2 演讲操作礼仪

对于公关演讲者，有以下规范要求。

1. 简介类公关演讲礼仪

（1）演讲者要对被介绍的人、事、物有充分的系统的了解和熟悉，明白被介绍对象的特征、优劣势等。

（2）演讲者要诚实守信，不夸大，不缩小，不走样。一般演讲者出于谋求公众的情感倾斜，争取赢得听众的好感，都会有意识地在介绍时扬长避短，这本来无可非议，但有些组织和个人为了眼前暂时利益，不惜欺骗听众，不实事求是，最终虚假和欺诈均会遭人唾弃。反之,如果态度诚恳,以诚取人,会达到事半功倍的效果。

(3)演讲者要始终保持饱满的精神状态。充满自信,语气坚定而亲切,切勿自惭形秽。

(4)应欢迎他人多加指正。有什么不足讲出来,反而显得实在,更容易得到理解与信任。

2. 简说类公关演讲礼仪

简说类公关演讲礼仪除了简介类公关演讲的礼仪要求外,因其解说特性而有其独立的要求。(1)尤其注重听众分析。准备解说词尽可能多地设想一下,听众会提出哪些问题,对此应如何回答,应有备无患。因此,应事先尽可能系统而全面地熟悉、掌握听众的情况,如听众的类别、兴趣、接受能力等。

(2)借用工具,加强宣传。大多数演讲者在解说时可以借助于实物、图片、文字等,有时候还可以利用多媒体来具体演示。如果是面对具体可操作的产品,就可以进行现场操作,尽量将解说的内容形象化。

(3)亲切自然,大度自信。倘若遇到听众插话、询问,甚至有意说怪话、出难题,一定要冷静、镇定,依旧保持应有的风度。有时,处于众目睽睽之下的解说者,会因为听众的"视线压力"——不友好、不信任的目光,而影响情绪。特别要注意此刻切勿避开听众的视线,或看讲稿,或看上空。这时,解说者应当一面继续演讲,一面自信坦然面对那些冷淡、挑剔的目光,并在听众中寻求自己的支持者,即那些目光友善或是频频点头的人。这种主动与友善者目光的交流,将有助于提高自己坚信此次演讲必定成功的信心。

(4)语言通俗易懂,少用专业术语。因为公众类型、接受能力等的不同,演讲者要用通俗易懂的语言,把准确的信息传递给公众,使之容易理解和把握,这样无形之中就拉近了演讲者与听众的心理距离,也使听众得以认同和支持。

礼仪视窗 7-19

昆山市生态农业旅游区解说词

各位游客,您们好!

现在您们来到了昆山市生态农业旅游区,昆山市生态农业旅游区是昆山境内沿苏虹机场路的一个集现代农业科技开发、现代农业旅游观光和休闲于一体的综合性农业旅游示范区,其主体由两大部分组成,即昆山市国家农业综合开发现代示范区和昆山丹桂园主题公园,旅游区总面积 26 543 亩。现在我们所到的是示范区之一——昆山丹桂园。

丹桂园是一个以"回到大自然"为主题的,集旅游、度假、休闲、会议、花卉的销售与科研于一体的大型多功能主题公园。总占地面积约1 248亩,其中水面面积约260亩。在这里你们可以遨游在花卉的海洋里,领略大自然的美丽风光。

……

丹桂园环境幽雅,空气清新,非常适合度假、会议。我们这边共有5个会议室,74套标准间,可以满足你们的不同要求。

同时这边也是儿童乐园,小孩子在这里可以得到知识上的长进,智力上的开发,身体上的锻炼,还可以加强他们的环保意识。这里为他们专门提供了青少年游乐场、小动物园、影视厅、游泳池等各项适合于他们的游乐项目,同时我们还为他们开办了专场的知识讲座,让他们在玩的时候学到知识。

(资料来源:http://www.peonica.com/ggly014cn.htm)

礼仪视窗7-20

莫道宜春游　江山多胜景

各位领导,各位来宾,各位朋友:

作为鹰潭市经贸旅游活动周的一项重要活动内容——龙虎山景区竹筏游会今天开始了!

素有"神仙所都"、"人间福地"的道教圣地龙虎山,是我市自然风光、人文景点的荟萃之地。从这里乘竹筏顺流而下,各位将一览《水浒传》开篇所描述的龙虎山"遥山叠翠、远山澄清","千峰竞秀、万壑争流"的美景秀色;有如诗似画的排衙峰,奇诡如梦的马祖岩……它们相互映衬,争奇斗胜,构成一幅绵延30余里的立体画卷。正如宋代政治家王安石在其《七绝·龙虎山》中所描绘的那样:弯弯苔经引青松,苍石坛高进晚风,方响乱敲云彩里,琵琶高映水声中。

各位领导,各位来宾,各位朋友:有道是"莫道宜春游,江山多胜景"。愿各位在今天的龙虎山景区竹筏游中饱览鹰潭江山景色,领略鹰潭多娇风采。

祝各位一路顺风,旅游愉快!

(资料来源:周裕新.公关礼仪艺术[M].同济大学出版社,2004.190.)

本章小结

公关演讲礼仪,是指在公众节令或重要仪典上发表演讲时的礼仪规范,它把演讲运用于公共关系活动中,通过一定的礼仪仪式,向公众传递重要信息,沟通情感,从而达到宣传组织形象,提高组织的社会知名度的目的。公关演讲应用礼仪主要从演讲者、听众、主持者三个维度论述。作为演讲者,应该从演讲材料、个人形象、心理准备以及对受众的分析等演讲前准备,演讲中流程礼仪,演讲结束礼仪等环节给人以完美的印象,塑造良好的组织形象。作为听众,不仅要做好参加演讲前思想道德储备和知识储备,而且要注意参加演讲活动的现场礼仪。作为主持者,要做好明确演讲内容、沟通演讲者、了解听众、配置会场设备等会前准备,在开场艺术、串场技巧、总结等环节,发挥高明正确的主持艺术与礼仪,使演讲获得圆满成功。除介绍公关演讲礼仪的一般规范外,本节还从文书规范和演讲操作礼仪两个角度逐项讲述迎送、答谢、祝贺、凭吊、介绍类公关演讲礼仪所要求的特殊礼仪规范。

相关网站

中华演讲网:http://www.zhyjw.com/
口才网:http://www.koucai.com/
口才无忧网:http://www.kc51.com/
中华励志演讲网:http://www.06b.com/
英语之颠教育网 TOP100:http://www.english8848.net/top100.htm

复习思考题

1. 简述公关演讲礼仪的含义、特征。
2. 简述公关演讲活动中听众的礼仪要求。
3. 简述主持人的礼仪规范。
4. 简述迎送类公关演讲的文书规范。

【案例分析】

温总理日本国会演讲,展大国风采

2007年4月12日上午9点,出访日本的温家宝总理在日本国会发表了题为《为了友谊与合作》的演讲。9点钟,温总理神采奕奕地走进日本国会时,现场响起热烈的掌声,日本众议院议长河野洋平致欢迎词。据统计,温总理演讲的35分钟内得到了来自日本参众两院约480名国会议员的11次掌声,最后一次掌声持续时间长达33秒左右!这是22年来,首位中国领导人在日本国会发表演讲。据报道,温总理的国会演讲得到了日本政界的高度肯定:日本参议院议长扇千景表示,这次演讲对发展日中关系具有深远的意义,温总理的演讲使她“感慨万分”;日本自民党干事长中川秀直也对温总理的演讲给予了高度肯定,称“清晰易懂非常好”;日本首相安倍晋三当天下午与温总理进行会面时甚至表示,他曾在国会多次演说,从来没有获得如此多的掌声,为此他感到很羡慕。他认为"温总理在国会的演讲非常成功,可以载入史册"。那么,温总理的演讲为何能够这么打动人心,赢得如此多的掌声呢?我们不妨以此为范,从公关演讲礼仪视角来学习其中的精妙之处。

用心说话,情真意切

听温总理的演讲,首先让人感受到的是一种扑面而来的"真"——态度真、言语真、情谊真,这正表现出他平易近人的"平民总理"作风。他的演讲抑扬顿挫,充满感情,时而和缓低沉,时而激越有力,但始终保持着一种发自肺腑的真诚与平和,从而在很多日本人心中留下了一个友善、真诚、平和的大国总理形象。大大拉近了演讲者与日本听众的距离,引发了他们强烈的共鸣感。

温总理的演讲没有长篇大论的空话、套话,字字句句以事实为依据,用事实说话,用心摆事实。他把中日关系放到2 000多年源远流长的历史大背景中去考察,指出中日两国友好交往历时之久、规模之大、影响之深,根基不可动摇,中日关系是有历史情感基础的。尤其是从典型的阿倍仲麻侣和鉴真等僧人学者的中日文化交流和互访,到两国老一辈政治家和人民改善关系的积极努力;从日本军国主义侵华造成中国人民的深重灾难,到中国人民"元帅救孤"和"葫芦岛日本百万移民归国的救助",充分展示了中华民族宽容善良的人道主义精神、希望和平友好的美好愿望以及远见卓识的大国风度。温总理通过饱含深情的语调回顾了中日历史上这些名人及群众间的深情厚意。通过这种感性的方式,化解了日本民间有些民众对中国的疑虑:担心中国强大后会报复日本。而这次温总理入情入理、声情并茂的讲话,儒雅的举止与谦谦和逊的作风定会让日本民间更加了解中国,了解一个真实的中国到底是什么样的国度,体会到中国愿意和平的诚意,这对促进和改善中日关系将起到重要的作用。相信此次讲话定会给日本民间和代表民间声音的议员带来极大的启发。

此外,温总理这份情真意切、感人至深的演讲稿,也引起了此间舆论的高度重视。各大报章纷纷以显著版面予以报道,认为温总理的演讲,既坚持了原则,又入情入理,达到了融冰的目的。《东方日报》一篇署名文章对此作了精准的分析:温总理从情、理、义三个层面劝说来自日本左中右立场的日本国会议员,以历史眼光看待中日关系,着眼未来去考量两国间的问题。讲历史教训,分寸拿捏恰到好处;讲未来远景,高瞻远瞩尽展宏图。这是争取日本人心的一招妙棋。

尊重对方,共同发展

在真诚友善,用心说话的前提下,温总理在演讲中还特别注重对对方文化、习俗、心理习惯等方面的尊重。他在演讲中曾多次引用中国古代先贤的哲思之语与日本的古语和民间谚语来做对比,既照顾到了倾听演讲的日本听众,以便于和他们更好地交流与沟通,又营造出了一种和谐、温馨的演讲氛围。例如,在表达中日双方应"增进互信,履行承诺"时,他首先引用了中国古代先贤的话:"与国人交,止于信","与朋友交,言而有信"。然后又援引在日本民间广泛流传的俗语,即"无信不立",指出国与国之间的交往应以诚信为本。这表明中日两国在古老文化的渊源——诚信理念上，是有着共通之处的。既然在这一点上我们如此相似，那还有什么理由不坦诚相待、和平共处呢？

在表示对中日两国合作关系美好前景的展望时，温总理讲了扬州大明寺鉴真纪念堂石灯笼与日本唐招提寺的石灯笼是一对的故事，以此为喻，来象征两国人民世代友好的光明前景，可谓生动而耐人回味。紧接着，他又用日本谚语："尽管风在呼啸，山却不会移动"，来引喻"中日两国关系的发展，尽管经历过风雨和曲折，但中日两国人民友好的根基，如同泰山和富士山一样不可动摇"，引起日本国会议员们的广泛共鸣。在这里，温总理不仅用到了中国人民都熟悉的"泰山"形象，而且与此对应他又例举出了日本民众所熟悉的"富士山"形象，富士山对于日本人民的意义正如泰山之于中国人民的意义，温总理在演讲中时刻不忘从对方的角度出发去引喻譬义，摆事实、讲道理，难怪会获得现场听众如此多的掌声！

直面问题，坦诚相见

在面对两国之间的一些敏感问题时，温总理表现得从容大度，不回避，不退让，直面问题，坦诚相见，立场明确，收到了很好的现场效果。

"为了友谊与合作，需要总结和汲取不幸岁月的历史教训。"对于历史问题，温总理的演讲非常明显地体现了中方立场。他指出，日本历史问题日本应该负责，并暗示日本应该信守承诺，并"以实际行动体现有关表态和承诺"。同时，他也指出，我们"强调以史为鉴，不是要延续仇恨，而是为了更好地开辟未来"，"在一个国家、一个民族的历史发展进程中，无论是正面经验或是反面教训，都是宝贵财富"。

在此，我们从温总理的演讲中得到的一个信息就是：日本侵华的历史中国人民永远不会忘记！因为忘记历史就等于背叛！但是，我们不会永远生活在历史的阴影中，而是要以史为鉴，更好地去面向未来。日军侵华这段历史可以说一直是中国人民内心深处的一个痛处，它作为一个反面教训第一次被提为是"一种财富"，这意味着中国人民将以一种更加客观和公正的态度去面对这段历史，从"痛"去总结经验，汲取教训，从"痛"中去反思自身，筹划改良！从这个意义上来说，这段历史对我们增强改革雄心，加快构建和谐社会未尝不是一种动力！

众所周知，台湾问题事关中国国家核心利益。此次演讲，温总理对这个问题也毫不回避，他强调台湾问题的敏感性并重申中国反"台独"的立场和决心，旨在敦促日本政府信守承诺，不要向"台独"分子发出错误信息，以压缩"台独"势力的活动空间。

关于中日东海划界等敏感问题，温总理强调，"万事开头难"，双方要通过理智的对话协商解决。"两国应本着搁置争议、共同开发的原则，积极推进磋商进程，在和平解决分歧上迈出实质步伐，使东海成为和平、友好、合作之海。"

综上所述，此次温总理的访日融冰之旅不仅可以成为我国外交史上的一段佳话，而且堪称是一次成功的国际公关典范！正如日本一位议员所说："温家宝总理关于日中关系的讲话具有历史的力量，发出了真诚的声音，温暖的声音，有力的声音。"我们坚信，这次融冰之旅，一定会在增进中日间友谊、加强双方合作等方面起到重要的作用。

（资料来源：王雁飞.温总理日本国会演讲的公关视角[J].公关世界..2008(5B)）

实践训练

1.实训项目：模拟校长对教育部领导来校的迎送类演讲礼仪活动。

2.实训目的：通过实际训练加深对公关演讲礼仪的进一步理解和认识。

3.实训内容：分角色模拟演讲者、听众、主持者。

4.实训组织：把全班分为若干个小组，撰写演讲稿，每组选出一名学生进行演讲，并说明其可行性。同时应进行实际模拟。

5.实训考核：对每组学生的演讲礼仪及听众的礼仪进行评阅并做出点评。

8

公关仪式礼仪

礼尚往来。往而不来，非礼也；来而不往，亦非礼也。

——《礼记·曲礼上》

学习目标

了解公共关系中各种仪式的特点，把握迎送与接待、宴会、舞会的一般流程以及相应的礼仪规范。

主要概念

迎送　接待　宴会　舞会

在公共关系中，仪式是组织进行公关活动的重要组成部分。有效的公关仪式礼仪有助于树立组织的良好形象，提高组织在社会中的知名度和美誉度，拉近与合作伙伴之间的关系，加深公众对组织的了解。

8.1　迎送与接待

礼仪视窗 8－1

接待冷淡，断送生意

泰国某政府机构为泰国一项庞大的建筑工程向美国工程公司招标。经过筛选，最后剩下4家候选公司。泰国人派遣代表团到美国亲自去各家公司商谈。代表团到达芝加哥时,那家工程公司由于忙乱中出了差错,又没有仔细复核飞机到达时间,未去机场迎接泰国客人。但是泰国代表团尽管初来乍到不熟悉芝加哥,还是自己找到了芝加哥商业中心的一家旅馆。他们打电话给那位局促不安的美国经理,在听了他的道歉后,泰国人同意在第二天11时在经理办公室会面。第二天美国经理按时到达办公室等候,直到下午三四点才接到客人的电话说:"我们一直在旅馆等候,始终没有人前来接我们。我们对这样的接待实在不习惯,我们已订了下午的机票飞赴下一目的地。再见吧!"

(资料来源:杨眉.现代商务礼仪[M].东北财经出版社,2000.)

8.1.1 迎送与接待安排

1.迎接安排

迎来送往,是社会交往接待活动中最基本的形式,也是表达主人情谊、体现礼貌素养的重要环节。尤其是迎接,是给客人留下良好第一印象的关键工作,也是为下一步深入接触与沟通所做的基础性工作。要做好迎接工作应事先做好安排,熟悉接待工作具体事项,制定接待工作计划,设计好每一个细节。接待计划的作用是要把接待活动中要做的事情、时间等事先安排好,做到心中有数,以免临时手忙脚乱,造成不必要的失误和麻烦。

(1)首先要了解清楚来宾的基本情况,包括所在单位、姓名、性别、职务、级别、人数以及到达的日期和地点。按照对等的礼仪原则,安排与客人身份、职务相当的人员前去迎接。若因某种原因,相应身份的主人不能前往,前去迎接的主人应向客人做出礼貌的解释。

(2)根据来宾的身份和其他实际情况,通知具体接待部门安排好住宿和饮食。

(3)根据工作需要,安排好来宾用车和接待工作用车。不要等客人到了才匆忙准备交通工具,那样会因让客人久等而误事。

(4)根据来宾的工作内容,分别做好相应安排。如来宾要进行参观学习,则应根据对方的要求,事先安排好参观点,并通知有关部门或单位准备汇报材料,组织好有关情况介绍、现场操作和表演、产品或样品陈列等各项准备工作。

(5)根据对方的工作内容,事先拟订出各个项目陪同人员的名单,并做好准备。

(6)来宾到达并住下后,双方商定具体的活动日程,尽快将日程安排印发,有关领导和部门按此执行。

(7)事先征询来宾意见,预订、预购返程车船票或飞机票。

(8)在接待内容基本确定后,要计算出各项接待项目所需费用和总费用。

2.乘车礼仪

在正式的情况下,与他人一起乘坐轿车时,上下车的先后顺序有着一定的次序。如果当时环境允许,应当请女士、长辈、上司或嘉宾首先上车,最后下车。一般而言,小轿车的座位，如有司机驾驶时，以后排右侧为首位，左侧次之，中间座位再次之，前坐为末席。如果由主人亲自驾驶，以驾驶座右侧为首位，后排右侧次之，左侧再次之，而后排中间座为末席。若您与女士、长辈、上司或嘉宾在双排座轿车的后排上就座，应请后者首先从右侧后门上车，在后排右座上就座，随后，您再从车后绕到左侧后门登车，落座于后排左座。到达目的地后，若无专人负责开启车门，则应首先从左侧后门下车，从车后绕行至右侧后门，协助女士、长辈、上司或嘉宾下车，即为之开启车门。由主人亲自开车时，出于对乘客的尊重与照顾，主人应最后一个上车，最先一个下车。

公关人员自己在上下车时，动作应当“温柔”一点，不要动辄“铿锵作响”，上下车时，不要大步跨越，连蹦带跳，像是“跨栏”一般。女士登车不要一只脚先踏入车内，也不要爬进车里。需先站在座位边上，首先背对车门，把身体降低，让臀部坐到位子上，再将双腿一起收进车里，然后再转向正前方，双膝一定保持合并的姿势。下车时，应首先转向车门，先将并拢的双脚移出车门，双腿着地后，再缓缓地移出身去。

3. 馈赠礼仪

馈赠是各种公关活动与接待活动中不可或缺的内容。随着交际活动的日益频繁，馈赠礼品因为能起到联络感情、加深友谊、促进交往的作用，所以越来越受到人们的重视。但如何挑选适宜的礼品，始终是一个需要人们特别注意的问题。了解馈赠礼品的技巧，才能大方得体以达到馈赠的目的，并为活动的最终成功提供保证。因此，馈赠活动对礼节的要求，也就显得非常重要。

一般来说送礼品应该有明确的目的性，大多根据不同的馈赠目的选择礼品。送礼的目的多种多样，如以交际为目的，以酬谢为目的，以公关为目的，以沟通感情、巩固和维系人际关系为目的等等。馈赠的目的不同，馈赠的方式、选择的礼品、遵循的礼节也有所不同。公务性送礼，多以交际和公关为目的。这种性质的送礼，针对交往中的关键人物和部门赠送礼品，达到为组织（单位）带来经济效益或发展机会的目的。个人间送礼，则是以建立友谊、沟通感情、巩固和维系人际关系为目的。这种性质的送礼，一般讲究“礼尚往来”。所送礼品，不一定价格昂贵，而是重在情义，重在送礼的方式。

馈赠礼品，一般应注意以下几个问题。

（1）考虑与受礼者的关系，决定礼品的轻重。一般不轻易送过重的礼物，不然会使对方产生不安的想法，或引起“重礼之下，必有所求”的猜测，而应本着“交浅礼薄，谊深礼重”的一般礼俗。

（2）选择礼品要认真、心诚，并心存“敬重”之情，能够体现自己所倾注的时间、才智和努力。选择的礼品首先自己应该喜欢，自己看不上的东西，别人也不一定喜欢，不能把自己很不喜欢的东西转送他人。

（3）了解风俗禁忌，送礼前应了解受礼人的身份、爱好、民族习惯，免得送礼送出麻烦来。鉴于此，送礼时，一定要考虑周全，以免节外生枝。例如，不要送钟，因为“钟”与“终”谐音，让人觉得不吉利；对文化素养高的知识分子你送去一幅蹩脚的书画就很没趣;给伊斯兰教徒送去有猪的形象作装饰图案的礼品,可能会让人轰出来。

(4)礼品要有意义。礼物是感情的载体。任何礼物都表示送礼人的特有心意,或酬谢、或求人、或联络感情等等。所以,你选择的礼品必须与你的心意相符,并使受礼者觉得你的礼物非同寻常,倍感珍贵。实际上,最好的礼品应该是根据对方兴趣爱好选择的,富有意义、耐人寻味、品质不凡却不显山露水的礼品。因此,选择礼物时要考虑它的思想性、艺术性、趣味性、纪念性等多方面的因素,力求别出心裁,让人见物思人忆事,不落俗套。

(5)注意包装。在馈赠中,包装很重要。送礼没有包装会被理解为随意应付受礼人,达不到原有的目的。精美包装不仅使礼品的外观更具艺术性和高雅的情调,显示出赠礼人的文化艺术品位,而且还可以避免给人俗气的感觉。

(6)注意场合、时机。当众只给一群人中的某一个人赠礼是不合适的,给关系密切的人送礼也不宜在公开场合进行。只有象征着精神方面的礼品,如锦旗、牌匾、花篮等才可在众人面前赠送。一般赠礼应选择在相见、道别或相应的仪式上。具体什么时候送,与送礼的目的、双方所处的时间、地点有关,要根据具体的情况而定。

(7)注意态度和动作。赠送礼品时,只有态度平和友善、动作落落大方并伴有礼节性的语言,才容易让受礼者接收礼品。

(9)处理好相关收据。礼品上写有价钱的标签一定要早点清除干净。但如果礼品是有保修期的"大物件",如家用电器、电脑等,可以在赠送礼品的时候把发票和保修单一起奉上,以便将来受礼人能够享受三包服务。

另外,如果你是接受礼品的一方,在接受礼品的时候千万别忘记说"谢谢",这是送礼人最期待的一个回答。同时,不管你满意与否,收到礼物时应流露出高兴的神情,以表示对对方的尊重。若你和欧美人打交道,收到礼品后先感谢对方,当场打开包装是比较合适的,欣赏一下里面的礼物,然后再表示感谢。在一段时间之后,写封感谢信或者打个电话以表谢意。

8.1.2 办公接待

1. 办公接待

由于接待各种客人以及办事人员所留下的印象对组织的口碑及公关活动的完成有很大的影响,所以在接待客人时要注意以下几点。

(1)客人要找的负责人不在时,要明确告诉客人负责人到何处去了以及何时回本单位。请客人留下电话、地址,明确是由客人再次来单位,还是我方负责人员到对方单位。

(2)客人到来时,我方负责人由于种种原因不能马上接见,要向客人说明等待理由与等待时间。若客人愿意等待,应该向客人提供饮料、杂志或茶水。

(3)接待人员带领客人到达目的地,应该有正确的引导方法和引导姿势。

2. 会谈礼仪

公关会谈是一种工作方法,亦是一种礼仪艺术。应注意以下几方面礼仪要点。

(1)表情与姿态。面对面的会谈比书信所需词语更少,因为表情、身势语、说话的方式均能帮助人们表达思想。如果像木头人一样端坐着,面无表情,无精打采,或像和尚念经一样讲个不停,交际的目的很难达到。

(2)动作和行为。坐的姿势可以采取身子略朝前倾,使对方觉得你谈话颇有诚意;视线不时地离开对方可能使谈及的内容听上去似乎更沉稳;微微一笑可能加重极平常的"谢谢"二字的分量,使感激之情得到更充分的表达;注视着对方的眼睛,不用说一句话便可倒出全部心里话。但这些并非适用于每一个人,动作和行为因性别、年龄而异。

(3)语速与情绪。有时候,听者似乎在全神贯注地倾听,而事实上却可能心不在焉。所以,讲话人要尽量使用短句、简单明了的词语和明确的措辞。讲话的速度快慢得当,太慢可能使听者感到无聊,太快通常使听众觉得你很紧张。

(4)语调与声态。高声叫嚷毫无意义,吼出的话别人更难听懂。面对面的会谈中最常见的错误是说得太多太快。如果是阅信,没有读懂可以重读,可谈话则不可重复进行。如果信太长,阅信人可以从中找出要点,面谈中如果话说得太多,要点则会不清楚。

(5)善于利用眼神。在职场上有一招"肯尼迪总统眼神"非常有效。方法是轮流看对方的眼睛,看左眼、看右眼,再看回左眼,两眼交替注视。据说肯尼迪总统经常使用,最能打动对方的心。若不敢直视对方,看着对方鼻梁、眼镜也是方法之一。

(6)注意聆听。会谈时眼神很重要,但耳朵更要紧,不听清楚对方说什么,不明白对方想什么,见面便失去意义。礼仪专家赵玉莲有六个字首字母所组成的组语是关于聆听(listen)的:

L:look,注视对方,试用"肯尼迪总统眼神法"。

I:interest,表示兴趣,点头、微笑、身体前倾,都是有用的身体语。

S:sincere,诚实关心,留心对方的说话,做真心善良的回应。

T:target,对牢目标,对方故意离题,马上带回主题,对方说溜了嘴更要接得上。

E:emotion,控制情绪,就是听到过分言语,也不要发火。

N:neutral,避免偏见,小心聆听对方的立场,不要急于捍卫己见。

8.2 宴会

在当代社会中,无论是商务活动还是政务活动,无论是组织集体还是亲朋个人,宴请越来越多地被人们当作沟通交流的一种快捷与实效的途径,而宴请中的礼仪在其中无疑扮演着重要的,甚至是关键的角色。

礼仪视窗 8 -2

一次不成功的宴请

深圳某公司林老板欲同北方某城市达发公司建立业务代理关系,达发公司经理非常重视这一机遇,林老板到达后,经理设宴款待。

参加宴会的人员除公司经理、副经理外,还有各主管部门的负责人。人们热情寒暄后,宴会开始了。林老板见服务员手拿一瓶茅台酒欲为自己斟倒,便主动解释自己不能喝白酒,要求来点啤酒,但主人却热情地说:"为我们两家的合作,您远道而来,无论如何也应喝点白酒。"说话间,白酒已倒入林老板杯中。主人端起酒杯致祝酒词,并提议为能荣幸结识林老板干杯。于是带头一饮而尽,接下来人人仿之。林老板只用嘴沾了沾酒杯,并再次抱歉地说自己的确不能饮白酒。林老板的白酒未饮下,主人仿佛面子上过不去,一直劝让,盛情难却,林老板只好强饮一杯,然而有了第一杯,接下来便是第二杯。

林老板提议酒已喝下,大家对合作一事,谈谈自各的看法。主人却言:"难得与林老板见面,先敬酒再谈工作。"于是又带头给林老板敬酒,接下来在座的都群起效仿。尽管林老板再三推托,无奈经不起左一个理由,右一个辞令的强劝,林老板又是连饮几杯。

林老板感到自己已承受不住了,提出结束宴会,但此刻,大家却正喝在兴头上,接下来又是一番盛情,林老板终于醉倒了。待林老板醒来时,发现自己躺在医院的病床上,时间已是第二天的傍晚了。

次日早晨,当主人再次来医院看望林老板时,护士告诉他,林老板一大早出院回深圳了。

(资料来源:杨眉.现代商务礼仪[M].东北财经出版社,2000.)

8.2.1 宴会安排

1. 确定对象、规格和范围

举办一场宴会之前,主人应首先对宴会邀请对象的范围做一个划定,主要包括人数、对象以及宾客的身份等。其次,要根据自己的实际情况来制定宴会的规格,包括计划使用经费的多少、宴会的席数等。最后,要根据宴会性质和目的的不同决定采用何种国际惯例。

2. 确定时间、地点

宴请的时间应对主、客双方都合适。宴请的地点可分为两种情况:如是官方正式隆重的活动,一般安排在政府或宾馆内举行;其余单位宴请则按活动性质、规模大小、形式等实际情况而定。

3. 邀请

宴会邀请一般均发请柬,亦有手写短笺、电话邀请。邀请不论以何种形式发出,均应真心实意、热情真挚。这既是礼貌,亦对客人起提醒、备忘的作用。除了宴请临时来访人员,时间紧促的情况以外,宴会请柬一般应在二三周前发出,至少应提前一周,太晚了不礼貌。国际上通常做法是如邀请夫妇二人,可只合发一张请柬。

4. 订菜

宴请的菜谱应根据宴请规格,在规定的预算标准内安排。选菜不应以主人的喜好为标准,主要考虑主宾的口味喜好与禁忌。菜的荤素、营养、时令与传统菜及菜点与酒品饮料的搭配要力求适当、合理。地方上宜以地方食品招待,用本地名酒。菜单经主管负责人同意后,即可印制,菜单一桌应备二至三份,至少也准备一份。

宴会上的食品菜肴,要精致可口,适合于来宾的口味,而且还要美观大方,让人看了赏心悦目,做到色香味俱全。客人往往从主人准备的美味佳肴中,体会到热诚待客的心意,留下永久而难忘的记忆。

同时注意,对于客人的宗教习惯一定要尊重。如巴基斯坦驻华大使罗查将军离任前,周总理曾请他一家吃饭。鉴于巴基斯坦是一个伊斯兰教国家,周总理特地指定在西单的民族饭店,设清真席,以羊肉等清真菜肴招待。

5. 席位安排

在宴请中,桌次与座位是一个不可忽视的问题。按习惯,桌次的高低以离主桌位置远近而定。桌数较多时,要摆桌次牌。宴会可用圆桌、方桌或长桌,一桌以上的宴会,桌子之间的距离要适中,各个座位之间的距离要相等。团体宴请中,宴桌排列一般以最前面的或居中的桌子为主桌。总的原则是既要按礼宾次序原则作安排,又要有灵活性,使席位安排有利于增进友谊和席间的交谈方便。

正式宴会,一般都应事先排好座次,以便宴会参加者各得其所,入席时井然有序;同时也是对客人的尊重礼貌。正式宴会一般均排席位,也可只排部分客人的席位,其他人只排桌次或自由入座。同一桌上,席位高低以离主人的座位远近而定。外国习惯,男女穿插安排,以女主人为准,主宾在女主人右上方,主宾夫人在男主人右上方。我国习惯按各人的职务排列,以便于谈话;如夫人出席,通常把女方排在一起,即主宾坐在男主人右上方,其夫人坐女主人右上方。礼宾顺序并不是排席位的唯一依据,尤其是多边活动,更要考虑到客人之间的关系,还要适当照顾到各种实际情况。

非正式的小型宴请,有时也可不必排座次。

安排座位时,应考虑以下几点。

①以主人的座位为中心。如有女主人参加时,则以主人和女主人为基准,以靠近者为上,依次排列。

②要把主宾及其夫人安排在最尊贵的位置上。通常做法,以右为上,即主人的右手侧是最主要的位置;其余主客人员,按礼宾次序就座。

③在遵照礼宾次序的前提下,尽可能使想交谈者邻位而坐。

座位排妥后,应在入席前通知出席者,并现场对主要客人进行引导。通知席位的办法有以下几种:较大型宴会,以在请柬上注明席次为最好;中小型宴会,可在宴会厅门口放置席位图,画明每个人的坐处,请参加者自看;有的小型宴请,也可以口头通知,或在入席时,由主人及招待人员引坐。在每个座位上均应放置座位卡,若是多桌次的宴会,还应在每个桌上放置桌次牌。桌次牌可在宴会开始,入座完毕后撤去。

6. 现场布置

宴会厅和休息厅的布置,取决于活动的性质和形式。官方正式活动场所的布置,应该严肃、庄重、大方,不宜用霓虹灯作装饰,可用少量鲜花(以短茎为佳)、盆景、刻花作点缀。如配有乐队演奏席间乐,乐队不要离得太近,乐声宜轻。最好能安排几曲主宾家乡乐曲或他(她)所喜欢的曲子。一般说来,冷菜会的菜台用长方桌;而酒会一般摆设小圆桌或茶几。宴会休息厅通常放小茶几或小圆桌。

7. 餐具的摆放

根据宴请人数和酒、菜的道数准备足够的餐具。餐具上的一切用品均要清洁卫生,桌布、餐巾都应洗干熨平。玻璃杯、酒杯、筷子、刀叉、碗碟,在宴用之前应洗净擦亮。

中餐具的摆放。中餐用筷子、盘、碗匙、小碟等。小杯放在菜盘上方。右上方放酒杯,酒杯数与所上酒的品种数相同。餐巾叠成花插在水杯中,或平放于菜盘上。宴请外国宾客,除筷子外,还要摆上刀叉。酱油、醋、辣油等佐料,通常一桌数份。公筷、公勺应备有筷、勺座,其中一套放于主人面前。餐桌上应备有烟灰缸、牙签等。

西餐具的摆放。西餐具有刀、叉、匙、盘、杯等。刀分食用刀、鱼刀、肉刀、奶油刀、水果刀,叉分食用叉、鱼叉、龙虾叉,匙有汤匙、茶匙等,杯有茶杯、咖啡杯、水杯、酒杯等。会上有几道酒,就配有几种酒杯。公用刀叉规模一般大于食用刀叉。西餐具的摆法是:正面放食盘(汤盘),左手放叉,右手放刀,面包奶油盘在左上方。

8. 宴会的程序

举行宴会,主人应站在大厅门口迎接客人。官方正式活动,还可以有少数人员陪同主人夫妇迎宾,通常称为迎宾线。客人握手后进入休息厅,如无休息厅则直接进入宴会厅,但不入座。

主人陪同主宾进入宴会厅,全体客人就座,宴会正式开始。如休息厅较小,或宴会规模大,也可请主桌以外的客人先入座,主宾席最后入座。

如双方有讲话,按西方习惯,一般安排在热菜之后,甜食之前;我国做法是一入席先讲话,后用餐。冷餐、酒会,讲话时间可灵活掌握。讲稿可事先交换,由主人一方先提供。

正式宴会,吃完水果,主人与主宾起立,宴会即告结束。按西方习惯,上完咖啡或茶,客人即可开始告辞。主宾告辞时,主人送主宾到门口。相送人员仍按迎宾时顺序排列。

8.2.2 宾客应宴基本礼仪

宴请成功与否,除主人招待周到、热情外,客人的密切配合与否也是重要因素。

1. 宴会前

(1)应邀。接到邀请后,能否出席应尽早答复对方。接受邀请后不宜随意改动。万一因故不能出席,须深致歉意。

(2)妥善掌握出席时间。宾客一般均宜略早一些到达为好,过早或过迟、提前无故退场等都被视作不恭和失礼之举。

(3)抵达。如主人恭迎,则应趋前向主人握手、问好、致意,随主人或迎宾人员引导,步入休息厅或宴会厅。如果单独到达,则先到衣帽间挂大衣和帽子,然后前往主人的迎宾处,向主人问好。如是节日庆祝活动,就表示祝贺。

(4)赠花。可按宴请性质和当地习惯,赠送花束或花篮。

(5)入座。一般由侍者或女主人(主人)引导客人入席。各人应按座位的姓名卡入座,不可随意乱座。坐姿要端正、自然。

2. 宴会中

(1)进餐。入座后,不可玩桌上的酒杯、盘碗、刀叉、筷子等餐具。主人招呼即可以进餐。西餐进食,正确的做法是取得食品,即可开始食用,因为人手一份,不需等待。取菜时一次取得不要太多,需增加时,待侍者送上再取。进食时要文雅,应闭着嘴细嚼慢咽,尽量不发出声音;喝汤时不要啜,汤菜太热,稍凉后再食用,忌用嘴吹去热气;嘴内有食物时切勿说话;吃剩的菜、用过的餐具、牙签及骨刺等都要放入骨盘内,忌随意乱扔;剔牙时,要用手或餐巾遮口。

(2)交谈。参加任何宴会,无论处于何种地位,都少不了与同桌人交谈,特别是左右座。如互相不认识,可先作自我介绍。

(3)祝酒。祝酒需了解宴会的性质,为何人何事祝酒,特别要了解对方的祝酒习惯,以便做必要的准备,使祝酒辞不失高雅而又具有针对性。碰杯时,主人和主宾先碰,人多时可同时举杯示意,不一定每杯必碰。宴会上的相互敬酒,可活跃气氛,但要适度。在祝酒时,通常要讲一些祝愿、祝福类的话甚至主人和主宾还要发表一篇专门的祝酒词。祝酒词内容越短越好并且适合在宾主入座后、用餐前开始,也可以在吃过主菜后、甜品上桌前进行。

(4)宽衣。宴请过程中,无论天气如何炎热,均不得当众解开纽扣、拉松领带、脱下衣服。

(5)吃瓜果。吃梨、苹果等水果时,不要整个咬,可先用水果刀切成几瓣,再用刀去皮、核,然后用手拿吃,削皮时刀口朝内,从外往里削。香蕉先剥皮,用刀切成小块。橙子用刀切成块吃,柑桔、荔枝等则可剥了皮吃。西瓜、菠萝等一般已去皮切成块,吃时可用水果刀切成小块用叉取食。

3. 宴会后

(1)接受纪念品。有时主人备有小纪念品,宴会结束时,招呼客人带上。遇此,可稍赞扬,但不必郑重表示感谢。除主人特别示意作为纪念品的东西外,各种招待用品,包括糖果、水果、香烟等,都不要拿走。

(2)函谢。有时在出席私人宴请活动之后,往往致以便函或名片表示感谢。

8.2.3 西餐礼仪

由于中西方文化的差异,因此在用餐的礼仪上存在着诸多不同之处,所以应当在参加西餐的宴会时格外注意。

1. 预约及着装

越高档的饭店越需要事先预约。预约时,不仅要说清人数和时间,也要表明是否要吸烟区或视野良好的座位。如果是生日或其他特别的日子,可以告知宴会的目的和预算。

吃饭时要穿着得体,再昂贵的休闲服,也不能随意穿着上餐厅。去高档的餐厅,男士要穿整洁的上衣和皮鞋;女士要穿套装和有跟的鞋子。如果指定穿正式服装的话,男士必须打领带。

2. 入座

由椅子的左侧入座,这是最得体的入座方式。当椅子被拉开后,身体在几乎要碰到桌子的距离站直,领位者会把椅子推进来,腿弯碰到后面的椅子时,就可以坐下来。

用餐时,上臂和背部要靠到椅背,腹部和桌子保持约一个拳头的距离,两脚交叉的坐姿最好避免。就座时,身体要端正,手肘不要放在桌面上,不可跷足,与餐桌的距离以便于使用餐具为佳。餐台上已摆好的餐具不要随意摆弄。

3. 点餐

正式的全套餐点上菜顺序是:菜和汤、鱼肝油、水果、肉类、乳酪、甜点和咖啡、水果,还有餐前酒和餐酒。没有必要全部都点,点太多却吃不完反而失礼。稍有水准的餐厅都不欢迎只点前菜的人。前菜、主菜(鱼或肉择其一)加甜点是最恰当的组合。点菜并不是由前菜开始点,而是先选一样最想吃的主菜,再配上适合主菜的汤。

点酒时不要硬装内行。在高级餐厅里,会有精于品酒的调酒师拿来酒单,对酒不大了解的人,最好告诉他自己挑选的菜色、预算、喜爱的酒类口味,请调酒师帮忙挑选。主菜若是肉类应搭配红酒,鱼类则搭配白酒。上菜之前,不妨来杯香槟、雪利酒或吉尔酒等较淡的酒。

餐巾在用餐前就可以打开。点完菜后,在前菜送来前的这段时间把餐巾打开,往内摺1/3,让2/3平铺在腿上,盖住膝盖以上的双腿部分。

4. 用餐

(1)酒类服务通常由服务员负责将少量酒倒入酒杯中,让客人鉴别一下品质是否有误。只须把它当成一种形式,喝一小口并回答“Good”。接着,侍者会来倒酒,这时,不要动手去拿酒杯,而应把酒杯放在桌上由侍者去倒。正确的握杯姿势是用手指轻握杯脚。为避免手的温度使酒温增高,应用大拇指、中指、食指握住杯脚,小指放在杯子的底台固定。

喝酒时绝对不能吸着喝，而是倾斜酒杯，像是将酒放在舌头上似的喝。轻轻摇动酒杯让酒与空气接触以增加酒味的醇香，但不要猛烈摇晃杯子。此外，一饮而尽，边喝边透过酒杯看人，都是失礼的行为。不要用手指擦杯沿上的口红印，用面巾纸擦较好。

(2)喝汤也不能吸着喝。先用汤匙由后往前将汤舀起，汤匙的底部放在下唇的位置将汤送入口中，汤匙与嘴部呈45°角较好。身体的上半部略微前倾。碗中的汤剩下不多时，可用手指将碗略微抬高。如果汤用有握环的碗装，可直接拿住握环端起来喝。喝汤时，用汤勺从里向外舀，汤盘中的汤快喝完时，用左手将汤盘的外侧稍稍翘起，用汤勺舀净即可。吃完汤菜时，将汤匙留在汤盘(碗)中，匙把指向自己。

(3)面包的吃法。先用两手撕成小块，抹黄油或果酱时也要先将面包掰成小块再抹，不要拿着整块面包去咬。吃硬面包时，用手撕不但费力而且面包屑会掉满地，此时可用刀先切成两半，再用手撕成块来吃。避免像用锯子似的割面包。切时可用手将面包固定，避免发出声响。吃面包可蘸调味汁吃到连调味汁都不剩，这是对厨师的礼貌。注意不要把面包盘子"舔"得很干净，而要用叉子叉住已撕成小片的面包，再蘸一点调味汁来吃。

(4)鱼的吃法。吃鱼时，首先用刀在鱼鳃附近刺一条直线，刀尖不要刺透，刺入一半即可。将鱼的上半身挑开后，从头开始，将刀叉在骨头下方，往鱼尾方向划开，把针骨剔掉并挪到盘子的一角。最后再把鱼尾切掉。由左至右面，边切边吃。吃鱼、肉等带刺或骨的菜肴时，不要直接外吐，可用餐巾捂嘴轻轻吐在叉上放入盘内。如盘内剩余少量菜肴时，不要用叉子刮盘底，更不要用手指相助食用，应以小块面包或叉子相助食用。

(5)用刀叉吃有骨头的肉时，可以用手拿着吃。若想吃得更优雅，还是用刀较好。用叉子将整片肉固定(可将叉子朝上，用叉子背部压住肉)，再用刀沿骨头插人，把肉切开。最好是边切边吃。必须用手吃时，会附上洗手水。当洗手水和带骨头的肉一起端上来时，意味着"请用手吃"。用手指拿东西吃后，将手指放在装洗手水的碗里洗净。吃一般的菜时，如果把手指弄脏，也可请侍者端洗手水来，注意洗手时要轻轻地洗。

5. 餐具的使用

餐具使用的基本原则是右手持刀或汤匙，左手拿叉。若有两把以上，应由最外面的一把依次向内取用。刀叉的拿法是轻握尾端，食指按在柄上。汤匙则用握笔的方式拿即可。如果感觉不方便，可以换右手拿叉，但更换频繁则显得粗野。吃体积较大的蔬菜时，可用刀叉来折叠、分切。较软的食物可放在叉子平面上，用刀子整理一下。切东西时左手拿叉按住食物，右手执刀将其切成小块，用叉子送入口中。使用刀时，刀刃不可向外。进餐中放下刀叉时应摆成"八"字形，分别放在餐盘边上。刀刃朝向自身，表示还要继续吃。每吃完一道菜，将刀叉并拢放在盘中。如果是谈话，可以拿着刀叉，无须放下。不用刀时，可用右手持叉，但若需要作手势时，就应放下刀叉，千万不可手执刀叉在空中挥舞摇晃,也不要一手拿刀或叉,而另一支手拿餐巾擦嘴,也不可一手拿酒杯,另一支手拿叉取菜。要记住,任何时候,都不可将刀叉的一端放在盘上,另一端放在桌上。

如果吃到一半想放下刀叉略作休息,应把刀叉以八字形状摆在盘子中央。若刀叉突出到盘子外面,不安全也不好看。用餐后,将刀叉摆成四点钟方向即可。

喝咖啡时,如愿意添加牛奶或糖,添加后要用小勺搅拌均匀,将小勺放在咖啡杯的垫碟上。喝时应右手拿杯把,左手端垫碟,直接用嘴喝,不要用小勺一勺一勺地舀着喝。

宴会中如发生意外情况,例如,用力过猛,使餐具发出声响,或摔落地上,或打翻酒水等等,不要着急。餐具碰出声音,可轻轻向邻座(或主人)说一声"对不起"。餐具掉落可由服务员另换一副。酒水打翻溅到邻座身上,应表示歉意,协助擦干;如对方是妇女,只要把干净餐巾或手帕递上即可,由她自己擦干。

8.3 舞会

在各式各样的社交性聚会中,若以号召力最强、最受欢迎而论,恐怕要首推舞会了。实际上,舞会是人际交往,特别是异性之间所进行交往的一种轻松、愉快的良好形式。

舞会,一般是指以参加者自愿相邀共舞为主要内容的一种文娱性社交聚会。在优美的乐曲,美妙的灯光,高雅的舞姿的相互衬托下,人们不仅可以从容自在地获得自我放松,而且还可以联络老朋友,结识新朋友,进一步扩大自己的社交圈。

礼仪视窗 8-3

着装细节

小张是一位很帅气的小伙子,穿着很讲时尚。一次,他买了一件很漂亮的大衣,正好周末本单位举行舞会。当他来到会场,只见人们都在翩翩起舞,小张兴致很浓,便邀请一位在座位里休息的女士跳舞,那位女士看了他一眼,很礼貌地拒绝了他,接着小张又邀请了两位女士跳舞,结果均被拒绝。这时,一位朋友来到小张身边,拍拍他说:"小张,不能穿着大衣邀请女士跳舞,这是不礼貌的。"小张这才明白刚才为什么会被拒绝。

(资料来源:http://www.canyin168.com/glyy/yg/ygpx/fwal/200707/11959_6.htm)

8.3.1 舞会着装

参加舞会之前,依礼必须先期进行必要的、合乎惯例的个人形象修饰。着装是否得体直接关系到在舞会中个人的形象。

1. 仪容

参加舞会时仪表、仪容要整洁大方,并梳理适当的发型。特别需要强调的有四点:其一,尽量不吃葱、蒜、韭菜、海鲜、腐乳之类带强烈刺激气味或气味经久不散的食物。为使口腔无异味,可使用口腔清洁剂。舞会上最好不要嚼口香糖,跳舞时更是禁止嚼口香糖。其二,不喝烈性酒,不大汗淋漓或疲惫不堪地进入舞场。患有感冒者不宜进入舞场。其三,男士宜穿西服套装或长袖衬衫配长裤,务必要剃须,女士在穿短袖或无袖装时须剃去腋毛。其四,尚不会跳舞者最好不在舞场现学现跳,待学会后再进舞池。

2. 妆容

参加舞会前,有条件的都要根据个人的情况,进行适度的化妆。

根据我国的文化传统和东方女性的生理特点,化妆应以秀雅而清淡为好。一般的舞会采用淡妆。淡妆的特点是自然、大方。

当参加大型舞会时,为了适应舞会现场强烈的灯光就必须化浓妆了。化浓妆时一定要慎重,要掌握住深浅、浓淡的程度,不要太夸张了。浓妆与淡妆只是相对而言,如果掌握不好就将破坏整体效果。化妆前,首先注意舞台灯光亮度,然后确定化妆的深浅。一般这样的场合,最好能够邀请专门的化妆师来帮忙,以免化妆欠佳影响效果,如果没有这样的条件,就应当首先注意灯光亮度。在化妆前对自己的脸型进行剖析,然后根据脸型特点进行化妆。

总之,男士化妆的重点,通常是美发、护肤、祛味。女士化妆的重点,则主要是美容和美发。若非参加化妆舞会,化舞会妆时仍须讲究美观、自然,切勿搞得怪诞神秘,令人咋舌。

3. 服饰

(1)如果是亲朋好友在家里举办的小型生日 PARTY 等活动,要选择与舞会的氛围协调一致的服装。女士最好穿便于舞动的裙装或穿旗袍,搭配色彩协调的高跟皮鞋。男士一定要头发干净,衣着整洁。一般的舞会可以穿深色西装,如果是夏季,可以穿淡色的衬衣,打领带,最好穿长袖衬衣。

(2)如果应邀参加的是大型正规的舞会,或者有外宾参加,这时的请柬会注明:请着礼服。接到这样的请柬一定要提早作准备,女士的礼服在正式的场合要穿晚礼服。晚礼服源自法国,法语是“袒胸露背”的意思。有条件经常参加盛大晚会的女士应该准备晚礼服,偶尔用一次的可以向婚纱店租借。近年也有穿旗袍改良的晚礼服,既有中国的民族特色,又端庄典雅适合中国女性的气质。需要特别说明一下的还有几点:第一,小手袋是晚礼服的必须配饰,手袋的装饰作用非常重要,缎子或丝绸做的小手袋必不可少;第二,舞会也是一个把最好的首饰从保险箱中取出来,体验佩戴快乐的机会。露肤的晚礼服一定要配戴成套的首饰:项链、耳环、手镯,晚礼服是盛装,因此最好要佩戴贵重的珠宝首饰,在灯光的照耀下,首饰的光闪会为你增添光彩。

舞会的吸引力在于它的特别和精致。每个参与者都应当努力在装束、行为以及礼貌上积极合作,以保持舞会的特别和精致。

8.3.2 舞场应对

8.3.2.1 邀人

在舞会上,邀请他人与自己共舞一曲,是参加者必做之事。在邀人共舞时,特别要关注常规、方法、选择、顺序等几个要点。

1. 常规

在舞会上,邀请舞伴的下述基本规范是人人必须严格遵守的。不然的话,就会失敬于人,或是令人见笑。请舞伴时,最好是邀请异性。通常由男士去邀请女士,不过女士可以拒绝。另外,女士亦可邀请男士。在较为正式的舞会上,尤其是在涉外舞会上,同性之人切勿相邀共舞。两位男士一同跳舞会给人以关系异乎寻常之感。而两位女士一起跳舞,则等于是在说明:“没有男士相邀”,所以才迫不得已。

根据惯例,在舞会上一对舞伴只宜共舞一支曲子。接下来,需要通过交换舞伴去扩大自己的交际面。舞会上的头一支舞曲,一般由男士邀请与自己一同前来的女士共舞。如有必要,他们二人还可以在演奏舞会的结束曲时再共跳一次。

2. 方法

邀请他人跳舞,应当力求文明、大方、自然,并且注意讲究礼貌。千万不要勉强对方,尤其是不要出言不逊,或是与其他人争抢舞伴。

一般来说,邀请舞伴时,有两种具体办法可行。其一,是直接法。即自己主动上前邀请舞伴,先向被邀请者的同伴含笑致意,然后再彬彬有礼地询问被邀请者:“能否有幸请您跳一支舞?”其二,是间接法。即自觉直接相邀不便,或者把握不是很大时,可以托请与彼此双方相熟的人士代为引见介绍,牵线搭桥。

不论采用何种方法请人,万一自己来到被邀请者面前,已有他人捷足先登时,则须保持风度,遵守先来后到的顺序,礼让对方,下一次再去邀请。

3. 选择

在舞会自行选择舞伴时,亦有规范可循。有可能的话,不要急于行事,而最好先适应一下周围的气氛,进行细心的观察。一般说来,以下八类对象,是自选舞伴之时最理智的选择。

①年龄相仿之人。年龄相似的话,一般是容易进行合作的。

②身高相当之人。如果双方身高悬殊过大,未免会令人感到尴尬难堪。

③气质相同之人。邀气质、秉性相近的人一同共舞,往往容易因相互产生好感,而和睦相处。

④舞技相近之人。在舞场,“舞艺”相近者“棋逢对手”,相得益彰,有助于更好地发挥技艺,产生快感与满足。

⑤少人邀请之人。邀请较少有人邀请之人,既是对其表示一种重视,也不易遭到回绝。

⑥未带舞伴之人。邀请未带舞伴的人共舞,成功机会往往是较大的。

⑦希望结识之人。想结识某人的话,不妨找机会邀对方或是同伴共舞一曲,以舞为"桥",接近对方。

⑧打算联络之人。在舞会上碰上久未谋面的旧交,最好请其或其同伴跳一支曲子,以便有所联络。

4. 顺序

在较为正式的舞会上,人们除了要与自己一起来的同伴同跳开始曲、结束曲,或是可以酌情自择舞伴之外,还须按照某些既定的顺序,去"毫无选择"地邀请其他一些舞伴。以下简单介绍男士邀请舞伴的合理顺序。

就主人而言,自舞会上的第二支舞曲开始,男主人应当前去邀请男主宾的女伴跳舞,而男主宾则应回请女主人共舞。

接下来,男主人还须依次邀请在礼宾序列上排位第二、第三的男士的女伴各跳一支舞曲,而那些被男主人依照礼宾序列相邀共舞的女士的男伴,则应同时回请女主人共舞。

对来宾而言,有下列一些女士,是男宾应当依礼相邀,共舞一曲。她们主要包括:一是舞会的女主人;二是被介绍相识的女士;三是碰上的旧交的女伴;四是坐在自己身旁的女士。以上女士若被男宾相邀后,与其同来的男伴最好回请该男宾的女伴跳上一曲。

8.3.2.2 拒舞

在一般情况下,当本人在舞会上被人相邀时,通常不宜拒绝对方。万一非要回绝他人的邀请时,则务必要注意态度和措词,切勿伤害对方的自尊心。

1. 态度

在拒绝他人邀舞的请求时,态度要友好、自然,表现要彬彬有礼。不要让对方"晾"在一旁下不了台,或者对其视而不见,置若罔闻。口头拒绝对方时,最好起身相告具体原因,并且勿忘向对方致歉,对其说上一声:"实在对不起",或是"抱歉之至"。别人邀请自己跳舞,是尊重自己的表现,所以千万别令其难堪,或受到伤害。

拒绝一个人的邀请之后,不要马上接受他人的邀请,尤其是不要当着前者的面,堂而皇之地这样做。否则,会被前者视为是对其的一种侮辱。

2. 托词

拒绝他人时,语言不宜僵硬、粗鲁,不宜对被拒绝的人说:"我不认识你"、"我不想跳"、"请别来烦我"等。通常,拒绝别人,应在说明原因时,使用委婉、暗示的托词,如:"已经有人邀请我了"、"我累了,想单独休息一会儿"、"我不会跳这种舞"、"我不熟悉这首舞曲"等,被拒绝者则要善于"听话听音",知难而退。

8.3.2.3 舞姿

参加舞会重在参与。一个人的舞姿不必美不胜收，但在跳舞时须合乎规范、文明大方。

1. 标准

在舞场上跳舞时，按规范：步入舞池时，须女先男后，由女士选择跳舞的具体方位。而在跳舞的具体过程中，则应由男士在先，女士配合于后。

跳舞时，身体应保持平衡，步法切勿零碎、杂乱。在需要前进或后退的时候，迈出的脚步、身体的重心、力量的分配一定要认真、准确，并且要注意移动自如。

跳舞时所有人的行动方向，都必须按照逆时针方向进行，唯有如此，方能确保舞池的正常秩序，不至于发生跳舞者互相拥挤碰撞。

当有乐队演奏时，一曲舞毕，跳舞者应首先面向乐队立正鼓掌，以示感谢。此后，方可离去。

在一般情况下，男士应当将自己所请的女士送回原来的休息之处，道谢告别之后，才能再去邀请其他女士。

2. 文明

在舞场上跳舞时，每个人的舞姿均应符合文明规范。跳舞时的具体动作，要与演奏的舞曲协调一致。在任何时候，都不要自我创作，乱跳一气。尤其是不允许有意采用夸张、怪异、粗野甚至色情的舞蹈动作，去吸引他人的注意。

在跳舞之时，要注意与别人保持适当的距离，以防相互影响。万一不慎碰撞或踩踏了别人，应当向对方道歉。若系他人因此而向自己道歉，则须大度地向对方表示"没关系"。

不论自己与一起跳舞的舞伴是何种关系，两个人在一起合作跳舞时，除必要的以手相互持握外，身体的其他部位都要保持大约一拳的间隔。男士不能借机对女士又拉、又抱，女士则不宜主动贴向男士。双方都不应当在跳舞时贴面、贴胸、贴腹，有意粘在一起。

除交谈之外，在跳舞时切勿长时间地紧盯着舞伴的双眼。万一碰到了对方身体的其他部位，应立即为自己的不慎向对方说一声"对不起"。

8.3.2.4 交际

鉴于舞会多以交际为主，故此舞会亦称交谊舞会。参加舞会时，不能只图跳舞尽兴，而忘却了本应进行的交际活动。

1. 叙旧

在舞会上碰上了老朋友、老关系，除了要争取邀请对方或其同伴共舞一曲之外，还要尽量抽时间找对方叙一叙，致以必要的问候，并且传递适当的信息。千万不要在舞会上表现得"喜新厌旧"，为了结交新朋友，而对旧交不屑一顾。

2. 交友

在舞会上结交新朋友，通常有三种方法可行：一是主动把自己介绍给对方；二是请主人或其他与双方熟悉的人士代为介绍;三是通过邀请舞伴的方式直接或间接地认识对方。在舞会上结识新友之后,一般不宜长时间深谈。可在此后适当的时间,主动打电话联络对方,以便进一步推进双方关系。

与互不相识的舞伴跳舞时,可略作交谈。其内容以称道对方的舞技、表扬乐队的演奏等等为佳。有时,也可以进行简短的自我介绍。但是,在交谈时不宜打探对方的个人隐私、贬低他人的舞技。无论如何,都不要在跳舞时伺机向对方提出单独约会的请求,更不能风风火火,急不可耐地向其表白"一见钟情"的爱慕之意。

本章小结

仪式礼仪是现代公关礼仪中不可或缺的内容。其主要有迎送与接待、宴会、舞会几个部分。各类仪式礼仪都应把握适度、隆重、节俭的原则,同时,应认真把握具体仪式的特点和礼仪要求,使公关活动有序开展。

相关网站

21 世纪秘书网:http://www. 21 mishu. com
礼仪网:http://www. liyiwang. com
中国公关礼仪网:http://www.8844cn. com. cn
社交礼仪网:http://www. sjlyw. com
中华礼仪网:http://www. d-liyi. cn

复习思考题

1. 比较中餐与西餐的礼仪差别?
2. 简述迎送与接待的注意事项。
3. 简述宾客应宴基本礼仪要求。

【案例分析】

一次漏洞百出的对外接待

我国 A 集团公司是国内新崛起的汽车零件生产商,正处在公司的快速发展阶段,业务量不断飙升。英国 B 公司是欧洲著名的汽车零件采集商,正在快速发展的中国汽车工业中寻找新的合作伙伴。

最近双方通过中欧商会的酒会取得了联系，我国A集团公司汪总经理的日程表上清晰地写着：12月23日接待英国B公司的威廉姆斯先生。22日下午，汪总经理正在着手安排具体接待工作时，办公室的电话铃响了，打电话的正是威廉姆斯先生，他说因在我国某市的业务出现了问题，所以要推迟到25日才能抵达A集团公司，问汪总经理是否可以，并再三因改期表示歉意。汪总经理在了解到这个情况后向威廉姆斯先生表示考虑一下再向对方答复，因为汪经理25日需到省城参加一个会议，汪经理在与公司主要成员商议之后，直到22日晚上10:30才电话通知到威廉姆斯先生，并向对方表示25日一定安排专人接待，双方同时约定26日会面。汪经理在出发去省城前匆忙向公关部交代了威廉姆斯的来访事务。

于是公关部经理焦小姐在了解情况之后，急忙向下属部署了相关的事务。

25日下午4时，威廉姆斯乘坐的班机准时降落。但由于汪经理走得匆忙忘了交代飞机的班次以及时间，所以当威廉姆斯起身后，焦小姐还一直在拨打威廉姆斯先生的电话联络。因为坐飞机的缘故，威廉姆斯先生的手机一直没开，当他意识到接待人员没有按时按地找到他时，他才匆忙地打开手机……

焦小姐陪同威廉姆斯先生乘轿车离开机场向市中心的宾馆驶去。一路上，焦小姐不时向威廉姆斯介绍沿途的风光及特色建筑，威廉姆斯虽然对焦小姐的介绍表示了一定兴趣，但同时也表现出了复杂的心情，威廉姆斯富有感情地说："在我们国家，今天是个非常快乐的日子，亲人团聚，尽情享受生活的乐趣，而我仍在他乡工作着，要是我也在家就好了。"话语中透着几分自傲，又似乎有几分遗憾，焦小姐听完后仍继续向威廉姆斯介绍公司所在城市的风光。

车子抵达宾馆，由服务人员将威廉姆斯先生引入房间稍事整理后，焦小姐请威廉姆斯先生一同共进晚餐。焦小姐与威廉姆斯一边进餐一边聊天，威廉姆斯先生的西方幽默引来焦小姐阵阵笑声。用餐完毕后焦小姐送威廉姆斯先生回到了房间。

26日早晨双方按照约定见面。威廉姆斯先生要去A公司，在酒店中坐电梯行至酒店行政办公楼层时，走进两位着酒店制服的人员，正准备去参加每月员工生日会。两位员工边聊边随手按了一下电梯按钮，但员工随即发现错按了五楼，而员工生日会通常在三楼或二楼举办。于是员工改按了三楼的按钮。当到达三楼，电梯门打开后，员工发现三楼好像没有来参加生日会的人，那生日会应该是在二楼举办，于是员工又按了二楼。左左右右使得威廉姆斯先生的时间浪费了许多。

双方的业务洽谈进行得很顺利，两人对双方合作的前景做出了美好的展望。在洽谈结束之际，汪经理送给威廉姆斯先生一个精美的汽车模型，而威廉姆斯先生则送给汪经理一个装帧精美的欧式古堡模型。汪经理由于右手中还捏着一只签字笔，所以顺手就用左手接过了威廉姆斯先生的礼物。双方的第一笔业务还算顺利地完成，但A公司再没有接到威廉姆斯先生的第二单业务。

（资料来源：http://www.yuanju.net/simple/index.php? t65449.html）

实践训练

1. 实训项目：模拟××学校交流会议的宴会仪式。

2. 实训目的：熟悉宴会仪式的流程和规范。

3. 实训内容：模拟宴会仪式的各环节。

4. 实训组织：把全班分为若干个小组，分角色模拟主客双方代表、随员、礼仪人员等。制定宴会计划，布置宴会现场，模拟宴会过程。

5. 实训考核：对每组学生的准备工作及现场表现进行评阅并做出点评。

9

会议礼仪

不开空话连篇的会，不发离题万里的议论

——邓小平

学习目标

了解公关会议整个流程的礼仪规范，能够明确会议的宗旨、确定会议程序以及会议召开前、中、后等一系列礼仪规范。了解新闻发布会、展览会、茶话会等一些会议的礼仪规范。

主要概念

会议礼仪　茶话会　展览会　新闻发布会

会议是有组织、有领导、有目的地通过集会的形式来研究、讨论或解决有关问题的一种社会活动的方式。所谓会议礼仪，则是在会议中应当遵守的礼节和仪式。一次会议的成功与否，主要取决于会议内容是否恰当，组织者组织水平的高低和与会者素质的高低等因素，但其中最重要的一条在于组织者、与会者双方是否都能够遵守会议的礼节和仪式。党政机关、企事业单位和社会团体等在处理重大事务、商讨重要问题时需要举行会议，在做出决策、交流信息、总结经验、协调关系时，也需要召开会议。不论是召集、组织，还是参加会议，或者是为会议服务，凡与会议有关的人员都会面临会议的礼仪问题。由此可见，学习掌握基本的会议礼仪是十分必要的。会议礼仪不仅与我们的日常工作与生活有着密切的关系，而且也是现代公关礼仪的重要内容。学习和了解会议的礼仪规范，对提高会议质量，发挥会议作用有着很重要的意义。

9.1 概述

会议,是指人们在一起研究、讨论有关问题的社会活动方式。参加会议,对于现代人来说是工作当中的重要部分。人们在出席会议时的礼貌文明程度,在很大程度上影响到自己和所在组织的公众形象。

礼仪视窗 9-1

会议礼仪的重要性

小刘的公司应邀参加一个研讨会,该次研讨会邀请了很多商界知名人士以及新闻界人士参加。老总特别安排小刘和他一道去参加,同时也让小刘见识见识大场面。小刘早上睡过了头,等他赶到,会议已经进行了20分钟。他急急忙忙推开了会议室的门,"吱"的一声脆响,他一下子成了会场上的焦点。刚坐下不到5分钟,肃静的会场上又响起了摇篮曲,是谁在播放音乐?原来是小刘的手机响了!这下子,小刘可成了全会场的焦点……没过多久,听说小刘已经另谋高就了。可见不管是参加自己单位还是其他单位的会议,都必须遵守会议礼仪。因为在这种高度聚焦的场合,稍有不慎,便会严重损害自己和组织的形象。

(资料来源:http://www.wenlun.com/lwcs/article.asp? y=06&id=06071010598.html)

9.1.1 会议组织

公关会议礼仪的基本内容之一是会议的组织。从组织者的角度来讲,包括规则确定、工作筹备、工作收尾等。

9.1.1.1 规则确定

组织会议要有规则。有些会议有完整的规则,它由有关的法规和制度规定。如我国每年举行的全国人民代表大会,它的程序和与会人员都有着严格的法律规定。有些会议是非正式的会议,如在某单位内部举行的会议,它一般只是根据实际情况对会议的一切事务进行简单的安排,但其也有一种约定俗成的规定。

9.1.1.2 工作筹备

1. 会场选择

(1)大小适中。会议会场的选择需要根据会议的性质、参会人数的多少来决定。如果是小型会议或是就本单位的人员参加的会议,本单位的会议室即可;而大型的会议或是身份、地位较高的人召开的会议,一般会选择专门的会场,如在人民大会堂召开的全国人民代表大会等。

(2)远近适当。临时召开的会议,1 ~2 个小时即散的,要考虑把会场定在与会人员较集中的地方;超过一天的会议,会场要尽可能离与会者的住所近一点,免得与会者往返奔波。

(3)设备齐全。会场的照明、通风、卫生、服务、电话、扩音、录音等设备都要配备齐全。对所有附属设备,要逐一进行检查。

(4)环境优雅。环境优雅的会场是促进会议圆满完成不可缺少的条件,一个好的环境对于与会者来说,既可以体现对他们的重视和尊重,也能够激发他们对会议的热情,使会议能够圆满完成。

2. 会场设计

会场中的桌椅和摆放形式对与会者心理和会议的顺利进行非常重要。一般而言,会场形式依会场的大小、形状、会议的需要、与会人员的多少而定,通常是圆形、方形等。

礼仪视窗 9 -2

会场设计的几种方式

圆桌式与方桌式。在圆桌或者方桌的周围安放椅子,可以让与会者相互看得见。领导和会议成员可以无拘无束的交谈,适合于召开 15 ~20 人的小型会议。

"口"字形。如果出席会议的人较多,可以把桌子摆成"口"字形。内侧也可以安排座位。

"V"字形。摆成"V"字形时,要注意主席位置,要有黑板或银幕。就像研讨会使用黑板或幻灯那样,要让与会者不必挪动座位就可以看到。

礼堂型。礼堂是目前中国最通行的用于大中型会议的会场形式。特点是容纳的人多,有气势,容易布置,容易选择现成的场地,如礼堂、教室等。

(资料来源:曾湘宜. 现代公关礼仪[M]. 北京:北京工业大学出版社, 2006. 37.)

3. 座位的安排

(1)小型会议①。小型会议指参加者较少、规模不大的会议。全体与会者都应排座,不设立专用的主席台。小型会议的排座,有三种形式。

自由择座。就是不安排固定的具体座次,而由全体与会者完全自由地选择座位就座。

面门设座。即面对会议室正门的是会议主席座位。其他的与会者在其两侧自左

---

① 引自 http://www.zjknews.com/read.asp? newsid =94600

而右依次就座。

依景设座。所谓依景设座，是指会议主席的具体位置，不必面对会议室正门，而是应当背依会议室之内的主要景致所在，如字画、讲台等。其他与会者的排座，则略同于前者。

(2)大型会议。大型会议是指与会者多、规模较大的会议。大型会议在会场上要分设主席台和群众席。主席台要认真排座，群众席座次可排可不排。

①主席台排座。大型会场的主席台，一般面对会场主入口，面对群众席。主席台成员的桌上，要放置正反两面的桌签。在主席台上排座时，一方面要安排主席团成员的位次，另一方面要安排好发言席。

主席团排座。主席团是指在主席台上正式就座的全体人员。国内目前排定主席团位次有两个基本规则：一是前排高于后排，二是中央高于两侧。

主持人座席。会议主持人(即大会主席)的具体位置：一是居于前排正中央；二是居于前排的两侧；三是按其具体身份排座，但不应该就座在后排。

发言者席位。发言者席位，即发言席。在正式会议上，发言者发言的时候不宜坐在原处。发言席的常规位置有两种：一是主席团的正前方；二是主席台的右前方。

②群众席排座。在大型会议上，主席台下的一切座席都是群众席。群众席的排座方式有二。一是自由式择座。即不进行统一安排，而由大家各自择位而坐。二是按单位就座。它指的是与会者在群众席上按单位、部门或者地位、行业就座。它的具体依据，既可以是与会单位、部门的汉字笔画的多少、汉语拼音字母的前后，也可以是其平时约定俗成序列。按单位就座时，如果分为前排后排，以前排为高，以后排为低；如果分为不同楼层，楼层越高，排序越低。

在同一楼层排座时，又有两种普遍通行的方式：一是以面对主席台为基准，自前往后进行横排；二是以面对主席台为基准，自左而右进行竖排。

4. 印制证件

证件是出席会议的证明，是与会人员身份、资格、权利、待遇的凭证。代表证、记者证、工作人员证要用不同颜色的字或纸印刷，以作区别。

礼仪视窗 9－3

不细心的后果

一次会议上，会议工作人员忘记把某与会领导的名签打印制作出来。该领导本应安排在前排就座，结果因没有名签而未预留出他的座位。当领导进入会场，兴致勃勃走向前排，准备对号入座时，才发现并没有自己的座位。该领导脸上表情异常难看，非常生气地退出了会场。

（资料来源：李莉.公务员礼仪规范[M].湖南：湖南科学技术出版社，2005.101.）

5.迎接

大中型跨地区会议，特别是国际会议，主办单位必须安排会议工作人员迎接。迎接前，需要了解来宾情况、人数、性别、职务等，安排好宾馆房间，准备足够的车辆，带上会议迎接标志，然后方可到机场、车站或码头迎接从各地赶来参加、主持会议的人员。如果前来参会的是德高望重的领导、权威人士或是老弱病残者，除应该安排车辆、人员前往机场、车站接送外，会议期间的食宿起居也应安排人员专职服务。

9.1.1.3 工作收尾

会议能否取得成效，除了精心筹备、周密安排外，还需要做好收尾工作。其主要工作有：形成会议结论或可供贯彻、传达的文件，对会议文件材料进行处理，为与会者离会提供服务，做好会议总结。

9.1.2 会议程序

一次会议能否取得圆满成功，在很大程度上取决于组织工作是否按照严谨的会议程序进行运作。

1.会议开始前

（1）确定会议主题。凡正式会议，皆应确定其主题。所谓会议主题，即召开一次会议的指导思想。会议的主题，不仅可在其具体名称上有所体现，而且往往也是确定会议的方式、内容、议程、任务、期限、人员的先决条件。

（2）拟发会议通知。会议通知是会议主办单位发给与会单位和个人的书面文件。其要点有六：标题、主题、会期、出席对象、报道时间与地点以及与会要求。会议通知应提前下发，并保证及时送达。

（3）确定与会人员。会议并不是参加的人越多越好。出席会议的人越多，整个会议就越复杂，时间也越长，费用就越高。

礼仪视窗 9－4

3M公司会议管理研究所在宾西法尼亚大学沃顿商学院和明尼苏达大学进行的研究表明，不同类型会议的理想出席人数是：解决问题型，少于5人；调查问题型，少于10人；工作问题或展示型，少于30人；动员型，越多越好。

（资料来源：曾湘宜.现代公关礼仪[M].北京：北京工业大学出版社，2006.97.）

（4）起草会议文件。会议所需要的各种文件材料，均应在会前准备，并在会议开始之前发给全体与会者人手一份。应当认真准备会议文件，主要有开幕词、闭幕词、主体报告、会议决议等，在起草会议文件时，要做到实事求是、有的放矢。

（5）做好会务工作。在举行会议时，许多具体的事务性工作，应当提前一一认真做好。要重点安排好会议工作人员，布置好与会者的接待，联系好传媒，准备好会议的场地，并且对会议举行时所需使用的各种音像、照明、投影、摄像、空调、通风设备进行必要的调试与检查。

礼仪视窗 9－5

会议前的注意事项

WHEN——会议开始时间、持续时间。要告诉所有的与会人员，会议开始的时间和要进行多长时间。这样能够让参加会议的人员很好地安排自己的工作。

WHERE——会议地点确认是指会议在什么地点进行，要注意会议室的布局是不是适合这个会议的要求。

WHO——会议出席人。以外部客户参加的公司外部会议为例，会议有哪些人物来参加，公司这边谁来出席，是不是已经请到了适合的外部嘉宾来出席这个会议。

WHAT——会议议题，就是要讨论哪些问题。

OTHERS——会议物品的准备，就是根据这次会议的类型、目的来确定需要哪些物品，比如纸、笔、笔记本、投影仪等等，是不是需要用咖啡、小点心等。

（资料来源：http://www.qs100.com/news/NewFile/2006817141623.htm）

2. 会议进行中

（1）人员签到。为统计到会人数，并确保会议的安全，大型的正式会议往往要对与会者进行人员的签到。其具体做法有：签名签到、磁卡签到、交券签到、画名签到等方式。有些会议不必签到，而代之以凭出席证、列席证、会议通知入场。

（2）例行服务。会议正式进行时，在会场内外应安排专人接送、引导、陪同与会人员。对与会的老、弱、病、残、孕者需重点加以照顾。此外，对于与会者的一切正当要求，应有求必应，闻过即改。

（3）会议记录。凡重要会议，皆应做好必要的会议记录。正规的会议记录，不仅要由专人负责，而且还需包括会议名称、出席人数、时间地点、讨论事项、发言内容、临时动态、选举表决以及记录员姓名等方面的详尽内容。

（4）编写简报。会期较长的会议，一般应编写会议简报，以对会议动态、过程、反响、内容进行扼要报道，并帮助有关方面掌握会议的全局。会议简报，通常要求快、准、新、简。快，要求讲究时效。准，要求准确无误。新，要求富有新意，简，要求字数偏少。

（5）纪律维持。遵守会议规范，是对与会人员尤其是公关人员的基本要求。会议纪律是为确保会议顺利进行所专门制定的条款，或是对与会者约定俗成的要求。

从某种意义上说,遵守会议纪律就是遵守会议礼仪,就是要求与会者身体力行地端正会风。

礼仪视窗9-6

会议进行中的注意事项

遵守时间。出席正式会议时,不论身为主角还是配角,与会者均应自觉地、规范地遵守时间方面的有关规定。①准时到会。凡准备出席正式会议,一定要按时到会,不得无故迟到、缺席。必要时,参加会议的具体时间还需留出一定的提前量。②正点开会。已正式规定了开会时间的会议,一定要在规定的时间正式开会。以任何借口延迟开会,都是对守时者的不尊重。③限时发言。为了更好地从宏观上控制会议的时间,应对与会者发言的具体时间做出精确的、具体的限制,以促使其发言时少讲、精讲。④到点散会。若无特殊原因,规定的会议时间一到,即应立即宣布散会。任意延长会议时间,是不合适的。

专心听讲。参加会议时,每一位与会者都必须在会场上自觉地专心听讲,以便全面地、准确地理解与掌握会议的精神。必须予以强调的是,当他人发言时,在场者专心致志地听讲,是尊重对方的一种重要表现。反之,与会者倘若在别人发言时魂不守舍,则是对对方不尊重、不友好的做法。当他人发言时,切不可破坏会场的安静,或是直接损害发言人的情绪。尤其应当注意,不要在他人发言时与身旁之人交头接耳、窃窃私语,或是煞有介事地传递文件、纸条。在主席台就座者,更是应当为人表率,注意此点。在他人发言期间,要尽量减少自己不必要的动作。不要摇头晃脑、指指点点、大打哈欠、闭目养神、挤眉弄眼、乱出洋相、读书看报、接打手机、反复看表、东张西望。此类动作不仅易于招惹误会,而且也往往说明自己心神不定,用心不专。当别人发言时,已经发言和将要发言的与会者,应当待人如己,对对方的发言洗耳恭听。

维护秩序。要按照会议安排就座。不要随意就座也不要呼朋唤友。会间不要随意走动,频繁进出。用正当和得体的方式对会议做出反应,必要时可以掌声鼓励,不满时不能喝倒彩、吹口哨、瞎起哄。不要有一些不良的举动。

(资料来源:金正昆.政务礼仪[M].北京:北京大学出版社,2005.91-92.)

3. 会议结束后

在会议结束以后,一般需要有几项工作要去做。

(1)形成会议文件。会议在其结束的前后,一般均应形成会议决议、会议纪要等专门性的会议文件。它们既是一次会议的主要成果,又是与会者将来贯彻、落实会议精神之依据。形成会议文件时,应当集思广益,求同存异,并且力求简明扼要。

(2)处理会议资料。会议有关的一切图文、声像资料,应根据保密制度与工作需要,于会后集中进行处理。该汇总的会议资料,要认真汇总;该存档的会议资料,要一律存档;该回收的会议资料,要如数收回;该销毁的会议资料,则要认真销毁。

(3)提供返程服务。在会议结束后,应为全体与会者的返程提供一切便利。在必要时,应主动为对方提供、联络交通工具,或是为其定购、确认返程的车票、船票、机票。当团队与会者或与会的年老体弱者离开时,还应安排专人为其送行。

9.1.3 与会者规范

为了开好会,达到预期的会议目标,参加会议的各类人员,都应遵守一定的礼仪规范。

礼仪视窗 9-7

与会者不礼貌的行为举止

迟到早退或进进出出;发言超过规定的时间;没有做预先的准备工作;无精打采,东倒西歪,坐姿不正;心不在焉地乱涂乱画,摆弄小玩意儿,敲打手指,打哈欠;打断别人的讲话;嘲讽挖苦,进行人身攻击,不公正批评;不参与,不倾听;阻挠议事或离题千里;在下面闲聊,看书,抽烟,吃零食,发出呼噜声,打嗝声;故意制造混乱;昏昏入睡;不做会后工作。

(资料来源:曾湘宣.现代公关礼仪[M].北京:北京工业大学出版社,2006.100.)

1. 组织者

会议组织者是会议的策划者和服务者,要对会议进行严密的组织,为会议的顺利进行提供各种服务。要使会议充分准备,严密组织,需要及时掌握会议动态。同时需要热情周到,认真负责,耐心细致,彬彬有礼。

2. 主持人

主持人是会议成功的关键人物。要求着装庄重得体,举止沉稳大方,神态自若,口齿清晰,步速适当。主持人的一举一动,都会成为与会者关注的焦点,要显示出一种领导者的风度与气质。

礼仪视窗 9-8

会议中的注意事项

各种会议的主持人,一般由具有一定职位的人来担任,其礼仪表现对会议能否圆满成功有着重要的影响。

(1)主持人衣着整洁,大方庄重,精神饱满,切忌不修边幅,邋里邋遢。

(2)走上主席台的步伐稳健有力,行走的速度因会议而定,一般来说,欢快、热烈的会议步速应较慢。

(3)入席后,如果是站立主持,应双腿并拢,腰背挺直。持稿时,右手持稿的中部,左手五指并拢自然下垂。双手持稿时,应与胸齐高。坐姿主持时,应身体挺直,双臂前伸。两手轻按于桌沿,主持过程中,切忌出现搔头、揉眼、抖腿等不雅动作。

(4)主持人言谈应口齿清楚、思维敏捷、简明扼要。

(5)主持人应根据会议性质调节会议气氛,或庄重、或幽默、或沉稳、或活泼。

(6)主持人对会场上的熟人不能打招呼,更不能寒暄闲谈,在会议开始前或会议休息时间可点头、微笑致意。

(资料来源:http://www.hongen.com)

3.主席团

主席团成员首先要明确自己的身份和责任,严格要求自己,以身作则,率先垂范,成为所有与会人员的榜样。出席会议要守时,绝不可迟到。确实不能按时出席的必须及时请假,通知主持人或者有关工作人员。入场要按照顺序井然入座,不可临时推推让让,故作姿态。如果会场有掌声欢迎,主席团应鼓掌微笑致意。在会议进行中,不得任意离开,左顾右盼,交头接耳,要精神专注地倾听发言人的发言。需要鼓掌时应及时鼓掌,鼓掌要随众而起,随众而止,动作要适当节制,不要显得漫不经心。散会时,主席团要和大家一起起立,不要提前,也不要落后,然后依次退场。

4.发言人

发言人是会场的中心人物,对会议的质量有着首要的作用。发言人的发言要言之有物、言之有理、言之有味,使听众能了解主旨,有所收获。发言人要尊重听众,尊重主持人,尊重会议纪律。发言人要注重仪表和举止姿态:要着装整洁、举止庄重、表情自然、精神焕发。发言前,要环顾全场,向听众致意,如有掌声,亦应鼓掌还礼。发言时,要讲究语速,不快不慢;讲究音量,不高不低;讲求节奏、语气、声调;始终要保持感情充沛,重要的地方要加重语气,提高音调,形成高潮。如果会场出现松弛,听众精神涣散时,应考虑调整语气,稳定情绪,必要时应调整内容,压缩时间。报告结束时,要向听众和主持人致谢。

礼仪视窗 9－9

会议发言注意事项

会议发言有正式发言和自由发言两种，前者一般是领导报告，后者一般是讨论发言。正式发言者应衣冠整齐，走上主席台应步态自然，刚劲有力，体现一种成竹在胸、自信自强的风度与气质。发言时应口齿清晰，讲究逻辑，简明扼要。如果是书面发言，要时常抬头扫视一下会场，不能低头读稿，旁若无人。发言完毕，应对听众的倾听表示感谢。自由发言则比较随意，要注意，发言应讲究顺序和秩序，不能争抢发言；发言应简短，观点应明确；与他人有分歧，应以理服人，态度平和，听从主持人的指挥，不能只顾自己。如果有会议参加者对发言人提问，应礼貌作答，对不能回答的问题，应机智而礼貌地说明理由，对提问人的批评和意见应认真听取，即使提问者的批评是错误的，也不应失态。

（资料来源：http://www.hongen.com）

5. 嘉宾

会议嘉宾和主席团一样，在会议中占有重要位置，作为嘉宾参加会议，除了必须像主席团成员那样讲究礼仪以外，还应当注意了解会议的内容、程序和对本人的要求，了解会议的时间、地点和有关规定。参加会议要守时、礼貌、客随主便，听从主人安排。切不可马虎了事，敷衍应付，甚至高傲自负。

6. 参会者

参加会议的代表，要遵守纪律、讲究礼仪。进入会场，要轻声轻气，动作严谨缓慢，发言人开始和结束发言时，要鼓掌致意，重要的贵宾讲话时，可以全体起立，并报以鼓掌。发言人发言时，要认真倾听，必要时要做记录。不要交头接耳，左顾右盼。在会议期间，会议代表一般不应离席，确实必须离开时，应当向有关人员讲明原因，离席时要弯腰、侧身，尽量少影响他人，并表示歉意。

9.2 茶话会礼仪

茶话会，顾名思义是饮茶谈话之会。它是由茶会和谈话演变而来的。茶话会是组织和机关工作人员经常举行的会议，它的主题虽然多样，但其共同特点是轻松、活泼、温情，它给主宾双方扩大交往、加深友谊提供了良好的场所。茶话会所呈现出的礼仪也是多种多样的。

礼仪视窗 9-10

茶话会的由来

据史书云:三国时吴末代皇帝孙皓,每宴群臣,必尽兴大醉。大臣韦曜酒量甚小,孙皓便密赐“以茶代酒”的方法。后来,逐渐产生集体饮茶的茶宴,且日益普遍,很像今天的茶话会。茶宴多以名茶待客,宾主在茶宴上一边细嚼慢品,一边赋诗作对,谈笑风生。唐宋时的“泛花邀客坐,代饮引清言”和“寒夜客来茶当酒,竹炉汤沸火初红”的诗句,便是对茶话的描述。

另据载茶会亦是旧中国商人在茶楼进行交易的一种集会,流行于长江流域,尤以上海最盛。届时,各业各帮的商人以约定的茶楼作为集会地点,边饮茶边交流行市,进行买卖。茶话即饮茶清谈。文岳《入局》诗写道:“茶话略无尘七杂。”因此,人们把用茶点招待宾客的社会性聚会叫做“茶话会”。如今,茶话会已成为我国各阶层人士进行互相谈心、表示情谊、交流感情的传统形式。

(资料来源:http://hi.baidu.com/homerguaizi/blog/item/cb65d03d8fb73ec69f3d6282.html)

9.2.1 会议主题

1. 以联谊为主题

平日所见的茶话会多以联谊为主题。它的举行是为了联络主办方同应邀与会的社会各界人士之间的友谊。在这类茶话会上,宾主通过叙旧与答谢,往往可以增进相互之间的进一步了解,拉近彼此之间的关系。除此之外,它还为与会的社会各界人士提供了一个扩大社交圈的良好契机。

2. 以娱乐为主题

以娱乐为主题的茶话会,主要是指在茶话会上安排了一些文娱节目或文娱活动,并且以此作为茶话会的主要内容。这一主题的茶话会,主要是为了活跃现场的气氛,调动与会者参与的积极性。与联欢会所不同的是,以娱乐为主题的茶话会所安排的文娱节目或文娱活动,往往不需要事前进行专门的安排与排练,而是以现场的自由参加与即兴表演为主。它不必刻意追求高水平的表演,而是强调重在参与、尽兴而已。

3. 以专题为主题

以专题为主题的茶话会,是指在某一特定的时刻,或为了某些专门的问题而召开的茶话会。它的主要内容,是主办单位就某一专门问题收集反映,听取某些专业人士的见解,或者是同某些与本单位存在特定关系的人士进行对话。召开此类茶话会时,尽管主题已定,仍须倡导与会者畅所欲言,并且不拘情面。为了促使会议进行得轻松、活跃,有些时候,茶话会的专题允许宽泛一些,并且允许与会者的发言有稍许脱题。①

9.2.2 来宾确定

茶话会的与会者,除了主办单位的会务人员外,余为来宾。在一般情况下,茶话会的主要与会者,大体上可分为以下三种。

1. 内部人员

(1)本单位的人士。以本单位的人士为主要与会者的茶话会,主要是邀请本单位的各方代表参加,意在沟通信息,通报情况,听取建议,嘉勉先进,总结工作。有时,这类茶话会亦可邀请本单位的全体员工或某一部门、某一阶层的人士参加。因此,它也叫做内部茶话会。

(2)本单位的顾问。以本单位顾问为主要与会者的茶话会,意在表达对有助于本单位的各位专家、学者、教授的敬意。他们受聘为本单位的顾问,自然对本单位的贡献颇多。同时,特意邀请他们与会,既表示了对他们的尊敬与重视,也可以进一步地直接向其咨询,并听取其建议。

2. 社会名流

社会名流,作为知名人士,他们不仅在社会上具有一定的影响力、号召力和社会威望,而且还往往是某一方面的代言人。以社会名流为主要与会者的茶话会,可使本单位与社会名流直接进行交流,加深对方对本单位的了解与好感,并且倾听社会对本单位直言不讳的意见或反映。

3. 合作伙伴

合作伙伴,在此特指在商务交往中与本单位存在着一定联系的单位和个人。除了自己的协作者之外,还应包括与本单位存在着供、产、销等其他关系的合作者。以合作伙伴为主要与会者的茶话会,重在向与会者表达谢意,加深彼此间的理解与信任。

9.2.3 时空选择

举行茶话会的时空问题可以分为四个具体的小问题,即举行的空间、举行的时机、举行的时间、时间的长度。举行茶话会的空间,指的是茶话会的举办地点、场所的选择。按照惯例,适宜举行茶话会的大致场地有:主办单位的会议厅;宾馆的多功能厅;主办单位负责人的私家客厅;主办单位负责人的私家庭院或露天花园;高档的营业性茶楼或茶室等。餐厅、歌厅、酒吧等,均不宜用来举办茶话会。在举行茶话会的时机问题上,应该依据必要、适时的原则,选择最恰当的时机进行。举行的时间,在此是指茶话会具体应于何时举行。根据国际惯例,举行茶话会的最佳时间是下午 4 点钟左右。有些时候,亦可将其安排在上午 10 点左右。在具体进行操作时,主要应以

① 引自 http://www.taxchina.cn/swyz/2004-09/02/cms279018article.shtml

与会者尤其是主要与会者的方便与否以及当地人的生活习惯为准。在一般情况下，一次成功的茶话会，大都讲究适可而止。若是将其限定在一个小时至两个小时之内，它的效果往往会更好一些。

9.2.4 座次安排

根据约定俗成的惯例，目前安排茶话会与会者的具体座次时，主要采取以下四种方法。

1. 环绕式

所谓环绕式排位，指的是不设立主席台，而将座椅、沙发、茶几摆放在会场的周围，不明确座次的具体尊卑，而听任与会者在入场之后自由就座。这一安排座次的方式，与茶话会的主题最相符，因而在当前流行面最广。

2. 散座式

所谓散座式排位，多见于举行于室外的茶话会。座椅、沙发、茶几的摆放，可以散乱无序，四处自由地组合，甚至可由与会者根据个人要求而自行调节，随意安置。其目的就是要创造出一种宽松、舒适、惬意的社交环境。

3. 圆桌式

所谓圆桌式排位，指的是在会场上摆放圆桌，而请与会者在其周围自由就座的一种安排座次的方式。圆桌式排位通常分为下列两种方式：一种是仅在会场中央安放一张大型的椭圆形会议桌，而请全体与会者在其周围就座。另一种是在会场上安放数张圆桌，而请与会者自由组合，各自在其周围就座。[①] 当与会者人数较少时，可采用前者。而当与会者人数较多时，则应采用后者。

4. 主席式

在茶话会上，主席式排位并不意味着要在会场上摆放出一目了然的主席台，而是指在会场上，主持人、主人与主宾应被有意识地安排在一起就座，并且按照常规，居于上座之处，例如，中央、前排、会标之下或是面对正门之处。

9.2.5 茶点准备

在举行茶话会时，要精心准备茶叶和茶具。选择茶叶时，在力所能及的情况下，应尽量挑选上品，切勿滥竽充数。与此同时，要注意照顾与会者的不同口味。对于中国人来说，绿茶老少皆宜；而对欧美人而言，红茶则更受欢迎。在选择茶具时，最好选陶瓷器皿，并且讲究茶杯、茶碗、茶壶成套，千万不要采用玻璃杯、塑料杯、搪瓷杯、不锈钢杯，也不要用热水瓶来代替茶壶。所有的茶具一定要清洗干净，并且完整无损，没有污垢。除供应茶水外，在茶话会上还可以为与会者略备一些点心、水果或是地方风味小吃。按惯例，在茶话会举行之后，举办单位通常不再为与会者备餐。

---

① 引自：http://www.taxchina.cn/swyz/2004-10/14/cms292279article.shtml

9.2.6 会议议程

(1)主持人宣布茶话会正式开始。在宣布正式会议开始之前,主持人应当请与会者各就各位,并且保持安静。而在会议正式宣布开始之后,主持人还可对主要的与会者略加介绍。

(2)主办单位的主要负责人讲话。他的讲话应当阐明此次茶话会的中心内容。除此之外,还可以代表主办单位,对全体与会者的到来表示欢迎和感谢,并且恳请大家今后一如既往地给本单位以更多的理解、支持。

(3)与会者发言。根据惯例,与会者的发言在任何情况下都是茶话会的中心之所在。为了确保与会者在发言中直言不讳,畅所欲言,通常主办单位事先均不对发言者进行约定与排序,也不限制发言的具体时间,而是提倡与会者自由地进行即兴式的发言。有时,与会者在同一次茶话会上,还可以数次进行发言,以不断补充、完善自己的见解和主张。

(4)茶话会结束。主持人略作总结,即可宣布茶话会至此结束。

9.2.7 现场发言

根据会议礼仪的规范,茶话会的现场发言要想取得成功,重点在于主持人的引导得法和与会者的发言得体。在众人争相发言时,应由主持人决定孰先孰后。当无人发言时,应由主持人引出新的话题,或由其恳请某位人士发言。当与会者之间发生争执时,应由主持人出面劝阻。在每位与会者发言之前,可由主持人对其略作介绍。在其发言的前后,应由主持人带头鼓掌致意。万一有人发言严重跑题或言词不当,则还应由主持人出面转换话题。不论自己有何高见,打断他人的发言,都是失礼的行为。在进行发言的过程中,不论所谈何事,都要使自己语速适中,口齿清晰,神态自然,用语文明。

9.3 展览会礼仪

所谓展览会,对商界而言,主要是特指有关方面为了介绍本单位的业绩,展示本单位的成果,推销本单位的产品、技术或专利,而以集中陈列实物、模型、文字、图表、影像资料的形式,所组织的宣传性聚会。有时,人们也将其简称为展览,或称之为展示、展示会。展览会,在商务交往中往往发挥着重大的作用。它不仅具有较强的说服力、感染力,还可以现身说法打动观众,为主办单位广交朋友,而且还可以借助于个体传播、群体传播、大众传播等各种传播形式,使有关主办单位的信息广为传播,提高其名气与声誉。正因为如此,几乎所有的商界单位都对展览会备加重视,踊跃参加。

9.3.1 分类

展览会是一个覆盖面甚广的概念,可以分为许多不同的具体类型。要开好一次展览会,首先必须确定其具体类型,然后再进行相应的定位。否则,就可能会出现不少的漏洞。站在不同的角度看待展览会,往往可以对其进行不同标准的划分。按照目前通行的会务礼仪规范,划分展览会不同类型的主要标准有以下五条。

1. 按展览会的时间

根据展期的不同,可以把展览会分为长期展览会、定期展览会和临时展览会。长期展览会大都常年举行,其展览场所固定,展品变动不大。长期展览会可以是三个月、半年、甚至常设,短期展览会一般不超过一个月。定期展览会的展期一般固定为每隔一段时间之后,在某一特定的时间内举行。定期展览会有一年四次、一年两次、一年一次、两年一次等。临时展览会则是视需要而定。在发达国家,专业展览会一般是三天。在英国,一年一次的展览会占展览会总数的3/4。①

2. 按展览会的地域

按展览会的地域可以分为国内展和出国展。国内展包括境内展,即非涉外的贸易展览会。来华展,即在境内举办的对外经济技术贸易展览会。出国展,即组织国内企业出国办展或参展。原则上,出国不含港澳台在内。如果去港澳台做展览会,或港澳台的厂商到内地参展,按政策需报商务部的港澳台司批准。这是展览会从计划经济向市场经济过渡阶段必然出现的一些现象。②

3. 按展览会的规模

根据具体规模的大小,展览会又有大型展览会、小型展览会与微型展览会之分。大型展览会,通常由社会上的专门机构出面承办,其参展的单位多、参展的项目广,因而规模较大。小型展览会,一般由某一单位自行举办,其规模相对较小。在小型展览会上,展示的主要是代表着主办单位最新成就的各种产品、技术和专利。微型展览会,则是小型展览会的进一步微缩。它提取了小型展览会的精华之处,一般不在社会上进行商业展示,而是将其安排陈列于本单位的展览室或荣誉室之内,主要用以教育本单位的员工和供来宾参观之用。

4. 按展览品的种类

在展览会上,展览品种类的多少,往往会直接导致展览会的性质有所不同。根据展览品种类的不同,可将展览会区分为单一型展览会与综合型展览会。单一型展览会,往往只展示某一大门类的产品、技术或专利,只不过其具体的品牌、型号、功能有所不同而以,如化妆品、汽车等。

5. 按参展者的区域

按照参展单位所在的地理区域的不同,可将展览会划分为国际性展览会、洲际性展览会、全国性展览会、全省性展览会和本地性展览会。规模较大的国际性展览会、洲际性展览会、全国性展览会,往往被人们称为博览会。

---

① 引自 http://www.cimhec.org/html/zhbb/kp/2008123204948.html

② 引自 http://blog.sina.com.cn/s/blog_4a95731701000980.html

9.3.2 展前

1. 确定参展单位

一旦决定举办展览会,由什么单位来参加的问题,是非常重要的。在具体考虑参展单位的时候,必须两厢情愿,不得勉强。按照商务礼仪的要求,主办单位事先应以适当的方式,对拟参展的单位发出正式的邀请或召集。对于报名参展的单位,主办单位应根据展览会的主题与具体条件进行必要的审核。当参展单位的正式名单确定以后,主办单位应及时以专函的形式进行通知,使被批准的参展单位尽早准备。

2. 宣传展览内容

成立专门的新闻发布机构,负责与新闻界进行联系,制定新闻发布计划,邀请新闻界采访、报道,撰写新闻稿,及时向社会传播有关展览会的各种信息,引起社会各界对展览会的重视,并且尽量扩大其影响。准备好宣传资料,设计和制作展览会的会标、会徽和纪念品,制作好介绍参展单位和参展项目的幻灯片、说明书、宣传小册子等,供展出时分发。

3. 分配展示位置

在布置展览现场时,基本的要求是:展示陈列的各种产品要围绕既定的主题,互为衬托,合理组合与搭配。要在整体上显得井然有序,浑然一体。展品在展览会上进行展示陈列的具体位置,称为展位。大凡理想的展位,除了收费合理之外,应当面积适当,客流较多,处于展览会上较为醒目之处,设施齐备,采光、水电的供给良好。

4. 加强安全保卫

无论展览会举办的社会治安环境如何,组织者对于有关的安全保卫事项均应认真对待,免得由于事先考虑不周而麻烦丛生,或是“大意失荆州”。在举办展览会前,必须依法履行常规的报批手续。此外,组织者还需主动将展览会的举办详情向当地的公安部门进行通报,求得其理解、支持与配合。按照常规,有关安全保卫的事项,必要时最好由有关各方正式签订合约或协议,并且经过公证。这样一来,万一出了事情,大家就好“亲兄弟,明算账”了。

5. 提供服务项目

主办单位作为展览会的组织者,有义务为参展单位提供一切必要的辅助性服务项目。否则,不但会影响自己的声誉,而且还会授人以柄。由展览会的组织者为参展单位提供的各项辅助性服务项目,最好有言在先,并且对有关费用的支付进行详尽的说明。

9.3.3 展中

1. 维护展会形象

在参与展览时,参展单位的整体形象将直接映入观众的眼里,因而对自己参展的成败影响极大。参展单位的整体形象,主要由展示之物的形象和工作人员的形象两个部分所构成。对于二者要给予同等的重视,不可偏废其一。

展示之物的形象,主要由展品外观、展品质量、展品陈列、展位布置、发放资料等构成。用以进行展览的产品,外观上力求完美无缺,质量上要优中选秀,陈列上既要整齐美观又要讲究主次,布置上要兼顾主题的突出与观众的注意力。

工作人员的形象,则主要是指在展览会上直接代表参展单位露面的人员的穿着打扮。在一般情况下,要求在展位上工作的人员应当统一着装。按照惯例,工作人员不应佩戴首饰,男士应当剃须,女士则最好化淡妆。

2. 注意礼貌待人

在展览会上,不管它是宣传型展览会还是销售型展览会,参展单位的工作人员都必须真正地意识到观众是自己的上帝,为其热情而竭诚的服务是自己的职责。

展览一旦正式开始,全体参展单位的工作人员即应各就各位,站立迎宾。不允许迟到、早退、无故脱岗、东游西逛,更不允许在观众到来时坐卧不起,怠慢对方。

工作人员都要面含微笑,主动地向对方说:"您好! 欢迎光临!"随后,还应面向对方稍许欠身伸出右手,掌心向上指尖直指展台,并告知对方:"请您参观!"当观众离去时,工作人员应当真诚地向对方欠身施礼,并道以"谢谢光临!"或"再见!"

礼仪视窗 9-11

这样会失去顾客

在大型展会上,有这样的一幕:一个展台的员工一把抓住一个顾客,十分诚恳地邀请他到自己的展台去参观,这个顾客也表现得很有涵养,他试图想找一个很有礼貌的方式拒绝到那个展台去,可是无论找什么借口都无法摆脱纠缠,工作人员总是在他要走的时候说:"请再等一下! 还有……"当这位顾客在被纠缠了长达7分钟之后,终于在忍无可忍的情况下,十分愤怒地对工作人员表达了自己的厌恶之情,最终得以逃脱,而这位被拒绝的服务人员也表现得十分泄气,似乎受到了很大的挫败。

(资料来源:李莉:《会展服务的礼仪规范》,湖南,社会科学技术出版社,2005。)

3. 善用解说技巧

解说技巧,此处主要是指参展单位的工作人员在向观众介绍或说明展品时,所应当掌握的基本方法和技能。具体而言,在宣传性展览会与销售型展览会上,其解说技巧既有共性可循,又有各自的不同之处。在宣传性展览会与销售性展览会上,解说技巧的共性在于:要善于因人而异,使解说具有针对性。与此同时,要突出展品自身的特色。在实事求是的前提下,要注意对其扬长避短,强调"人无我有"之处。必要时还可邀请观众亲自动手操作,或由工作人员为其进行现场示范。此外,还可以安排观众观看与展品相关的影视片,并向其提供说明材料与单位名片。通常,说明材料与单位名片应常备于展台上,由观众自取。

9.3.4 展后

展后工作是展览会不可缺少的一部分,一般可以分为两个阶段进行,即跟踪服务阶段、总结评估阶段。

1. 跟踪服务

展览会结束后的跟踪服务主要是针对参展者而进行的,其目的主要是加深客户印象;树立品牌形象,为下次做预告宣传。

展览会结束后,参展者对展览会的印象还在记忆当中,如果此时抓住机会,深入与参展者发展关系就很容易。记忆是印象的延伸,印象是在展览会上留下的,记忆是在跟踪服务工作中加深的。跟踪服务做得越早越好,可以使参展者保留在展览会上的热情,这样就不会失去这些客户。在美国就有机构专门研究参展者记忆率的变化,有以下发现:参展者在展览会闭幕后五周对展览情况的记忆从100%迅速降到约60%,之后记忆有所反弹。研究人员认为反弹的原因可能是主办单位的跟踪服务开始起作用。① 以上可以说明:展后的跟踪服务对客户的记忆加深有着很重要的作用。

展后的跟踪服务主要有媒体的跟踪报道和感谢工作。

(1)媒体跟踪报道。主要是对展览会进行一个回顾性的报道,将有关情况、有关的统计资料数据提供给新闻界,这样可以进一步扩大会展的影响,为下次做好十足的宣传。如在2007年9月山西太原的煤博会,在会展结束后,山西的各大媒体都对其过程和结果进行了详细的报道,使参展者进一步加深了印象,也为下次的展览会做了很好的宣传。

(2)感谢工作。感谢的对象是所有的参展单位,重要的参展商和支持单位、合作单位以及给予展览会大力支持的新闻媒体,都应给予感谢。举办会展的一个目的就是能够给参展者提供一个交流的平台,让参展者喜欢这种方式的服务,愿意来这里参展。

2. 总结评估

展后的总结工作并不是一个独立的业务工作,而是管理工作的一个组成部分,总结的作用就是统计整体资料,研究分析已做过的工作,为未来的工作提供数据资料、经验和建议。因此,总结工作对展览会的经营与管理有着重要的意义和作用。一般展后总结由三部分组成:①从筹备到开展的各项工作总结;②效益分析和成本核算;③项目市场调查——本展览会在市场同类项目中所占的市场份额、优势劣势比较、竞争情况等。②

评估的意义和作用在于判断已做过的所有工作效率和效果,提供标准和结论,并为提高以后的工作效率和效果提供依据和经验。

---

① (资料来源:李莉:《会展服务的礼仪规范》,湖南,社会科学技术出版社,2005。)

② 李莉:《会展服务的礼仪规范》.湖南,社会科学技术出版社,2005。

目前在国外,特别是德国、意大利、法国等一些展览业比较发达的国家,该行业早已实行专业化和产业化经营,业内的分工十分细化,十分专业,而且还派生出许多专业的会展服务公司,如:会展广告公司、布展公司、策划公司、顾问公司、评估公司等,专门为会展服务单位提供策划、预测、统计和评估等专业的会展服务。事实上目前在国内,我们所看到许多会展的举办单位,在展后几乎没有什么评估工作,致使办展水平一直在原地踏步或日渐萧条。评估工作可以在会展前一个月进行,主办单位要成立专门的评估小组,并指定专人负责操作,收集展会的各种资料,然后做出预测和统计,收集和统计的项目要有一致性,并坚持使用一种标准方式,而不是经常变换标准和方式,这样有助于提高评估工作的准确度、实用性和连续性。

展览会是一项投入比较大的经营活动,主办者投入了很大的人力、物力和财力进行筹备工作,每次的展会都会有许多宝贵的经验和教训,系统的评估将有利于发现问题、改进工作和提高效率。

9.4 新闻发布会礼仪

新闻发布会又称记者招待会,它是商务会议和政务会议中特别重要的一种活动,它的内容大都涉及内部重大事情,与会者主要是媒体记者,因此一定要做好相关的礼仪工作。这里主要指公关人员组织召集新闻记者并由发言人发布信息或回答记者提问的一种传播方式。随着我国市场经济的发展,新闻发布会成了增加组织与大众交流有益的沟通方式并在协调组织与公众的关系、赢得公众的理解和支持、创造和谐稳定的社会环境,吸引更多的支持者和合作者、促进组织实施目标的顺利实现等方面都起到了积极的作用。

礼仪视窗 9-12

新闻发布会召开的合理时期

2003 年 4 月 9 日,世界卫生组织专家组在结束了为期 6 天的广东考察后,回到北京。于当晚 6 点,专家组就广东 SARS 情况举行了新闻发布会。会上介绍了专家组在广东的主要任务是评价当地的形势、支持和加强对 SARS 病例的监测、临床管理、感染控制和实验室的评价工作,并且专家组就广东省的监测系统、社区感染控制措施、患者管理及医院感染控制情况提出报告。通过举办新闻发布会,政府快速、及时、准确地向公众传播了有关 SARS 正确的重要信息。

(资料来源:http://club.xilu.com/hebowen/msgview-136289-2069.html)

9.4.1 筹备

召开好新闻发布会是组织塑造良好社会形象的重要活动,可以有效地提高其知名度、公信度和美誉度。

礼仪视窗 9-13

新闻发布会

20 世纪 80 年代后期,国内的一家民营企业开发出了一种全新的果汁型饮料。这种饮料不仅营养丰富、无添加剂、口感舒适,而且符合健康和卫生标准,并与国际上饮料的流行趋势相吻合。然而,国内的饮料市场几乎全部已被外国饮料所占领。要在当时特定的条件下,将这种新型的国产饮料推上市场,并且争得一席之地,可以说是难上加难。

要想在广告宣传上与财大气粗、经验丰富的外国饮料商决一雌雄,显然不是国内这家民营企业的强项。于是,它的负责人决定另辟蹊径,在力所能及的情况下,为自己做上一次"软广告"。在饮料消费的旺季来临之前,这家企业专门租用了首都北京的一座举世知名的建筑物,在其中召开了一次由新闻界人士为主要参加者的新产品说明会。在会上,这家企业除了向与会者推荐自己的新产品之外,还邀请到了国内著名的饮料专家与营养专家,请其发表各自的意见,并邀请全体与会者亲口品尝这项新产品。

此后,不少与会的新闻界人士不仅争先恐后地在自己所属的媒体上发布了这条消息,而且还纷纷自愿地为其大说好话。有些新闻界人士甚至还站在维护国产饮料的立场上,为其摇旗呐喊。结果一时间令其名声大振,销量也随之大增,终于在列强林立的饮料市场上脱颖而出。从会务礼仪的角度上来看,那家民营企业为推出自己的新品饮料所举行的那次带来了巨大成功的新产品说明会,即为新闻发布会。

(资料来源:http://jingmenghun.bokee.com/viewdiary.15300167.html#)

新闻发布会的筹备,主要有以下几项工作要做。

1. 主题确定

新闻发布会的组织者一定要明确主题,以便确定邀请新闻记者的范围,做到有的放矢。如果主题不明,新闻记者就不可能按照组织者预定的目的宣传信息,甚至会弄巧成拙,损害组织在公众中的形象。一般来讲,新闻发布会的主题大致有两种类型。一是说明性主题。如政府制定新政策、企业推出新产品等,此时,新闻发布会主要是对外宣传决定。二是解释性主题。如国家出现公共危机,企业产品出现问题等,此时,新闻发布会主要是对所发生的事情进行解释。主办单位可根据情况,确定好新闻发布会的主题。

2. 时空选择

选定时间时要注意避开节日与假日，避免与重大社会活动相冲突，防止与新闻宣传报道重点撞车。有些事情发生后，时效性极强，拖延时间可能会失去意义，应马上组织召开新闻发布会。新闻发布会举行的地点，可以考虑本单位所在地，事情的发生地，当地较有名气的宾馆、会议厅等。发布会的现场还应考虑到交通是否便利，采访条件是否优越，扩音、录音、录像设备是否完好，座位是否够用等等。

3. 材料准备

在准备新闻发布会时，主办方通常需要事先委托专人准备好以下四方面的主要材料。

(1)发言提纲。发言提纲是发言人在新闻发布会上进行正式发言时的发言提要。它既要紧扣主题，又必须全面、准确、生动、真实。

(2)问答提纲。为了使发言人在现场正式回答问题时表现自如，不慌不忙，事先应针对有可能被提问的主要问题进行预测，还应就此预备好针锋相对的答案，从而使发言人心中有数，必要时予以参考。

(3)宣传提纲。为了方便新闻人士在进行宣传报道时抓住重点、资讯详实，主办单位可先精心准备好一份有关数据、图片、资料为主的宣传提纲，并且认真打印出来，在新闻发布会上提供给每一位外来的与会者。在宣传提纲上，通常应列出单位名称及联系电话、传真号码、网址以供新闻人士核实之用。

(4)辅助材料。假如条件允许，可在新闻发布会的举办现场预备一些可以强化会议形象的视听材料，例如，图表、照片、实物、模型、光盘、录音、录像、影片、幻灯、光碟等，以供与会者利用。在会前或会后，有时亦可安排与会者进行一些必要的现场参观或展览、陈列。应当注意的是，切勿弄虚作假，切勿泄露机密。

4. 人员安排

在准备新闻发布会时，主办方必须精心做好有关人员的安排。按照常规，新闻发布会的主持人大都应当由主办方的公关部部长、办公室主任或秘书长担任。入选的基本条件是：仪表堂堂、年富力强、见多识广、反应灵活、语言流畅、幽默风趣、善于把握大局、长于引导提问，并且具有丰富的主持会议的经验。新闻发布会的发言人是会议的主角，通常应由本单位的主要负责人担任。除了慎选主持人、发言人之外，还需精选一些人员负责会议现场的礼仪接待工作。依照惯例，最好是由品行良好、相貌端正、工作负责、善于交际的年轻人担任。

5. 发言人选择

举办新闻发布会，一般由单位指定的发言人发布信息或回答记者提问。因此，事先确定好新闻发布会的发言人至关重要。发言人必须具有权威性，思维敏捷，反应灵敏，有较高的知识素养和业务水平，吐字清晰、准确、逻辑性强、从容镇静、不慌不忙。对于记者提出的带有挑衅或讽刺性的提问，不能针锋相对、恶语相讥，而是绵里藏针、间接回答;对于不愿发表透漏的信息,或是涉及党和国家的机密问题,应委婉地向记者做必要的解释,寻求记者的谅解;对于一时回答不了的问题,不宜用"无可奉告"之类的词应付,而应采取灵活的通情达理的方式解决,或是告诉记者如何寻找答案。

礼仪视窗 9-14

巧妙的回避

在一次记者招待会上,陈毅答记者问,有位外国记者向陈毅问道:"陈毅市长,中国已经成功地发射了第一、第二颗人造卫星,请问第三颗何时发射?"陈毅微微一笑,很坦诚地说"我不知道这是不是秘密?"记者说"不是。""那么,既然不是秘密,你肯定知道了。"陈毅市长镇定自若地回答了记者有意刁难的问题。

(资料来源:李莉.实用礼仪教程[M].北京:中国人民大学出版社,2006.93.)

9.4.2 程序

1. 签到

新闻发布会的入口处要设立签到处,安排专人进行签到、分发材料、引入会场等接待工作。接待人员要热情、大方、举止文雅。一般由组织方的一个主要人员出面迎接,一方面表示出主人的礼貌和会议的郑重;另一方面也可以通过问候寒暄加强接触了解,建立感情。

2. 会议开始

主持人应将召开新闻发布会的目的,将要发布的消息或要公布的事情经过做一些简单介绍。主持人应根据会议主题调节好会议气氛。当记者提问离会议主题太远的问题时,要善于巧妙地将话题引向主题;当会场出现紧张气氛时,能够及时调节、缓和。切实把握好会议的进程和时间。

3. 领导人发言

领导人在会上发言时,要突出重点,具体而恰到好处,语言生动、自然,吐字清晰,切忌冗长。把事件的内容做详细、准确的讲述。

4. 答记者提问

领导人在开始回答记者提问时,要准确、自如,不要随便打断记者的提问。对于不愿透漏或不好回答的事情,不应吞吞吐吐,要婉转、幽默地向记者做出解释。

5. 会议结束

新闻发布会后,主办人员要向参加者一一道别,并感谢他们的光临。个别记者有特殊要求时,有关人员还应耐心地予以答复。会议结束后,组织领导应站在门口,笑脸相送,感谢记者光临,为以后更好的合作打下良好的基础。

9.4.3 技巧

1. 媒体应对

在新闻发布会上，主办单位的交往对象自然以新闻界人士为主。在事先考虑新闻人士时，必须有所选择、有所侧重。一般而言，有以下几个侧重点。

(1)论证会议的必要性。是否邀请新闻界人士参加而举办新闻发布会，首先要看这个会议有无举办的必要。即使存在一定的必要性，也要多加论证，讲究发布会的少而精。

(2)了解各类媒体的特点。目前，新闻媒体大致可以分为电视、报纸、广播、杂志、网络五种。它们各有所长，各有所短。电视的优点是：受众广泛，真实感强，传播迅速；其缺点是：受时空限制，不容易保存。报纸的优点是：信息容量大，易储存查阅，覆盖面广；其缺点是：感染力差，不够精美。广播的优点是：传播速度快，鼓动性极强，受限制较小；其缺点是：稍纵即逝，选择性差。杂志的优点是：印刷精美，形式多变；其缺点是系统性差，出版周期较长。网络的优点是：作为一种信息通信，数据传递和资源共享的方式和手段，它的高效率、全球性、虚拟性等是现代社会不可缺少的东西。其缺点是：玩网络游戏容易上瘾后果不堪设想，在和陌生人聊天时，会被欺骗，如果将网络作为一种犯罪手段的话，将会给社会带来无法估量的严重后果。了解上述各种媒体的主要优缺点，并在对其邀请时加以考虑，才不至于走弯路。

(3)确定会议的参加者。在邀请新闻单位的具体数量上，新闻发布会自有讲究。基本的规则是，宣布某一消息时，尤其是在为了扩大影响，提高本单位的知名度时，邀请新闻单位通常多多益善。而在说明某一活动、解释某一事件时，特别是当本单位处于守势时，邀请新闻单位的面则不宜过于宽泛。不论是邀请一家还是数家新闻单位参加新闻发布会，主办单位都要尽可能优先邀请那些影响大、主持正义、报道公正、口碑良好的新闻单位派员到场。

(4)处理好与新闻界人士的关系。要想取得新闻发布会的成功，就必须取得对方的配合。只有双方达成默契新闻发布会才能圆满召开。在处理与新闻界人士的关系时，应注意以下几个方面：把新闻界人士当作自己真正的朋友，对其要尊重友好，更要真诚相待；对所有的与会新闻人士一视同仁，不要有亲有疏、厚此薄彼；尽可能地向新闻界人士提供其所需要的信息，要注重信息的准确性、真实性与时效性，不要弄虚作假，爆炒新闻；尊重新闻界人士的自我判断，不要拉拢、收买对方，更不要左右对方；与新闻界人士保持联络，要注意经常与其互通信息，常来常往，争取建立持久的关系。

2. 现场应酬

在新闻发布会正式举行的过程中，往往会出现这样那样确定的不确定的问题，有时，甚至还会有难以预料的情况或变故出现。要应付这些难题，确保新闻发布会的顺利进行，特别是主持人、发言人在新闻发布会举行之际，要牢记下述几个要点。

(1)主持人和发言人外表的修饰。在新闻发布会上，代表主办单位出场的主持人、发言人，被新闻界人士视为主办单位的化身和代言人。鉴于此，主持人、发言人对于自己的外表，尤其是仪容、服饰、举止，一定要事先进行认真的修饰。在面对新闻界人士时，主持人、发言人都要举止自然大方，面带微笑、目光炯炯、表情松弛、坐态端正。

(2)主持人、发言人相互间的配合。不论是主持人还是发言人，在新闻发布会上都是一家人，因此二者之间的默契配合必不可少。要真正做好相互配合，一要分工明确，二要彼此支持。主持人要做的，主要是主持会议、引导提问；发言人要做的，则主要是主旨发言、答复提问。有时，在重要的新闻发布会上，为慎重起见，主办单位往往会安排数名发言人同时出场。若发言人不止一人，事先必须进行好内部分工，各管一段，只需一人进行主旨发言即可。当新闻界人士提出的某些问题过于尖锐或难以回答时，主持人要想方设法转移话题，不使发言人难堪。而当主持人邀请某位记者提问之后，发言人一般要给予对方适当的回答。

(3)主持人、发言人讲话的分寸。在新闻发布会上，主持人、发言人的一言一语，都代表着主办单位。因此，必须对自己的讲话分寸予以重视。

①简明扼要。不管是发言还是答问，都要条理清晰、重点集中，令人一听就懂，又难以忘怀。在新闻发布会上有意卖弄口才、口若悬河，往往是费力不讨好的。

②提供新闻。新闻发布会，自然要有新闻发布。新闻界人士就是特意为此而来的，所以在不违法、不泄密的前提下，要善于满足对方在这一方面的要求，要在讲话中善于表达自己的独到见解。

③生动灵活。在讲话之际，讲话者的语言是否生动，话题是否灵活，往往直接影响到现场的气氛。面对冷场或者冲突爆发在即，讲话者生动而灵活的语言，往往可以使之化险为夷。因此，适当地采用一些幽默风趣的语言、巧妙的典故，也是必不可少的。

④礼貌待人。新闻记者大都见多识广，加之又是有备而来，所以他们在新闻发布会上经常会提出一些尖锐而棘手的问题。遇到这种情况时，发言人能答则答，不能答则应巧妙地进行回避。无论如何，都不要给对方以恶语相加，甚至粗暴地打断对方的提问。吞吞吐吐、张口结舌，也不会给人以好的印象。唯有语言谦恭敬人、高雅脱俗，才会不辱使命。

礼仪视窗 9－15

主持人技巧

主持人是新闻发布会的组织者，应具有一定的组织能力和表达能力，态度和蔼亲切，用词准确、恰当，条理清晰，充分发挥主持人和组织者的作用，积极引导记者踊跃提问。主持人举止言行要讲究礼节礼貌，尊重记者的提问。若记者提出远离会议主题的问题时应婉转地谢绝，巧妙地将话题引向主题。在记者提问时，切不可随便插话，打断记者的提问。主持人应注意调整会议气氛，掌握会议预定时间。若记者提问十分活跃，可与发言人协商，适当延长时间。

（资料来源：金正昆.政务礼仪[M].北京：北京大学出版社，2005.112.）

3.善后事务

一些特殊情况的新闻发布会结束以后，可举办小型宴会或舞会招待记者，并征求记者的意见和建议。工作人员力求以最快的速度将报道纪要发给记者，以便记者整稿，准确及时地报道。即使记者没有报道或报道角度与组织者的期望不一样，或是遭到新闻界善意批评时，不应埋怨新闻界，而应主动与记者联系，征求意见，以便更好地改进工作。若报道中有歪曲事实或不正确的报道，应立即采取行动，摆出所有事实，说明全部真相，以求得新闻机构的信任并主动予以更正。

(1)了解新闻界的反应。新闻发布会结束后，应对照一下现场所使用的来宾签到簿与来宾邀请名单，核查一下新闻界人士的到会情况。据此可大致推断出新闻界对本单位的重视程度。

(2)整理与保存会议资料。需要主办单位认真整理保存的新闻发布会有关资料，大致可以分为两类：一类是会议自身的图文声像资料，包括在会议进行过程中所使用的一切文件、图表、录像等；另一类则是新闻媒介有关会议报道的资料，主要包括在电视、报纸、广播、杂志上所公开发表的涉及该新闻发布会的消息、通信、评论、图片等，其具体又可分为有利报道、不利报道、中性报道三类。

(3)对不利的报道应酌情采取补救措施。在听取了与会者的意见、建议，总结了会议的举办经验，收集、研究了新闻界对于会议的相关报道之后，对于失误、过错或误导，都要主动采取一些必要的对策。对于在新闻发布会之后所出现的不利报道，特别要注意具体情况，具体对待。不利报道大致可以分为三类：一是事实准确的批评性报道；二是因误解而出现的失实性报道；三是有意歪曲事实的敌视性报道。对于批评性报道，主办单位应当闻过即改，虚心接受；对于失实性报道，主办单位应通过适当途径加以解释，以消除误解；对于敌视性报道，主办单位则应在讲究策略、方式的前提下据理力争、立场坚定，尽量为自己挽回声誉。

本章小结

会议礼仪是现代公关礼仪的重要内容。从准备会议到会议结束的整个过程，不同的会议有着不同的具体礼仪要求和规范。会议礼仪就是会议认真策划、充分准备和精心组织过程中的要求。具体来说，不同的会议有不同的要求，同一会议在不同的阶段有着不同的礼仪要求。而一般的会议召开前的礼仪规范是：确定会议主题、会议通知、与会人员、会议文件等。各种会议在召开过程中的礼仪规范应该落实到每个与会人员的身上。主持人、参会人都应该进入自己的会议角色，履行自己的会议责任，完成自己不同的任务。茶话会、展览会、新闻发布会是公关人员日常工作中常见的会议，特别是在社会迅速发展的今天，其影响力不可忽视。

相关网站

中国公关网：http://www.chinapr.com.cn
新闻公关网：http://www.newspr.com
中国广告总库：http://www.adidc.com
洪恩在线：http://www.hongen.com

复习思考题

1. 与会者各个角色的礼仪规范有哪些？
2. 开好茶话会需要把握哪些主要环节？
3. 如何对展览会的效果进行评估？
4. 简述新闻发布会中技巧的重要性。

案例分析

温家宝会见中外记者

2004年3月4日下午，十届全国人大二次会议在人民大会堂闭幕。闭幕会后，国务院总理温家宝应会议新闻发言人姜恩柱的邀请，与中外记者见面并回答记者的提问。

姜恩柱：女士们、先生们，下午好！我们非常荣幸和高兴地邀请国务院总理温家宝同中外记者见面，并回答大家的提问。为了让更多的记者有机会提问，希望每一位提问的记者只提一个问题。现在先请温总理讲几句话。

温家宝：女士们、先生们，下午好！非常高兴又同大家见面，我首先要感谢广大群众，他们对"两会"非常关注，对我的《政府工作报告》非常关注，甚至对我举行这次新闻发布会也非常关注。他们通过各种渠道向我提出许多问题、意见和建议，使我非常感动。

……

温家宝：欢迎大家的提问。

中央电视台记者：……

温家宝：……

美国有线电视新闻网记者：您上一次访问美国期间，布什总统明确表示海峡两岸任何一方都不应采取单边行动改变台海现状，他也明确表示反对台湾将于下个星期举行所谓的“公投”，这个政策跟美国政府以往的政策稍有不同。您对此做了什么让美国改变这样的政策？您是拿什么吓唬了美国呢？为什么您认为美国方面，或者说其他国家，在台湾问题上明确阐述立场，对中国来说是重要的呢？是不是您认为他们明确阐明了立场就会影响台湾将于下个星期举行的选举和“公投”的结果呢？

温家宝：台湾问题是中国内战遗留的问题，是中国的内政，最终靠中国人自己来解决。世界上只有一个中国，大陆和台湾同属于一个中国，中国的主权和领土完整不容分割。中国对台湾拥有的主权，在《开罗宣言》和《波茨坦公告》中已经有明确的规定，也为国际社会所公认。台湾当局的某些人假借民主，搞旨在“台独”的“公投”，实际上是破坏世界公认的一个中国的原则，也威胁台湾地区的稳定。

温家宝：在这种情况下，世界上一切负责任的国家，会理所当然地表明他们自己的态度。在这里我非常赞赏布什先生在去年12月9日公开表明的立场，我也赞赏世界各国公开表明的严正态度。我没有用什么力量吓唬布什先生，但是我觉得美国和世界各国公开表明一个中国的立场，有利于台湾地区的和平与稳定。因此，我希望美国和其他国家都能够恪守他们对一个中国的诺言，为保持台海地区的稳定，促进中国的和平统一做出应有的贡献。

……

日本广播协会记者：我想问一个日中关系的问题。我们都觉得日中关系整体是好的，但是由于历史问题，还有对对方国情缺少理解的原因，日中之间并没有实现在政府最高层次上以及部分舆论层次上真正意义上的友好关系。

日本广播协会记者：我曾经听过您的演讲，了解到您小时候，家庭经历过日本侵华战争的创伤。请问温总理您个人如何看待日本？今后日本应当怎样努力，中国应当怎样努力，才能实现真正意义上的日中友好。

温家宝：中日关系主流应该说还是好的。中日邦交恢复以后，两国在政治、经济、民间、文化等各个方面的交流都有所发展。现在两国每年的经贸额超过1 300多亿美元，每年的人员来往超过300万，友好的城市超过200多个。

温家宝：现在中日两国关系存在的主要问题，是日本的有些领导人多次参拜供有甲级战犯亡灵的靖国神社，极大地伤害了中国人民的感情和亚洲人民的感情。而且在中国受害的不是一两个家庭，死亡的就有2 000多万人，所以日本领导人应当恪守三个政治文件，做到以史为鉴，面向未来，不要再做伤害中国人民感情的事情，也不要影响中日两国领导人的正常互访和两国关系的正常发展。

温家宝：我衷心地希望日本领导人能够以日中关系的大局为重，坚守三个文件的精神，推进中日友好合作关系。

温家宝：还有几分钟，大家都希望我再说一句话，让大家再提一个问题，这个问题给外国记者。

美联社记者：……

温家宝：……

温家宝：谢谢大家，言犹未尽，后会有期。

姜恩柱：感谢大家。记者招待会到此结束。

（资料来源：http://www.chinadaily.com.cn/gb/doc/2005-03/14/content_424716_7.htm）

实践训练

1. 实训项目：模拟全国总工会就“山西黑砖窑事件”召开的新闻发布会。

2. 实训目的：加深对新闻发布会活动步骤的进一步理解和认识。

3. 实训内容：分角色模拟主持人、发言人、嘉宾（全国著名法学专家）、中央电视台记者。

4. 实训组织：把全班分为若干个小组，撰写策划文案，每组选出一名学生进行文案讲解，并说明其可行性。同时应进行实际模拟。

5. 实训考核：对每组学生的报告进行评阅并做出点评。

10

公关谈判礼仪

讲话气势汹汹，未必就是言之有理。

——萨迪

学习目标

了解谈判整个流程的礼仪规范，能够明确谈判宗旨、确定谈判战略，进行谈判现场布置、阶段控制等全过程的礼仪规范。了解谈判类型，明确公关谈判的礼仪要点。

主要概念

谈判　谈判前组织礼仪　谈判中交锋礼仪　谈判策略

谈判已经深入到社会生活的各个领域。推销产品要谈判，生意往来要谈判，上街购物要谈判，连夫妻沟通都要谈判，只要想把自己的想法让别人接受，就需要谈判。所以谈判不只是领导或主管阶层的专利，不论您现在是什么身份，时时刻刻都需要具备面对各种谈判的能力。谈判是公共关系中常见而重要的活动。它对建立组织信誉、美化组织形象、发展和巩固组织与公众之间的联系具有重大的作用。

10.1　谈判概述

婴儿呱呱坠地，就知道以啼哭为手段来提醒和要求母亲给自己以食物和亲情；小朋友玩“打仗”游戏，都为扮演好人而费尽口舌；求职面试，为取得今后较好的待遇而和面试主考官进行的思维对撞……这些都是谈判。谈判已成为人生中不可分离的一部分。其实,你已经谈判过无数次了,只不过是“只缘身在谈判中,不识谈判真面目”而已。

可以说,有多少个谈判专家,就有多少个谈判概念。这有其历史和实践的渊源。不过,综观这些不同的观点,还是可以得到一个比较全面的概念。谈判是面临共同问题的双方(或多方)在谋求合作的基础上,通过讨论协商说服对方,为实现利益均沾的目的而进行的思想观点互换、情感互动的人际交往过程。①

礼仪视窗 10－1

谈判中的生活,生活中的谈判

小明和小华是两个经常在一起玩的小朋友。有一天,他们俩从邻居阿姨那里得到了一个橙子,于是,这两个孩子便讨论着如何分这个橙子。他们两个人吵来吵去,最终还是达成了一致的意见。小明负责切橙子,而小华则得到了选橙子的优先权。结果,这两个孩子都按照商定的办法各自得到了一半橙子。两个人高高兴兴地把半个橙子拿回家去了。

小明把半个橙子拿到家之后,剥掉橙子皮扔进了垃圾桶,把果肉放到果汁机上榨成果汁喝了;而小华回到家后则把果肉挖掉扔进了垃圾桶,却把橙子皮留下来磨碎了,混在面粉里用来烤蛋糕吃。

小明和小华各自拿到了看似公平的一半,然而,他们得到的东西却未能物尽其用。这说明,他们在事先并未做好沟通,也就是他们没有申明各自的利益所在。所以导致他们盲目追求形式上和立场上的公平,结果使得双方各自的利益并未在谈判中达到最大化。

小明认识到这一情况后,当他俩从邻居阿姨那里再次得到一个橙子时,想要整个橙子的小明提议可以将其他的问题拿出来一块谈,他对小华说:“如果你把这个橙子全给我,那么你上次欠我的棒棒糖就不用还了。”其实,他的牙齿已经被蛀得一塌糊涂,父母上星期就不让他再吃糖了。

小华想了一想,很快就答应了。他刚刚从父母那儿要了 5 元钱,准备买糖还债。如果按照小明说的,这样一来,他就可以拿这 5 元钱去打游戏,他才不在乎这酸溜溜的橙子呢。

(资料来源:夏志强.人一生要懂得的100个商务礼仪[M].北京:中国书店,2006.192.)

---

① 丛杭青:《公关礼仪》,北京,东方出版社,1995。

上面的这个小故事,看似和我们所要讲的礼仪问题相去甚远,但当你读完这节后回过头来再品味,就会发现谈判的礼仪要点也要遵循上述的需要。两个孩子的谈判思考过程实际上就是不断沟通、创造价值的过程。双方在这个过程中,都在为自己寻求利益最大化的方案,也在满足对方最大利益的需要。

好的谈判者并不一味地固守立场、寸步不让,而是要与对方充分交流,从双方的最大利益出发,创造各自所需的解决方案,用相对较小的让步来换得最大的利益,并最终达成一致。①

10.1.1 谈判内涵

"谈判"一词来源于其动词"谈判",该词又由拉丁词 negotiar(意为"做生意或贸易")而来。该动词本身又来源于另一个意为"拒绝"的动词和意为"休闲"的名词。因此,古罗马商人有在交易达成之前"不会闲下来去享受闲暇"之说。谈判绝对不是一场只有你输我赢的"零和游戏",也不是剑拔弩张完全对立的生死决斗。谈判是在双方意见交换中,各自达成自己的理想目标,进而增加彼此长远的交情,真正达到双赢的最高境界。

谈判就像下棋,不但要随机应变,还要算无遗策,唯有能够完全操控过程的人,才可以主导谈判的过程。什么时候该大惊失色? 什么时候该压缩谈判时间? 什么时候又该岔开话题? 向别人让步多少,才能达到双赢的理想结果? 开场、中场与收场各要有些什么样的策略? 这些错综复杂的问题,正是个人思想的综合表现艺术。

10.1.2 谈判类型

谈判应用的广泛性,导致了谈判类型的丰富多彩。可从如下不同的角度,对谈判类型作一简单介绍。

1. 按地点划分

假如按照谈判地点的不同来进行划分,谈判可分为以下四类。

(1)主座谈判。主座谈判是指在东道主单位所在地举行的谈判。通常认为,此种谈判往往使东道主一方拥有较大的主动性。

(2)客座谈判。客座谈判是指在谈判对象单位所在地举行的谈判。一般来说,这种谈判显然会使谈判对象占尽地主之利。

(3)主客座谈判。主客座谈判是指在谈判双方单位所在地轮流举行的谈判。这种谈判,对谈判双方都比较公正。

(4)第三地谈判。第三地谈判是指在谈判双方单位所在地之外的第三地进行的谈判。这种谈判,较主客座谈判更为公平,更少受到干扰。

显而易见,上述四类谈判对谈判双方的利与弊往往不尽相同,因此各方均会主动争取有利于己方的选择。

---

① 夏志强:《人一生要懂得的100个商务礼仪》,北京,中国书店,2006。

2. 按内容划分

一样是谈判，但该坚持的原则却可能有很大不同。哈佛商学院教授麦克金于哈佛商学院在《实用知识网络》周刊上指出，谈判内容包含关系、事实、程序三种信息，谈判形式则可分为六种类型。

(1)杀价型。目标是争取到对自己最有利的情况。例如，你向汽车经销商买车，双方讨价还价。这种谈判的重点在于事物本身，双方的关系较不重要。因此，关系信息很少，事实信息很多。

(2)战争型。目标是伤害对方，即使自己受伤也在所不惜。例如，关系不佳的劳资双方进行谈判，重点不在议题，而是双方的负面关系。在关系信息方面，双方的恶劣关系很清楚；在事实信息方面，少有交换，只是一连串的提出条件及遭受拒绝；在程序信息方面，难以达成谈判如何进行的共识。

(3)合作型。基于双方想要共同合作解决问题。例如，沟通良好的一家公司，部门间进行新工作分配。谈判的重点在于问题，而非双方的情况。在关系信息方面，谈判前，双方就已经有良好的关系，在谈判中会成为润滑剂；在事实信息方面，提供实际的信息，也分享背后的原因；在程序信息方面，双方清楚谈判的程序。

(4)诚恳型。双方拥有亲密关系，只是在一项议题中，各有不同的看法或目标。例如，夫妻商量分配照顾小孩的时间。因为双方的行为都不具策略性，三种信息都很直接。

(5)建立关系型。重要的是社交互动，反而不是议题。例如，当员工与主管谈判时，与主管保持良好关系，比在议题上获胜更重要。关系信息是谈判的中心，谈判中的行为都是为了促进双方的关系；事实信息只是表面上的敷衍；程序信息很少被论及。

(6)综合型。谈判过程的形态不断改变。例如，公司高层主管举办两天的会议，以讨论公司重组的细节，谈判中综合以上各种类型。

3. 按利益划分

从谈判利益的归属来看，谈判可以分为以下三种类型。

(1)私人谈判。如个体户和个人消费者之间的谈判以及两个人为分享一个苹果而进行的谈判等等。他们之间谈判的结果只能影响到谈判人的利益。

(2)组织谈判。谈判结果更多的是对谈判者所代表的组织的影响。如大至国家之间的谈判，小至作坊之间的谈判。

(3)混合型谈判。谈判双方一是私人，一是组织。谈判结果所产生的影响也就不同。

公关谈判指的是组织谈判，在一定意义上，也包括混合型谈判，作为公关谈判的代表不能以牺牲组织利益作代价而中饱私囊。

4. 按人数划分

从参加谈判的人数来看，可以分为两种类型。

(1)单独谈判。每方参加谈判的人数都是一人。有时,这种谈判可以提高效率,也可以提高保密度,但对谈判者的素质有着更高的要求。

(2)团体谈判。每方参加谈判的是数人。由于有专家的参加,事实的陈述可能更具有权威性和完整性,也多一些回旋的余地。

谈判人数的选择和谈判团队的设置是根据谈判性质和需要来确定的。

5. 按谈判方式划分

从谈判的方式来看,可以分为以下两种类型。

(1)正式谈判。这类谈判通常在比较严肃、庄重的氛围中进行,准备也比较充分。

(2)非正式谈判。这类谈判所达成的协议,有时只是一种口头协议或叫作"君子协定",缺乏法律约束力。谈判气氛比较随意和亲切。

此外,还可以从有无准备将谈判分为有准备的谈判和即兴式(无准备的)谈判;根据谈判的透明度可把谈判分为公开谈判和私密谈判等等。

10.1.3 谈判过程

一个完整的谈判过程包括准备、正式谈判和后继阶段。

(1)准备阶段。一般是指谈判的各方为了将要进行的谈判做相关的准备。尤其是主办方,在谈判之前需要做好各种准备工作。

(2)正式谈判。正式谈判可分为导入、概说、明示、交锋、妥协和协议六个阶段。

①导入阶段。导入阶段就是表示礼节、双方相互熟悉、营造良好氛围的阶段。这个阶段不宜太长,以免冲淡谈判主题;但也不可没有,否则会使谈判蒙上一层阴影,让谈判难以为继。

②概说阶段。概说阶段就是让对方了解己方的目的和态度。时间不宜过长,语言力求简洁明了。

③明示阶段。明示阶段就是在双方分歧的问题上,各自表明自己的态度和立场。

④交锋阶段。交锋阶段就是从不同的角度、不同的层次来列举事实,论证己方建议的合理性,以谋求对方的理解和接受。这是谈判的关键阶段。

⑤妥协阶段。妥协阶段就是在权衡双方利益的情况下,在一定范围内或一定条件下做出让步,以示合作的诚意,争取达成共识和签约。

⑥协议阶段。协议阶段就是稳定谈判结果,最终以文字形式记录下来。协议文字要简洁、准确,内容要具体;在对方拟定的谈判协议上签字时,应详细、审慎地检查协议的各项条款。

(3)后继阶段。后继阶段是指协议的公正,履约和信息的继续交流。经过公证部门公证过的协议具有法律的效力。一旦签约,就应该自觉履约和相互监督,并敦促对方也及时履约。如果发生新情况,出现新问题,应积极地协商解决。

10.1.4 谈判特点

尽管谈判的内容十分丰富,涉及的领域众多,技术性及偶然性因素也不时地影响着谈判的进程和结果,但是综合而言,谈判还是有其特点的。

1. 双方自愿

谈判是双方因为面临着共同的问题,需要通过协商来实现自己的利益,所以,双方都有参加的愿望。也只有在参加谈判的双方都是自愿的时候,才可能实现谈判的目的,谈判也才能取得成功。

2. 动态灵活

谈判是一个动态的过程。信息的不断交流和反馈,要求谈判人员迅速地判断形势并采取正确有效的谈判策略和方法,争取取得最佳的结果。谈判人员在方式、技巧、策略、妥协范围等方面应有一定的自主权。

3. 合作竞争

谈判的目的是为了达成一项有利于双方的协议,这就要求谈判双方凭着合作的精神,通过协商来完成。只有通过竞争,双方才能都取得相对满意的结果。谈判是合作基础上的竞争,是竞争中的合作。

4. 利益互补

谈判是基于双方利益上的需要,而不是单方面的利益需求。成功的谈判是双方互胜的结果,而不是一方胜、一方败的结局。

10.1.5 谈判原则

谈判中如果懂得双方都应该遵循相同的原则来取得交换条件,那么你就会在满足双方最大利益的基础上,做到站在对方的立场着想,从而有助于更好地达成协议。

1. 平等互惠

任何谈判都应是平等互惠的。平等是指谈判双方不分国籍,不分性别,不分肤色,在地位上、人格上是平等的。互惠则是指谈判双方"有给有取",利益均沾,双方共赢。所以,一般来说,谈判双方应互相尊重,而不是"以我为主"或"唯我独尊"。

2. 友好合作

谈判的目标是达成双方都满意的协议。谈判是合作基础上的竞争,所以,参加谈判的双方应本着友好合作的原则来进行。如果没有合作的愿望,那么任何谈判都不会有结果。不平等的谈判结果只会影响甚至破坏组织的自身形象,从而失去长期合作的可能性。

3. 真诚、守信

所谓真诚,即诚心诚意参加谈判,力求达成协议,而不是夸夸其谈,不着边际。所谓守信,就是言必行,行必果。签约之后,一定履约;如果出现意外,实在不能如期履约,则应给对方一个满意的结果来弥补,而不应该言而无信,决而不行。

10.2 公关谈判礼仪

在谈判中明确基本的礼仪要点,将是取得谈判成功的关键。公关谈判的每一个环节,从前期准备,到中期过程,再到后期完善,都有其相应的礼仪。只有熟知各种礼仪及技巧,才能营造和谐的谈判氛围,使谈判在融洽、友好的气氛中顺利进行,给双方留下美好的回忆,从而树立良好的组织形象。

10.2.1 前期准备礼仪

谈判前期的准备礼仪包括正确选择谈判的时间、地点、人员以及确定在"知己知彼"基础上的谈判策略。

10.2.1.1 天时

谈判时间是否适当,对谈判效果影响很大。选择谈判时间,一般应避开以下几种情况。

(1)身心处于低潮时,如夏天的午饭后,人们需要休息。

(2)休息日后的第一天早上,人们在心理上可能仍未进入工作状态。

(3)在连续紧张工作后,人们的思维比较零乱。

(4)"逢魔之时",也不要谈判。"逢魔之时"是指傍晚4—6时的体内时间(BODY TIME)。在没有午休的情况下,这是人一天的疲劳在心理上和生理上到达顶峰的时间,身心焦躁疲惫。如这时进行谈判,无疑会影响谈判的效率。

此外还要根据谈判需要,确定具体的议事日程。

10.2.1.2 地利

对参加谈判的每一方来说,确定谈判的具体地点均事关重大。从礼仪上来讲,具体确定谈判地点时,有两个方面的问题必须为有关各方所重视。

1. 商定谈判地点

在谈论、选择谈判地点时,既不应该对对手听之任之,也不应当固执己见。正确的做法是应各抒己见,最后再由大家协商确定。

礼仪视窗 10-2

日澳煤铁谈判中的"场地优势"

众所周知,日本是一个岛国,资源短缺,特别是煤铁等资源更是非常匮乏。而澳大利亚则以盛产煤铁而闻名于世。在国际贸易中,澳大利亚一直为找不到合适的买主而发愁,恰好日商主动找到了澳大利亚,进行煤铁贸易谈判。应该说,在这场谈判上,澳大利亚是掌握了谈判的主动权的,而精明的日本人却把澳大利亚的谈判代表请到了日本,可谓是煞费苦心。因为澳大利亚人性格较拘谨,讲究礼仪,所以一旦到了日本,情况就发生了显著的变化。澳大利亚人过惯了富裕舒适的生活,他们的谈判代表到了日本没有几天,就开始思念故乡的别墅、海滨以及家人,所以,他们在谈判桌上不时表现出一种急躁的情绪。而作为东道主的日本人,却可以不慌不忙地讨价还价,从而不知不觉地掌握了谈判的主动权。谈判的结果是，日本方面仅仅花了少量的款待作"鱼饵"，就钓到了澳大利亚这条大鱼，获得了大量谈判桌上难以获得的东西。

（资料来源：http://blog.hc360.com/portal/personShowArticle.do? articleId = 228855）

由此可见，谈判地点的选择，往往涉及谈判的环境心理因素问题，它对于谈判效果的影响常常起着举足轻重的作用。在以上事例中，日澳煤铁谈判中精明的日本人把谈判的地点定在本国，是别有用心的。在谈判中，最好是能够争取到在己方地点与对手进行谈判。因为，在自己所熟悉的地点与对手进行谈判，在心理上就会产生一种认同感，而且可以随时向上级汇报谈判情况，听取有关专家的意见，在处理各种谈判事务方面比较主动。

谈判的环境选择通常有三种情况。主场、客场、中立地区。从某一个角度上讲，选择任何一种场地都有它的优势和劣势，关键在于谈判者本身如何将这种优势发挥出来，又如何将这种劣势避免开去。

主场的优势是比较明显的。因为谈判是在你所熟悉的环境中进行，一方面免去了长途跋涉之苦，让你能够保持充沛的精力，去面对谈判对手，给你从心理上减轻了压力，从策略方面也有许多派生的好处。如，你可以随时得到支援人员，来回答一些难以回答的问题，可以及时获得你所需要的资料和数据；对于一些种类特殊的谈判来说，还有助于你使用"展示讲述法"向对方讲述己方产品的优越性能和服务的方便可靠；同时，还会使己方的整个谈判活动变得更加有效。

当你出于种种原因，不得不同意对手在客场进行谈判时，也并不是意味着你将处于劣势。在某些情况下，使谈判在对方的地域上进行，反而对你有利。例如，假设你买的是一种设备或产品，你当然会希望在生产现场看到演示，或者你还想参观一下供货商的生产设施，如果有可能的话，最好把这种参观活动安排在进行谈判之前。另一个好处就是，当你向对方提出要求查看更多的有关资料时，你的对手将难以拒绝。事实上，如果你想预先获得一大批有用的数据，你主动提出在对方的地盘上进行谈判，将是明智之举。

在中立地区谈判，一般情况下是出于以下几点理由：

（1）双方在会谈的地点问题上总是无法达成共识时，如果一方或双方都不愿意在对方的地盘上进行谈判，那最好选个中立的地带，这对于谈判的进展非常有利；

（2）从旅途花费这一点考虑，选择在中立地带会谈也是合适的；

（3）选择一个风景优美的中立地带，将交易和乐趣融合在一起；

（4）当谈判的事项涉及第三方的利益时，谈判在第三方的地点进行就更有必要了。

选择中立地带进行谈判多用于国际事务谈判或劳资纠纷的调停协议。

2. 做好现场布置

在谈判中，身为东道主，应自觉地做好谈判现场的布置工作，以尽地主之责。谈判环境应该是友好、和谐、坦诚和富有建设性的,谈判场所应该是温暖、舒适和方便的。一般说来,谈判场所要具备起码的灯光、取暖、通风和隔音条件。整体布置要以不使双方谈判人员产生烦躁情绪为原则。

3. 确定谈判人员座次安排

举行正式谈判时,有关各方在谈判现场具体就座的位次,要求是非常严格的,礼仪性是很强的。从总体上讲,排列正式谈判的座次,可分为两种基本情况。

1) 双边谈判

双边谈判,指的是由两方面的人士所举行的谈判。在一般性的谈判中,双边谈判最为多见。双边谈判的座次排列,主要有两种形式可供选择。

①横桌式。横桌式座次排列,是指谈判桌在谈判室内横放,客方人员面门而坐,主方人员背门而坐。除双方主谈者居中就座外,各方的其他人士则应依其具体身份的高低,各自先右后左、自高而低地分别在己方一侧就座。双方主谈者的右侧之位,在国内谈判中可坐副手,而在涉外谈判中则应由译员就座。

②竖桌式。竖桌式座次排列,是指谈判桌在谈判室内竖放。具体排位时以进门时的方向为准,右侧由客方人士就座,左侧则由主方人士就座。在其他方面,则与横桌式排座相仿。

2) 多边谈判

多边谈判,在此是指由三方或三方以上人士所举行的谈判。多边谈判的座次排列,主要也可分为两种形式。

①自由式。即各方人士在谈判时自由就座,而毋须事先正式安排座次。

②主席式。是指在谈判室内面向正门设置一个主席之位,由各方代表发言时使用。其他各方人士,则一律背对正门、面对主席之位分别就座。各方代表发言后,亦须下台就座。

10.2.1.3 人和

1. 谈判班子的规模和构成

在商务谈判之前首先要确定好谈判人员,选定的谈判人员应该与对方谈判代表的身份、职务相当,过高则会给人盛气凌人的感觉;而过低则又让人感觉受到轻视,这是谈判人员准备中最基本的礼仪要求。

(1)谈判班子的适度规模。一般说来,谈判班子须由技术人员、商务人员和法律人员组成,还要配备一名领导干部来领导协调整个谈判班子,在涉外商务谈判中,还要配备语言翻译人员。谈判人员应当一专多能。

(2)确立主谈人和辅谈人。确定主谈人的原则,不同条款的谈判要确立不同的主谈人。

在某种情况下,你还可以对谈判的对手做出选择。但如果开始你不能确定所面对的人是否为最佳谈判对手人选,那么可以以友好的方式进行谈话。在了解对方的任职时间和工作经历的过程中,同时可对其拥有的威望程度和灵活性进行评估。任职时间长的人通常会比任职时间短的人具有更大的威望和灵活性。通过谈话,你会做到心中有数,如与你打交道的对手可能有过挫折,甚至可了解到对方对其效力公司的忠诚度等。了解了这些后,你就可以对不同的对手做出相应的礼仪要求准备,你也就能做到万无一失了。

2.谈判人员的培养和进修

谈判人员要有良好的综合素质。谈判人员应具有忠于职守的观念、"先小人后君子"的观念、平等互惠的观念、集体主义和团队意识的观念等;谈判人员应具有相关的专业知识、法律知识、其他知识等;谈判人员应具有高度的警觉和视野、应变能力、求胜的决心、毅力和耐力、高超的语言表达能力、文字运用能力以及较强的人际交往能力等。

举行正式谈判时,谈判人员尤其是主谈人的临场表现,往往直接影响到谈判的现场气氛。一般认为,谈判人员的临场表现中,最为关键的是讲究仪表、保持风度、礼待对手三个方面。

(1)讲究仪表。穿衣戴帽,个人所好。在日常生活中,这是对的,可在正式谈判中,这却是错的。有一次我国某商务公司和德国人谈一笔割草机的出口合同,德国男士个个都西装革履,女士个个都穿职业装,而我方除部分人员穿西服外,大多数都穿休闲服,有的甚至穿工作服。此合同没有签,其中一个重要原因是德国人认为我们不尊重他们。

①修饰仪表。参加谈判前,应认真修饰个人仪表,尤其是要选择端庄、雅致的发型。一般不宜染彩色发。男士应刮净胡须,穿西装必须打领带。

②精心化妆。出席正式谈判时,女士通常应当认真进行化妆。但是,谈判时的化妆应当淡雅清新,自然大方,穿着不宜太性感,不宜穿细高跟鞋。

③规范着装。谈判人员在参加正式谈判时的着装,一定要简约、庄重,切记不可"摩登前卫"、"标新立异"。一般而言,选择深色套装、套裙、白色衬衫,并配以黑色皮鞋,才是最正规的。

(2)保持风度。在整个谈判进行期间,每一位谈判者都应当自觉地保持风度。具体来说,在谈判桌上保持风度,应当主要兼顾以下两个方面。

①心平气和。每一位谈判者均应做到心平气和,处变不惊,不急不躁,冷静处事。既不成心惹谈判对手生气,也不自己找气生。在谈判中始终保持心平气和,是任何高明的谈判者所应保持的风度。

②争取双赢。谈判往往是一种利益之争,因此谈判各方无不希望在谈判中最大限度地维护或者争取自身的利益。然而从本质上来讲,真正成功的谈判,应当以妥协,即有关各方的相互让步为其结局。这也就是说,谈判不应当以"你死我活"为目标,而是应当使有关各方互利互惠,互有所得,实现双赢。在谈判中,只注意争利而不懂得适当地让利于人;只顾己方目标的实现,而指望对方一无所得,是既没有风度,也不会赢得谈判的。

(3)礼待对手。在谈判期间,公关人员一定要礼待自己的谈判对手。具体来讲,主要需要注意以下两点。

①人事分开。在谈判中,必须明白与对手之间的关系是“两国交兵,各为其主”的。指望谈判对手对自己手下留情,甚至“里通外国”是绝不可能的。因此,要正确地处理己方人员与谈判对手之间的关系,就是要做到人与事分别而论。也就是说,大家朋友归朋友,谈判归谈判。在谈判之外,对手可以成为朋友;在谈判之中,朋友也会成为对手。二者不容混为一谈。

②讲究礼貌。在谈判过程中,公关人员不论身处顺境还是逆境,都切记不可意气用事、举止粗鲁、表情冷漠、语言放肆、不懂得尊重谈判对手。在任何情况下,谈判者都应该待人谦和,彬彬有礼,对谈判对手友善相待。即使与对方存在严重的利益之争,也切莫对对方人员做出人身攻击、恶语相加、讽刺挖苦,不尊重对方的人格等行为。

10.2.1.4　策略

进行谈判时,不仅要凭借实力,更要依靠对谈判策略的灵活运用。谈判前期是否做到了“知己知彼”,在很大程度上决定着谈判能否顺利进行,以及有利于己方的协议能否达成。古人云,“凡事预则立,不预则废。”“预”在这里就是指某项行动前的全面筹划和准备。

1. 知己知彼

从事谈判,必须了解双方。包括“敌我”双方的组织资料和谈判者资料。其中,组织资料包括组织类型、组织结构、成员人数、组织信誉、谈判目的以及重视程度等等。对谈判对手的了解,应集中在如下方面:

①在谈判对手中,谁是真正的决策者或负责人;

②谈判对手的个人资讯、谈判风格和谈判经历;

③谈判对手在政治、经济以及人际关系方面的背景;

④谈判对手的谈判方案;

⑤谈判对手的主要商务伙伴、对头以及他们彼此之间相互关系的演化等。

礼仪视窗 10－3

谈判备战

北方某科技公司将要与南方某科研公司进行一场谈判,谈判的核心问题就是北方科技公司准备购买南方科研公司的一项技术成果。北方科技公司明确知道如果他们可以获得这项技术的话,那么他们生产出来的科技产品就会比同类产品质量好出许多,也就会有相当大的市场。

北方科技公司为了能使这次谈判成功,在商务谈判的准备上狠下了功夫,搜集相关的资料。他们发现不久之前曾有一家公司与南方科研公司有过相关的谈判,但没有谈成,他们就进一步调查是什么原因造成这次谈判中途夭折的,逐步了解到症结所在是因为价格,之前的那家公司由于没有答应南方科研公司提出的价格,因而导致谈判失败。

北方科技公司又认真地针对价格这一谈判难题,展开了讨论,研究在什么价位之上是不能接受的,不过,他们发现南方科研公司缺少科研经费,最后他们决定把多少钱作为科研经费可以提供给南方科研公司作为重点,经过缜密的准备工作之后,北方科技公司对这次谈判可谓是胸有成竹。

在谈判过程中,南方科研公司真的在价格问题上提出了很高的价位,这时,北方科技公司的谈判者说,关于价格我们不能再提价了,但是我们公司决定拿出一笔科研经费赞助贵公司,也算是感谢贵公司一直以来在科研事业上做出的贡献,但我方必须分享贵公司一定比例的科研成果。

当南方科研公司的谈判者听到这句话之后,他沉思了一会儿之后说,关于科研经费的问题,我做不了主,我得回公司向总裁请示,我们上午的谈判就到这里,如何?

北方科技公司的谈判者看出对方有了一些犹豫,便爽快地答应了对方的请求。在下午的谈判中,对方接受了北方科技公司的要求,双方在价格问题上也达成了共识,最终在谈判协议书上签了字。

(资料来源:夏志强.人一生要懂得的100个商务礼仪[M].北京:中国书店,2006.206.)

通过上面的案例,可以看出,想要在商务谈判中稳操胜券,那么就要把谈判前的准备工作做好,所谓“有备无患”、“未雨绸缪”就是这个道理。

2. 谈判策略确定

在了解了双方的情况之后,就要相应地确定自己的谈判策略。主要包括确立谈判目标、设计谈判流程、分配谈判角色以及模拟谈判训练等。

10.2.2 中期阶段礼仪

在正式谈判过程中,介绍、交谈、举止、交锋都有相应的礼仪。

10.2.2.1 介绍礼仪

谈判之初的礼仪,说得简单一些,就像两个不认识、不熟悉的人在见面之后相互介绍自己、逐渐开始闲谈的过程。谈判之初,谈判双方接触的第一印象十分重要,言谈举止要尽量创造出友好、轻松的良好谈判气氛。

作自我介绍时要自然大方,说话声音不宜过大或者过小,同时应该面带微笑,不可露傲慢之意。被介绍到的人应起立微笑示意,可以礼貌地说“幸会”、“请多关照”之类的客套话。询问对方要客气,如“请教尊姓大名”等。如有名片,要双手接递。介绍完毕,可选择双方共同感兴趣的话题进行交谈,稍作寒暄,以沟通感情,创造温和气氛。

谈判之初的姿态动作也对把握谈判气氛起着重大作用,目光注视对方时,应停留于对方双眼至前额的三角区域正方,这样会使对方感到被关注,觉得你诚恳严肃。手心朝上比朝下好,手势自然,不宜乱打手势,以免造成轻浮之感。切忌双臂在胸前交叉,那样显得十分傲慢无礼。谈判之初的重要任务是摸清对方的底细,因此要认真听对方谈话,细心观察对方举止表情,并适当给予回应,这样既可了解对方意图,又可表现出尊重与礼貌。

10.2.2.2 行为礼仪

谈判中的表达主要依靠行为和语言两种基本工具来完成。行为表达从某种角度上讲,可以称之为一种"身体语言"。当谈判者作为人的行为投入谈判时,它有着特定的表达方式。谈判者常常自觉或不自觉地运用面部表情、眼神、身体动作或姿态等身体语言来向对手传达信息。美国的传播学家艾伯特·梅拉比安曾经就人的谈判中的信息传播提出一个公式:信息的全部表达 = 7% 语调 + 38% 声音 + 55% 表情。可见,在谈判桌上谈判者的行为在信息的沟通过程中起到了重要的作用。

礼仪视窗 10－4

从细节把握对手

李先生带领着自己的一行人马来到事前约定好的谈判地点,这时,谈判的另一方也迎面走了过来。李先生出于地主之谊,身体略前倾,面带微笑地把自己的右手伸了出去,同时他的眼睛注视着谈判方的带头人,这时候,对方也快步走上前来,在走动的过程中,微笑着握住了李先生的右手,并说:"李先生,您好,我是某某公司的业务经理,张春生。"同时,他左手在上衣口袋里掏出了自己的名片,双手递了过去。李先生在接名片的同时也客气地说:"张先生,您好。"他也把自己的名片递了过去。然后,他们进了谈判室,在就座之后,李先生说话了:"张先生真是年轻有为,年纪轻轻就坐上了经理的位置。"张春生应声说道:"李先生过奖了,早闻李先生大名,今日得见,真是幸会幸会啊。"李先生微笑示意,接着开始介绍自己带来的人员,之后,张春生也一一把自己的人员介绍了一下,不过,在介绍到一名员工的时候,这位员工的手机突然响起,他拿起手机,转身走向门外去了,并没有征求李先生这方的许可。张春生连声道歉,李先生不动声色,微笑着说,没关系的,没关系的。其实,他已经看出了对方对这次谈判在准备上不是很充足。

在接下来的谈判中,果然没有让李先生失望,张春生对于李先生所提出的价格虽感觉有些偏高,但他并不详知如今市场上的价格究竟是多少。李先生则说,这已经是很低的价位了,张春生便信以为真。谈判协议签定的时候,李先生心中狂喜,因为他以高于市场价很多的价位签下了这份商务协议。

（资料来源：夏志强.人一生要懂得的100个商务礼仪[M].北京：中国书店，2006.209）

如果张春生的人员在商务谈判之初的礼仪中没有接听手机的这种失礼举动，那么李先生也不会看出他们准备不足，更不会在后来的价格问题上随意加价。

心理学家分析，人的行为是人的内心活动的充分反映。行为所表达出来的意义常常是随个人性格和文化背景的不同而有差异，所以，在谈判桌上，要从对手的举止中领会其所潜藏的内涵，就要做个有心人，巧用观察法。

1. 眼睛的语言

"眼睛是心灵的窗户"。这句话形象地揭示出眼睛在人与人的交流中所起的重要作用。从行为学的角度说，人的眼睛所传达出来的信息主要有以下几种。

①在倾听对手的谈话时，眼睛却望向别处，这大多是企图掩盖内心活动的表现。

②面对对手，眼睛闪烁不定，这多是一种掩饰的手段或性格上的不诚实表现。

③在与人交谈的时候，视线接触对方脸部的时间正常情况不应占全部谈话时间的30% ~60%，超过这一平均值者，可以认为对谈话者本人比谈话的内容更感兴趣，低于此平均值者，则表示对谈话内容和谈话者本人均不怎么感兴趣。

④在短时间之内连续眨眼几次，这种表情有时代表本人对于某事物感兴趣，有时也可理解为个性怯弱或羞涩，不敢正眼直视对手。

⑤在人们处于兴奋、喜欢、肯定的情绪时，眼中的瞳孔会放大，眼睛显得非常有神；当人们处于厌恶、痛苦、否定的情绪时，眼中的瞳孔会缩小，眼睛则显得黯淡无光。

2. 眉毛的语言

眉毛的动作一般是配合眼睛的动作而发出的，通常有以下几种表情：古语说，"喜上眉梢"，指的就是人处于惊喜的情绪中时，眉毛多为上扬；"剑眉倒竖"，指的就是人处于愤怒、不满等情绪时，眉毛下拉或倒竖；当人处于困窘、思索等情绪中时，眉毛常常皱起；当人处于高兴或疑问时，眉毛常常上挑；当人处于赞同、兴奋、激动的情绪中，眉毛有时会迅速地上下跳动。

3. 嘴巴的语言

在注意倾听对方的谈话时，嘴角会稍稍向后拉或向上拉；在倾听对手的谈话时，紧紧地抿住嘴唇，表示意志坚决；撅起嘴巴则是表示不满意或准备向对方进攻；嘴唇不自觉地张开，呈现出倦怠懒散的模样，说明他可能对自己或自己所处的环境感到厌烦；在遭受失败的打击时，人们常会不自觉地咬嘴唇，这既是一种自我的惩罚方式，也有可能掩饰自嘲或内疚的心情。

4. 四肢的语言

当手臂交叉置于胸前，同时两腿交叠，表示不愿意与人接触；微微抬头，手臂放在桌子上，两腿交叉于前，双眼不时注视对方，表示对与对方的交往产生了浓厚的兴趣；两手手指并拢放置胸前，表示充满了自信；手与手重叠放在胸腹部的位置，表示谦虚，矜持或略带不安；握拳是表示向对方挑战或自我的一种紧张情绪，以拳击掌则是向对方发出攻击的信号;用手指或铅笔敲打桌面,或在纸上乱涂乱画,表示对对方的话题不感兴趣,不赞同或是不耐烦;用牙齿咬指甲,表达的是一种与对手关系不肯定,或者彼此关系不佳、生疏等情绪,有时也是内心胆怯的流露。

握手时,对方的掌心出汗,表示对方处于兴奋、紧张或情绪激动的状态,若用力握对方的手,表明此人好动、热情,凡事比较主动。握手的时候,手掌向下握,表示想取得主动、优势或支配的地位。手掌向上,是性格软弱,处于被动、劣势或受人支配的表现。用两只手握住对方一只手并上下摆动,往往表示热情欢迎、真诚感谢或有求于人;摇动足部,或是用脚尖拍打地板,或抖动腿部,都是一种焦虑、不安、不耐烦或为了摆脱某种紧张情绪的流露;架腿而坐,表示拒绝对方并保护自己的势力范围,而频繁变换坐姿是情绪不稳定或焦躁、不耐烦的表现。

5. 腰部和腹部的语言

腰板挺直,颈部和背部保持直线状态,说明此人情绪高昂,自制力较强,充满了自信。相反,双肩无力下垂,凹胸凸背,则反映了该人疲倦、忧郁、被动、失望等情绪;鞠躬、弯腰,则表示谦虚或尊重,有时在心理上自觉不如对方,甚至害怕对方时,也常常会不自觉地采取弯腰的姿态;双手横叉腰间,表示胸有成竹,对自己的处境已做好精神上或行动上的准备,同时也表现出以势压人的优越感和支配欲。

凸出腹部,表现出自己的心理优势,自信与满足感。抱腹蜷缩,表示不安、消沉或沮丧的情绪支配下的一种防卫心理;腹部起伏不定,表现出兴奋或愤怒的情绪;极度起伏,则意味着即将爆发兴奋与激动状态而导致呼吸困难;轻拍自己的腹部,表示自己的风度、气量,同时也反映出在较量中获胜的得意心情。

10.2.2.3 语言礼仪

但丁有句名言:“语言作为工具,对于我们之重要,正如骏马对骑士的重要。最好的骏马适合于最好的骑士,最好的语言适合于最好的思想。”这句话指出了语言对于表述思想的意义和作用。在谈判中,灵活地运用语言,有时会产生逢凶化吉、出奇制胜的效果,而不懂得语言艺术及其作用的人,常常会在谈判中陷入困境。为了适应谈判中不同的情境,达到自己预期的目的,必须重视各种谈判语言的表达策略。语言从不同的表述效果上可分为:外交语言、商业法律语言、军事语言及文学语言四种。下面对每一种语言分别加以阐述。

1. 外交语言

外交语言是谈判中运用最广、最多的一种语言。它泛指谈判中所有委婉、礼貌、否而不决、允而不定的圆滑的表达方式及用语。在谈判中,它能够使赤裸裸的利益冲突变得光彩许多,所以,谈判者常常采用这种方式,以礼貌有加、寓情于理的话语达到拉拢对手,摆脱僵局,争取机会的目的。

基于外交语言的“礼貌”特点,在拉拢对手的时候,会让对手产生一种遇到了“通情达理、修养较高”的对话人的感觉,使对手在不知不觉中心生认同,而且这种外交语言也是谈判中信心和希望的基础。从需要的角度说,这种气氛有利于交流想法,同时也可以承受较大的分歧。

在为摆脱谈判中所出现的僵局时，尤其是在己方理由不太充分而又无力马上做出让步之时，谈判桌上的气氛会对己方非常不利。在这种情况下，为了避开“是与否”的追逼，采用外交语言来搪塞对手，让自己从尴尬的气氛中脱身是非常有效的。譬如，当对手陈述了不少的理由来证明自己的观点是正确的，要求是合理的，在这种情况下，你可以采用外交语言来回答对手的提问：“贵方的道理我听明白了，我认为从贵方所说的情况看似乎有些道理，但是我仍需要查证，也需要从我方的角度来权衡一下哪些条件我方能够同意。再说，其中有些问题也需要与有关专家商讨之后再作结论。既然该问题已谈明白了，不妨暂时放一下，等我方研究之后再作答复。”这样说，既表达了自己不同意的观点，同时也保持了自己“通情达理”的形象。而且，以软的抵挡摆脱对手的追逼，看起来是接近了对手的立场，但实际上却是将问题处于搁置状态，没有给对手以任何实质性的承诺。

另外一种相反的情况是对手被你步步紧逼之后，采用强硬的抵制态度，从而使谈判陷入了僵局。在这种时候，作为策略，双方都需要一段时间进行考虑，然而这种僵持最终还是要打破的，谁先出击，谁就掌握了谈判的主动权，最好的办法还是运用外交语言。譬如：在经过较长时间的沉默之后，你可以首先开口：“看来双方目前很难一下子想到解决分歧的办法，贵方可以先回去商量一下，若有什么好的办法我们再作商谈，如何？”这是一种“占上风”的做法，把难题留给对手去处理，而己方则以逸待劳。如果你想争取主动的话，也不妨以一种“平等”的姿态来结束僵局：“看来双方都有难处，我们可以暂时休会，回头与各自的助手商量一下，看有什么良策可以克服双方面临的困难。谁先想出了好的办法，谁就先打电话约定下一次会谈的时间，如何？”

在谈判桌上争取机会的时候，外交语言同样具备重要的作用。它可以给谈判中的各种观点的交锋带来一种“保险”——防止谈判的破裂。具体说来有以下几种情况。

(1)用外交语言在进攻的时候争取机会，是指以规劝对手做出让步，婉言陈述对方所持立场的利弊，劝其重新考虑，从而动摇了对手的立场，为自己的进攻赢得了时机。

(2)用外交语言在谈判的相持阶段争取机会，是指双方都有一定的道理，而且双方都不愿意在相持的过程中耗费太多的精力时，以相互陈述共同利益之所在，说服双方愿意同步前进的方式。在相持的中期，你不妨这样对对手说：“问题虽然很多，但只要我们双方共同努力，解决起来并不困难，假如贵方只希望我方做出让步而自己却坐视不管，问题恐怕就不是那么容易解决的。”在相持的后期，你不妨这样对对手说：“双方在前一段时间中已经做了很多的工作，取得了很大的成绩，眼看就要最后成交了，如果仅仅是我方努力，那么难度相对而言就要大一些，若双方共同努力，我充分相信，前景是非常乐观的。”

(3)用外交语言在退却的时候争取机会，是指按照谈判策略，对方已经做出了让步的行动，而己方也响应了这种让步；或者说是对方的论证有理，己方没有理由不做出响应时，采取以“退却”之姿态引发对手响应的一种方法。譬如：“贵方所做出的努力，我方充分理解，我们愿意考虑我方目前的立场，同时也希望贵方对我方已经讲过的一些问题做进一步的考虑。”

2. 商业法律语言

商业法律语言泛指与交易有关的技术专业、价格条件、运输、保险、税收、产权、企业法人与自然人、商检、经济和法律制裁等行业习惯用语和条例法规的提法。这类语言多是由专家、业务人员及国际行会和联合国组织以及各国机关的立法机构共同创造、补充并不断完善的。这是谈判者最基础的语言，也是谈判中最基本的语言工具。

商业法律语言的基本功能在于：明确义务，简化理解，提供交易的手段等。

(1)明确义务。在谈判中涉及交易双方的债权债务关系，权利与义务划分的时候，多采用这种语言来进行确定。譬如：在交易内容特征中就不能缺少技术专业语言，而交易的性质则又不可缺少法律商业的习惯用语。从务实的角度上讲，谁的语言用得活，用得丰富，谁的合同义务就明确而完整；反之，则不明确，不完整。

(2)简化理解。在谈判中，如果交易的内容涵盖面广，交易双方的民族及地区差异性大，那么运用商业法律用语可以帮助双方正确理解对方的立场观点。譬如：国际商会提供的“国际贸易术语”以及联合国提供的《国际货物买卖合同及国际货物买卖法》等都是面向全世界的工商业界的标准商业法律用语，它可以帮助不同国籍、不同文化背景的谈判对手在商务活动中加强彼此的交流沟通。

(3)提供交易的手段。这里有三层含义，其一，告诉人们有多少交易的方式可供选择，在商务、法律方面有什么利弊，该如何进行区分；其二，什么方式的交易该如何成交，怎样执行；其三，如何解决交易执行过程中以及执行之后发生的问题，包括争议和纠纷，在商业上、行政上、法律上、范围上有些什么手段可以利用。

3. 军事语言

军事语言是指在谈判中运用的军事术语，有时候把一些简明但态度坚定的谈判用语也称之为军事用语。在谈判中，唇枪舌战是不可避免的，甚至于产生激烈的对峙局面，如果你所面临的对手是个“吃硬不吃软”的人，那么从谈判的效果出发，运用军事语言确实是势在必行。

谈判中军事用语的作用主要是：压制、威慑和动员。

(1)压制。在商务谈判中面对情绪激动，态度强硬的对手，如果你彬彬有礼，他反而得寸进尺，这时候，适当运用攻击性较强的军事语言，可以起到压制对手情绪的作用。譬如：你可以义正辞严地对他说：“先生，你的这种行为对于谈判是没有好处的，而且你将为此付出沉重的代价。”或者说：“请不要忘记，这是在会谈期间，你只有一半的发言权，如此行为，我方对此提出抗议，而且在今后谈判中，我方对此有权保持沉默。”

(2)威慑。这多是在商务谈判的中期或后期,为了威胁对手,迫使其做出让步,所采用的一种语言表达方式。在谈判的中期,为了使对手就范,或是为了反击对手的进攻,可以采用军事语言故意制造谈判的僵局。这时候的语言火药味比较浓,针对性较强。譬如:“贵方只有把某款某条的问题解决了,我们才能谈下去,否则的话,很遗憾,只得到此为止。”“贵方刚才所提出的条件我们认为过于苛刻,如果因此而造成谈判的终止,我想这个责任应该由贵方承担。”在谈判的后期,军事用语常常带有“最后通牒”的意味,譬如:“这是我最后的条件,贵方同意就成交;不同意,就到此为止。”“我方已经预订了明天早上的机票,请在此之前给予答复。”“如果不能达成调解,我方只好诉诸法律。”

(3)动员。谈判从某种意义上讲,也可以说是一场不流血的战斗。因此,在谈判中,运用军事语言可以将每个参加者推入谈判中的角色,帮助他们领悟自己的职责,在这种时候,军事用语就常常起到号召的作用。譬如:“每个人都要守住自己的阵地,各尽其责。”或“请听从主持人的统一指挥,令行禁止,千万不要让对手钻了我们的空子。”

4. 文学语言

所谓文学语言是指在谈判过程中,用优美动人的语言,采用夸张、比喻、谚语等修辞手法来制造一种良好的谈判气氛,化解双方的矛盾,增强语言的感染力和说服力。

(1)制造良好的谈判气氛,适用于初次的交往、谈判的过程以及谈判出现僵局的时候。而大部分在初次见面时,可以说:“认识你很高兴。”或是“和你在一张桌子上交锋,我荣幸之至。”“今天天气真好,预示着我们的谈判也会非常顺利。”等等;而在谈判的过程中,或是出现了僵局的时候,不妨这样说:“真是巧妇难为无米之炊呀!”或者说:“绳头在贵方自己的手中,不是我方在勒紧绳头而是贵方自己在使劲。”

(2)在谈判过程中,有时候一个小小的分歧可以让对方剑拔弩张,唇枪舌剑,这个时候,文学语言也可起到化解矛盾的作用。譬如:“一个共同的目标促使我们双方走到了一起,相识即是有缘,生意不成仁义在,达不成协议交个朋友也是收获,当然,我更希望我们双方能够珍惜这次机会,要想求大同,那么就必须存小异。”在论述一个观点的时候,为了加强这个观点的说服力,谈判者也常常采用文学语言。事实证明,文学语言对于论述有着极大的渲染力,其威力也为众多的谈判者所承认。许多文学功底深厚的谈判者在谈判中可以使对手听他所阐述的道理时感到不枯燥,其原因就在于此。譬如:为了增强说服力,不妨这样说:“贵方的建议真可谓是雪中送炭!”或者说:“我们不可以背道而驰。”为了增强鼓动性,不妨这样说:“如果贵方律师真想促成这笔交易的话,那么你是否需要反省一下,为什么谈判的气氛没有好转呢?为什么已经建立的交换渠道又动摇了呢?再灵的舌头也不能忽略了事实,贵方需认真对待。”或者说:“贵方的真诚应在于公平交易,总不至于危机转移吧?”

礼仪视窗 10－5

幽默的反击力量

一次，一家工业代表团同美国的某财团进行关于引进新型浮法玻璃厂的项目谈判，在谈判中，争论的焦点集中在每年所付专利费占销售总数的百分比上，谈判双方寸利必争，互不相让，以致使谈判进入僵持阶段。

这时，工业代表团的主谈人说话了："先生们，我们的祖先4000 年前发明指南针，2000 年前发明火药，全人类都在享受这些伟大的成果，可他们从没有要过什么专利。我们作为后代，也从没因此骂过自己的祖先是混蛋，反而觉得光荣。请问诸位，那时候你们的祖先在哪里呢？恐怕还在树上呢！不过，各位不要怕，我的意思不是不付专利费，而是要求公平和合理。"该主谈人机智幽默的妙语就像润滑剂一样，融洽了双方的合作，折服了精明的美国人，谈判终于重现生机，最终顺利地达成了协议。

（资料来源：http://www.lantianyu.net/pdf30/ts082005_5.htm）

语言作为工具，贵在运用。在谈判中，综合运用法律语言、外交语言、军事语言及文学语言的时候，谈判者要注意两个问题，那就是既要灵活运用，还要有针对性。

10.2.3 后期完善礼仪

双方在达成共识的基础上，应举行签字仪式以确定谈判结果。签约仪式上，双方参加谈判的全体人员都要出席，共同进入会场，相互致意握手，一起入座。双方都应设有助签人员，分立在各自一方代表签约人外侧，其余人排列站立在各自一方代表身后。助签人员要协助签字人员打开文本，用手指明签字位置。双方代表各在己方的文本上签字，然后由助签人员互相交换，代表再在对方文本上签字。签字完毕后，双方应同时起立，交换文本，并相互握手，祝贺合作成功。其他随行人员则应该以热烈的掌声表示喜悦和祝贺。其中，需要注意的礼仪要点有以下两点。

1. 签字位次

从礼仪上来讲，举行签字仪式时，在力所能及的条件下，一定要郑重其事，认认真真。其中最为引人注目的，当属举行签字仪式时座次的排列方式问题。一般而言，举行签字仪式时，座次排列的具体方式共有三种基本形式，它们分别适用于不同的情况。

（1）并列式。并列式排座，是举行双边签字仪式时最常见的形式。它的基本做法是：签字桌在室内面门横放。双方出席仪式的全体人员在签字桌之后并排排列，双方签字人员居中面门而坐，客方居右，主方居左。

（2）相对式。相对式签字仪式的排座，与并列式签字仪式的排座基本相同。二者之间的主要差别，只是相对式排座将双边参加签字仪式的随员席移至签字人的对面。

(3)主席式。主席式排座，主要适用于多边签字仪式。其操作特点是：签字桌仍须在室内横放，签字席仍须设在桌后面对正门，但只设一个，并且不固定其就座者。举行仪式时，所有各方人员，包括签字人在内，皆应背对正门、面向签字席就座。签字时，各方签字人应以规定的先后顺序依次走上签字席就座签字，然后即应退回原处就座。

2. 签字程序

具体操作签字仪式时，可以依据下述基本程序进行运作。

(1)宣布开始。此时，有关各方人员应先后步入签字厅，在各自既定的位置上正式就位。

(2)签署文件。通常的做法，是首先签署应由己方所保存的文本，然后再签署应由他方所保存的文本。

依照礼仪规范，每一位签字人在己方所保留的文本上签字时，应当名列首位。因此，每一位签字人均须首先签署将由己方所保存的文本，然后再交由他方签字人签署。此种做法，通常称为"轮换制"。它的含义是：在文本签名的具体排列顺序上，应轮流使有关各方均有机会居于首位一次，以示各方完全平等。

(3)交换文本。各方签字人此时应热烈握手，互致祝贺，并互换方才用过的签字笔，以作纪念。全场人员应热烈鼓掌，以表示祝贺之意。

(4)饮酒庆贺。有关各方人员一般应在交换文本后当场饮上一杯香槟酒，并与其他方面的人士一一干杯。这是国际上所通行的增加签字仪式喜庆色彩的一种常规性做法。

10.3 涉外谈判简介

在谈判中，应该以诚信为本，在考虑自身利益的同时，也应站在对方的角度上考虑问题，并将你的诚意表现出来，这样，才能营造长久合作的友好关系。在涉外谈判中，还应该先对谈判方的风土人情有一定的了解，这样，在谈判中才不会失礼。了解了谈判的特点及相应的礼仪要点，并不是说你就能成为谈判的高手了。在实际的谈判过程中，对手的情况千变万化，作风各异：有热情洋溢者，也有沉默寡言者；有果敢决断者，也有多疑多虑者；有善意合作者，也有故意寻衅者；有谦谦君子，也有自命不凡者。凡此种种，都与各国各地区的社会文化、经济政治有关。不同的表现反映了不同谈判者有不同的价值观和思维方式。因此，要在谈判中取得胜利，就必须有高超的谈判技巧和广博的知识，这样才能使自己在面对不同的对手时因人而异，对礼仪要点运用自如。

10.3.1 日本

日商很注重面对面地接触洽谈,不习惯电报、电传、电话式的联系。如果中间人有一定的地位,经其介绍与日商面对面地洽谈,效果会更好。日商很重视人际关系。在结识之初,如果用点头或轻度鞠躬致意,会收到比握手更好的效果。日本人经常说的"哈伊",只表示他听明白了你说的话,不表示他同意你的意见。你不要误解为他答应你什么了。在商务谈判中,日商很注意对方的感情、语气、语调等细微变化和反应,很会避开正面争执或尴尬局面,会用间接语句来表示不同意你的观点。在没有摸清对方的真实意图前,他们一般不会轻易同意签约。日本人对外贸易一般多以集体商定为准。他们习惯于搞长期可靠、面面俱到的合同条款商谈,一旦达成协议,习惯于就事论事解决问题,私下解决问题,不主张到公证机关去解决。

10.3.2 美国

美国人喜欢边吃边谈,一般洽谈商务,最好在吃早餐时开始。同美国人谈生意,不必有过多的礼节。美国人一般精力充沛、外向、热情、自信、果断,在贸易谈判中,以取得最大效益为目的。另外,美国人善于讨价还价,并能极其自然地把话题引到这个方面。美国人对包装极感兴趣。因为在美国,包装对商品的销路十分重要。

10.3.3 英国

英国人不像美国人那样,他们对准备工作做得不是很充分,但有自己的特点:讲礼仪,友好,善于交往,并使人感到愉快。同英国人谈生意有三忌:一是不要佩带有条纹的领带;二是不要以英国皇室的私事作为话题;三是不要直称他们是英国人,要说"大不列颠人",这样会使他们非常高兴。

10.3.4 法国

法国人不喜欢你提过多的个人问题,特别是私事。谈生意时,要尽量避免上面的话题。法国人喜欢用法语作为谈判语言,喜欢先就主要交易条件达成协议,然后才谈合同条文,并在谈判中反复多次地提及交易的全部条款内容。

10.3.5 德国

德国人做事很严谨,很少和你讨价还价,一经出价,就不喜欢再还价了。他们比较缺乏灵活性,不会做出重大让步。德国人注重选择合适的谈判对象,很善于和你一起去解决问题。重视体面,注意形式。对有头衔的商人,一定要称呼他的头衔。另外,见面和告别时要和他们握手。

10.3.6 北欧

北欧一些国家商人比美、法商人文静得多。谈判开始,常沉默不语,听你说完后,才提出他的问题,谈吐坦率,善于发现并抓住能达成生意的机会。看重老牌公司,如果你的公司是成立已久的,一定不要忘了告诉他们。

本章小结

谈判是面临共同问题的双方(或多方)在谋求合作的基础上,通过讨论协商,说服对方,为实现利益均沾的目的而进行的思想观点互换、情感互动的人际交往过程。一个完整的谈判过程包括准备、正式谈判和后继阶段。其中,正式谈判又可分为导入、概说、明示、交锋、妥协和协议六个阶段。在谈判中明确基本的礼仪要点,将是你取得谈判成功的关键。公关谈判的每一个环节,从前期准备,到中期过程,再到后期完善,都有其相应的礼仪。只有熟知各种礼仪及技巧,才能营造和谐的谈判氛围,使谈判在融洽、友好的气氛下顺利进行,给双方留下美好的回忆,从而树立良好的组织形象。

相关网站

中国商业律师网:http://www.comlawyer.net
中国营销传播网:http://www.emkt.com.cn
21世纪管理培训网:http://www.21emr.com
世界经理人:http://oxford.icxo.com
HR管理世界:http://www.hroot.com

复习思考题

1. 谈判的类型有哪些?
2. 谈判的过程分为哪几个阶段?
3. 谈判前的准备礼仪有哪些?
4. 就你的理解,谈谈谈判中各种语言的灵活运用。

【案例分析Ⅰ】

谈判信息搜集

中国某公司与日本某公司进行谈判,在谈判开始后,双方人员彼此作了介绍,并马上投入了技术性的谈判,中方商务人员利用谈判休息时间,对日方技术人员表示赞赏"技术熟悉,表述清楚,水平不一般,我们就欢迎这样的专家。"该技术人员很高兴,表示他在公司的地位重要,知道的事也多,中方商务人员顺势问道:"贵方主谈人是你的朋友吗?”“那还用问,我们常在一起喝酒,这次与他一起来中国,就是为了帮助他。”他回答的很干脆,中方又挑逗了一句:“为什么非要你来帮助他,没有你就不行吗?”日方技术员迟疑了一下:“那倒也不是,但这次他希望成功,这样他回去就可升为取缔役本部长了。”中方随口跟上:“这么讲,我也得帮助他了,否则,我就不够朋友。”

在此番谈话后,中方认为对方主谈为了晋升,一定会全力以赴要求谈判的结果——合同。于是,在谈判中巧妙地加大压力,谨慎地向前推进,成功地实现了目标。也给了对方得到合同和升官的条件。

(资料来源:http://www.lzdd.cn/kejian/2007/swtpsw/Words/2007723/200772316722.htm)

【案例分析Ⅱ】

在莫斯科决斗场

出售奥运会电视转播权,一直是主办国的一项重大权益。1980 年奥运会在莫斯科举行,苏联人当然不会放过这一机会。在苏联人出售莫斯科奥运会电视转播权之前,购买奥运会电视转播权的最高价格是 1976 年美国广播公司购买的蒙特利尔奥运会转播权,其售价是 2 200 万美元。那么苏联人会怎么办呢？早在 1976 年蒙特利尔奥运会项目比赛期间,苏联人就邀请了美国三家电视网的上层人物到圣劳伦斯河上停泊的苏联轮船阿列克赛·普希金号上,参加了一次十分豪华的晚会。苏联人的做法是分别同三家电视网的上层人物单独接触,提出的要价是 21 000 万美元现金！这个价可比历史上最高的奥运会转播权的售价要高出近十倍。不管别人如何想,苏联人就是这么要价的。之后,苏联人就把美国国家广播公司、全国广播公司和哥伦比亚广播公司的代表请到了莫斯科。请他们参加角逐,用美国广播公司体育部主任茹恩·阿里兹后来的话说:“他们要我们像装在瓶子里的三只蝎子那样互相乱咬,咬完之后,两只死了,获胜的一只也被咬得爬不起来了。”这一招似乎很灵,三只蝎子互相乱咬的结果是,在谈判进入最后阶段时,三家电视网的报价分别是:全国广播公司 7 000 万美元,哥伦比亚广播公司 7 100 万美元,美国国家广播公司 7 300 万美元。这时候,一般人认为美国国家广播公司会占上风。因为他们以前搞过奥运会转播 10 次中的 8 次,经验最丰富,而且这时的报价也最高。可是哥伦比亚广播公司突然从德国慕尼黑雇来一个职业中间人鲍克。在鲍克的帮助下,1976 年 11 月苏联谈判代表同哥伦比亚广播公司主席佩里进行了会晤。会晤时达成了一项交易,哥伦比亚广播公司同意把价格再次提高,甚至还提出了更多的让步条件。谈判进行到这个阶段,人们都认为哥伦比亚广播公司已稳操胜券了。可是苏联人在 12 月初又宣布了另一轮报价。哥伦比亚广播公司的经理们坐立不安了。于是又返回莫斯科准备最后摊牌。最后摊牌的日子是12月15日,苏联人向三家电视网表明:时至今日所得到的结果只不过是每家都有权参加最后一轮报价。这使美国人极为愤怒,苏联人的这种蛮横无礼的做法一时把美国人气跑了。可是苏联人还是有办法的,第一,它宣布转播权已名花有主,属于美国SATRA公司。这是家极小的公司。苏联人的话听起来就像宣称大美人已与一位两岁的婴儿定婚那么荒唐,苏联人要的就是这个,它又使众多的追求者看到希望。第二,请中间人鲍克再次与三家电视网接触,鲍克能言善辩,长于周旋,是个架梯子的老手。经过这一番努力后,奄奄一息的斗士们终于又爬回了竞技场……最后,苏联人以8 700万美元的价格把1980年莫斯科奥运会的转播权售给了美国国家广播公司。这个价格是上届奥运会的四倍,比苏联人原先所实际期待的还要高出2 000万美元。

注:文章中所提及的"苏联"均指"前苏联"。

(资料来源:http://hi.baidu.com/aiwoyl/blog/item/28855cdf60b4141162279861.html)

【案例分析Ⅲ】

从中东和谈看环境定位

1991年10月,举世瞩目的中东和会拉开了帷幕。尽管对于和会的前景人们有不同的估测,但是这毕竟是两个一直处于敌对状态的民族第一次面对面地坐下来谈判。由于和会本身的谈判环境就有相当的研究价值,因此阿拉伯国家和以色列之间经过多次磋商,最后决定在西班牙首都马德里举行和会的开幕式。之所以选择马德里作为会议地点,是从以下几个方面考虑的。

首先,双方都认为必须选择一个有三种文化(基督教、伊斯兰教和犹太教)的国家作为和会开幕式的地点,符合这一条件的国家自然不多;其次,会谈承办国要与阿以双方都保持了良好的关系,能为双方所接受。在这一点上,西班牙无疑是比较理想的候选者。因为西班牙传统上被认为是亲近阿拉伯世界,特别是巴勒斯坦解放组织的;马德里一向被认为是欧洲经济共同体与巴解组织之间的"沟通渠道"。另一方面,自从1986年1月西班牙与以色列建交以来,西班牙与以色列的关系有所改善,特别是在1989年,西班牙外交大臣和以色列总理互访以后,以色列支持西班牙参与中东和平进程的态度更加明显。以色列总统哈伊姆·赫尔佐克曾经说过:"没有理由不让西班牙在中东和平进程中发挥重要作用。"于是,正如西班牙外交官员所说:"有关各方一致选择了马德里,这证明西班牙被看成是一个可靠的负责的对话者。"另外,西班牙政府的合作态度也是一个重要原因。为保证中东和会的顺利进行,西班牙政府特地安排了国王卡洛斯三世1764年修建的皇宫作为会议场所,并承担了会场外的安全工作。事实证明,选择马德里作为和会的召开地,是一个明智之举。

1991年10月,中东和会开幕式在西班牙首都马德里顺利举行。在会场上,设置了一张“T”形长桌。会议的举办者美苏两国代表坐在T字顶头,各国代表分坐两旁。右边为埃及、以色列、黎巴嫩,左边为欧共体、约旦—巴勒斯坦联合代表团、叙利亚。T形谈判桌的安排可谓用心良苦,它的出发点缘于:埃及与以色列的结怨不深,可坐在一起,而约旦、巴勒斯坦和叙利亚则绝对不能与以色列坐在一起。

在这次和会上,还出现了有关房间的数量问题的争执。这场争执是醉翁之意不在酒,表面上看来是阿拉伯国家与以色列的代表在争夺双方所使用的房间的数量,实质上是涉及一个非常敏感的政治问题,那就是巴勒斯坦代表的地位问题。因为早在中东和会开始之前,以色列总理沙米尔就提出了以色列参加中东和会的几个条件,其中之一就是“巴勒斯坦人应作为约旦代表团的一个部分与会。他们的人选必须首先得到以色列的同意,其中不得有巴勒斯坦解放组织成员”。尽管巴勒斯坦和约旦同意了以色列的这一条件,组成了约—巴联合代表团参加和会,但总想在谈判中分成两个代表团,分别与以色列谈判,因此,他们就巧妙地从房间上做文章,而以色列则寸步不让,双方僵持不下。最后在美国的调停下,双方终于达成妥协,以色列同意分别与约旦和巴勒斯坦代表谈判;阿拉伯国家则同意以色列提出的会谈分别在美国国务院大楼三个不同的楼层举行、每一个代表团从不同的门进入国务院大楼的要求。

中东和会中出现的这一系列环境问题,给谈判环境学提出了许多富有意义的启示。

(资料来源:http://blog.hc360.com/portal/personShowArticle.do? articleId=228855)

【实践训练】

1. 实训项目:结合提供的素材,实际模拟对谈判礼仪的运用。

2. 实训目的:加深对谈判礼仪的进一步理解和认识。

3. 实训内容:小章是北大方正集团浙江公司的销售经理,最近浙江一医院上门咨询,欲在今年6月采购一批方正商祺N220台式电脑,数量为245台。小章经过了解,该医院确实要在7月前采购到位这批电脑,而且还了解到该医院以往所采购的台式电脑全是方正系列的产品,因电脑维护的问题,该医院倾向于继续采购方正电脑。小章很高兴,为此,他准备积极做好与该医院谈判的各方面的准备。

经过精心准备,小章及同事于2008年3月15日与该医院进行了两次艰难的谈判,最终与该医院就电脑的配置、设备及价格上基本达成一致,但交货时间紧迫,医院要求在今年5月底前必须将一切准备工作完成,且在6月份一个月内方正的所有电脑必须到位,时间很紧迫。小章与公司总部进行了紧急磋商,最后答应如期交货并安装调试完毕。于是根据谈判协议的内容,又签了销售合同……根据背景资料,从小章的角度完成以下实训:

(1)为该次谈判进行调查并收集相关情报,写出报告(字数800字以上);

(2)拟定谈判计划书(字数在1 500字以上);

(3)模拟谈判(具体谈判安排);

(4)拟定谈判协议(字数在1 400字以上);

(5)制定并签订销售合同(字数为1 200字)。

4. 实训组织:把全班分为两个小组,各自代表谈判双方,从组内挑选、建立谈判队伍,进行模拟谈判。

5. 实训考核:考察学生对谈判礼仪的掌握以及对谈判内涵的把握。

11

危机处理礼仪

有些灾祸如此骇人，简直令我们不敢想象，它们的出现使我们不寒而栗。然而当它们一旦降临到我们头上，我们会发现自己比想象中更坚强；我们会和厄运搏斗，而且比我们所预期的做得更好。

——拉布吕耶尔

学习目标

了解危机的内涵，明确危机的特性和危害；了解危机处理的一般流程，熟悉危机处理时各种角色的礼仪规范。

主要概念

危机　危机处理　新闻发言人

组织所处的环境复杂多变，市场竞争也日趋激烈，导致其不确定因素层出不穷，随时可能遇到突如其来的危机。危机是指，“一个会引起潜在负面影响的具有不确定性的大事件，这种事件及其后果可能对组织及其员工、产品、服务、资产和声誉造成巨大的损害”。① 引发危机的原因很多，例如，产品质量、政治经济动荡、政府新法令的颁布等等，这类突发事件会对组织产生潜在的或现时的威胁。短期的负面影响主要体现在产品销售、股票价格、市场份额等方面，长期影响体现在相互关联的三个方面，即组织形象、顾客信任和品牌资产。这些经过长期积累才形成的组织资产，一旦受损，要想重建得花几倍的财力、人力。现实的教训使组织管理层认识到危机的危害

① 罗伯特·希斯：《危机管理》，北京，中信出版社，2001，1。

性,并开始关注危机管理。而国内的组织在危机管理方面有着诸多的不足,首先是在重视程度上,组织高层领导人缺乏居安思危的意识。其次是在处理态度和应对方法上,一旦出现危机,有的组织置之不理,任由事态发展;而有的组织言辞激烈,正面和消费者与媒体对抗,严重损害了组织形象,造成不可挽回的后果,而且在处理技巧上,缺乏训练有素的人员,尤其缺乏对外发言人和经过培训的公关人员。本章将对危机处理中的公关礼仪技巧做系统的分析。

11.1 危机概述

11.1.1 危机内涵

1. 危机

在现代汉语中,危机一词有两种意思:①潜伏的祸根,如危机四伏;②严重困难或生死成败的紧要关头,如经济危机。危机是一个不稳定的时期,是一个新局的开始,是一个转折点。这个极富哲学思辨色彩的中文词语,指出了"有危险才有机会"的道理。面临危机,必须马上对事情做出决定,尽管决定的结果可能会好,也可能会坏。①

2. 公共关系危机

公共关系危机是公共关系学的一个较新的术语。英文为 Public Relations Crisis,专指灾难或危机中的公共关系。换句话说,公共关系危机是公共关系在危机中的开发和应用,是处理危机过程中的公共关系。当危机或灾难发生时,要从不同的方面予以调查、处理和解决。公共关系只是解决这个危机问题的一个视角,是危机管理或问题管理的一个重要组成部分。

在危机或灾难出现时,公共关系方面大体有三大任务,即预防、准备和供应。所谓预防,就是要防患于未然,做到居安思危。"任何事情都有可能发生"是危机的法则;所谓准备,是指成立一个"危机管理小组",拟定面临危机的沟通计划;所谓供应,是指向传播媒介人士提供和发布与危机有关的公共关系信息。

3. 公共关系危机处理

公共关系危机与公共关系危机处理是两个既相联系又相区别的概念。所谓公共关系危机处理,是指在公共关系理论和原理的指导下,公关从业人员运用公共关系的策略、措施与技巧,来改变因突发事件而造成的公共关系主体所面临的危机局面的过程。如果说公共关系危机是一种状态,一种趋势,是对所出现的问题的描述,那么,公共关系危机处理强调的则是一种行动过程,一种结果。假如没有问题,没有公共关系危机,也就不会有公共关系危机处理。

4. 危机处理的层次

危机处理原本是企业管理中的一个专业术语,现在已被广泛应用于政府管理、公

---

① 《公关员——职业培训与鉴定教材》,上海,复旦大学出版社,1999,9。

共关系等各行业。其英文表述是 Crisis Management(危机管理)。公共管理理论认为,危机只能"管理"(Manage),即尽力减少其危害,而不能"解决"(Solve)。因此面对现实,妥善应对是唯一可取之道。①

危机管理有广义和狭义之分。广义的危机管理是指公共关系从业人员在危机意识或危机观念的指导下,依据危机管理计划,对可能发生或已经发生的公共关系危机事件进行预测、监督、控制、协调处理的全过程。该计划包括了危机管理的责任、具体的运作方式和注意事项等,并以书面的形式表现。危机管理计划是制定危机管理手册,开展危机管理教育的基本依据。狭义的危机管理通常与危机处理的概念一致,指对已经发生的公共关系危机事件的处理过程。本章仅对后者的礼仪操作进行论述。

11.1.2 危机分类

准确认识和判断公共关系危机的类型,是成功地进行公共关系危机处理的一个必不可少的重要前提。"横看成岭侧成峰",从不同的角度划分,公共关系危机存在不同的类型。

1. 按存在状态划分

从存在状态看,公共关系危机可划分为一般性危机和重大危机。

(1)一般性危机。主要是指常见的公共关系纠纷。对一个组织来说,常见的公共关系纠纷主要有:内部关系纠纷、消费者关系纠纷、同业关系纠纷、政府关系纠纷、社区关系纠纷等。从某种意义上说,公共关系纠纷还算不上真正的危机,它只是公共关系危机的一种信号、暗示和征兆。只要及时处理,做好工作,公共关系纠纷就不会向公共关系危机发展,以至于造成危机局面。

虽然并非所有的公共关系纠纷都会转变为重大危机,但它带来的危害是不可忽视的。公共关系纠纷对组织的危害,轻则降低组织的声誉,影响产品的销售,造成形象损失;重则可能危及组织的生存和发展。对于公众来说,内部纠纷不利于团结,会挫伤组织成员的积极性,管理人员的威信,很可能导致组织的效益下降,使内部公众既蒙受物质又蒙受精神方面的损失。组织与外部的纠纷,可能会损害相关公众的物质利益和身心健康。对于社会来说,一起公关纠纷往往会牵涉社会各界,有时会引起地方以至全国或世界的关注,造成广泛影响,不利于一个国家或地区良好形象的塑造。

(2)重大危机。主要是指组织的重大工伤事故、重大生产失误、火灾造成的严重损失、突发性的商业危机、大的劳资纠纷等。它是公共关系从业人员面临的必须及时处理的真正危机。如产品或组织的信誉危机、股票交易中的突发性大规模收购等,公关人员必须马上应付处理,最好在平时就有所准备。

2. 按归咎对象划分

从危机同组织的关系程度以及归咎的对象看,公共关系危机可分为内部公关危

---

① 闫爱华:《危机处理中的政府公关》,新闻研究,2005(12),11页。

机和外部公关危机。

(1)内部公关危机。发生在组织内部的公关危机称为内部公关危机。内部公关危机发生在组织之内。或者这种危机的发生主要是由该组织的成员直接造成的,危机的责任主要由该组织内部成员承担。

内部公共关系危机具有下述特点:

①波及的范围不太广,主要影响本组织的利益;

②责任的归咎对象是本组织的部分人,因而相对来说容易处理;

③内部公关危机的主体主要以本组织的领导和职工为重点。

(2)外部公关危机。外部公关危机是与内部公关危机相对而言的。它是指发生在组织外部,影响多数公众利益的一种公关危机,本组织只是受害者之一。

外部公关危机具有如下特点:

①危机涉及的范围相对较广,受害者大多数是具体的社会公众;

②责任不在发生危机的某一具体的社会组织及其成员身上;

③不可控因素较多,较难处理,需要有关危机的各方面密切配合,共同行动。

从这一角度具体划分公关危机的类型时,内部和外部是相对的。因为有些公关危机的发生,内部和外部原因都有,所承担的责任大小也相差不多。故对具体的公关危机的划分与处理必须具体分析,恰当处理。

3. 按损失形态划分

根据危机给组织带来损失的形态看,公共关系危机有两种,即有形公关危机和无形公关危机。

(1)有形公关危机。这种危机给组织带来直接而明显的损失,凭肉眼即可观测到这些损失。如房屋倒塌、爆炸、商品流转中的交通事故等造成的人员伤亡或财产损失。2007 年 8 月 13 日下午湖南湘西自治州凤凰县凤大公路堤溪段一座在建大桥突然垮塌,共造成 64 人死亡,即属于有形危机。

有形危机的特点主要有:

①危机的产生与造成的损失大多数是同步的;

②危机造成的损失明显,易于评估;

③危机造成的损失难以挽回,只能采取其他措施补救;

④有形危机的发生常常伴随无形危机的出现。

(2)无形公关危机。给组织带来的损失表现得不明显的危机,称为无形公关危机。给任何一个组织形象带来损害的危机,皆属于无形危机。如果不采取紧急有效的措施阻止,已受损害的形象将使组织蒙受更大的损失。

无形公关危机具有下述特征:

①危机始发阶段,损失不明显,很容易被忽视;

②危机发生后,若任其发展,损失将会越来越大;

③这种危机造成的损失是慢性的,可采取相应的措施补救;

④处理好这类危机要与新闻媒体多打交道,因而必须注意方式方法。

4. 按产生原因划分

依危机产生的主客观原因分,公共关系危机可分为人为公关危机和非人为公关危机。

(1)人为公关危机。由人的某种行为引起的危机称为人为公关危机。对一个组织来说,生产工艺设计欠科学、配方有问题、原材料质量不好、有关工作人员缺岗或不尽职、工厂的安全保卫工作不力、财产管理不善、有人故意地搞破坏等造成的危机,就属于此类。人为公关危机会造成人员伤亡或财产的重大损失。人为的公关危机具有两大特点,即可预见性和可控性。也就是说,如果平时采取相应有效的措施,有些危机是可以避免或减轻损失的,在一定程度上也是可以控制的。

(2)非人为公共关系危机。非人为公关危机主要是指不是由人的行为直接造成的某种危机。对一个组织来说,引发非人为公关危机的事件常常有:地震、洪涝、灾害、雹灾等自然灾难。

非人为公关危机有如下特点:

①大部分无法预见;

②具有不可控性;

③造成的损失通常是有形的;

④这种危机容易得到社会各界和内部公众的同情、理解与支持。

5. 按外显形态划分

根据危机的外显形态,公共关系危机可分为显在公关危机和内隐公关危机。

显在公关危机是指已发生的危机或危机趋势非常明朗,爆发只是个时间问题。内隐危机指潜伏性危机,与显在危机相比,内隐公关危机具有更大的危险性。20 世纪 80 年代末,我国核桃由于质量差、交货不及时,英国商人把原发往欧洲市场的中国核桃转卖给埃及,改从美国进口。这意味着西欧这一传统的中国核桃市场将被美国挤掉。以此事例分析:英国拒绝中国核桃进入欧洲市场转手处理给埃及,这只是显在危机的表现。而改用美国核桃长期供应原中国传统客户,则是内隐危机,是“核桃事件”的主体性危机。

除上述公共关系危机的类型外,还可以依据公共关系危机的性质,将它分为灾变性危机、商誉危机、经营危机、信贷危机、素质危机、形象危机、环境危机和政策危机等。学会识别公共关系危机的类型,掌握不同的公共关系危机的特征,将有助于公关从业人员进一步认识和理解公共关系危机处理的意义,把握好公共关系危机处理的基本原则。

11.1.3　危机特点

了解公共关系危机事故的主要特点,既有助于认真做好公共关系危机事故的预防工作,又有助于在危机发生时,能够更好地处理它,减少损失,减轻负面影响。所有的公共关系危机都具有较为明显的共同特点。

1. 偶发性

公共关系危机事件是一种突发性事件。它大多是在人们毫无察觉或准备的情况下偶然发生的。它既让人们感到意外、吃惊,又感到恐惧、害怕,并给组织带来一定程度的混乱。

2. 未知性

未知性又称为潜伏性。指公共关系危机包含许多未知因素,具有不可预测的特点,它往往潜伏着。一般来说,航空公司会遇到空难事故,但不知道什么时候会发生空难事故。一家组织可以想像会受到舆论的批评、顾客的指责,但却很难预料什么时候受到批评和指责,事情是否会越闹越大,会不会由此使组织陷入更加不利的境地。

3. 不利性

危机事件一旦发生,会使组织面临十分困难的局面,对组织的生存和发展产生极为不利的影响。危机事件一旦发生,还会造成一系列的甚至比较严重的危害。比如:空难、海难事故引起的危机,往往在危害组织的同时,还危害当事人及其亲属的心理和精神健康。

4. 严重性

危机事件不同于一般的矛盾或小问题,它涉及面广,影响巨大,危害严重,会造成组织多方面的损失和伤害,甚至遭到灭顶之灾。

5. 关注性

危机事件常常成为社会舆论关注的焦点和热点。它往往是新闻传播媒介最佳的新闻素材与报道线索。正如国外危机管理专家所指出的,每一起意外事件不尽相同,相关机构应变的态度也有差异。但有一件事是无疑的:当悲剧发生的时候,公众和媒体的注意力一定集中在出事的组织。有时,危机事件不仅引起国内各界公众的关注,而且还会引起世界各国的关切和注意。

6. 普遍性

危机的发生带有普遍性。大到国家小到企业,都可能遭遇到灾难和不幸事件。世界上许多跨国公司,诸如雀巢、可口可乐、三星等,在其发展过程中都遇到过性质不同、表现形式各异的危机。1985 年美国莱克西肯传播公司对美国主要企业领导人的一项调查表明,89% 的领导人认为"企业发生危机如同死亡和税收一样,是不可避免的"。

7. 复杂性

公共关系危机有比较显著的复杂性。一旦发生危机,无论是处理危机、控制危机,还是协调与危机有关的方方面面,都非常复杂。往往涉及比平时更多的人,投入更大的钱财和物资。通常,一个企业发生灾难事故,又造成人员伤亡的话,其涉及的单位、部门从十多个到几十个不等。

11.1.4 危机过程

正确认识危机发生的全过程,才能制定有效的危机管理计划,按照正确科学的程序来处理危机。公共关系危机发生的过程,可以分为初发期、稳定期、抢救期和安抚期四个阶段。这四个阶段既可作为危机发生的周期,又可视为公共关系危机处理的分期。

1. 初发期

危机发生的初期,组织和有关公众对消息模糊不清,所得到的信息可能前后矛盾。这些前后矛盾的信息容易引起社会公众对社会组织的误解、偏见,甚至敌视。不过,这时公众还没有介入行动。公共关系人员也没有介入具体的危机抢救工作。如果组织有预先准备好的危机沟通计划,现在正是可以展开实施的时候。

2. 稳定期

稳定时期,社会公众已较清楚地了解到底发生了什么事情。有关当事人也介入行动,同时安排抢救工作。这时,已经采取了一定的行动,公共关系人员开始分发新闻资料,传递危机的有关信息,让公众大体上知道是怎么回事,不至于乱猜。许多谣言不攻自破,消息来源正式,公众情绪渐趋稳定。

3. 抢救期

抢救期是危机灾难发展到顶峰时期,抢救工作进入关键阶段。在此时期,公关机构设立信息中心,按时把抢救工作的最新消息传送给媒介人士。抢救期短则一两天,长则持续几个星期或更长时间。在发表各种消息时,一定要坚持"公开事实真相"的原则,以避免新闻媒介和社会公众的猜疑、质询。2008 年"5·12"大地震,我国各级政府在危机的抢救期,迅速、真实地公布地震的最新情况,及时地进行政府与公众的双向交流,从而塑造了坚强有力的政府形象,为赢得时间,挽救损失奠定了良好的平台。

4. 安抚期

安抚期是指调查工作开始,抢救工作告一段落。在这一时期,除着手准备详细的调查报告外,主管部门和公关部门都还需要做一些具体的事,妥善处理危机后期工作,安抚人心,提出防止危机重演的管理计划。同时,还要提出重返市场,恢复声誉,建立新的良好形象的计划与具体措施。

但是,并非所遇到的所有公共关系危机的四个阶段都划分得这样清楚。有时,阶段与阶段之间无明显的划分标志。各阶段延续时间的长短也不一样。

11.2 危机处理

11.2.1 危机处理意义

组织面对随时都可能出现的或已经产生的公共关系危机,绝不能视而不见或袖手旁观,必须采取有效的紧急措施给予认真的处理和解决。对一个组织来说,处理公共关系危机具有十分重要的意义。

1. 重塑形象

公共危机的实质就是形象危机和声誉危机。对于任何一个组织来说,无论由何种因素或事件引发的公共关系危机,都会不同程度地影响其在公众心目中的良好形象。通过公共关系实务处理,能使组织已受到的形象损失不再继续扩大,能控制事态的进一步发展,使形象损失降到最低程度,并且,还可以塑造比危机前更佳的形象。

2. 挽回损失

给组织带来直接或间接的经济损失是公共关系危机的后果之一。及时并认真地处理公共关系危机,可以尽可能降低或挽回经济损失。

3. 协调关系

组织的良好形象得益于与有关公众关系的协调与和谐。当面临公共关系危机时,组织与公众的关系就处于不协调的状态。在这种情况下,有关公众就会成为消极的行为公众,产生对组织不利的行为。对公共关系危机进行审慎的处理,目的在于尽力协调组织与公众的关系,形成组织发展的良好环境。

认识公共关系危机处理的意义,还在于能够消除侥幸心理,使组织决策层不仅识危,而且防危、治危。

11.2.2 危机处理方式

1. 群体异反应的特征

一般而言,当一件突发性的危机事件发生时,会出现社会心理学所称的群体异反应,并呈现出不同的特征。

(1)群体恐慌。面对危机,群众往往会惊慌失措,做出非常之举。人们也许对1988年的抢购风还有印象。那种连食盐、肥皂都大量抢购的行为就是群体恐慌的典型反映。它反映的是群体对未来的恐怖预期或不确定性判断。说白了,就是社会公众不知道发生了什么事以及还要发生什么,所以才做出正常情况下难以理喻的举动。诚如谚语所说,“恐惧的心理比恐惧的到来更可怕”。

(2)谣言四起。由于事件突然,或超出一般人的常识,所以任何似是而非的传言都会受到极大关注。2003年的SARS期间,北京就曾有过“封城”、“飞机撒药”的传言。现代网络技术的普及和手机短信的普遍使用,使传播速度及广度达到难以控制的程度,广州市委政策研究室下属的广州市社情民意调查中心抽样调查显示,关于非典事件,45.7%的广州市民的信息来源是“好友”,超过电视(31.3%)和报纸(13.4%)的总和。也就是说,在有关部门通过新闻媒体正式发布的消息之前,一半市民已深深困扰在传言中。

“谣言止于智者。”但现实生活中,能在危机时刻,信息不畅时仍保持清醒头脑的“智者”是少数,大部分群众会表现出从众心理:人云亦云,以讹传讹,宁信其有不信其无等等。现代公共管理的结论是,谣言止于公开。权威的信息发布自然能起到拨乱反正的效果。

(3)公信丧失。如果在危机发生时,危机主体不能及时做出反应,各种传言会先入为主,致使公众对原本的组织形象产生不信任感,即使过后加以说明和澄清,但不良影响已经造成,人们仍将信将疑。再次遇到类似事情,人们仍会倾向于从非主流媒体那里获取信息。

(4)人人自危。由于不确定事件真相以及可能对自身产生的危害,人们会举止失常,甚至以邻为壑。连正常的工作生活都受到影响。SARS 期间就有些农村在村庄周围挖沟,杜绝外人进入。由于缺乏正确而又有公信力的信息发布,客观上大家都是利益受害者。

2. 处理方式

明晰了危机发生时的群体心理特征,也就不难判断,常见的两种危机处理方式所产生的不同后果。

(1)封闭式处理。在危机发生后,先尽可能封锁消息,然后进行封闭式调查分析,总结处理,待一切完成后再向公众公布。这种方式在过去信息闭塞的时代,有其实用的一面,即在绝大多数人尚不知情的时候,已经把危机处理完毕,从而避免了可能的社会震荡。而目前媒体空前发达,传播方式空前普及。因此,对任何危机事件,想要做到完全封锁消息,事实上已无可能。在这种情况下,危机主体的失语,等于是把事件的描述权、评论权拱手让人,让非主流传播渠道大行其事,听凭各种谣言甚嚣尘上。等到危机主体再发布确凿消息时,人们在各种传言的轰炸下多已丧失了判断真伪的能力,危机主体的公信力会受到极大的影响。

(2)开放式处理。在危机发生后,危机主体在第一时间发布已经查明的事实,表明危机主体正在或即将采取的措施,先入为主,抢占舆论主渠道,将各种传言消灭于无形。然后随危机处理的进展,发布阶段性消息,稳定人心,确保正常秩序的维持。2003 年北京 SARS 危机前后两种不同的处理方式,已经成为危机处理的经典案例而被经常提起,几乎成为大禹治水先堵后疏的现代翻版。大家公认,危机发生转机的标志性事件就是新市长王岐山的上任,特别是他的第一次新闻发布会。他在回答 CNN 记者"如何让公众相信现在发布的病例数字真实"时,回答说"如果可能,可以让电视台在我办公室架一台摄像机,让大家随时可以看到我说什么,做什么"。一贯低调行事的王岐山,从此一反常态,高调地天天在电视上露面,他公开声称,作为官员平时可以多做少说,而危机来临时,则需要边做边说。事态的发展证明,这对于挽救北京市民近于崩溃的信心,改善政府形象起到了难以估量的作用。

在组织运行过程中,应设立专门的人员接待媒体,随时应对记者采访。危机发生后,他可以在第一时间内说明情况,回答问题,如果是负面事件,还要承受群众的不理性语言。也因为是在第一时间说话,难免与事后查明的真相有所出入,因此还必须承担一定的风险。但也恰恰是他的出面,吸引了质疑的提问乃至愤怒的指责,使组织中的主要领导可以专注于处理危机。这就是新闻发言人的作用,公共管理学上有时称之为"政治避雷针"或"减压阀",他可以像防浪堤一样抵挡海啸第一波也是最大的一波冲击。美国前总统尼克松的白宫办公厅主任霍尔德曼普曾经说过:"只要我们还能应付,我就不会让这些糟糕的事去影响总统。"

11.2.3 危机处理过程

不同的组织面临的社会环境和公众不同,因而其可能遭遇的公共关系危机也就千差万别。虽然都统称为危机,但各种类型的危机事件在规模、性质、表现形式、涉及的公众等方面是不同的。这些不同的危机事件,在处理程序上有没有共同之处呢?回答是肯定的。应该说,正确的危机处理工作程序,对危机事件的有效处理十分必要和重要。

礼仪视窗 11 -1

"泰诺"的"四板斧"

"泰诺"是强生公司生产的用于治疗头痛的止痛胶囊。作为强生公司主打产品之一,年销售额达4.5亿美元。

在20世纪80年代,强生公司曾面临一场生死存亡的"中毒事件"危机:1982年9月29日至30日,芝加哥地区有人因服用"泰诺"止痛胶囊而死于氰中毒,开始是死亡3人,后增至7人,随后又传说在美国各地有25人因氰中毒死亡或致病。后来,这一数字增至2 000人(实际死亡人数为7人)。一时舆论大哗。"泰诺"胶囊的消费者十分恐慌,94%的服药者表示绝不再服用此药。医院、药店也纷纷拒绝销售"泰诺"。

面对这一危急局面,由公司董事长为首的7人危机管理委员会果断地砍出了"四板斧",这四板斧环环相扣,命中要害。

第一板斧:在全国范围内立即收回全部"泰诺"止痛胶囊,价值近1亿美元。并投入50万美元利用各种渠道通知医院、诊所、药店、医生停止销售。

第二板斧:以真诚和开放的态度与新闻媒介沟通,迅速地传播各种真实消息,无论是对企业有利的消息,还是不利的消息。

第三板斧:积极配合美国医药管理局的调查,在5天时间内对全国收回的胶囊进行抽检,并向公众公布检查结果。

第四板斧:为"泰诺"止痛药设计防污染的新式包装,以美国政府发布新的药品包装规定为契机,重返市场。1982年11月11日,强生公司举行大规模的记者招待会。会议由公司董事长伯克亲自主持。在此次会议上,他首先感谢新闻界公正地对待"泰诺"事件,然后介绍该公司率先实施"药品安全包装新规定",推出"泰诺"止痛胶囊防污染新包装,并现场播放了新包装药品生产过程录像。美国各电视网、地方电视台、电台和报刊就"泰诺"胶囊重返市场的消息进行了广泛报道。

事实上,在中毒事件中回收的800万粒胶囊,事后查明只有75粒受氰化物的污染,而且是人为破坏。公司虽然为回收付出了一亿美元的代价,但其毅然回收的决策表明了强生公司在坚守自己的信条:“公众和顾客的利益第一”。这一决策受到舆论的广泛赞扬,《华尔街周刊》评论说:“强生公司为了不使任何人再遇危险,宁可自己承担巨大的损失”。

正是由于约翰逊公司在“泰诺”事件发生后采取了一系列有条不紊的危机公关,从而赢得了公众和舆论的支持与理解。在一年的时间内,“泰诺”止痛药又重振山河,占据了市场的领先地位,再次赢得了公众的信任,树立了强生公司为社会和公众负责的企业形象。

由于其出色的危机管理,强生公司获得了美国公关协会授予的最高奖——银砧奖。

(资料来源:http://blog.china.alibaba.com/blog/hu5214175/article/b0-i2118185.html)

从上述典型的实例可以看出,公共关系危机处理的基本程序主要包括以下步骤。

1.第一时间,成立团队

成立危机事故处理组织机构是第一件大事。这是有效处理危机事件的组织保证。这一组织机构有的被称为危机管理小组,有的被称为危机事故处理委员会。该机构的组成人员应包括组织负责人、公关部门负责人和经过培训的危机处理人员、指定的新闻发言人和值班人员。

2.深入现场,了解事实

社会组织的最高层领导应亲临危机事故现场,指挥抢救工作,并委派专业人员调查事故,确实弄清危机事件发生的时间、地点、原因、人员伤亡、财产损失等情况,并根据情况做出系列决定。

3.控制损失,挽回形象

危机发生后,要尽快采取一切措施来降低损失。对于“损失”的衡量,既要看有形的,又要看无形的。可以说,失去市场、丢掉发展机会是最大的损失。

4.分析情况,确定对策

当掌握危机事件的第一资料,清楚了解公众和舆论的反应后,社会组织应该在高层人员的直接参与下,深入研究和确定应采取的对策、措施、这是危机处理的一大关键。确定的对策既要考虑危机本身的处理,又要考虑好如何处理危机涉及的各方面的关系,还要考虑如何抓住蕴含的机遇,恢复声誉,重返市场。

5.召开发布会,发布正式消息

在了解事实、确定初步对策的情况下,尽可能以最快的速度来召开新闻发布会或记者招待会。一方面,向新闻界介绍危机的有关情况,公布公司正在采取的措施;另一方面,恳请新闻媒介密切配合,防止不利的消息和舆论。为此,要指定新闻发言人代表公司“以我为主”公布信息,使信息传递口径统一。根据以往的经验,新闻发布会要召开多次。

6. 组织力量，有效行动

这是危机处理的中心环节之一。公众、媒体和舆论不仅要看组织在新闻发布会上的宣言，更要看组织的行动。事实胜于雄辩，危机往往涉及面很广，仅靠公关从业人员的力量是远远不够的，因而需要组织领导人亲临第一线，亲自组织和协调。强生公司对“泰诺”危机的成功处理，特别是几次重要的新闻发布会，董事长伯克都亲自参加，并诚恳地回答记者的提问。这一步又可分为若干步，主要的决定均在这一步骤完成。因此，落实措施情况要详细记载，及时向公众、媒体宣布，务必协调好各方面的关系。

7. 认真处理善后工作

对客户和消费者来说，善后工作包括赔偿、安慰、关怀等等。对于危机事件当事者来说，包括诸如搜集、整理、分析媒体对危机事件的报道等等。当然，也包括危机处理的效果调查。

8. 总结调查，吸取教训

危机管理小组应对危机处理情况作全面调查、评估，并将检查结果向组织领导层报告，向公众和报界公布。有些重大事故也可采取刊登广告的形式检讨自己。通过总结检查，改进组织在危机管理方面存在的薄弱环节，并将一些经验教训写成书面教材，教育组织的员工。进而修正危机管理的计划，唤起全体人员对危机的重视。

11.2.4 危机处理原则

1. 及时性原则

危机处理的目的在于尽最大努力控制事态的恶化和蔓延，把因危机事件造成的损失减少到最低限度，在最短的时间内重塑或挽回组织原有的良好形象和声誉。为此，危机一旦发生，不仅是公共关系危机管理小组的成员，而且是组织的所有成员都应立即投入紧张的处理工作。赢得时间就等于赢得了形象。有专家说：“高效率和日夜工作是做到快速反应不可缺少的条件。”

2. 理性的原则

危机事件发生后，处理人员应冷静、沉稳和镇静，不要因头绪繁多、关系复杂的事件使自己变得急躁、烦闷、信口开河等等。只有具有积极的心理，才能在处理危机事件的过程中应付自如，左右逢源。

3. 全面性原则

公共关系危机事件可能会涉及或影响组织内部和外部的诸多方面。在处理具体的公共关系危机时，应遵循全面考虑的原则。既要考虑内部公众，又要考虑外部公众；既要注意对公众现在的影响，又要注意对公众未来的或潜在的影响等。

4. 准确性原则

危机事件发生后，特别是在事件初期，由于种种原因，传播的信息容易失真。为了避免公众的猜测、误解和有关危机事件的谣言造成新的危机事件，公共关系危机管理小组选出的发言人不仅要及时传递有关信息，而且还要使传递的信息十分准确，不隐瞒或省略某些关键细节。

5. 公正性原则

要公正处理与受到危机事件影响或危害的公众之间的关系。在处理危机事件的过程中，要排除主观因素，公平而正确，坦诚对待受损害的公众。处理危机时要客观，遵循事实。处理公共关系危机事件的客观性原则包含了很多方面的内容，如事实的真实性、评估的客观性、传递信息的准确性等。

6. 灵活性原则

要随客观环境的变化而有针对性地提出有效的措施和方法。由于公共关系危机事件随着情况的发展而会不断地发生变化，可能原定的预防措施或抢救方案考虑不太周全，因此，为使企业的形象和声誉不再继续受到损害，处理工作必须视具体情况灵活运作。

7. 公众性原则

既要考虑组织自身利益，又要考虑公众的利益。在公共关系实务中，往往容易只考虑组织自身的利益，忽视公众的利益。为此，在处理危机事件时要强调公众性原则，把公众的利益放在首位。在多数情况下，危机会造成生命财产的损失。因此，危机处理中首先要考虑人道主义的原则。

8. 针对性原则

由于公共关系危机具有不同的类型和特征，即使类型和性质相同或相似，所面临的环境也会是不同的。因此，提出的解决措施、处理程序应具有较强的针对性和适应性，使提出的措施、方法符合危机事件的类型、性质和特征以及不同的环境要求。

9. 维护声誉原则

公共关系在危机管理中的作用是保护组织的声誉。在危机管理的全过程中，公共关系从业人员都要努力减少危机对组织信誉带来的损失，争取公众的谅解和信任。

11.2.5 危机处理的更高境界

危机的升级可分为三个阶段：技术层面、心理层面和社会层面。随着反应时差逐渐加大，相应的危机解决成本也逐渐加大。如果工作是以处理危机为主，那么，危机仍可能频繁发生。为此，必须从更高的全过程管理的角度来看待危机。所以，社会组织应该从以治疗危机为重点转向以预防危机为重点。从这个意义上讲，危机管理比危机处理似乎更全面、更有效。

从这点来看，危机事件处理优秀的组织都是类似的，那就是遵从了“从处理到管理”的上升原则。具体的危机管理过程分为以下几个步骤。

1. 端正态度

态度决定一切。危机发生后，公众会关心两方面的问题：一方面是利益的问题，利益是公众关注的焦点，因此无论谁是谁非，组织应该承担责任。即使受害者在事故发生中有一定责任，组织也不应首先追究其责任，否则会各执己见，加深矛盾，引起公众的反感，不利于问题的解决。另一方面是感情问题，公众很在意组织是否在意自己的感受，因此组织应该站在受害者的立场上表示同情和安慰，并通过新闻媒介向公众致歉，解决深层次的心理、情感关系问题，从而赢得公众的理解和信任。

实际上，公众和媒体往往在心中已经有了一杆秤，对组织有了心理上的预期，即企业应该怎样处理我才会感到满意。因此组织绝对不能选择对抗，态度至关重要。

2. 防范发生

优秀的危机管理组织都有良好的危机预案和危机预警机制。良好的预警胜过周密的应对，且能增强组织运行的安全性和稳定性。

3. 时刻准备

面对可能出现的危机事件和危机事件爆发后出现的可能情况，有计划有步骤地做出各种准备策略。

4. 积极参与

危机爆发后，组织应该本着一种积极态度处理危机事件，而不是逃避责任或者推诿。组织只有积极地参与到危机事件的处理中，这样才能尽快地化解危机。

5. 危中找机

危机处理的最高境界是能把“危”变成“机”，从中获利或者得以利用事件。谁都不希望矛盾、冲突和危机的发生，然而冲突和危机一旦发生，就应勇敢去面对它们，以科学的方法和艺术解决它们，公关人员尤其要有临危不乱的心理承受能力、变危为安的事态处理能力以及转危为机的公关操作技术。

11.3 危机处理专项礼仪

11.3.1 危机处理礼仪的实质

礼仪，是用来表达尊敬的规范的外在形式，危机处理专项礼仪，则是特指用来应对、解决那些已经发生了的危机的礼仪，其目的在于体现发生了危机的组织对自身的尊重、对相关公众的尊重以及对媒体和社会大众的尊重。

11.3.2 危机处理过程中的礼仪

11.3.2.1 危机处理的事前管理

搞好危机发生前的管理工作，从根本上说就是要做到四“早”：早准备、早预防、早发现、早处置。否则的话，一旦冲突和危机形成气候，就会手忙脚乱，无所应对。

应强化情报信息工作，建立专门的信息网络系统。危机发生前，组织应成立专门的机构，配备专门的人员负责收集各种情报信息，并将收集的情报加以科学的分析，注意搞好信息交流与沟通，做到早发现。只要公关人员作风深入，扎实，反应敏锐，重视情报信息工作，及早发现和掌握冲突和危机发生的先兆是完全可能的。

还要加强危机的资源管理工作。平时要注意做好人力、物力、财力的准备，在冲突和危机来临时，必须做到各种资源及时到位，决不能因为准备不足而导致功亏一箦。

11.3.2.2 危机处理的事中管理

1.危机资料的搜集与提供

当危机事件发生后,公共关系从业人员要根据组织的有关要求,提供相应的资料。

(1)搜集与危机相关的资料。当危机发生后,公共关系从业人员需要搜集的资料有许多,主要包括:

①完整记录危机事故发生发展的过程、阶段及其细节;

②抢拍危机事故的图片资料;

③拍摄危机事故现场的音像资料;

④与危机事故相关的个人在危机事故过程中的行为表现及其相关言论;

⑤事故处理过程中,相关团体的反应,包括声明、援助、决定、行为、相关活动等;

⑥新闻媒体对事故报道的信息,包括新闻、专访、特写、追踪报道、报社的评论等;

⑦危机事故造成的损失,包括数据、度量情况等;

⑧记录和搜集保险部门、法律部门、政府部门发言人或代表的言论、决定等;

⑨搜集电话值班记录,特别是“日志表”之类的记录;

⑩搜集与事故相关的其他证据或实物。

(2)提供与危机相关的资料。公共关系从业人员的任务之一,就是在危机事故发生的时刻及其在处理危机事故的过程中,能够及时、迅速、准确地提供危机处理需要的各种资料和信息。准备可能需要的一切是最主要的原则。

以应对危机而言,需要提供的资料一般有以下几方面。

①紧急通信录。即能够提供需要立即联系的有关部门的电话号码、联系人名单以及相关信息等。比如消防、医疗、公安、警察、部队、政府及其职能部门等的联系电话。

②组织背景资料。主要包括企业历史渊源、发展阶段、辉煌成绩、机构设置、员工素质、技术力量、海外发展情况、企业的有关决定、政策等背景资料。

③与事故有关的产品资料,包括原设计图纸、产品使用说明、包装材料资料等。

④与事故有关的图片、图表资料。

⑤与事故有关的声像资料。

⑥与事故有关的产品的广告资料和新闻报道。

⑦相关的客户档案资料。

⑧新闻媒体对企业以及本次事故的报道资料。

⑨重要人物或名流对企业的指示、态度、言论等。

⑩组织在社区内开展公益活动的情况与成绩等。

⑪需要提供的其他相关资料。

2. 搞好应对危机的决策管理

危机决策是一种典型逆境决策,它的时效性要求相当高。它要求人们敢于打破传统的习惯方式和方法,突破观念和机制的束缚,果断地决策,有效地制定新的政策以应对挑战。危机决策要注意做好以下几个方面的工作。首先,要高度重视专家的意见,成立在危机指挥中心领导下的专家小组,充分听取专家的意见,实现决策的科学性和民主性。其次,领导的决策必须果断,切不可议而不决,推诿扯皮,错过处理危机的最佳时机。第三,决策应果断而不武断。危机一旦来临,作为管理层必须头脑冷静,要抓住主要矛盾,有的放矢地进行决策。最后,注意学会高超的决策艺术。最高超、最卓越的危机决策,不是仅仅处置冲突和危机事件,而是善于利用冲突和危机,使危机变为推动工作的转机。

在社会转型期,各种类型的冲突和危机事件都有可能发生。这就要求人们要针对危机的不同种类,分别采取不同的方法加以有效处置。

危机的系统运作主要是做好以下几方面的工作。

(1)以冷对热、以静制动。危机会使人处于焦燥或恐惧之中。所以组织高层应以“冷”对“热”、以“静”制“动”,镇定自若,以减轻组织成员的心理压力。

(2)统一观点,稳住阵脚。在组织内部迅速统一观点,对危机有清醒认识,从而稳住阵脚,万众一心,同仇敌忾。

(3)组建班子,专项负责。一般情况下,危机公关小组的组成由组织的公关部成员和组织涉及危机的高层领导直接组成。这样,一方面是高效率的保证,另一方面是对外口径一致的保证,使公众对组织处理危机的诚意感到可以信赖。

(4)果断决策,迅速实施。由于危机瞬息万变,在危机决策时效性要求和信息匮乏条件下,任何模糊的决策都会产生严重的后果。所以必须最大限度地集中决策使用资源,迅速做出决策,系统部署,付诸实施。

(5)合纵连横,借助外力。当危机来临,应充分与政府部门、行业协会、同行企业及新闻媒体充分配合,联手对付危机,在众人拾柴火焰高的同时,增强公信力、影响力。

(6)循序渐进,标本兼治。要真正彻底地消除危机,需要在控制事态后,及时准确地找到危机的症结,对症下药,谋求治“本”。如果仅仅停留在治标阶段,就会前功尽弃,甚至引发新的危机。

11.3.2.3 危机处理的事后管理

危机处理的事后管理,即要进行科学客观地评估,为组织今后的危机管理进行经验的累积,同时,应制定科学的危机管理计划,使组织的发展得以稳妥地进行。

11.3.3 危机事件发言人的专项礼仪

11.3.3.1 角色定位

危机事件发言人的本质是在特定时间内组织的新闻发言人。“新闻发言人不是人,而是一种制度”。这句话主要意义就是在于对新闻发言人身份的确定。它告诉人们:新闻发言人既不是决策者,不是领导长官,也不是学者,更不代表他个人,他是聘用他的那个组织的沟通代表。从严格的逻辑意义分析,新闻发言人是新闻发布制度的产物,是新闻发布制度建立后形成的一个新的职业。新闻发言人是一种职业,他是由代表国家、政党、企业公司、社会团体或个人向媒体和公众发布、传达信息的专业人士所组成。

新闻发言人的职责是在一定时期内就某一重大事件或时局的问题,举行新闻发布会,或约见个别记者,发布有关新闻或阐述本部门的观点立场,并代表有关部门回答记者提问。在美国相近的称呼是"新闻发布官——公关主管"(其英语原文 Press and Public Relations Officer – Press and Public Relations Chief)。① 危机事件发言人则是需要多种公关技巧在危机事件处理过程中代表危机主体向相关公众进行信息传达的人士。

11.3.3.2 综合素质

危机事件发言人的综合素质有以下几方面。

(1)政治素质。政治立场坚定,具备良好的马克思主义理论修养;通晓党和政府的各项政策、方针、策略,尤其对所在部门的工作和政策要熟悉、全面掌握。

(2)道德修养。良好的个人修养和操守。良好的心理素质,能够保证危机事件发言人在较大压力下长时间工作。

(3)知识构架。危机事件发言人的知识面应该宽阔。"内知国情,外知世界",对社会学、管理学、逻辑学、修辞学、心理学以及有助于新闻发言工作的学科也要有所认识。

(4)公关能力。曾经是处置非典事件主角之一的广州市卫生局原局长黄炯烈说:当时,痛切感受到卫生系统缺乏公共关系专家。卫生行政官员大多是医学专业出身,没有进行过公关培训。较强的公关能力可以对事件的处理起到保驾护航的作用。

危机事件发言人的公关能力如表 11-1② 所示。

表 11-1 危机事件发言人的公关能力表

任务	知识	技能
在镜头面前表现自然	理解准确传递 信息的重要性	极强的信息传递技能
有效回答问题	理解长时间停顿的危险性 掌握有效倾听的步骤 理解"无可奉告"的危险性 理解与记者争论的危险性	快速思考 有效倾听 别的语言替代"无可奉告" 压力下保持冷静

① 纪华强:《公共关系的基本原理与实务》,北京:高等教育出版社,2006,1.

② 闫爱华:《危机处理中的政府公关》,新闻研究,2005(12),11.

续表

任务	知识	技能
清晰表述信息	理解与专业术语有关的问题 理解回应的必要性	能避免使用专业术语 组织回应
能处理复杂提问	理解复杂提问的特性	能确认复杂问题 能要求对方重复问题 有技巧地回答复杂问题 质疑不准确信息 解释有些问题不能回答 评价复合性,回答正确性 应对复合问题

11.3.3.3 现场礼仪

1.服饰礼

危机事件发言人的服饰应为规范严格的职业装,以示对此次事件的重视以及对相关公众的尊敬,同时,服饰的规范也能从侧面反映组织的有序运转,表明危机主体对危机事件的处理已经展开。这样,也可起到对相关公众的安抚效果。危机事件发言人的服饰还应注意避免有民族特色的肃穆色(如黑色)、喜庆色(如红色)等等,较为提倡的服饰色彩为安全的职业色(如深蓝色)。同时,在色彩搭配、饰物选择上应严格按照正式社交场所的要求。

2.举止礼

(1)表情。危机事件发言人的表情转换应宜少不宜多,体现沉稳的处事能力。同时,应避免幅度过大的表情展示,总之,要在庄重中体现亲和,给相关公众以可信赖的印象。

(2)眼神。危机事件发言人的眼神应展示坦率、真诚、沉稳的职业特质,同时,眼神应坚定有力,避免瞳孔大幅度地转动,眨眼的频率要尽可能地减少,以示信念的坚定。在注视时间上宜向社交注视的上限靠拢,从而给相关公众以敢于面对的果敢印象。

(3)肢体。作为危机事件发言人,其肢体语言应传达沉稳、干练的职业素质,因此,无论从站姿、坐姿、走姿都应严格遵守正式社交场合的礼仪规范要求。同时,手势语言应尽可能地规范到位,避免产生“用手势来掩盖内心说谎的慌乱”的误解,尤其应注重手势运行轨迹中的收尾力度。

3.言谈礼

危机事件发言人应该具备良好的个人表达能力,特别是应具有较强的口头语言表达能力。具体要作到如下几点。

(1)充分准备,口径统一。发言人事先要对发布主题信息有充分的了解,不仅要有统一的发布口径,还要对相关舆论和记者可能关心的问题有所准备。熟悉相关材料,尤其在发布信息时需要大量事例或数据论证观点、政策时更应准备充分。不仅要知道政策的条目,也应该了解政策形成的过程、相关背景资料及其对各类相关公众产生的影响等。

(2)强调组织,淡化个人。发言人是组织代表,是为组织发言的。因此,在任何新闻发布过程中都要淡化个人意识。不能有个人观点,在发言中尽量不要出现"我认为"、"我保证"等类似的说法。

(3)尊重事实,回答准确。要给出正确、准确的答案。如果记者的问题过于尖锐,涉及敏感问题,可以采取回答技巧,或者直接用"无可奉告"作答。但绝对不否认事实,甚至歪曲事实。除了发布新闻之外,新闻发言人的另一个最重要的责任就是引导人们如何去认识、看待或评价一个事实。

(4)思路严密,逻辑清晰。这一点尤其体现在回答记者提问的时候,如需分几点作答,要理顺思路,不要漏点,也不要重复。发言人在回答问题时最好用纸笔记下问题,特别是同时被问到两个以上问题时,回答第一个问题的时候能够大致整理出回答下面一个问题的思路。

(5)数据分析,用事实说话。在新闻发布中,经常会出现大量的数据,这一方面显示了发言人的权威,另一方面又增加了发布的可信度、说服力。在具体的应用中,要注意说明数据的来源,不要一味罗列,要解释数据的意义,将数据与具体事实结合。

(6)引发共感,拉近距离。要将相对枯燥难解的政策、法规、理论与大家的常识经验结合起来,通过引发共感,拉近发言人和记者的距离,提高发布效果。

(5)如果记者的提问带有诱导性,要请他再明确地重复一遍问题。

(6)如果记者一再追问,可以直截了当地回绝,"这个问题我已经回答完毕,大家还有别的问题吗?"

(7)不要被记者激怒,避免发生争执。

4. 发言人的语言技巧

(1)简洁明了,要点清晰,口齿清晰,反应敏捷。

(2)避免公式化的语言和作报告的口吻。

(3)处理好书面语和口语的关系。尤其是运用到专业术语时,要给出解释,或用更容易理解的词语代替。

(4)身体语言的结合。发言时,与媒体面对面,传播活动不仅仅是语言,还有眼神的交流、身体姿势的表达。亲切、大方、严肃、坚定、自信……这些都可以在身体语言中一览无余。

(5)语调的变化。在长时间论述一个问题的时候,单一的语调容易使人厌倦,也容易加重发言人的紧张情绪。所以在发言中要注意语调的变换。

5. 回答攻击性问题的技巧

(1)要注意问题的底线。发言人心中一定要明确每次发布的底线,可以说什么,不能说什么。

(2)"以原则对具体"。当遇到具体事例,难以直接做出回答时,可以转移到发布者对于相关问题的原则和基本态度,而对于具体问题不作答。

(3)对于的确存在的、目前未能解决的问题,不要逃避,要诚恳地表示歉意,注意语言的运用,不要用套话,并表示将很快做出回应及其改善。

(4)不要重复记者的话。尤其是当提问中包含一些过激的批评或不实的言论时,不要被记者带到他的逻辑当中。①

危机发生后,能否首先控制住事态,使其不扩大、不升级、不蔓延,是处理危机的关键。

本章小结

危机管理是公共关系实务中的重要组成部分,它综合地考察了组织在逆意环境中的公关能力。作为公关人员,应对危机的性质、类型、演变过程、处理流程有深刻的把握,结合危机处理的原则,尽可能地"危中找机"、"变危为机"。同时,应做好未雨绸缪的工作,把危机处理上升为危机管理计划,力争使危机的负面作用减至最小。

危机事件的处理过程可以按事前防范、事中处理和事后完善来进行,每个阶段,危机事件都有其特定的表现,公关人员应结合事件的性质进行有针对性的处理,在处理过程中,应结合个人得体的举止来体现组织的综合形象,帮助组织进行事件的解决。尤其是作为危机事件发言人的个体,更要从综合素质、服饰礼仪、言谈礼仪、肢体动作等方面来体现良好的专项礼仪水平,从而反映组织公正、坚定、以公众利益为导向的良好组织形象。

相关网站

1. 中国公关网:http://www. chinapr. com. cn
2. 中国营销传播网:http://www. emkt. com. cn
3. 传媒学术网:http://academic. mediachina. net
4. 危机处理网:http://crisis119. com

复习思考题

1. 危机的涵义是什么?
2. 简述危机处理的流程。
3. 危机事件发言人的服饰礼仪有哪些?

---

① 纪华强:《公共关系的基本原理与实务》,北京,高等教育出版社,2006. 1.

【案例分析Ⅰ】

百事可乐转危为安

1993年7月,美国百事可乐公司突然陷入一场灾难。美国的各个角落都在传说,在罐装百事可乐内接连出现了注射器和针头。甚至有人活灵活现地描述针头如何刺破了消费者的嘴唇。在艾滋病蔓延的美国,人们立刻把此事与传染艾滋病联系起来。一时间,许多超级市场把百事可乐纷纷从货架上撤走。

百事可乐公司及时、迅速、果断地推出了一系列措施,一方面通过新闻界向投诉的消费者道歉,并感谢她对百事可乐的信任,还给予其一笔可观的奖金以示安慰,并邀请其到生产线上参观,使其确信百事可乐质量可靠。另一方面百事可乐公司不惜代价买下美国所有电视、广播公司的黄金时间和非黄金时间反复进行辟谣宣传,并播放百事可乐罐装生产线和生产流程录像,使人们看到饮料注入之前,空罐个个口朝下、经过高温蒸汽和热水冲击消毒后便立即注入百事可乐饮料,随之封口,整个过程在数秒钟之内完成,使消费者看到任何雇员要在数秒钟之内将注射器和针头置于罐中都是不可能的。

随后百事可乐公司通过与美国食品与药物管理局密切合作,由该局出面揭穿这是件诈骗案,政府部门主管官员和公司领导人共同出现在电视荧屏上,事实得以澄清。

由于百事可乐公司及时地把真相告知公众,其声誉很快就得到了恢复,公众对其产品也就更加信赖,百事可乐不仅没有在危机中毁灭,相反其形象在危机中更得到了提升。

(资料来源:http://blog.sina.com.cn/s/blog_4a007f2e010008vn.html)

【案例分析Ⅱ】

雀巢的危机公关之路

2002年5月8日,美国环境安全研究所向加州地方法院指控多家巧克力生产商没有依照法律要求向消费者公布其产品中铅等有害于人体健康的金属物质的含量。雀巢公司(Nestle)美国分公司赫然名列其中。美国环境安全研究所在向洛杉矶高级法院递交的一份诉状中说,现有研究结果显示,在加州销售的巧克力制品中含有铅和镉,且这类金属的含量足以对人体健康,尤其是儿童健康构成“严重威胁”。

2002 年 5 月 11 日，雀巢(中国)有限公司在相关媒体上发表声明，称雀巢(中国)对其所生产和进口的产品的质量和安全感到非常自豪，并且采取一切预防措施以确保食品和营养产品严格遵守中国法律法规和标准以及雀巢全球严格的质量标准。雀巢巧克力产品完全安全，适合食用。雀巢同时请出消费者信赖的第三方——有关食品安全专家来说明，巧克力中自然存在的矿物质不会给健康带来风险。此外，在声明中，雀巢(中国)有限公司专门就消费者关注的美国加州的官司结果情况在第一时间内公布，"有关最近美国的一项诉讼，加州总检察官已审阅了针对巧克力制造商的指控并确定该诉讼缺乏依据，并且已采取了非同寻常的一步，即称该指控是毫无根据的"。

(资料来源：http://hi. baidu. com/xucool/blog/item/412a8418817a7fb54aedbc52. htm)

实践训练

1. 实训项目：对危机事件发言人礼仪的把握。

2. 实训目的：加深对危机事件的进一步理解和认识。

3. 实训内容：假设你刚开完一个国际会议，在会场门口被香港等电视记者拦住，记者问你：有美国媒体报道，一位移居美国的市民因为在 20 世纪 90 年代使用过贵市的一种含血液成分的药物导致艾滋病感染，他已向当地法院起诉市政府隐瞒真相，索赔 500 万元。世卫专家估计，感染者超过 1 000 人。你对此事有何评论？

4. 实训组织：把全班分为若干个小组，每组选出一名学生进行讲解，组间互相提问交流。

5. 实训考核：考察大家对危机事件发言人礼仪的掌握，对危机事件处理原则及其公关技巧的把握。

12

涉外公关礼仪

片语可以兴邦，一言可以辱国。

——民间谚语

学习目标

了解涉外公关礼仪的概况，明确涉外公关礼仪的特点、基本功能及基本原则。同时能熟练掌握涉外活动中的礼宾次序、迎送、宴请、舞会及馈赠的组织安排与基本礼仪规范。

主要概念

涉外公关礼仪　礼宾次序　涉外迎送　涉外宴请与舞会

随着我国对外开放不断深入，国际交往日益增多，我国各类组织和人员参与涉外活动的机会也越来越多，涉外礼仪开始渗透到社会生活的各个领域。当组织或个人代表着国家与其他国家或民族进行交往时，了解相应的涉外礼仪规范能增进彼此间的交流与合作，促进双方关系的巩固与发展，同时也能有效地避免由于各自文化历史背景的差异而产生的误解与纠纷。由于公关人员所从事的职业性质，因此，掌握涉外礼仪来规范其公关行为显得尤为重要。

12.1　涉外公关礼仪概述

12.1.1　涉外公关礼仪渊源

涉外公关礼仪是人们在对外交往中，在国际社会上约定俗成并为大众所遵守的用来维护和展示自身和国家形象,向交往对象表示尊重、敬意和友好的一种国际通用的礼仪规范。

涉外公关礼仪作为国际交往中约定俗成的礼仪规范,并非是由专门的组织或机构为人们的国际交往而制定出来的。事实上,在最初的涉外交往中,人们总是参照一些已存在的国内或地区性的礼仪习俗来礼遇对方。当人们把这些被参照的礼遇行为定型化并得到世人公认的时候,涉外礼仪也就产生了。①

可以说任何国家、民族的涉外礼仪都离不开本国、本民族的礼仪精髓与内涵,但这并不意味着民族礼仪可以等同于涉外国际礼仪。一个国家或民族的礼仪只有能为其他国家或民族所接受和承认,才能成为涉外国际礼仪的一部分。现代涉外国际礼仪是全人类共同建设和共享的文明成果,每个国家或民族都为其输入了本国或本民族的礼仪内容。但不可讳言,当今国际社会,仍以欧美诸国强势文化为主导,而在礼仪方面,西方各国中又以英国的影响最大。自17世纪英国完成资产阶级革命后,以其先进的现代生产方式为武器,在世界各地建立了殖民地,在“日不落帝国”建立的同时,英国也将其社会中上阶层的社会生活习惯和礼仪带到了世界各地。英式礼仪传播至北美大陆,经由美国进行务实化、合理化、生活化的改造之后,成为当今国际礼仪中重要的部分,也成为指导各国涉外交往的基本礼仪规范。

12.1.2 涉外公关礼仪特点

涉外公关礼仪不同于一般意义上的公关礼仪,因其应用于涉外交往场合,所以它必然会受到不同的历史文化背景,不同的社会风俗和政治制度,不同的宗教信仰等因素的影响和制约,从而也具有了不同于其他社交礼仪的特点。

1. 严肃性

“外事无小事,事事是大事”。在涉外公关活动中,礼仪是否恰当得体,不仅关系到组织的形象,而且关系到国家的尊严与荣誉。只有遵守涉外礼仪规范,别人才会尊重你,积极与你交流、沟通。因此,遵守涉外公关礼仪不仅有助于个人间的沟通与互动,而且可以树立国家和组织良好的国际形象。如果不够慎重,处理不当,不仅组织声誉会遭破坏,国家尊严也可能会遭到损害,严重的甚至还会引发国际纠纷。因此,在运用涉外公关礼仪时,要严肃谨慎。

礼仪视窗 12-1

玉帛成干戈

春秋时期,齐国国君齐顷公在朝堂接见来自晋国、鲁国、卫国和曹国的使臣,各国

① 金正昆:《国际礼仪》,北京,北京大学出版社,2005。

使臣都带来了墨玉、币帛等贵重礼品献给齐顷公。献礼的时候，齐顷公向下一看，只见晋国的亚卿郤克是个独眼，鲁国正卿季孙行父是个秃头，卫国的上卿孙良夫是个跛脚，而曹国的大夫公子首则是个驼背，不禁暗自发笑：怎么四国的使臣都有毛病啊！

当晚，齐顷公见到自己的母亲萧夫人，便把白天看到的四个人当笑话讲给萧夫人听。萧夫人一听便乐了，执意要亲眼见识一下。正好第二天是齐顷公设宴招待各国使臣的日子，于是便答应，让萧夫人届时躲在帷帐的后面观看。第二天，当四国使臣的车子一起到达，众人依次入厅时，萧夫人掀开帷帐向外望，一看到四个使臣便忍不住大笑了起来，她的随从也个个笑得前仰后合。笑声惊动了众使者，当他们弄明白原来是齐顷公为了让母亲寻开心，特意做了这样的安排时，个个怒不可遏，不辞而别。四国使臣约定各自回国请兵伐齐，血洗在齐国所受的耻辱。四年后，四国联合起来讨伐齐国，齐国不敌，大败，齐顷公只得讲和，这便是春秋时著名的"鞍之战"。

（资料来源：http://blog. tianya. cn/blogger/post _ show. asp）

2. 发展性

涉外公关礼仪作为一种文化形态，是随着社会的发展而不断发展的。随着现代社会科学技术的迅猛发展，人们的生活方式也在不断发生翻天覆地的变化，而涉外公关礼仪也在紧跟时代前进的步伐，不断革除原有的礼仪形式中不适应现代涉外交往时繁文缛节的部分，不断注入富有时代精神的涉外礼仪理念。如美国对英国宫廷式贵族礼仪进行改造与发展，注入美国社会的务实、合理、生活化的因素，成为国际礼仪的重要部分。马来西亚政府允许本国海外穆斯林女性官员在官方场合可与外国人握手，也是涉外礼仪与时俱进、发展的表现。

3. 特殊性

涉外公关礼仪不仅要符合各个不同行业的礼仪要求，符合国际化的礼仪要求，而且还要遵守国家相关的涉外政策。由于不同的国家或民族在习俗、应酬、交际等方面均有不同的礼仪规范和要求。同样一个问题，在不同国家、不同地区、不同民族，往往存在着各不相同的处理方式。所有这一切均对涉外交往活动产生了重要的影响。因此，要本着"求同存异"的原则，理解彼此习俗观念上的差异，消除彼此可能产生的误解。如在宴请外方人士时，必须充分考虑对方的饮食禁忌、风俗习惯等。

4. 广泛性

第二次世界大战后，随着科学技术的飞速发展，通信手段的不断进步，全球化成为人类不可逆转的发展趋势，世界各国人民在经济、政治、文化等诸多领域开始了史无前例的交流与合作。各种组织、个人间的交往越来越多，因而涉外礼仪早已不再是仅适用于代表国家、政府的外事工作人员的礼仪。从政府到民间、从组织到个人共同组成了涉外礼仪广泛的适用对象。

5. 复杂性

就涉外公关礼仪的内容而言，也是相当复杂的。既包括涉外交往中为国际社会普遍接受的礼仪规范，大到各种外交礼仪、外交特权、外交豁免等方面的内容，小至国际交往中的日常礼仪，它们中有的已经形成国际公约，所涉及内容具有法律效力。同时又包括各个民族和地区所特有的风俗习惯，异邦人至此必须遵守的规定与习俗。

由上述涉外公关礼仪的特点不难看出，涉外公关礼仪较之于一般公关礼仪要复杂得多。此外，我国加入WTO，国际交往范围的不断扩大，涉外公关礼仪的对象也越来越多样化，势必会进一步增加其复杂性。

12.1.3 涉外公关礼仪功能

1. 内强素质，外塑形象

涉外公关礼仪人员了解和掌握涉外公关礼仪，一方面是其进行涉外交往活动所必备的一种素质，只有这样才能在涉外交往中受到别人的尊重与礼遇；另一方面，公关人员在进行涉外活动时，不仅体现个人的气质与修养，更是在展示其所代表的国家和组织形象。因此，遵守涉外公关礼仪与惯例，已成为强化公关人员素质，在国际交往中树立国家、民族、组织形象的重要手段。

2. 增进交往，促进交流

进入21世纪以来，全球化成为人类社会发展的基本趋势，国家间的政治沟通与合作，经济往来，文化交流与融合也成为世界发展的根本趋势。随着我国改革开放的进一步发展，多边或双边涉外活动不断增加，中国作为国际社会中日益重要的一员，不仅推动着国际社会的和平与发展，而且由于中国在经济增长速度和市场发展方面的巨大潜力，使得国际社会也越来越离不开中国这样一个大国，中国越来越多地参与到国际社会中来。涉外公关礼仪作为国际交往的基本规则，学习涉外礼仪，对于人们更好地融入国际社会，增进各国间了解，加强国际交往，互通有无，在经济上进行商务往来，加强技术合作，加快经济发展，在文化上促进民族文化的交流与融合，都有着重要意义。

3. 维护尊严，协调关系

涉外公关礼仪既体现本民族、本国家的尊严，同时也体现了对其他国家和民族的尊重。在国际交往中，遵守涉外礼仪表现为除了维护本国、本民族尊严，塑造本国良好的国际形象外，同样要尊重对方的国家尊严，尊重对方的风俗习惯。大到尊重对方的国家元首、外交代表，小至尊重该国每位普通公民，同时也要尊重对方国家尊严的代表——国旗、国歌、国徽等。只有建立在充分尊重彼此国家、民族及每个人尊严基础上的双向沟通式的涉外礼仪，才能更好地体现相互理解、相互信任、相互交流的公关礼仪的本质，才能更有利于增进彼此的了解与合作。

礼仪视窗 12－2

颁奖礼放错国歌 刘翔冷对乌龙捍卫国家尊严

2008 年 3 月 10 日在西班牙举行的第 12 届室内田径世锦赛男子 60 米栏颁奖仪式在瓦伦西亚帕劳体育馆举行。下午 4:28，现场大屏幕上打出了标语：室内赛 60 米栏（男子）颁奖仪式开始。刘翔、约翰逊和两个并列第三名获得者分别走上领奖台。瓦伦西亚的两个当地官员作为颁奖嘉宾，分别为刘翔等人戴上奖牌，送上鲜花和吉祥物。随后，现场开始奏国歌。然而令所有在场的中国人诧异的是，当中国国旗五星红旗升起时，现场响起的却不是中国国歌《义勇军进行曲》，令站在领奖台上的冠军刘翔及获奖选手满脸迷茫。不过当事人刘翔并没有因此感到慌乱，他镇定地站在领奖台上无奈地摇着头，并连忙向旁边的银牌获得者约翰逊以及赛事组织者解释。面对突如其来的诡异乌龙事件，刘翔非常冷静的处理方式为祖国捍卫了尊严和荣誉。原来，中国的英语拼写是“CHINA”，智利的是“CHILE”，前三个字母都是“CHI”，两个国家的英语名字紧贴在一起，结果播放国歌的那位工作人员没有看清楚，导致了这个大错误。十多分钟后，男子 60 米栏颁奖典礼重新举行，这一次中华人民共和国国歌响彻在帕劳体育馆上空。

西班牙《国家报》报道说，刘翔是 110 米栏的世界纪录拥有者，是一位真正的天才，在中国，是仅次于姚明的第二号运动偶像，组委会犯错等于在十多亿中国人面前丢了西班牙人的脸。

（资料来源：http://sports.163.com/08/0310/09/46LPNNVE00051KMG.html）

12.1.4 涉外公关礼仪原则

涉外公关礼仪是涉外活动的一个重要方面，它要求涉外公关人员遵循涉外礼仪的一些基本原则来规范自己的行为，以期取得良好的公关效果。

1. 维护形象，体现尊严

在国际交往中，人们对交往对象的个人形象倍加关注，因为每个人的个人形象都真实地体现着他的个人修养与品位，同时也反映了他对待交往对象的重视程度，同时更重要的是在涉外公关活动中公关人员的个人形象代表着其所属国家、民族和组织的形象。因而，在涉外交往中，每个人都应该维护自己的个人形象，充分体现个人的良好修养与道德品质。身体力行地维护国家良好的国际形象与祖国尊严。

要维护良好的个人形象，公关人员重点要注意以下几个环节。

(1)仪表整洁。仪表主要包括公关人员的服饰与仪容两方面。首先，涉外公关人员着装要注意与时间、地点、场合的配合。与时间相符，就是要早晚得体，该白天穿的服饰就要白天穿,该晚上穿的就要晚上穿;与地点相符,就是要考虑该国家所处的地理位置、气候条件及该国的着装风格等,来选取适当的服装。例如,在中东阿拉伯国家,公关人员,尤其是女性公关人员一定要入乡随俗,不穿袒胸、露臂的服饰。与场合相符就是要考虑出席的活动性质,如参加正式的舞会时男士一般要穿深色西装,而女士多穿晚礼服。其次,公关人员的仪容主要体现在发式、个人卫生和化妆等方面。整洁的仪容不仅体现着自身良好的个人形象,而且体现了其组织甚至国家的整体形象。因此,涉外公关人员在涉外活动中一定要保持外观的整洁美观。女士要仪表端庄,不宜素颜,应适度化妆。

(2)言谈风趣,举止文明。公关人员的言语形象是其心理品质、修养及能力的体现。在涉外活动中,公关人员应多站在对方立场上为对方考虑,避免伤害别人。用话语使别人难堪,出言不逊,不仅是非常失礼的行为,而且影响自己国家和所在组织的整体形象。另一方面还应注意要根据不同国家或地区的风俗习惯,与人交谈时选择适当的话题与交谈距离。在美国,双方交谈应保持一定距离,不宜靠的过近。而在阿拉伯国家谈话时双方靠的较近则显示其关系亲密。另外在有些公共场合不宜声音过大,谈笑风生,以免显得粗俗。

2. 不卑不亢,举止大方

不卑不亢,是涉外公关礼仪的一项基本原则。要求涉外公关人员在参与涉外活动时,都必须意识到,自己在对方眼里,是代表着自己的国家、民族以及所在的组织。因而公关人员在外国人面前既不能表现得畏惧自卑,低三下四,过度谦虚,也不应骄傲狂放,放肆嚣张。

在涉外活动中,公关人员要以自尊、自重、自爱、自信为基础,态度不卑不亢,自然稳重,不拘谨。一方面需要尊重外国的风俗习惯,虚心学习外国人士的长处。但切忌崇洋媚外,妄自菲薄,失去民族自尊心,外国的月亮不一定比中国的圆。另一方面在与外宾交往时,不可骄傲自大,狂放不羁,目中无人,应尊重对方礼俗,热情相待。同时还应注意对大小国家要平等相待,一视同仁,不论大国小国、强国弱国、富国贫国,礼仪安排均应平衡统一,不厚此薄彼。在交往中,时刻体现我国“礼仪之邦”的风采。

3. 尊重习俗,求同存异

在涉外交往中,同样一个问题,在不同国家、不同民族、不同地区存在着各不相同的处理方式。这主要是由于不同国家、民族、地区的风俗习惯不同使然。涉外公关人员在面对这些不同国家、不同民族、不同地区千差万别的风俗习惯时要做到“求同存异”,所谓“求同”即遵守国际通行的一些礼仪规范来处理涉外事务;“存异”则是对对方所独有的风俗习惯予以尊重,学会尊重对方,理解对方。

尊重对方不仅要尊重对方国家的风俗习惯、民族个性,还要懂得一些与我国有明显差异的社交规则,社交禁忌。如国人所习惯的为了解对方基本情况的谈话方式,对外国人士特别是西方人士是绝对行不通的。西方文化向来崇尚个人主义,因此,尊重他人隐私在与西方人士交往中显得尤为重要。所谓隐私通常包括个人的姓名、年龄、收入状况、婚姻状况、家庭住址等。中国人初次见面，经常以请教对方尊姓大名、身份、工作单位等作为谈话的开始。这种谈话方式在中国不仅不被看作失礼，而且被看作公关交际中应有的基本礼仪。但同样的话题在西方人士看来则往往是唐突失礼的行为。因此，若非必要，在涉外活动中，同西方人士进行交往时，下面几方面的问题最好不要提及。

(1)未经介绍，莫问姓名。西方人士认为在交际场合介绍朋友互相认识是一种基本义务。互通姓名也是交往的基本前提，但应注意在没有被介绍引见的情况下与不相识的人打交道，追问对方的尊姓大名，被认为是缺乏修养的失礼行为，会招人反感。若出于必要，非问不可，也要非常委婉地探问一下："可否请教贵姓?"

(2)年龄大小，不宜询问。在西方许多国家，人们普遍把自己的年龄当作隐私，不愿随便告知别人。这主要是因为西方社会竞争激烈，年老往往意味着落伍与竞争力的缺乏。正因如此，怕老、讳老、不服老，成为了西方社会的一种特殊现象。而对"老"的讳莫如深，使得询问对方的年龄成为一种失礼的行为。尤其是女士，更不愿别人了解其实际年龄。因而，按中国人的习俗询问对方"芳龄"或"贵庚"都是不礼貌的。

(3)收入状况，不宜询问。询问收入，在国人的交谈中是个再寻常不过的话题，此类话题的交谈有助于彼此间的相互了解，加深友谊。但西方人士，普遍认为一个人的收入多少，是由其个人能力和社会地位所决定的。因而，这被看作个人隐私而不愿告知别人。

(4)婚恋情况，不宜询问。西方人崇尚个性，他们将婚恋问题完全看成是个人隐私，他人不宜给予过多关心，更不能干涉。因此，如果冒昧询问其婚恋状况，他们会感到莫名其妙，甚至会招致反感。甚至在一些国家，跟异性谈论该话题会被认为"性骚扰"。因而此类话题在与西方人的交谈中应避免涉及。

(5)家庭住址，请勿打听。西方人士多把自己的私人住所看作是纯粹私人领域，非常忌讳别人的打扰。甚至邻居串门都需要事先预约，而且一般需要主人发出邀请，除非至交好友，一般他们不邀请外人前往做客。因此，他们大多不把自己的家庭住址，私人电话号码轻易示人，当然也最好不要打听。

总之，在涉外活动中，面对各国在礼仪和习俗上存在的差异，公关人员要对其独有的习俗予以尊重。

4. 女士优先，尊卑有序

"女士优先，以右为尊"是在国际交往中，被普遍认可的一条国际惯例，也是涉外礼仪所应遵守的一条重要原则。

女士优先，不仅是西方社会的一条基本礼仪原则，在现代中国也开始日益流行。其主要是指在社交场合中，每位男士都应具备绅士风度，自觉地尊重、礼让、保护女士。在社交应酬中，处处体现"女士优先"的原则，每位男士都应时刻谨记这一原则。若在社交场合有不尊重女士的行为，不仅失礼，而且会被别人视为缺乏教养。

在涉外场合中,除“女士优先”原则外,还应注意位置的左右也有尊卑高下之分。一般说来,“以右为上,以右为尊”。不论国家间的政治磋商、政治领导人间的会晤,跨国间的商务往来、文化交流,还是私人间的交往、应酬等,有必要确定具体位置次序时都要遵循“以右为尊”的基本国际惯例,具体表现为身份较低者居于左,较高者居于右;主人居于左,客人居于右;男士居于左,女士居于右;晚辈居于左,长辈居于右;未婚者居于左,已婚者居于右。只有这样,才不会失敬于人。

礼仪视窗 12 -3

“女士优先”应如何体现

在一个秋高气爽的日子里,某五星级酒店迎宾员小张,着一身剪裁得体的新制服,第一次独立地走上了迎宾员的岗位。一辆白色高级轿车向酒店驶来,司机熟练而姿势标准,动作麻利而规范,准确地将车停靠在饭店豪华大转门的雨棚下。小张看到后排坐着两位男士、前排副驾驶座上坐着一位身材较高的外国女宾。小张一步上前,以优雅姿态和职业性动作,先为后排客人打开车门,做好护顶关好车门后,小张迅速走向前门,准备以同样的礼仪迎接那位女宾下车,但那位女宾满脸不悦,使小张茫然不知所措。通常后排座为上座,一般凡有身份者皆在此就座。优先为重要客人提供服务是饭店服务程序的常规,这位女宾为什么不悦?小张百思不得其解。

原来在西方国家“女士优先”是社交场合或公共场所的一条基本礼仪原则,男子应经常为女士着想,照顾、帮助女士。西方人有一种形象的说法:“除女士的小手提包外,男士可帮女士做任何事情。”迎宾员小张未能按照国际通行的做法先打开女宾的车门,因而才致使那位外国女宾不悦。

(资料来源:http://blog. tianya. cn/blogger/post _ show. asp)

12.2 礼宾次序

12.2.1 排列原则

礼宾次序作为涉外活动中的重要程序,是各种涉外礼宾活动的基础。

所谓礼宾次序是指在国际交往中对出席活动的国家、团体、各国人士的位次按某些约定俗成的规则和国际惯例进行排列的先后次序。一般来说,礼宾次序体现东道主对各国宾客所给予的礼遇与尊重,在一些国际性的集会上则表示各国主权平等的地位。礼宾次序安排不当或不符合国际惯例,则会引起不必要的争执和纠纷,甚至影响国家间关系的发展。因此,对礼宾次序应给予足够的重视。礼宾次序的安排,国际上通常有三种方法。

1. 按宾客的身份与职务的高低排列

国际交往活动中,礼宾次序主要按宾客的身份与职务的高低来依次排列,这是礼宾次序排列的主要依据。来宾身份职务的高低主要以各国提供的正式名单或正式通知作为确定职务的依据。在官方活动中,通常用该种方法来排列礼宾次序。

2. 按字母顺序排列

这种排列方法多见于国际会议、体育比赛等。在类似这样的多边活动中的礼宾次序一般按参加国的国名字母(一般采用英文字母)进行排列。如联合国召开联合国大会、各专门机构的会议和悬挂国旗均采用该种方法。为了避免一些国家总是占据前面位置,让各国均有机会排在前面,每年抽签来决定本年度大会的席位从哪个字母开始排列。在国际体育比赛中,体育代表队名称的排列,开幕式出场的顺序一般也按国名字母顺序排列。但东道国通常排在最后,以示对各国来宾的尊重。

3. 按通知代表团组成的日期先后排列

该种方法也是多边活动中常见的礼宾次序的排列方法。东道主对同等身份的外国代表团,按派遣国通知东道主其代表团组成的日期排列,或按代表团抵达活动地点的时间先后排列,或按派遣国决定应邀派遣代表团参加活动的答复时间先后排列。对同级和同时收到通知的代表团则按英文字母顺序排列。

采用何种排列方法,东道主在致宾客的邀请书中一般都要加以明确注明。在实际工作中,礼宾次序的排列常常是几种方法交叉使用,并考虑其他的因素,诸如国家之间的关系、所在地区、活动性质、内容和参加方对于活动贡献的大小以及参加活动人的威望、资历等。如常把同一国家或同一地区的、同一宗教信仰的或关系特殊的国家的代表团安排在一起。对同一级别的人员,常把威望高、资历深、年龄大者排在前面。有时还考虑业务性质、相互关系、语言交流等因素。如在观礼、观看演出或比赛、大型宴请时,在考虑身份与职务的前提下,将业务性质对口的、语言相通的、宗教信仰一致的、风俗习惯相近的安排在一起。而在多边国际活动中,对与会代表团礼宾次序的排列,首先是按正式代表团的规格,即代表团团长的身份高低来确定,这是最基本的。在同级代表团中则按派遣国通知代表团组成日期先后来确定,对同级和同时收到通知的代表团则按其国名英文字母顺序排列。综合各种因素力求把礼宾次序安排得合理恰当。

12.2.2 排列礼仪

1. 一般要求

在一般社交场合,约定俗成的国际惯例是:凡涉及位次顺序时,国际上都讲究以右为尊,以左为卑。

两人同行,以前者、右者为尊。如并排陪同外宾行走时,应请外宾走在内侧即右侧,而我方人士则走在外侧即左侧;三人行,并行,以中者为尊,前后行,以前者为尊。迎宾引路时,主人走在前;送客时则相反,主人走在后。上楼时,尊者、妇女在前;下楼时则相反,位低者在前,尊者、妇女在后。

上车时,应让尊者由右先上,然后再从车后绕到左边上车。下车时,低位者应先下车,然后从车后绕至右侧协助尊者由右边下车。坐轿车时,以后排右侧为尊,左边次之,前排最小。在室内,以朝南或对门的座位为尊位。

宴会上的礼宾次序,主要体现在桌次、席位的安排上。国际上的一般习惯,桌次高低以离主桌位置远近而定,主宾或主宾夫人坐在主人右侧。我国习惯按客人职务、社会地位来排次序;外国习惯男女穿插安排,以女主人为准,主宾在女主人右上方,主宾夫人在男主人右上方。如果是两桌以上的宴会,其他各桌第一主人的位置可以跟主桌主人的位置同向,亦可是面对主桌的位置为主位。

2. 应注意的问题

在实际操作时,礼宾次序是一个政策性很强、很敏感的问题,若礼宾次序不符合国际惯例或安排不当,就会引起不必要的误解,甚至影响到两国之间的关系。因此,必须谨慎细致地处理好以下问题。

(1)在外事、礼宾部门的指导下选择礼宾次序的最佳方案。为了做到礼宾次序排列的准确无误,重大的、涉外的礼宾次序一定要在外事、礼宾部门的指导下,慎重地、细致地加以安排。安排时应慎之又慎,尽量避免因礼宾次序安排不周而产生矛盾,这就要求多拟出几种方案,从中选择最佳或最满意的方案。

(2)席位安排要力避忌讳。安排宴会的席位时,有些国家忌讳以背向人,特别是安排长桌席位时,主宾席背向观众的一边和正面第一排桌主宾背后的座位,均不宜安排坐人。许多国家,陪同、译员一般不上席,为便于交谈,译员坐在主人和主宾的背后。

(3)努力做好善后工作。由于安排、考虑不周或其他原因而引起礼宾次序上的风波,组织单位、部门和主管人员对这种已出现的波折要努力做好善后工作,及早向来宾做出解释,尽量缓解来宾的不快心理,并使这种情形的影响减少到最小的范围和最低的程度。

总之,在涉外交往中,涉外公关人员和其他有关成员必须了解礼仪、礼宾方面的基本知识,遵循涉外工作基本原则,掌握礼宾次序的基本要求,才能更好地在对外交往中树立良好的个人、组织和国家形象。

12.3 涉外迎送

12.3.1 迎送安排

迎送宾客是社交中的一项基本礼仪,而在涉外活动中,涉外迎送又不同于普通迎送。它不仅反映接待方的接待水准、礼宾规格的高低,而且暗示着接待方对来宾的重视程度。正因如此,在涉外活动中,欢迎和送别一向受到重视,也是使用频率较高的礼仪。而涉外迎送若要达到预期的理想效果,迎送安排必须做到细致周到。

1. 确定迎送规格

迎送规格主要是指确定接待来宾的礼遇规格，由哪一级人员出面迎接。迎送规格主要依据来宾的身份、到访的目的和性质，同时注意依照国际惯例来确定和安排。

通常情况下，迎送规格应讲究规格对等，即主方出面迎送的人员应与客方人员在身份、职务、社会地位上基本对等。若因为特殊原因不能完全采用对等原则时，可灵活变通，但双方身份、职务、社会地位相差不宜过大，可由职务相当者或副职来代替，并向来宾做出解释，取得谅解，这既是起码的礼貌要求，也是尊重来宾的需要。上述原则要求不论在官方活动还是在商业活动中均应遵守。

迎送规格一般分为以下三种。

(1)隆重迎送。该种迎送规格一般适用于重要的官方外事行为，如外国国家元首、政府首脑或重要的官方代表团来访等。此种迎送仪式有严格的规范性和严肃性，并遵从一般的国际惯例。此类迎送仪式一般规格较高，国家领导人对一国进行国事访问时通常采用该种规格，其常安排有盛大的欢迎仪式，如伴有鸣礼炮、护航等仪式。

(2)一般迎送。此类迎送规格为一般社会组织所常采用。不论是政治性的或是商业性的多采用该种规格。当然对一般迎送也应本着热情友好的态度予以认真对待，而不能马虎从事，应付了事。“一般”是指从仪式上从简，但不是不讲礼节，态度上随便。

(3)私人迎送。此类迎送一般是个人在接待来访者时所采用。一般此时主方不代表任何国家或组织，仅是其私人行为。而来访者一般是其朋友，是属于私人性质的来访。该迎送仪式安排的方便、礼貌即可，在安排时可视主客间彼此关系的亲疏，进行适当的调整。

2. 合理安排时间

在确定迎送规格后，具体从事迎送工作安排时，时间问题应给予高度重视。

首先，双方应事先商定来宾到访的具体时间，各方可在互相提出意见的基础上达成一致，对迎送活动的具体时间做出精确而详尽的安排。其次，在正常情况下，主方人员对于正式规定的有关迎送来宾活动的具体时间，必须严格地、无条件地认真执行。负责迎送的人员必须事先准确掌握来宾的抵离时间、地点，按照事先的安排，必须要在来宾抵达前到达迎送地点，做好接待或相关仪式举行前的准备工作，绝不能出现让客人等候的尴尬局面。

12.3.2 迎送仪式

迎送仪式是涉外活动中迎来送往的礼宾仪式，它是组织涉外活动的重要组成部分。随着全球化的发展，国际交往的日益频繁，迎送仪式已经成为涉外礼仪中使用最为频繁的礼仪之一，并在国际交往中，根据国际惯例已经形成一整套规范程序。一般社会组织的迎送仪式和礼仪包括以下几个方面内容。

1. 见面

当来宾抵达时，迎接人员应主动迎上去，问候致意，表示欢迎。见面之初应相互行见面礼,相互介绍。一般主人应主动与来宾行见面礼。见面礼要根据来宾国家或民族的风俗习惯或国际惯例来确定,可以是握手礼、拥抱礼、鞠躬礼、亲吻礼等。如欧美人见面常行拥抱或亲吻礼;日本人和韩国人则采用鞠躬礼;泰国、印度等国采用合十礼。当然一般用国际通行的惯例行握手礼。相互介绍时通常由专门的礼宾工作人员、随行翻译或主方迎接人员中职位最高者先把主方人员按职位从高到低介绍给来宾。有时也可进行自我介绍。欢迎中如果遇到来宾主动与主方拥抱时,主方可相应表示,不可拒绝或勉强为之。

2. 献花

根据礼仪规格,若有贵宾来访,要有相应的欢迎仪式,行献花礼。献花通常安排在宾主双方握手致意,介绍完毕后,由少年儿童或专门的礼宾小姐献上鲜花,并行礼,在有的国家也可由女主人向女宾献花。若来宾是由多人组成的代表团,可向每位来宾逐一献花,也可只向主宾或主宾夫妇献花。另外,所献鲜花应用鲜花或由鲜花扎成的花束,花要鲜艳、整洁,同时要根据来宾的国家和民族的喜好与禁忌来确定鲜花的品种和颜色。如菊花在西方许多国家被认为是丧礼的表现。而黄色的花在法国被认为是不忠诚的表示,意大利人视紫色为消极色等。总之菊花、杜鹃花、石竹花以及黄色的鲜花一般在这种场合是忌用的。

3. 致辞

若是规格较高的迎送仪式,会安排主宾双方的致辞性礼仪演讲,但致辞宜短而不宜长。

4. 陪同

来宾从抵达地前往下榻处或离开时,主方一般安排有关人员陪同,由专车接送。迎送宾客的车辆,应事先安排,不可临时调动。车辆应先到达来宾抵达地等候,不能出现让客人候车的状况。

5. 送别

在送别较为重要的来宾时,主方一般安排有专门的送别仪式。送行人员应提前恭候于送行地点,待来宾抵达后,主人与来宾相见,随后可在主人陪同下与送行人员一一道别,然后主人在主宾陪同下,与来访人员一一道别。这种送别仪式规格较高,一般仅用于官方送别重要来宾,不为普通来宾安排。如国家元首或政府首脑进行国事访问时有专门的送别仪式。

12.3.3 迎送活动中的礼仪细节

在迎送外方来宾的活动中,除了要遵循上述的迎送礼仪外,还要从具体工作的小事着手,关注细枝末节,防止因小失大。在具体的涉外迎送活动中,应注意下列具体事务中的礼仪。

(1)在具体安排迎送来宾活动时,应充分了解当地的天气变化状况,对可能变化的天气状况予以考虑,并制定相应的应急预案。防止因天气状况的改变而打乱整个活动安排。

(2)选择良好的迎送地点。为给来宾留下美好的印象,在能力所及前提下,应充分考虑迎送仪式举行地点环境的好坏。良好的环境不仅有利于迎送活动的顺利进行,也可以提升迎送活动的档次。

(3)迎送贵宾时,应事先在迎送地点如机场、车站、码头等安排好贵宾休息室,准备好茶水、饮料等。

(4)安排专门的工作人员协助办理出入境手续及有关交通票务事宜,并帮助来宾办理行李提取或托运等相关手续。

(5)来宾的住宿、膳食、交通应事先安排妥当,并尽量在来宾抵达前通知对方;如若做不到,也要在来宾一抵达即通知对方。

(6)宾客抵达下榻处后,一般不应马上安排活动,应给予其足够的休息时间,再开展其他活动。即使特殊情况,不得不立即活动,也应为宾客留出一定的更衣时间。

(7)送行人员在为来宾送行时一定要善始善终,等来宾的飞机起飞或火车、轮船开动之后,方可离去。

总之,整个迎送活动安排要热情周到,无微不至,有条不紊,万无一失,使来宾乘兴而来,满意而归。

12.4 涉外宴请、舞会及馈赠礼仪

12.4.1 涉外宴请

涉外宴请是涉外交往活动中常见的一项礼仪性活动。它通常是为了接风洗尘、祝贺答谢、联络感情、增进了解或探讨问题等。涉外宴请礼仪是涉外礼仪的重要组成部分。各国的宴请都有其本国、本民族的传统与特色,我们必须在弘扬自己传统的同时,给予来宾充分的尊重。

12.4.1.1 种类

在现代西方国家,宴请是人们社交活动中一种常见的方式。在当代涉外交往中,宴请也逐渐成为一种国际通用的交往方式,为世界上大多数国家和地区所采用。涉外宴请形式多种多样,国际上通行的宴请形式主要有:宴会、招待会、茶话会和工作餐等。不同的宴请形式有不同的特点和特定的礼仪要求。

1.宴会

宴会是涉外宴请中比较正式、隆重的宴请活动,在宴会中主人设宴招待来宾,宾主共同进餐。宴会一般在正餐时间举行,即午宴或晚宴。午宴通常在中午或下午举行,一般持续两小时左右。晚宴通常在晚上 8 时左右。从规格上看,宴会一般有国宴、正式宴会、便宴三种形式。

国宴是宴会中规格最高、最为隆重的的形式。它是国家元首或政府首脑为国家重大庆典或外国元首、政府首脑来访而举行的宴会。按规格,国宴宴会厅内要悬挂国旗,演奏国歌和席间乐,宾主双方要致辞、祝酒。出席者应严格按礼宾次序就坐。国

宴有两个特点，一是讲究排场，对出席者的入场仪式及客人着装有一定规定，以示隆重；二是对宴会厅的陈设、菜肴的道数、品种及服务人员的仪态都有严格规范。

正式宴会与国宴相比，规格要低，在宴会厅内无须悬挂国旗、奏国歌。但规格较高的正式宴会，在安排方面与国宴有相同之处，其对餐具、酒水及菜肴的道数、上菜程序，均有严格的规定。

便宴形式较为简便、灵活，是一种非正式的宴会。举行便宴灵活多样，在宴会中可以不排定座位，不做正式讲话，菜肴可多可少。便宴气氛较为轻松融洽，是国际交往中最常见的一种宴会形式。

2. 招待会

招待会是一种不备正餐，仅备食品、酒水的较为灵活的宴请形式。在招待会上，一般不安排座位，宾主自由活动，不拘形式。常见的招待会有冷餐会和酒会两种。

冷餐会，又称自助餐会或快餐会。这种宴会以冷食为主，也可冷、热兼备，来宾根据自己口味选择食品。酒水、饮料可摆放在桌上，也可由服务生端送。席间客人可以自由活动、交谈。该宴会举办时间一般选在中午 12 时到下午 2 时或下午 5 时到 7 时，举办地点也较为灵活，室内、室外、户外花园均可。这种形式常用于官方正式活动，以宴请人数众多的宾客。

酒会，又称鸡尾酒会。酒会除提供鸡尾酒外，也备有多种酒品和饮品，但一般不备或少备烈酒。不设桌椅，仅摆放小桌。该种招待会更为轻松活泼、方便。酒会一般多在晚上举行，持续两小时左右。来宾可在请柬上注明到会或退席的起讫时间，来去自由。但一般不宜在规定时间的后半段到达，否则会被视为不礼貌。由于酒会的灵活简便，气氛轻松活泼，来去自由，近年来，越来越受到人们的关注与青睐。在涉外场合中，广泛采用此类形式的招待会招待来宾。鸡尾酒会中因需不时地与人握手，所以应注意食后及时用纸巾擦拭，并以左手持杯，用干净的右手与他人握手。

3. 茶话会

茶话会是一种更为简便的招待来宾的形式。茶话会因其是邀请客人品茶，因而对茶叶、茶具较为讲究。一般要使用特制的陶瓷茶具而不用玻璃杯，用茶壶递水而不用热水瓶。西方人一般喜欢饮用红茶，也可用咖啡代替茶，同时简单准备一些点心或地方风味小吃。茶话会一般分为上午茶（上午 10 时左右）和下午茶（下午 4 时左右），通常选在客厅，在入座时一般应让主宾和主人坐在一起，其他人随意就座。

4. 工作餐

工作餐是现代国际交往中另外一种常见的非正式宴请形式。按用餐时间通常分为工作早餐、工作午餐和工作晚餐。此类宴请不仅简单、快捷，而且能有效地利用进餐时间边进餐边谈工作，提高工作效率。由于该类宴请一般与工作紧密相关，所以一般只请有关工作人员参加。

12.4.1.2 组织安排

宴请是一种重要的礼仪性的社交活动，其基本目的是为了增进双方感情，促进双方关系的发展。因此,宴请的各项工作都要精心安排。

1. 涉外宴请的准备礼仪

(1)确定邀请的目的和对象。宴请的目的是多种多样的,可以是为某一个人,也可为某一事件,确定邀请目的便于突出宴会主题,从而达到理想效果。其邀请对象的主要依据是主、宾双方的身份,一般来说,原则上依照主宾身份对等原则来确定邀请对象。

(2)确定邀请范围,草拟具体邀请名单。邀请范围是指请哪些人士,请到哪一级别,请多少人,主方请什么人来作陪。宴请范围要根据宾主身份、级别、宴请人数及宴会性质来确定。确定邀请范围后要草拟出邀请名单,草拟具体邀请名单时,要注意被邀请人的姓名、职务、称呼,以至对方是否有配偶等都要准确。在涉外宴请时,尤其要考虑政治关系,若被邀人员有多边关系时,在政治上相互对立的国家是否邀请其双方人员出席同一活动,均要慎重考虑。

(3)确定宴请形式。宴请采取何种形式,一般应根据宴请的目的、宾主的身份及国际惯例等。一般来说,正式、规格高、人数少的以宴会为宜;人数多则以冷餐会或酒会更为合适,妇女界活动则多选用茶话会。

(4)选择宴请时间与地点。根据宴请的形式与规格来选择合适的时间与地点。一般而言时间的安排要适合宾主双方的情况。若难以兼顾,则要首先为宾客着想。必须特别注意的是,宴会时间不能安排在来宾禁忌的时间内,如基督教教徒的“13日”、“星期五”,伊斯兰国家的斋戒月的白天等时间。对于宴会地点的选择,一般官方正式、隆重的活动,安排在政府、议会大厦或宾馆内举行,其余则按活动性质、规模、形式、大小、主人意愿及实际情况而定。

(5)发出邀请。无论何种形式的宴请都应发出邀请。正式宴请的常见方法是发送正式邀请函或请柬;便宴或工作餐可不发请柬,一般采用电话或当面约定的邀请方式。邀请函或请柬一般应提前一周至二周发出,以便被邀请人及早安排。已经口头约定的活动,仍应补送请柬。请柬的内容包括活动形式、举行的时间及地点,主人的姓名等内容。同时在需要进行回复时,要附上回复电话和地址。请柬行文不用标点符号,所提到的人名、职务名称、组织名称、节日名称、宴会地点名称等都应用全称。

2. 涉外宴请席位安排礼仪

礼宾次序是涉外宴请排席位的主要依据(见本章第二节)。在具体安排时,还需要考虑其他实际情况。如多边活动时需要注意客人之间的政治关系,政见分歧大,两国关系紧张者,尽量避免排到一起。

3. 宴请礼仪

(1)工作人员应提前到宴请场所检查准备工作。如果是宴会,事先将座位卡及菜单摆上。座位卡置于酒杯前或平摆于餐具上方,勿置于餐盘内,菜单一般放在餐具右侧。另要注意,席位安排除可以在请柬中注明外,还应现场将席位安排通知来宾。

(2)主人一般应在门口迎接客人。官方宴请活动,参加宴请的人按职位高低顺序排列，在门口排列成行迎宾。

(3)祝酒致辞。正式宴会一般有祝酒致辞，祝酒致辞时间安排不尽相同，一般正式宴会先由主人在热菜后，甜食前致辞，再由客人致答辞。其他非正式宴请，致辞与否或致辞时间都比较灵活，可由主方视具体情况而定。致辞时，所有出席人员均应停止一切活动。致辞结束，要互相祝酒。如有讲话稿，要提前落实讲话稿。通常双方事先交换讲话稿，举办宴会的一方要先提供。如代表团来访，举行欢迎宴会时，东道主要先提供，而来宾举办答谢宴会时，则由来宾先提供。

(4)主宾告辞，主人应送至门口。宾客离去时，原迎宾人员按同样的顺序排列，与主宾及其他客人握手送别。

4. 赴宴者礼仪

涉外宴请作为沟通双方关系，加深友谊的基本方法，一个圆满成功的宴请，不仅需要主方根据来宾意愿，礼貌周到地进行安排，而且需要来宾积极配合，做到举止得体来回应主人的盛情招待。

(1)应邀者接到书面邀请后，应给对方一定的回复。对于在邀请函或请柬中注明要求回复的，无论能否出席都必须尽早回复邀请方，一般在接到邀请的一日内给予回复。若无特别注明的，出于礼貌起见，可以以电话或便函的方式对对方的邀请表示感谢。若无特殊事由，最好接受邀请，一旦接受邀请就不要随便更改，若有特殊变动不能出席，应尽早向邀请方解释并道歉。

(2)赴宴时，要把握好抵达时间，过早或迟到都是失礼的行为。一般而言，恰当的抵达时间应是邀请函或请柬注明的正点时间或早晚一两分钟。另外注意，参加宴会时要选取恰当的衣着，与宴会性质相符合。抵达宴会地点，应先至衣帽间脱去大衣、帽子，然后再前往迎宾处，与主人问好、致意。根据实际情况准备恰当的礼物，依国际惯例一般赠送花束或花篮。

(3)赴宴者出席宴会时，要按照主人的事先安排入席。入宴会厅前，先了解自己的席位，若有座位卡则要在写有自己名字的相应位置就座。待主人举杯招呼后，宴会正式开始方可用餐。

(4)进餐时，一次取食不宜过多，主人夹菜或服务员上菜时，遇到不爱吃或不能吃的东西时，不可强硬拒绝，也取少量放于盘中，并表达谢意。进餐时要文雅有礼，口中含食不宜讲话，闭口咀嚼，不发出声音。但在宴会中，沉默不语，也有失礼节，要主动与同桌的人交谈，尤其是左右邻座。主人和陪客也应该和同桌的人普遍交谈，不要只和本国人交谈，也不要只和一个外宾长谈，而冷落了其他客人。宴会中相互祝酒可以活跃气氛，增进友谊，但切忌饮酒过量而失态。在正式场合，祝酒干杯应在主人提议下进行，主人与主宾前来敬酒时，应起立举杯，目视对方，表达敬意。

(5)若主人把餐巾放在桌子上或从桌旁起立，表明宴会结束。宴会结束待主宾离开后，应主动向主人致谢道别，同时也应向同桌用餐者致意告别，而不能仅向自己认识的人告别。对其他用餐者，只要在视力范围之内，也应礼貌致意告别。

12.4.2 涉外舞会

涉外舞会,是指有外国人参加或参加由外国人组织的舞会,这里主要指前者。它是对外交往中一项高雅而又重要的交际联谊活动。在西方,舞会是一种最常见的社交方式,因而涉外公关人员必须了解和掌握涉外舞会礼仪。舞会通常在晚上举行,可以作为一项单独活动,也可以作为宴请的余兴活动。举行舞会一般以两小时为宜,通常安排在晚上 8 点至 10 点,遇有重大喜庆节日,有些国家的舞会甚至通宵达旦。

1. 程序礼仪

涉外舞会,既是一种普通的交际活动,同时又是一种涉外活动,因而需要按涉外礼仪的要求来精心组织、安排。

(1)发邀请时,被邀请的男女客人人数要大致相等。对已婚者,一般均请夫妇双方参加。

(2)对于正式大型舞会需发放请柬,请柬上应注明舞会起止时间、地点。客人可在其间任何时候到场和退席。

(3)舞池地板上要上蜡保持光滑、整洁。舞厅内灯光、装饰要和谐,适合舞会的氛围,另外最好安排乐队伴奏,使舞会达到最佳效果。

(4)举办舞会,通常在餐厅备有咖啡、茶水、点心、糖果等饮料和食品,以便客人可以随时到餐厅取用。

2. 涉外舞会的礼节要求

参加舞会,服装要整齐、得体,选择与舞会氛围协调一致的服装。国外惯例是,若在请柬上注明服装要求,则按要求着装。若无特殊要求女士多着长裙或晚礼服,男士穿西装。即使天气炎热,如主人未表示能否宽衣,男宾不能随意脱下外套。跳舞时,穿戴要整齐。

涉外舞会上,如有人将一位外宾女士介绍给你,你就必须请她与你跳一次舞,如果自己跳得不好,可以问一问她,是否愿在你身边稍坐一会儿而不去跳舞。如果邀请外宾女士跳舞,可走到她面前,彬彬有礼地鞠躬,并说:“可以请您与我跳一支舞吗?”涉外舞会一般有节目单,如她愿意与你跳舞,她会告诉你在奏哪一支曲子时愿意跳舞,若她不太乐意与你共舞,她可能婉言谢绝,你则应说:“对不起,打扰了。”作为中方女士,如有外宾邀舞,一般不要拒绝,而应落落大方与之共舞。

12.4.3 外事馈赠

馈赠是社交活动中不可缺少的交往内容。馈赠礼品能起到联络感情、加深友谊、促进交往的作用,因而越来越受到人们的重视。随着现代社会涉外交往活动的日益频繁,在国际交往中,无论官方还是民间组织或个人,都免不了要馈赠和接受礼品。通过赠送礼物的方式向对方表示祝贺、慰问或感激,已成为国际交往中通行的一种重要礼仪形式。

1. 馈赠原则

(1)投好避忌。由于馈赠对象宗教习俗、文化背景的不同,爱好和习惯也有所不同。因人而异,投其所好才能使馈赠起到联络感情、加深友谊的效果。因此,在馈赠前要首先对馈赠对象的身份地位、个性爱好、宗教信仰及民俗禁忌进行详细了解,万不可凭主观意愿来选择礼物。如在阿拉伯国家,酒类不能作礼品,也忌讳给当事人的妻子送礼品;在英国,受礼人讨厌有送礼人单位或公司标识的礼品;法国人讨厌别人送菊花;日本人不喜欢有狐狸和獾图案的礼品;我国人忌讳送钟等。这些都是由不同的习俗和文化造成的。

(2)数量得体。在馈赠礼物时,不仅要对对方的喜好、禁忌有所了解,做到投好避忌,还要对其特殊的数字禁忌有所了解。我国向来以双数表示吉祥,而在日本等一些国家则以奇数表示吉利,如日本、朝鲜等对“4”字非常忌讳,把“4”视为预示厄运的数字;另外,西方一些国家普遍忌讳“13”。因此,无论是送鲜花还是任何数量较多的礼物,都要注意这一点。

(3)轻重得当。在赠送礼品时选择多大价值的礼品比较合理,当以对方能够愉快接受为尺度。一般情况下,欧美等西方国家在送礼方面,较注重礼物的意义价值而不是礼物的贵重程度,他们只把礼物作为传递友谊与感情的媒介和手段。有时赠送昂贵的礼物,反而会引起对方的怀疑和戒备,也会使对方感到尴尬和为难。另外,在外事馈赠中还要注意送礼双方身份的对等,这点也要在礼物上有所体现。一般来讲,外事馈赠中,双方身份和礼品规格要一致。如果礼品与对方的规格反差过大,或者逾越了规格,会给双方造成尴尬。

(4)时机合宜。在涉外交往中,具体何时送礼较合适,各国又有不同的特点。如阿拉伯人认为初次见面送礼有贿赂的嫌疑;法国人更喜欢下次重逢时馈赠礼品;英国人多喜欢在晚餐或看完戏后赠送礼品;而我国,一般是在离别前赠送礼品较为自然。可见,应根据各国习惯的不同做出不同的送礼时间安排。视实际情况灵活掌握,选择好送礼时机。

2. 馈赠实例

在日本,第一次见面送礼的现象较为普遍且礼品形式重于内容。对日本人士的馈赠,名牌商品或具有民族特色的手工艺品是上好的礼品。至于礼品的实用性,则屈居知识性和艺术性之后。对日本人而言,越是形式美观而又无实际用途的礼品,越受欢迎,因为日本人有送礼的癖好,送他这样的礼品,他好再转送他人。他们为能先向对方送礼而感到高兴。向日本人还礼时,不要比其送的礼重,否则对方会认为你有意使他欠你的人情。在日本,礼品包装是一门精巧的艺术,但注意不要使用鲜红颜色和黑白颜色的包装纸,也不要把印有你自己公司名称的东西送给日本人。日本人出门旅行回来时也总是喜欢带回一些礼品赠送给亲朋好友,

美国人送礼物不太注重礼物的贵重与否。到美国人家里做客,带上一束鲜花或是一瓶酒都会使他们高兴。在美国,最普遍的送礼形式则是请客人吃顿饭,喝杯酒,或是一同共度良辰美景,如共度周末。美国人对礼品一般追求新奇、浓厚乡土气息和别致精美。男士送礼物给美国女士,不宜送香水、衣服和化妆品,这被认为是不礼貌

的。

欧洲国家送礼较重视格调。应邀到欧洲人家里吃饭，通常送给女主人的礼物是一束鲜花，提前送去会更好。在欧洲，送的礼物不可太贵重，人们还习惯用漂亮的礼品纸来包装礼品。法国人喜欢有美感和能体现文化修养的礼品，如唱片、艺术画册、书籍等。英国人常用请客人吃饭、喝酒或晚上看戏、看芭蕾舞等作为送礼的形式。在与欧洲人的交往中，不要第一次见面就送礼。所以，一般在第二次见面时，赠送礼物。如果彼此只是工作关系，送男女用的香水都不合适，因为那样会显得关系太亲近了。对于德国人、法国人、瑞士人，也不要随便送红玫瑰，因为这是情人之间的礼物。

礼仪视窗 12－4

尴尬的礼物

国内某国际旅行社，有一次准备在接待来华的意大利游客时送每人一件小礼品。于是，该旅行社订购制作了一批杭州制作的纯丝手帕，还是名厂名产，每个手帕上绣着花草图案，十分美观大方。手帕装在特制的纸盒内，盒上又有旅行社社徽，显得很是精巧别致。中国丝织品闻名于世，旅行社料想这将会受到客人的喜欢。

导游小刘带着盒装的纯丝手帕，到机场迎接来自意大利的游客。欢迎词致得热情、得体。在车上他代表旅行社赠送给每位游客两盒包装甚好的手帕，作为礼品。

没想到车上一片哗然，议论纷纷，游客显出很不高兴的样子。特别是一位夫人，大声叫喊，表现极为气愤，还有些伤感。小刘心慌了，好心好意送人家礼物，不但得不到感谢，还出现这般景象。中国人总以为礼多人不怪，这些外国人为什么怪起来了？

原来在意大利和西方一些国家有这样的习俗：亲朋好友相聚一段时间告别时才送手帕，取意为“擦掉惜别的眼泪”。上述意大利游客兴冲冲地刚刚踏上盼望已久的中国大地，准备开始愉快的旅行，你就让人家“擦掉离别的眼泪”，人家当然不高兴，就要议论纷纷。那位大声叫喊而又气愤的夫人，是因为她所得到的手帕上面还绣着菊花图案。菊花在中国是高雅的花卉，但在意大利则是祭奠亡灵的。人家怎能不愤怒呢？

（资料来源：http://blog.tianya.cn/blogger/post_show.asp）

阿拉伯人一般喜欢赠送贵重礼物，同时也希望收到同样贵重的回礼，他们认为礼尚往来有关尊严。但阿拉伯人同样不在初次见面送礼，这被他们看作是行贿。注意不要在只有一人在场的情况下送礼，也不要送带有动物形象的东西。另须特别注意的是不能给他们送酒，因为中东绝大多数伊斯兰国家是禁止饮酒的，送酒给对方是非常失礼的行为。

送重礼是拉丁美洲人社交馈赠的重要特征。他们很重视见面礼,到拉丁美洲人家里做客千万不能空手去。他们对礼物的要求首先考虑是否实用以及是否适合收礼人的口味,礼物的价值是第二位的。但是在公事交往中,在彼此没有熟识之前亦不宜送礼。

12.5 国旗悬挂

12.5.1 国旗悬挂场合

国旗是国家的一种象征和标志,是国家主权的象征。涉外交往中悬挂本国国旗是一种外交特权,而外宾到访时按惯例悬挂该国国旗则是一种外事礼遇。按国际惯例通常以悬挂国旗的形式表示对本国的热爱和对他国的尊重。作为涉外活动中的重要礼仪,国旗悬挂在国际交往中已经形成一些为国际公认的惯例。

礼仪视窗 12 -5

中国车手竟成了智利人

2007 年 1 月在达喀尔拉力赛打响的第二天,中国参赛的车手刘斌、卢宁军突然"消失"了——从 2006 年大举进军达喀尔拉力赛开始,中国车手就开始受到关注。今年的拉力赛,尽管中国车手的人数有所减少,仅有刘斌、卢宁军两名车手参加比赛,但中国车手仍被看成是一支重要的新生力量。只是遗憾的是,欧洲一知名的体育网络媒体在报道达喀尔拉力赛时,居然张冠李戴,误将智利国旗弄成了中国的国旗。他们在排名榜上的国旗竟成了南美国家智利的国旗!这一错误立刻遭到中国网友强烈抗议,认为其行为是对中国车手,甚至是对中国人民的不尊重,之后这一错误才得以纠正。当时这一事件在国内和当地华人社会圈子掀起了一阵风波。

(资料来源:http://sports.sina.com.cn/s/2007-01-09)

按国际关系准则,一国元首、政府首脑在他国领土上访问,在其下榻处及交通工具上悬挂国旗是一种外交特权。东道国接待来访的外国元首和政府首脑时,在隆重的场合,在贵宾下榻的宾馆,乘坐的汽车上悬挂对方(或双方)的国旗,这是一种礼遇。此外国际上公认,一个国家的外交代表在接受国境内有权在其办公处和官邸,以及交通工具上悬挂本国国旗。

在国际会议上,除会场悬挂与会国国旗外,各国政府代表团团长亦可按会议组织有关规定在一些场所或车辆上悬挂本国国旗。有些展览会、体育比赛等国际性活动,也往往悬挂有关国家的国旗。

我国对国旗悬挂条件及场合在《国旗法》和《中华人民共和国外交部关于涉外升降和使用国旗的规定》中也做出了详细规定。

12.5.2 国旗悬挂礼仪

(1)制旗要规范,旗面要整洁、完整。国旗是一个国家和民族的象征物,不得使用受污染和损坏的国旗。国旗不能倒挂,也不能反挂。有些国家的国旗由于文字和图案的原因,竖挂需另制旗,将图案转正。悬挂双方、多方国旗时要尺寸、大小一致。各国国旗图案、式样、颜色、比例均由本国宪法规定,不同国家的国旗如比例不同,同样尺寸制作,两面旗帜放在一起,就会显得大小不一,因此,并排悬挂不同比例的国旗,应将其中一面略放大或缩小。

礼仪视窗 12－6

欢喜迎国庆,莫忘正确悬挂国旗

每年国庆节来临时,走上街头,到处都可以看到迎风招展的五星红旗。国庆期间,数万面国旗将会飘扬在街头,营造出浓烈的国庆氛围,使人目视国旗,顿生一种爱国主义的豪情,让人强烈感受到国民对祖国的热爱和祝福。

然而人们却经常发现很多临街商铺悬挂的国旗高低不一,悬挂方法更是五花八门:要么将国旗挂在旗杆的边上,要么旗杆靠在物件上,要么绑在门把上;要么旗帜平行于地面,要么卷起来斜倾挂着;要么悬挂较低,被过往行人随意拉扯。

在某省会城市的一家五星级大酒店门前,8个旗杆并排立在街边,最西边的4根旗杆上,国旗被升挂到最边的位置上,商业旗帜却悬挂在中央位置。《中华人民共和国国旗法》规定:升挂国旗,应当将国旗置于显著位置。国旗与其他旗帜同时升挂时,应当将国旗置于中心、较高或者突出的位置。对此,这家酒店的工作人员一脸茫然:"《国旗法》是这样规定的吗?我们不太清楚。"

《国旗法》规定,不得升挂破损、污损、褪色或者不合规格的国旗。然而有些企事业单位,升挂国旗"一劳永逸",自从国旗升起后,任凭白天黑夜、刮风下雨,就不再精心呵护了,鲜艳的五星红旗在风雨的侵蚀下,色彩都已变淡。这些单位国旗意识十分淡漠。《国旗法》规定,在任何时候,每个公民和组织,都应当尊重和爱护国旗。如何尊重和爱护国旗,最关键的一点就是正确悬挂国旗,正确保管国旗,严肃升挂国旗。1990年7月,我国正式颁布实施了《国旗法》,然而仍有许多人拿《国旗法》不当"法"。悬挂国旗的问题,目前,在政府机关、商业机构以及其他一些场所的管理与监督上存在着一个"真空地带"。

正确悬挂国旗,是进行爱国主义教育的一种好方式。国旗该怎么挂,不清楚时,就应该认认真真对照《国旗法》。因此,在欢欢喜喜挂国旗、迎国庆的时候,切莫漠视了《国旗法》的规定。

（资料来源：http://www.sxdaily.com.cn/data/fzxwdd/20070928_9819936_4.htm）

（2）悬挂双方国旗，按国际惯例，以右为上，左为下。两国国旗并挂，以国旗本身面向为准，右挂客方国旗，左挂本国国旗，如图12.1所示。

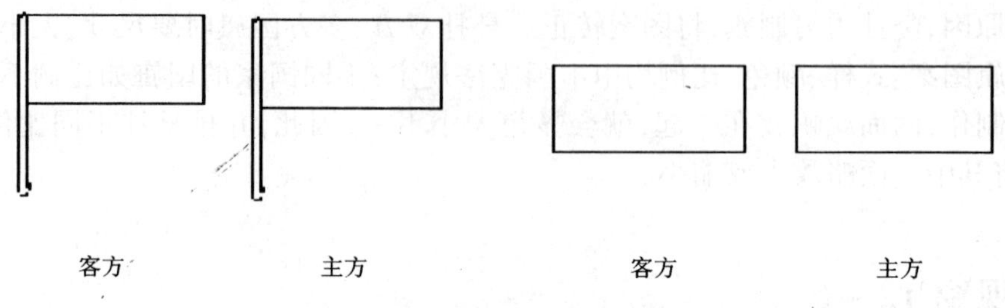

图12.1 悬挂两国国旗示意图

在多面国旗并挂时，其具体位置，可按礼宾次序的具体排列标准确定。主方国旗可按此标准排列，也可排在最后，以示对他国的尊重。

汽车上挂国旗，则以汽车行进方向为准，驾驶员左手为主方，右手为客方。若国旗在建筑物上或在室外悬挂，一般应日出升旗，日落降旗。雨天，一般不把国旗悬挂在室外。不允许在一根旗杆上悬挂两个国家的国旗。不得把国旗和团体旗帜并列悬挂，悬挂时国旗要比团体的旗帜大和高。遇需悬旗致哀，通常的做法是降半旗，即先升至杆顶，再下降至离杆顶相当于杆长1/3的地方。也有的国家不降半旗，而是在国旗上方挂黑纱致哀。升降国旗时，要立正脱帽行注目礼，升国旗一定要升至杆顶。

本章小结

在日益全球化的今天，国际交往日益增多，我国各类组织和人员参与涉外活动的机会也越来越多，涉外礼仪开始渗透在社会生活的各个领域，遵守基本涉外礼仪可使人们更好地融入国际社会，促进个人、组织甚至国家与别国的合作与交流。礼宾次序是在涉外交往中需认真对待的一项重要内容，作为对外交往的先期准备工作，怎样合理地安排对来宾的接待显得特别重要。涉外宴请、涉外舞会和馈赠礼仪作为涉外交往中最常见的仪式礼仪，在涉外交往中被人们广泛应用，其影响力不容忽视。因而学习其礼仪规范对于提高公关人员业务水平有重要意义。同时，在涉外交往中国旗的悬挂也是交往礼仪中非常重要的一项内容，正确悬挂国旗事关国家的尊严，每个人尤其是涉外公关人员均应懂得如何正确悬挂国旗。

相关网站

礼仪网:http://www.99liyi.cn
中华礼仪网:http://www.zhonghualiyi.com
中华演讲网:http://www.zhyjw.com

复习思考题

1. 简述涉外公关礼仪的特点和原则。
2. 什么是礼宾次序？礼宾次序是如何确定的？
3. 涉外迎送礼仪应注意哪些事宜？迎送仪式的规范程序有哪几步？
4. 外事馈赠中应遵循哪些原则？
5. 悬挂国旗时需要遵循哪些礼仪要求？

【案例分析】

胡锦涛对英国进行国事访问　英女王举行隆重欢迎仪式

2005年11月8日,应英国女王伊丽莎白二世的邀请,国家主席胡锦涛抵达英国首都伦敦,开始对英国进行国事访问。

当地时间11时20分左右,胡锦涛乘坐的专机抵达伦敦希思罗机场。胡锦涛和夫人刘永清在机场受到英国女王代表安妮公主和公主丈夫劳伦斯海军少将等的热情迎接。

胡锦涛在机场发表了书面讲话。他指出,中英都拥有悠久的历史和灿烂的文化,两国人民的交往源远流长。近年来,中英关系发展势头良好,各领域合作富有成果。进一步发展中英全面战略伙伴关系,符合两国和两国人民的根本利益。

胡锦涛表示,他期待着同英国领导人就发展中英关系和当前重大国际和地区问题深入交换意见,也期待着广泛接触英国各界人士。他希望通过这次访问,增进两国和两国人民的相互了解和友谊,促进双方各领域合作,继续推动中英全面战略伙伴关系向前发展。

抵达后,胡锦涛从机场前往皇家骑兵检阅场出席英国女王伊丽莎白二世举行的欢迎仪式。热烈而隆重的欢迎仪式在21响礼炮声中开始,胡锦涛主席夫妇和女王夫妇登上皇家检阅台。乐队高奏中国国歌。在女王丈夫菲利浦亲王陪同下,胡锦涛主席检阅了仪仗队。欢迎仪式结束后,胡锦涛主席夫妇在女王夫妇陪同下乘坐传统风格的马车前往白金汉宫下榻。

中午,胡锦涛主席出席了英国女王举行的午宴。

国务委员唐家璇等陪同人员同机抵达并参加有关活动。

中国驻英国大使查培新和使馆工作人员到机场迎接胡锦涛一行。

……

(资料来源:http://politics.people.com.cn/GB/1024/3839979.html)

实践训练

1. 实训项目:模拟某公司为欢迎其英方代表的到来而举行的涉外宴会。

2. 实训目的:加深对涉外宴请的组织、安排及宾主双方礼仪要求的进一步理解和认识。

3. 实训内容:分角色模拟宴会主人、其他迎宾人员、主宾及其他宾客。

4. 实训组织:把全班分为若干个小组,一部分小组模拟宴会主办方,撰写宴会组织安排文案。一部分小组模拟被邀请的英方代表,模拟宴会中宾客应该注意的礼仪要求。每组选出一名学生进行文案讲解,并说明其可行性。同时进行实际模拟。

5. 实训考核:对每组学生的报告进行评阅并做出点评。模拟宴会结束后,学生进行自评和互评,并写出总结报告。

13

国际习俗

入境而问禁，入国而问俗，入门而问讳

——《礼记·曲礼上》

学习目标

了解中外主要节日及节日习俗，了解世界三大宗教，同时对世界主要国家、民族或地区的基本概况有所了解，明确其生活习惯、礼仪习俗、宗教信仰和禁忌。

主要概念

春节　圣诞节　基督教礼仪　伊斯兰教礼仪　佛教礼仪

在国际交往中，交往对象各不相同。各国由于文化背景、宗教信仰、民族特征、社会风俗的不同，而形成各具形态的文化习俗。“入境而问禁，入国而问俗，入门而问讳”，已经成为当今国际交往的一条基本准则。学习和了解各国、各民族、各地区的文化礼俗、宗教信仰和生活习惯及禁忌，不仅有助于公关人员扩大视野，提高公关人员的业务水平，开展多元化的国际公关活动，而且有助于更好地为来宾服务。本章篇幅有限，无法将世界各国、各民族的礼仪风俗文化一一予以介绍，仅简单介绍与我国关系密切的国家、地区及民族的风俗习惯和礼节。

13.1 中外节日礼仪

13.1.1 中国传统节日

中国作为历史悠久的文明古国,丰富的民族传统节日是中国文化不可缺少的一个重要组成部分。每一个节日都有它的历史渊源、美妙传说、独特情趣和深厚的群众基础。虽然不同的节日形式风格迥异,但均一定程度上反映了先人的伟大智慧,反映了民族的传统习惯、道德风尚和宗教观念,寄托着对整个中华民族的憧憬和对美好生活的向往。

1. 春节

春节,是我国农历正月初一,又叫阴历年,俗称"过年"。这是我国民间最隆重、最热闹的一个传统节日。春节的历史很悠久,它起源于殷商时期年头岁尾的祭神祭祖活动,一直延续至今。春节的庆祝活动从大年三十(除夕)开始到正月十五元宵节结束,千百年来,人们使年俗庆祝活动变得越来越丰富多彩。正如古诗词中所言:

元　日

(宋)王安石

爆竹声中一岁除,春风送暖入屠苏;

千门万户曈曈日,总把新桃换旧符。

春节作为我国一个古老的节日,也是全年中最重要的一个节日,如何庆贺这个节日,在千百年的历史发展中,形成了一些较为固定的风俗习惯,有许多已相传至今。

(1)扫尘。"腊月二十四,掸尘扫房子",按民间的说法:因"尘"与"陈"谐音,新春扫尘有"除陈布新"的含义,其用意是要把一切穷运、晦气统统扫出门。这一习俗寄托着人们除旧迎新的美好愿望与祈求。每逢春节来临,家家户户都要清洗各种器具,拆洗被褥窗帘,洒扫庭院。到处洋溢着欢欢喜喜搞卫生、干干净净迎新春的欢乐气氛。

(2)贴春联。春联也叫门对、春贴、对联、对子、桃符等,它以工整、对偶、简洁、精巧的文字描绘时代背景,抒发美好愿望,是我国特有的文学形式。每逢春节,无论城市还是农村,家家户户都要精选一幅大红春联贴于门上,为节日增加喜庆气氛,表达对来年的祝福。

(3)吃年夜饭。春节是个欢乐祥和的节日,也是亲人团聚的日子,离家在外的游子都要不远千里赶回家来。过年的前一夜,即除夕夜,又叫团圆夜,在这新旧交替的时候,吃年夜饭是最重要的年俗活动之一,除夕晚上,全家老小一起欢聚酣饮,共享天伦之乐,北方地区在除夕有吃饺子的习俗,饺子的做法是先和面,"和"字就是"合";饺子的"饺"和"交"谐音,"合"和"交"有相聚之意,又取更岁交子之意。在南方有过年吃年糕的习惯,甜甜的年糕,象征着新的一年生活甜甜蜜蜜,步步高升。

(4)守岁。除夕守岁是最重要的年俗活动之一,守岁之俗由来已久。古时守岁有两种含义:年长者守岁为“辞旧岁”,有珍爱光阴的意思;年轻人守岁,是为延长父母寿命。“一夜连双岁,五更分二天”,除夕之夜,全家团聚在一起,吃过年夜饭,围坐炉旁闲聊,等着辞旧迎新的时刻,通宵守夜,象征着把一切邪瘟病疫驱赶走,期待着新的一年吉祥如意。直到今天,人们还习惯在除夕之夜守岁迎新。

礼仪视窗 13-1

守岁的由来

对于守岁这个习俗的由来,在民间流传着这样一个有趣的故事:

太古时期,有一种凶猛的怪兽,散居在深山密林中,人们管它们叫“年”。它们外貌狰狞,生性凶残,专食飞禽走兽、鳞介虫豸,一天换一种口味,从磕头虫一直吃到大活人,让人们谈“年”色变。后来,人们慢慢掌握了“年”的活动规律,它是每隔365天窜到人群聚居的地方尝一次口鲜,而且出没的时间都是在天黑以后,等到鸡鸣破晓,它们便返回山林中去了。

算准了“年”肆虐的日期,百姓们便把这可怕的一夜视为关口,称作“年关”,并且想出了一整套过年关的办法:每到这一天晚上,每家每户都提前做好晚饭,熄火净灶,再把鸡圈牛栏全部拴牢,把宅院的前后门都封住,躲在屋里吃“年夜饭”,由于这顿晚餐具有凶吉未卜的意味,所以置办得很丰盛,除了要全家老小围在一起用餐表示和睦团圆外,还须在吃饭前先供祭祖先,祈求祖先的神灵保佑,平安地度过这一夜,吃过晚饭后,谁都不敢睡觉,挤坐在一起闲聊壮胆。这就逐渐形成了除夕熬年守岁的习惯。

(资料来源:http://www.artx.cn/artx/jieri/)

(5)燃放爆竹。中国民间有“开门爆竹”一说,即在新的一年到来之际,家家户户开门的第一件事就是燃放爆竹,以哔哔叭叭的爆竹声辞旧迎新。爆竹是中国特产,亦称“爆仗”、“炮仗”、“鞭炮”。其起源很早,至今已有两千多年的历史。放爆竹可以创造出喜庆热闹的气氛,是节日的一种娱乐活动,可以给人们带来欢愉和吉利。

(6)拜年。新年的初一,人们都早早起来,穿上最漂亮的衣服,打扮得整整齐齐,出门走亲访友,相互拜年,恭祝来年大吉大利。拜年的方式多种多样,有的是同族族长带领若干人挨家挨户地拜年;有的是同事相邀几个人去拜年;也有大家聚在一起相互祝贺,称为“团拜”。由于登门拜年费时费力,随着现代通信工具的进步与发展,人们的拜年方式也发生了很大变化,电话拜年、短信拜年甚至网上拜年已经成为时尚的拜年方式,通过这些方式来便捷地表达人们的新春祝福。春节拜年时,晚辈要先给长辈拜年,祝长辈人寿安康,长辈可将事先准备好的压岁钱分给晚辈,据说压岁钱可以压住邪祟,因为“岁”与“祟”谐音,晚辈得到压岁钱就可以平平安安度过一岁。

2. 元宵节

每年春节刚过,农历的正月十五,便迎来了中国的传统节日——元宵节。

正月是农历的元月,正月十五是一年中第一个月圆之夜,古人称夜为“宵”,所以把正月十五称为元宵节。在民间,元宵节又称为“上元节”。按中国民间的传统,在这天上皓月高悬的夜晚,人们要点起彩灯万盏,以示庆贺。出门赏月、燃灯放焰、喜猜灯谜、共吃元宵,合家团聚、同庆佳节,其乐融融。时至今日,元宵节作为我国历史悠久的节日之一,庆祝活动仍然保留着许多传统的做法。下面这首家喻户晓的《青玉案 元夕》真实而又生动地呈现了宋朝时期我国人民在欢度元宵节时就已经存在的许多传统做法:

青玉案 元夕

(宋)辛弃疾

东风夜放花千树,更吹落,星如雨。
宝马雕车香满路,凤萧声动,壶光转,一夜鱼龙舞。
蛾儿雪柳黄金缕,笑语盈盈暗香去。
众里寻他千百度,蓦然回首,那人却在灯火阑珊处。

(1)灯会。元宵赏灯始于东汉明帝时期,明帝提倡佛教,听说佛教有正月十五僧人观佛舍利,点灯敬佛的做法,就命令这一天夜晚在皇宫和寺庙里点灯敬佛,令士族庶民都挂灯。以后这种佛教礼仪节日逐渐形成民间盛大的节日。现在,正月十五元宵夜,全国各地都要举行盛大的灯会,人们挂灯、观灯、猜灯谜,场面热闹而盛大。

礼仪视窗 13 -2

猜灯谜的由来

“猜灯谜”又叫“打灯谜”,是元宵节后来增加的一项活动,出现在宋朝。南宋时,首都临安每逢元宵节时制迷,猜谜的人众多。开始时是好事者把谜语写在纸条上,贴在五光十色的彩灯上供人猜。因为谜语能启迪智慧又饶有兴趣,所以流传过程中深受社会各阶层的欢迎。

(资料来源:http://www.artx.cn/artx/jieri/9798.html)

(2)吃元宵。每逢正月十五元宵节,家家户户都要吃元宵,元宵又叫做“汤圆”,以白糖、玫瑰、芝麻、豆沙、核桃仁、果仁、枣泥等为馅,用糯米粉包成圆形,可荤可素,风味各异。可汤煮、油炸、蒸食,寓意团圆、美满、喜庆之意,象征全家人团团圆圆,和睦美满幸福。

礼仪视窗 13－3

元宵的寓意

“元宵”作为食品，在我国由来已久。宋代，民间即流行一种在元宵节吃的新奇食品。这种食品，最早叫“浮元子”后称“元宵”，生意人还美其名曰“元宝”。这些名称均与“团圆”字音相近，取团圆之意，寄托了人们对未来生活的美好愿望。

（资料来源：http://www.artx.cn/artx/jieri/9800.html）

随着时间的推移，元宵节的活动越来越多，不少地方节庆时增加了耍龙灯、舞狮子、踩高跷、划旱船、扭秧歌、打太平鼓等传统民俗表演。使得这个传承已有两千多年的传统节日年年欢庆不衰。

3. 清明节

清明节是我国传统节日，是最重要的祭祖和扫墓的日子。节期是每年冬至后的第106天，即公历的4月5日前后。清明节又叫踏青节，每年的4月正是春光明媚草木吐绿的时节，也是人们春游（古代叫踏青）的好时候，所以古人有清明踏青的习俗。

清明节的习俗是丰富多样的，主要有禁火、扫墓、踏青、插柳、放风筝等一系列风俗活动。

（1）扫墓。清明扫墓的习俗相传与春秋战国时晋文公纪念介子推有关。

礼仪视窗 13－4

清明节的由来

相传春秋战国时，晋文公重耳，为了躲避祸害，流亡出走。在流亡期间，重耳受尽屈辱，饥寒交迫。随从介子推为救重耳，从自己腿上割下了一块肉，用火烤熟了送给重耳吃。19年后，重耳回国做了国君，就是著名春秋五霸之一晋文公。晋文公执政后，差人去请介子推上朝受赏封官。可是，差人去了几趟，介子推不来。晋文公只好亲自去请。可是，当晋文公来到介子推家时，介子推不愿见他，已经背着老母躲进了绵山（今山西介休县东南）。晋文公为逼介子推下山，下令举火烧山，孰料大火烧了三天三夜，大火熄灭后，终究不见介子推出来。上山一看，介子推母子俩抱着一棵烧焦的大柳树已经死了。而介子推脊梁堵着个柳树树洞，洞里似乎有什么东西。掏出一看，原来是片衣襟，上面题了一首血诗：

割肉奉君尽丹心，但愿主公常清明。
柳下作鬼终不见，强似伴君作谏臣。
倘若主公心有我，忆我之时常自省。
臣在九泉心无愧，勤政清明复清明。

文公为纪念介子推，下令每年这天禁用烟火，只吃冷食，每逢此日，文公上山亲自祭祀介子推，后把这天定为清明节。这就有了清明扫墓的习俗。

（资料来源：http://www.artx.cn/artx/jieri/9795.html）

此后，清明成了全国民众的隆重节日。每逢清明，人们为已故亲人扫墓，进行各种祭祀活动，以表达对亡故亲人的追思与怀念。

(2)踏青。又叫春游。古时叫探春、寻春等。清明时节，春回大地，万物复苏，自然界到处呈现一派生机勃勃的景象，正是郊游的大好时光，人们结伴到郊外游玩，欣赏美丽春景。

(3)放风筝。也是清明时节人们所喜爱的活动。每逢清明时节，人们不仅白天放，夜间也放。夜里在风筝下或风筝拉线上挂上一串串彩色的小灯笼，像闪烁的明星，被称为“神灯”。过去，有的人把风筝放上蓝天后，便剪断牵线，任凭清风把它们送往天涯海角，据说这样能除病消灾，给自己带来好运。现在，每逢清明时节，我国许多地方都举办放风筝比赛。

4. 端午节

农历五月初五，是中国民间的传统节日——端午节，它是中华民族古老的传统节日之一。端午也称端五、端阳。此外，端午节还有许多别称，如：午日节、重五节、五月节、龙日等等。虽然名称不同，但总体上说，各地人民过节的习俗还是大同小异的。赛龙舟和吃粽子是端午节的主要习俗。

赛龙舟，是端午节的主要习俗。相传起源于古时楚国人因舍不得贤臣屈原投江死去，许多人划船追赶拯救。他们争先恐后，追至洞庭湖时不见踪迹。之后每年五月五日以划龙舟来纪念屈原。借划龙舟驱散江中之鱼，以免鱼吃掉屈原的身体。而相传端午食粽子也与纪念屈原有关，这天人们把粽子投进江河是让鱼虾吃饱了不去伤害屈原的遗体。时至今日，每年五月初五，我国人民仍要家家浸糯米、洗粽叶、包粽子。吃粽子的风俗，千百年来，在中国盛行不衰，而且流传到朝鲜、日本及东南亚诸国。

礼仪视窗 13－5

端午节的起源

据学者闻一多先生的《端午考》和《端午的历史教育》列举的百余条古籍记载及专家考古考证，端午的起源，是中国古代南方吴越民族举行图腾祭的节日，比屈原更早。但千百年来，屈原的爱国精神和感人诗辞，已广泛深入人心，因此，端午节为纪念屈原之说，影响最广最深，占据主流地位。在民俗文化领域，中国民众把端午节的龙舟竞渡和吃粽子等，都与纪念屈原联系在一起。

（资料来源：http://www.artx.cn/artx/jieri/9786.html）

5. 中秋节

每年农历八月十五，是传统的中秋佳节。这时是一年秋季的中期，农历三秋的一半，农历八月是秋季之中，而十五又是仲秋之中，所以被称为“中秋”或“仲秋”。八月十五的月亮比其他几个月的满月更圆，更明亮，所以又叫做“月夕”，“八月节”。此夜，人们仰望天空如玉如盘的朗朗明月，自然会期盼家人团聚。远在他乡的游子，也借此寄托自己对故乡和亲人的思念之情。所以，中秋又称“团圆节”。此种“千里共婵娟”之情千百年来已经成为中华儿女不变的情怀。

水调歌头

（宋）苏东坡

丙辰中秋，欢饮达旦。大醉，作此篇，兼怀子由。

明月几时有？把酒问青天。不知天上宫阙，今夕是何年？我欲乘风归去，又恐琼楼玉宇，高处不胜寒！起舞弄清影，何似在人间？转朱阁，低绮户，照无眠。不应有恨，何事长向别时圆？人有悲欢离合，月有阴晴圆缺，此事古难全。但愿人长久，千里共婵娟。

在中秋佳节，人们的主要习俗是赏月和吃月饼。在中秋节，我国自古就有赏月的习俗，俗话中有：“八月十五月正圆，中秋月饼香又甜”。月饼最初是用来祭奉月神的祭品，后来人们逐渐把中秋赏月与品尝月饼结合在一起，以月之圆寓意人的团圆，用圆如满月的月饼来象征团圆，通过吃月饼来寄托思念故乡，思念亲人之情，这种习俗一直延续至今。现在，在中秋节，月饼还被用来当做礼品送亲赠友，联络感情。

6. 重阳节

农历九月九日，为传统的重阳节。因为在我国古老的《易经》中把“六”定为阴数，把“九”定为阳数，九月九日，两九相重，故而叫重阳，也叫重九。重阳节起源于魏晋时期，距今已经有一千七百多年历史了。庆祝重阳节的活动多姿多彩，主要有出游赏景、登高远眺、观赏菊花、遍插茱萸、吃重阳糕、饮菊花酒等活动。

采桑子 重阳

毛泽东

人生易老天难老,岁岁重阳,
今又重阳,战地黄花分外香。
一年一度秋风劲,不似春光,
胜似春光,寥廓江天万里霜。

九九重阳,因为与“久久”同音,九在数字中又是最大数,有长久长寿的含意,加之秋季也是一年中收获的黄金季节,因而重阳佳节,寓意深远,人们对此节历来有着特殊的感情。

如今的重阳节,被赋予了新的含义,在1989年,我国把每年的农历九月九日定为老人节,传统与现代巧妙地结合,成为尊老、敬老、爱老、助老的老年人的节日。在这天,社会各界组织老人们秋游赏景,临水玩乐,登山健体,让其身心都沐浴在大自然的怀抱里,不少家庭的晚辈也会搀扶年老的长辈到郊外活动或为老人准备一些可口的饮食,以表示对老人的尊敬。

13.1.2 西方传统节日

同中国传统节日相似,西方传统节日也深深打上了西方文化的烙印,是西方文化中最精致、最具代表性的一面。

1. 圣诞节

每年12月25日,是基督教徒纪念耶稣诞生的日子,这一天被称为圣诞节。圣诞节节期从12月24日到翌年1月6日,在节日期间,各国基督教徒都举行隆重的纪念仪式。圣诞节的庆祝活动从12月24日夜间开始,在午夜时达到高潮,这一夜被称为平安夜。圣诞节本来是基督教徒的节日,但现在它已经成为西方国家一个全民性的节日,它是西方国家一年中最盛大的节日,可以和新年相提并论,甚至在有的国家比过新年还要隆重,类似于我国过春节。

礼仪视窗 13-6

圣诞节期的由来

《圣经》中并没有记载耶稣诞生的具体日子,也没有发现公元4世纪以前有关圣诞节具体日期的记录。罗马基督徒习用的历书中发现公元354年12月25日页上记录着一句话“基督降生在犹大的伯利恒”。一般认为圣诞节开始于公元336年的罗马教会,现在已被全世界大多数人所接受。

(资料来源:http://mw.jl.gov.cn/jlzj/jljdj/index.htm)

圣诞节来临时家家户户都要用圣诞色来装饰。西方人以红、绿、白三色为圣诞色,红色的有圣诞花和圣诞蜡烛。绿色的是圣诞树,它是圣诞节的主要装饰品,用砍伐来的杉、柏一类呈塔形的常青树装饰而成。上面悬挂着五颜六色的彩灯、礼物和纸花,还点燃着圣诞蜡烛。红色与白色相映成趣的是圣诞老人,他是圣诞节活动中最受欢迎的人物。西方儿童在圣诞夜临睡之前,要在壁炉前或枕头旁放上一只袜子,等候圣诞老人在他们入睡后把礼物放在袜子内。在西方,扮演圣诞老人也是一种习俗。

吃圣诞餐也是西方过圣诞节必不可少的。正像中国人过春节吃年夜饭一样,西方人过圣诞节也很注重全家人围坐在圣诞树下,共进节日美餐。火鸡或烤鹅是圣诞大餐中必不可少的,圣诞大餐吃火鸡的习俗始于1620年,这种风俗主要盛行于美国。而英国人和德国人的圣诞大餐则是烤鹅,而非火鸡。

2. 复活节

复活节,是西方两个最重要的节日之一(另一个是圣诞节)。是基督教徒纪念"耶稣复活"的节日。在教堂庆祝的复活节一般定为每年过春分后第一个星期日,如果月圆那天刚好是星期天,复活节则推迟一星期。因而复活节可能在从3月21日到4月25日之间的任何一天。

在复活节当天,欧美国家人们所赠礼品主要是复活节彩蛋(Easter Egg)。因为鸡蛋在西方象征着死后又要复苏的生命。教堂、学校或有的家庭在这天一清早就把煮熟的鸡蛋藏在树穴、草丛或山石后面,邀请前来聚会的孩子们四处寻找,这成为这一天的主要活动。有时人们还把鸡蛋染成五颜六色的,以增加节日气氛。一年一度的美国白宫滚彩蛋活动经常被电视台实况转播。后来又发展到把巧克力、糖果等做成鸡蛋模样,包上各色彩纸,互相赠送。

礼仪视窗 13-7

复活节吉祥物

复活节中最具代表性的吉祥物是彩蛋和兔子,这里面还有一个有趣的传说:旧时复活节前40天禁食鸡蛋。有一年复活节来临时,一位母亲为了给孩子们一个惊喜,便将煮好的鸡蛋着上颜色藏在门外的草丛里,并告诉孩子们那片草丛中有复活节的惊喜。孩子们兴高采烈地仔细寻找,突然从草丛里蹿出一只兔子,而彩蛋也随即暴露出来。于是孩子们到处叫喊:"复活节的惊喜是兔子给我们带来了彩蛋。"

(资料来源:http://www.people.com.cn/GB/channel5/569/20000810/181696.html)

复活节也是向所关怀的人送鲜花、盆景的节日。许多去做礼拜的人这天也向教堂献上花束。在这天人们往往互赠贺卡或小件礼品，礼物大多与再生有关系：如巧克力彩蛋、复活节小兔子、带绒毛的小鸡等。

3. 感恩节

感恩节是北美独有的传统民俗节日，美国的感恩节定于每年 11 月第四个星期四，而加拿大则定在每年 10 月的第二个星期一。

礼仪视窗 13 –8

感恩节的由来

感恩节，始于 1621 年。1620 年，英国一批主张改革的清教徒，因理想和抱负不能实现而退出国教，自立新教，此举激起了英国当政者的仇恨。这些清教徒们不堪承受统治者的迫害和歧视，先逃到荷兰，9 月初，乘“五月花号”木船远渡重洋，准备流亡美国。船在波涛汹涌的大海中漂泊了 65 天，于 11 月终于到达了美国东海岸马萨诸塞州的普利茅斯。当时，北美大陆还是一片荒凉未开垦的处女地，火鸡和其他野生动物随处可见。时值寒冬，来到陌生的地方，缺衣少食，恶劣的环境正在威胁着他们的生命。在这生死攸关的时刻，当地的印第安人为他们送去了食物、生活用品和生产工具，并帮助他们建立了自己的新家园。第二年秋天，远涉重洋来到美洲的英国移民，为了感谢上帝赐予的丰收，感激印地安人的帮助，举行了 3 天的狂欢活动。从此，年复一年，这一习俗就延续下来，并逐渐风行北美各地，成为北美的传统节日。1863 年，美国总统林肯正式宣布感恩节为国定假日。

（资料来源：董桂英. 公关礼仪教程[M]. 南京：东南大学出版社，2003. 331.）

今天，在美国人心目中，感恩节仍是个很重要的节日。在这个长达 4 天的假日里，人们尽情狂欢、庆祝。同时感恩节也是传统的家庭团聚的日子。节日期间，散居在外地的家人，都要赶回家过节，这已经成了全国性的习俗。此外，美国人一年中最重视的一餐之一就是感恩节的晚宴。在美国这个生活节奏很快，竞争激烈的国度里，平日的饮食极为简单。美国的快餐流行世界，就是一个很好的说明。但在感恩节的夜晚，家家户户都大办筵席，物品之丰盛，令人咋舌。在节日的餐桌上，上至总统，下至庶民，火鸡和南瓜饼都是必备的。这两味“珍品”是美国人民追忆先民的艰难开拓、追思第一个感恩节的体现。因此，感恩节也被称为“火鸡节”。在现在不仅美国人过感恩节，加拿大人也把它视为例行节日，因为在加拿大这片广阔的土地上，也生活着许多英国移民的后裔。

4. 情人节

每年 2 月 14 日是西方许多国家的情人节。情人节又被称为圣 · 瓦伦丁节

(Valentine's day)。

礼仪视窗 13－9

情人节的起源

相传,关于情人节的来源这里面隐藏着一个动人的故事。

大约在公元三世纪的罗马,暴君克劳多斯(Claudius)当政。当时,罗马内外战争频繁,民不聊生。为了补足兵员,将战争进行到底,当时的暴君克劳多斯下令,凡是一定年龄范围内的男子,都必须进入罗马军队,以生命为国家效劳。自此,丈夫离开妻子,青年离开恋人。于是整个罗马便被笼罩在绵长的相思中。对此,暴君大为恼火。为了达到自己的目的,他竟然下令禁止国人举行结婚典礼,甚至要求已经结婚的毁掉婚约。然而,暴政禁止不了爱情。就在暴君的国都里,居住着一位德高望重的修士,他就是圣·瓦伦丁(Vale)。他不忍看到一对对伴侣就这样生离死别,于是为前来请求帮助的情侣秘密地主持结婚典礼。一时间,这一令人振奋的消息在整个国度传开,更多的情侣秘密地赶来请求修士的帮助。消息终于传进了宫殿,传到了暴君的耳里。克劳多斯又一次暴跳如雷,他命令士兵们冲进神庙,将瓦伦丁从一对正在举行婚礼的新人身旁拖走,投入地牢。人们苦苦哀求暴君的赦免,但都徒劳而返。瓦伦丁终于在地牢里受尽折磨而死。

人们将他安葬于圣普拉教堂。那一天是2月14日。人们为了纪念这个敢于与暴君斗争的人,渐渐地使得2月14日成为一个节日。

(资料来源:http://zhidao.baidu.com/question/3806949.html)

今天,情人节已经成为世界各国青年人最喜欢的节日之一,近年来这一节日在我国青年人中也越来越流行,每当节日来临,沉浸在爱情中的人们要互相赠送礼物,最常见的礼物是印有各种象征爱情图案的"圣·瓦伦丁"贺卡和味道香甜的巧克力,贺卡代表坚贞的爱情,而巧克力则因其甜美的味道正如爱情的甜美,成为现代情人之间传情达意的最佳礼物。

13.1.3 世界性的传统节日

尽管各国人民欢度元旦的活动多姿多彩、各国国庆节节期亦各不相同,但元旦和国庆节已经成为世界各国人民的共同节日。

1. 元旦

每年公历一月一日表示新的一年,新的开始。在这一天世界各国人们满怀喜悦之情迎接新一年的到来。而在这世界性的节日里世界各地也形成了许多别具特色有趣的新年习俗。

在英国,新年虽没有圣诞节那样隆重,但在除夕夜和元旦,还是根据当地的风俗习惯开展各种庆祝活动,以示辞旧迎新。英国人在除夕的深夜,常带上糕点和酒出去拜访。除夕在亲友家作客的人,在未交谈前,要先去拨弄壁炉的火,祝福主人"开门大吉"。英国的新年庆祝活动大都在除夕夜举行,"迎新宴会"通常从除夕晚上 8 时开始直至元旦凌晨结束。宴会上备有各种美酒佳肴和点心,供人们通宵开怀畅饮。

新年也是全美各州一致庆祝的主要节日之一。但在美国,新年远不如感恩节或圣诞节那样热闹。美国人过新年,最热闹的是除夕晚上,该夜各地教堂都举行隆重的礼拜活动。人们聚集在教堂、街头或广场,唱诗、祈祷、祝福、忏悔,并一同迎候那除旧更新的一瞬间。午夜 12 点整,全国教堂钟声齐鸣,在钟声与音乐声中,激动的人们拥抱在一起,甚至素不相识的人也可以互相亲吻。北美的印第安人,还有其独特的风俗,每到除夕之夜,他们就举行富有特色的"篝火晚会",一家人围在篝火旁边,载歌载舞,谈笑风生,待至晨曦微露,他们再把破旧衣物付诸一炬,作为除旧迎新的象征。除夕活动,常常持续到次日凌晨两三点钟。而元旦这一天,通常比较安宁、闲散。美国人还有一个有意思的习惯,就是在新年许愿立志,他们称之为"新年决心",这决心通常不是什么宏图大志,而是一些朴实而实际的打算。例如,"我一定戒烟",或者"我要找份好的工作"等等。他们总是坦率地讲给大家听,以期得到监督和鼓励。

德国的新年庆祝活动最有寓意。德国人在除夕午夜新年来临前一刻,爬到椅子上,钟声一响,他们就跳下椅子,并将一重物抛向椅背后,以示甩去祸患,跳入新年。另外在德国还流传着一种有意思的过新年的风俗——爬树比赛,小伙子们顺着光秃秃的树比赛爬高,第一名被誉为"新年英雄",以示步步高升。

希腊的元旦庆祝活动也比较特别。希腊在新年时家家做大蛋糕,做蛋糕时内放一枚银币。蛋糕由主人切成若干块,分给家人和来访的客人,谁吃到有银币的那块蛋糕,便被认为他是今年最幸福的人。

日本人特别重视新年,每年的 12 月 29 日—1 月 3 日为日本全国休假日。日本人把 12 月 31 日称之为"大晦日",这天晚上,日本人称之为"除夜",除夜时他们祈求神灵托福,送走烦恼的旧年,迎来美好的新年。岁末午夜,各处城乡寺庙分别敲钟 108 下,以此驱除邪恶,日本人则静坐聆听"除夜之钟",钟声停歇就意味着新年的来到。人们便离座上床睡觉,希望做个好梦。元旦早上,家人围坐在一起,互相讲述除夕做的梦,以测吉凶。

2. 国庆节

国庆节对于任何一个国家来说,其意义都非比寻常,这个日子对各国人民来说都是爱国日。是一个国家政治性最浓重的节日,它一般由各国政府颁布,或由权力机关决定。在世界各地,每逢国庆日,政府会放假来举国同庆这一重要日子。但是,各国国庆节的名称以及日期的确定都不尽相同。

从名称上说,在世界一百多个国家中,有称"国庆节"或"国庆日"的,如中国、法国等;有称"独立日"或"独立节"的,如美国、菲律宾等;有称"共和日"或"共和国日"

的，如南斯拉夫、冰岛等国家；有称“革命节”的，如原苏联、阿尔巴尼亚、匈牙利；有称“联邦成立日”的，如瑞士；有称“联合日”的，如坦桑尼亚；还有的直接以国名加上“日”，如“澳大利亚日”。

从日期的含义上说，全世界范围内有的国家把建国日作为国庆节，如我国把10月1日中华人民共和国成立日作为国庆日；有的是以宪法颁布日为国庆节，如联邦德国；有的以革命起义日为国庆节，如法国是以摧毁专制性象征物的日期7月14日作为其国庆纪念日；有的则以国家元首生日为国庆节，如日本、泰国、荷兰、丹麦、英国等国。有趣的是，这些国家随着国王、天皇或女王的更换而改变国庆节的日期。另有一些国家以重大会议日为国庆节，如美国以1776年7月4日大陆会议通过《独立宣言》的日子为国庆日，加拿大是以英国议会1867年7月1日通过《大不列颠北美法案》这一天为国庆节。

礼仪视窗 13-10

世界部分国家国庆节

1月1日是古巴国庆节（全国解放日）。

1月26日是澳大利亚国庆节（澳大利亚日）。

1月26日是印度共和日。

3月1日是韩国的独立纪念日。

3月25日是希腊国庆日。

4月23日是英国伊丽莎白二世诞辰正式庆祝日。

4月30日是荷兰女王贝妞特丽克丝诞辰正式庆祝日。

6月12日是俄罗斯国庆节（独立日）。

7月4日是美国国庆节（独立日）。

8月9日是新加坡国庆节（独立日）。

8月31日是马来西亚国庆日（解放日）。

10月3日德国国庆日。

12月5日泰国国庆日（国王普密蓬·阿杜德陛下生日）。

13.2 宗教习俗礼仪

13.2.1 基督教礼仪

基督教在西方不仅流传久远、信徒众多，而且深入人心。因而，与西方国家人士交往时，就必须了解与基督教相关的礼仪与习俗，以免冒犯于人。

1. 概况

基督教是信奉耶稣基督为救世主的各教派的统称，于公元1世纪产生于罗马帝国统治的巴勒斯坦地区。它是目前全世界信仰人数最多的一种宗教，它的信徒约为10亿人，约占世界总人口的1/5，分布于150多个国家之中。在西方各国，它的影响举足轻重。在两千年的演化过程中，今日的基督教已分为天主教、东正教与新教三大流派。在具体教义、信条以及分布区域上，三者之间存在一定的区别。与基督教人士进行具体接触时，应充分注意到其不同流派的差异，具体情况具体对待，切不可将其不同的流派混为一谈。

天主教，又称为罗马公教，主要流行于意大利、法国、西班牙、葡萄牙、奥地利、波兰等欧洲国家，对拉丁美洲也有很大的影响。

东正教，因自称信奉正宗教义，故称之为正教，主要流行于保加利亚、罗马尼亚、俄罗斯等东欧国家。东正教不承认罗马教皇的绝对权威。

基督新教，又称基督教，它是16世纪欧洲宗教改革中脱离天主教而产生的各个新宗教分支。新教拒绝罗马教皇的统一领导，反对奉玛利亚为圣母，其宗教仪式较天主教要简单得多。其主要流行于德国、英国、美国、瑞士、澳大利亚、新西兰等国家。

礼仪视窗 13－11

基督教创始人——耶稣

按照基督教经典的说法，基督教的创始人是耶稣，他在公元1世纪30年代开始在巴勒斯坦地区传教。耶稣思想的中心，在于“尽心尽意尽力爱上帝”及“爱人如己”两点。耶稣出来传道，宣讲天国的福音，劝人悔改，远离恶行。他的教训和所行的神迹，在民众中得到极大的回应。后来由于门徒犹大告密，罗马帝国驻犹太的总督彼拉多将耶稣逮捕。最后耶稣被钉在十字架上而死。依据耶稣门徒们的见证，耶稣死后第三天从石窟坟墓中复活了。在耶稣升天超离这世界的时空后，他的门徒们起来热心宣扬耶稣的教义。信徒们组成彼此相爱、奉基督之名敬拜上帝的团体，就是基督教会。耶稣复活的这一天成为后世的复活节（每年春分以后、又逢月圆的第一个星期日）。教会又定了12月25日为耶稣的生日即圣诞节。耶稣出生的那一年被后世定为公元纪年的元年。

（资料来源：http://mw.jl.gov.cn/jlzj/jljdj/index.htm）

基督教的主要经典是《圣经》。《圣经》是包括基督新教、天主教、东正教、犹太教等各教的宗教经典，它由《旧约全书》与《新约全书》组成。《旧约全书》是犹太教的经书，《新约全书》是耶稣基督以及其信徒的言行和故事的纪录。

2. 基本教义

(1)上帝创世论。基督教关于世界的创造与维持的教义,来源于《旧约·创世纪》,认为上帝是世间万物的主宰,他在六天之内创造了世界,其中第一天造了光,第二天造了空气,第三天造了地和海以及地上的草木,第四天造了日月星辰,第五天造了水里的鱼和空中的飞鸟,第六天造了地上的牲畜、昆虫、野兽和人。第七日上帝歇息,这一天定为圣日。创世论是基督教的核心。

(2)原罪论。基督教的基本教义之一。《圣经》中称人类的始祖亚当和夏娃受蛇的诱惑,偷吃"禁果"犯了罪,成为整个人类的原始罪过。传给后代子孙,成为人类一切罪恶和灾祸的根由。人一生下来即带有原罪,人类无法自救,需要基督的救赎。

(3)因信称义论。这是基督教特别是路德新教关于如何得救的教义。认为信徒凭借信仰就可以直接与上帝交流,无须靠教皇为首的教阶做中保,基督教多数宗派很重视这种教义。

(4)天堂地狱论。认为信仰上帝而得救的灵魂,死后能升入天堂;不信仰上帝,不思改悔的人,死后灵魂将受到惩罚而下地狱。

3. 基本教规

基督教的教规主要是"摩西十诫",也称"上帝十诫"或"十条诫命"。《旧约·出埃及记》记载,上帝耶和华在西乃山上给了他的信徒十个诫命。具体内容是:

(1)除耶和华外不可敬拜别的神(天主教中无此条);

(2)不可拜偶像;

(3)不可妄称耶和华上帝的名;

(4)勤劳工作六天,第七天要守念安息日;

(5)孝敬父母;

(6)不可杀人;

(7)不可奸淫;

(8)不可偷盗;

(9)不可作假见证陷害人;

(10)不可贪恋别人一切。

以上十戒成了基督教教徒的基本道德准则,因基督教在西方社会深入人心,因而这些基督教教规也对西方社会产生了巨大的影响。

4. 主要礼仪

基督教有一系列与教规有关的礼仪,有些礼仪已经成为西方人生活中的日常性礼仪,如礼拜、祈祷等。因而同西方人交往,就必须注意与基督教有关的礼仪和习惯,不能随意冒犯别人。

(1)称谓。基督信徒之间称同道,因为大家都信奉耶稣所传的道,也可称平信徒。基督教教徒之间可互相称呼兄弟姐妹,因为大家同是上帝的儿女。

对于教会的神职人员则要按其职称来称呼,如某某主教、某某牧师、神父或某某长老等。牧师的拉丁文原意为“牧羊人”，因耶稣自称“牧人”，用“羊群”比喻信徒，故基督教大多教派称具有圣职的教牧人员为“牧师”。负责牧灵工作，管理教会事务，起“引导”作用。

(2)洗礼。洗礼即圣洗，是信徒正式入教的仪式，也是悔改与信心的表示，是将信徒自己奉献、交托给耶稣基督的决定性的一步，是“罪得赦免”接受圣灵的证明。洗礼分为注水礼和浸水礼。多数教会行注水礼，由牧师将祝圣过的清水洒在领洗者头上，并按手在其头上，念诵经文。浸礼宗等一些教会坚持行浸水礼，受浸者着洗礼服后仰全身入洗礼池三次，主礼人念诵经文，礼毕。东正教一般采用这种洗礼方式。

(3)礼拜。礼拜是基督教徒的主要宗教活动，通常在教堂举行，也可在家庭中举行，礼拜一般包括唱诗、读经、祈祷、听讲道和祝福，其中讲道是礼拜的核心内容。基督教纪念耶稣安息日(星期六)次日复活，规定在周日礼拜。另外有少数教派是规定星期六为礼拜，这天称为“安息日礼拜”。

(4)祈祷。祈祷的对象是上帝或耶稣基督。它是信徒在心灵上与上帝直接对话的一种方式，是信徒对上帝的崇敬、信赖、感激、祈求等。祈祷的内容因人、因事而异，主要是对上帝的赞颂、感恩、祈求、忏悔、倾诉等。祈祷不受时间、环境等限制，有早祷、晚祷、午祷、用餐时祈祷、分别时祈祷、开会时祈祷等，祷文可长可短，最重要是态度要严肃、诚恳、专心。

(5)圣餐。由主礼牧师将无酵饼或有酵饼与葡萄酒或葡萄汁祝圣，然后分给正式信徒依次分享。基督教认为圣餐礼中的饼就是耶稣的身体，吃饼可以从耶稣的身体里获得生命。葡萄汁为耶稣的血，喝了耶稣的血可以获得赦免。

(6)告解与终傅。告解又称忏悔，这是信徒单独向神职人员表白自己的过错或罪恶，有意悔改，希望得到上帝宽恕的仪式。神职人员听后要对其劝导，并对其忏悔内容予以保密。

终傅，是指基督徒在临终前请神职人员为其敷搽“圣油”(一种含有香液的橄榄油)，用于赦免其一生罪过的宗教仪式。

(7)守斋。基督教规定，每个星期五和平安夜(12 月 24 日)为守斋日，届时信徒不得食用一切肉类食品，只能食用蔬菜和鱼。

(8)婚礼。基督教徒结婚时有请牧师证婚的习惯。婚礼在教堂内举行时，由牧师祈求上帝恩赐，祝福婚姻美满，白头偕老。

(9)殡葬礼。基督教徒死后，在火化之前由家属请牧师到家里为死者祈祷赎罪，欢送回“天国”。基督教徒家里死人一般不过度悲哀、痛哭，他们认为死后回到天国是高兴的事。

5. 生活禁忌

禁忌在基督教信仰中并不是重要的内容，基督教没有一整套繁琐的从外在约束规范信徒信仰生活的清规戒律。但其仍有一些自己的禁忌。

(1)数字“13”与星期五。基督教徒认为 13 是不吉利的数字。因为据《圣经》记载耶稣被钉死在十字架前夕和12门徒举行了最后一次晚餐。最后的晚餐包括耶稣共有13个人参加,犹大排在13号,因为其是出卖耶稣的叛徒,所以基督教徒非常忌讳"13"这个数字,而耶稣受难刚好又在星期五,所以西方人对13和星期五均非常忌讳。若碰上某月13日又刚好是星期五,则称这是个黑色的日子,在这天,人们忌讳出门办事或举行活动。如按国际惯例,宾馆、酒店等一般也不设13楼。

(2)十字架。在基督教国家,对一切无意中形成十字架形状的东西都十分忌讳。因为基督耶稣正是被钉死在十字架上的。因而十字架被认为是非常不吉利的。如西方人忌讳四个人间交叉握手、餐桌上餐具交叉摆放成十字状等。

(3)不吃动物血。因为血象征着生命,是旧约献祭礼仪上的一项重要内容。《新约》把血的作用解释为耶稣基督在十字架上流血舍命而带给人的救赎。勒死的牲畜也是基督教禁食的,这与禁食动物血是同一道理。

(4)看相、算命、占卜等。因为这些迷信活动相信上帝以外的神秘力量,而基督教认为,每个人都是上帝所爱,都有自己的意志选择权,上帝不强加意志给人。

13.2.2 伊斯兰教礼仪

伊斯兰教是与佛教和基督教并列的世界三大宗教之一,公元7世纪初诞生于阿拉伯半岛。伊斯兰教虽创建较晚,但其影响深远,有20多个国家将其定为国教。因而,公关人员必须对伊斯兰教有所了解,以便在与穆斯林进行交往时,做到知礼而行,举止得体。

1. 概况

伊斯兰教是由其先知穆罕默德所创,目前世界上有10亿多信徒,他们大多分布在中非、北非、中亚、西亚等阿拉伯国家以及东南亚和印度、巴基斯坦、中国,这些地区中有些国家还以伊斯兰教为国教。

伊斯兰教认为除了安拉再没有神,反对信多神、拜偶像。伊斯兰是阿拉伯语的音译,本意"顺从"。顺从安拉旨意的人,即"顺从者",阿拉伯语叫"穆斯林",是伊斯兰教徒的通称。伊斯兰教的历史,从穆罕默德开始传教之年算起,至今已有近1 400多年历史。伊斯兰教在长期历史发展过程中也形成了两大主要派别:逊尼派和什叶派。

逊尼派全称"逊奈和大众派",被认为是伊斯兰教的正统派,人数约占全世界穆斯林的90%,中国的穆斯林大部分属于此派。

什叶派以拥护穆罕默德的堂弟、女婿阿里及其后裔担任穆斯林的首领——伊玛目为其主要特征。"什叶"的意思为"党人"、"派别"。目前全世界约有什叶派穆斯林8 000万人。主要分部在伊朗、伊拉克、巴基斯坦、印度、土耳其、阿富汗、黎巴嫩、沙特阿拉伯、也门、巴林等国家。

伊斯兰教的经典是《古兰经》,"古兰"是阿拉伯语的音译,意为"读本"、"诵读"。它是穆罕默德的弟子们将其在传教过程中借"安拉"的名义发表的关于宗教和社会主张的言论、行动以及他默认的弟子们的言行记载下来的一部经典。全本《古兰经》几乎都是以安拉第一人称的形式写成的,他们认为是安拉借着天使,以默示的方式启示给穆罕默德的。

2. 基本教义

伊斯兰教的基本教义是每个穆斯林必须遵守的信仰,它被称为“六信仰”。

(1)信安拉。即认为安拉是唯一真神。这可以说是伊斯兰教六大教义的主要根基。

(2)信天经。指《古兰经》是伊斯兰教的根本经典,在伊斯兰教中有神圣不可侵犯的地位。《古兰经》作为伊斯兰教最高标准,透过它可以判断其他经典的真伪,若有任何与《古兰经》抵触之处,均以《古兰经》为准。

(3)信圣人(使者或先知)。穆罕默德在伊斯兰教中被视为“至圣”,是安拉的使者。伊斯兰教中,使者又可称之为先知。伊斯兰教认为,使者是真主安拉派来传达信息、引人皈依真主的圣人。

(4)信天使。伊斯兰教相信安拉除了创造人类之外,还创造了天使。天使是奉安拉的命令,负责传达启示,记录思想言行及复活审判的灵体。他们认为天使不吃不喝,不眠不休,肉眼看不见,不会死亡。但天使只是受造之物,不能拜他。

(5)信后世。穆斯林相信世界有一天会走向终局,那日被称作“复生日”,就是所有的死人从死里复活的日子。在复生日,死人将复活,活人与死人将要一同在安拉面前受审判。

(6)信前定。穆斯林认为一切万物,包括人都活在安拉的定律之中——安拉掌管一切、命定一切。

3. 基本教规

伊斯兰教的基本教规是“五功”,它是伊斯兰教的基本功课总称。包括念功、拜功、斋功、课功和朝功。“五功”是穆斯林必须履行的宗教义务。其内容有以下五条。

(1)念。就是念清真言(即念“万物非主,唯有安拉,穆罕默德是安拉的使者”)。念功,又称信仰表白,念要出声,不能默念。

(2)礼。即“礼拜”。包括每天的五次拜功和每星期(公历星期五)的聚礼以及每年两次“会礼”(会礼即开斋节和宰牲节的穆斯林集体礼拜)。

(3)斋。斋戒是穆罕默德在其传教第十五年,为他的信徒正式定下的一项宗教功课。《古兰经》中规定,每一个穆斯林,除了老弱病残、孕妇、哺婴妇女、作战士兵外,都必须在斋月期间斋戒,伊斯兰教历九月被定为“斋月”。在斋月期间,穆斯林从每天破晓至日落,必须实行严格的斋戒,黎明前吃“封斋饭”,日落后吃“开斋饭”。斋月结束后的第一天,即伊斯兰教历十月初一,定为开斋节,这一天要举行隆重的庆祝活动,人们设宴庆贺,请客送礼,尽情欢乐。

(4)课。天课,是伊斯兰教法规定的一种“施舍”。当初是穆斯林自愿捐出的一种慈善性施舍,被视为一种“善功”。后来,演变成一种义务性宗教课税。

(5)朝。伊斯兰教法规定,每个成年穆斯林,凡身心健康且有交通条件者,一生中至少要去“圣地”麦加朝觐一次。伊斯兰教历十二月,被规定为朝觐月。凡去麦加朝觐过的人,拥有“哈吉”的称谓。

4. 主要礼仪

(1)称谓礼仪。伊斯兰教寺院又叫清真寺,由教长、海布推、穆安津等教职人员管理。上述人员在我国被统一称之为阿訇,其一般负责主持清真寺的寺务与教务。对所有信仰伊斯兰教的教民统称为“穆斯林”。对到麦加朝觐过的穆斯林则在其姓名前冠以“哈吉”,这对穆斯林来说是很荣耀的称谓。穆斯林之间无论地位和职务的高低,都互称兄弟和“多斯提”(好友的意思)。

(2)清真寺礼仪。伊斯兰教认为清真寺是安拉的房屋。清真寺所发挥的作用是巨大的,因此应当特别重视。首先,进入清真寺必须清洁卫生、穿戴整齐。其次,在进清真寺时,应右脚先进,稳重地进入清真寺,不要高声喧哗,不要狂妄地走路,以免影响其他人礼拜或诵读古兰经。而出清真寺时要先出左脚。切记在寺里要保持清真寺清洁,不乱扔果皮纸屑。一般非穆斯林不要进入礼拜大殿。

(3)问安礼仪。伊斯兰鼓励在社会上传播和平的问候,以便增加人们之间的团结与友爱。穆斯林相见时都要互致“色兰”(“平安”的意思)。按照伊斯兰教的习俗,致祝安辞时,年轻者要先问候年长者,行进者先问候伫停者,进门者先说于门内者,少数人先说于多数人,男子先问候女子,且应注意不能与女子握手,而是保持一定距离。但这种问候不宜在礼拜和诵经时使用,也不宜在沐浴和如厕时使用。

(4)服饰礼仪。穆斯林的服饰礼仪主要表现在头部。在伊斯兰国家妇女外出必须戴盖头和面纱,穆斯林妇女戴“盖头”,即用一顶大帽子遮住头发、耳朵、脖子,只露出脸部;面纱从头顶垂到肩上,或到背心处。穆斯林男子多戴“礼拜帽”,其是一种无檐的小帽。不论男女,穆斯林均忌穿短裤、无袖衫等。

5. 主要节日

伊斯兰教作为阿拉伯国家信奉的传统宗教,其主要节日如开斋节和古尔邦节,已经成为阿拉伯国家全民性的节日。这些节日的时间、礼俗及禁忌在所有阿拉伯国家中基本相同。

(1)开斋节。开斋节是伊斯兰教节日。一般在伊斯兰教历10月1日。我国新疆地区称为肉孜节(Roza,波斯语,意为斋戒)。按伊斯兰教法规定,伊斯兰教历每年9月为斋戒月。凡成年健康的穆斯林都应全月封斋,即每日从拂晓前至日落,禁止饮食等。斋戒是伊斯兰教规定的每个穆斯林必须履行的“五功”之一。封斋第29日傍晚如见新月,次日即为开斋节;如不见,则开斋顺延。斋戒期满,就是信奉伊斯兰教各国家或民族一年一度最隆重的节日之——开斋节。

开斋节作为伊斯兰教的一个规模盛大、礼仪隆重的节日。世界各地穆斯林都以热情和虔敬的心情参加节日活动。根据各地的风俗习惯,庆祝形式不尽相同,有的制做美食互赠或款待亲友;有的请阿訇诵经祈祷;有的聚会联欢等。许多青年在开斋节举行婚礼,使节日更加热闹,更增添节日气氛。

(2)古尔邦节。“古尔邦节”是阿拉伯语的音译,在阿拉伯语中称作尔德 · 古尔邦。“尔德”是节日的意思。“古尔邦”含有“牺牲”、“献身”的意思，所以一般这个节日又称为“牺牲节”、“宰牲节”或“忠孝节”。它是伊斯兰教信徒穆斯林为纪念其“先知”易卜拉欣对真主安拉的忠心而形成的伊斯兰节日。同时它也是我国回、维吾尔、哈萨克、乌孜别克、塔塔尔、塔吉克、柯尔克孜、撒拉、东乡、保安等少数民族的宗教节日，回族又称它为“过大年”，而维吾尔族和哈萨克族则把它作为他们的新年。

礼仪视窗 13－12

古尔邦节的由来

古代阿拉伯宗教传说，“先知”易卜拉欣夜梦真主安拉，命他宰杀自己的儿子伊斯玛仪勒，以考验他对安拉的忠诚。当易卜拉欣遵命举刀的一瞬间，安拉派遣特使牵着一只羊匆匆赶到现场，命以宰羊代替献子。从此，在阿拉伯民族中形成了每年宰牲献祭的习俗。伊斯兰教产生后，承认先知易卜拉欣为圣祖，并继承了这一仪式，并把伊斯兰教历的十二月十日定为古尔邦节。

（资料来源：www. zhidao. baidu. com/question/30005560. html）

按照传统的规矩，穆斯林在古尔邦节这天清晨沐浴更衣，到清真寺做礼拜、缅怀先人。节前，穆斯林家家户户打扫干净，制作各种糕点，做新衣裳，为节日做好准备。根据教规，穆斯林从清真寺做完礼拜之后，便回到家里宰牲献祭，煮肉做饭，施舍穷人，招待来宾。节日期间开展各种庆祝活动，洋溢着欢乐的气氛。

6. 生活禁忌

与伊斯兰人交往或到信仰伊斯兰教的国家，除要了解其基本礼仪规范外，还应对其禁忌进行了解，才能顺利与之交往。伊斯兰教的禁忌主要有以下几点。

（1）禁止偶像崇拜，故此不应将雕塑、画像、照片以及玩具娃娃赠给穆斯林，并不宜邀请其观看电影、电视、录像、VCD，也不应邀对方参加拍摄。

（2）禁止妇女外出参加社交活动。在外人面前，不允许妇女的着装暴露躯体，不允许男女共处。因而与穆斯林打交道时，一般不宜问候女主人，不宜向其赠送礼物。外国女性前往伊斯兰教国家时，衣着一定要入乡随俗，禁止袒胸、露臂、赤足。

（3）在饮食方面，忌食猪肉，亦忌用猪皮、猪鬃制作的东西。穆斯林忌饮酒，因此给穆斯林赠送礼品时，不可效仿在欧美国家以美酒相赠。

13.2.3 佛教礼仪

佛教作为世界上最古老的宗教之一，在许多国家均有其信徒。因此，我们在进行涉外交往时，对佛教的习俗礼仪有所了解，在与信佛者或佛教界人士打交道时，才能理解和尊重对方，同时我们才能受到其欢迎与礼遇。

1. 概况

佛教起源于公元前6世纪至公元前5世纪的古代印度，创始人为释迦部落的王子乔达摩·悉达多即释迦牟尼。佛教与基督教、伊斯兰教并称为世界三大宗教，是当今世界上最古老的宗教之一。全世界约有3亿佛教教徒，分布在86个国家和地区，其中主要分布在亚洲。中国可以说是佛教的第二故乡。

释迦牟尼创立佛教数百年后分裂为南传佛教和北传佛教。北传佛教将南传佛教称之为小乘佛教，将自己称之为大乘佛教。而南传佛教则将北传佛教称之为大众部，将自己称之为上座部。小乘佛教信奉佛陀的原始教义，不神化佛陀。大乘佛教相信人能够在有生之年便到达彼岸，主流上来说是相信诸天神佛，编写佛经，把佛陀神化，宣扬普渡众生。

佛经是佛教的经典。它是释迦牟尼的弟子们所传述的释迦牟尼在世时的说教，并包括以后佛教徒称为释迦牟尼言行的著作。也有把其他佛教著述(包括律、论)都称为佛经的。佛经主要有《法华经》、《华严经》、《大般涅槃经》、《圆觉经》、《金刚经》等。

2. 基本教义

(1)十二因缘，亦称"十二缘起"。它是佛教"三世轮回"的基本理论。其认为世界上各种现象的存在都是依赖于某种条件，离开了条件，也就无所谓存在。人生命的起源和过程也是依赖于条件的，这就是十二因缘。所谓"因缘"即原因和条件，这是佛教因果报应论的理论依据，它认为过去世的因，造成现在世的果，现在世的因，造成未来世的果。

(2)三法印。印就是印玺，借以比喻佛教的主要教义，也以符合"法印"而证明其为真正佛法(掌握了它，便能对一切法通达无碍)，所以称为法印。"诸行无常，诸法无我，涅槃寂静"，并称三法印。三法印是衡量天下事务是否合乎佛教教义的基本准则。

(3)三学。它是佛教修行方法的总称，包括戒学、定学和慧学。戒是调整身心，使身心养成好的习惯，如果依戒调整身心，接着就会产生统一的定，而佛教最后的目的在于获得悟的智慧，用戒止恶修善，用定息虑澄心，用慧破惑证道，三者是相互影响相互联系的。

(4)四谛。释迦牟尼用缘起论来观察人生，得出"四谛"、"八正道"。谛是真理的意思。四谛指苦谛、集谛、灭谛、道谛。四谛被称为佛教教义的总纲，又称为佛学的"四个真理"。其实际是讲以苦谛为核心的求解脱的道理。

(5)八正道。佛教八种通向涅槃解脱，达到理想境界的正确方法或途径。包括：①正见，即对佛教教义的正确理解；②正思维，即对佛教教义的正确思考；③正语，即说话要符合教义，不说一切非佛理之语；④正业，即从事清静之身业，按佛教教义采取正确的行动；⑤正命，即符合佛教戒律规定的正当合法的生活；⑥正精进，即按照佛教教义努力学习和修行；⑦正念，即铭记四谛等佛教真理；⑧正定。集中精力，专心致志修行。

3. 基本教规

佛教的教规即佛教的戒律。佛教的戒律比较严格。它把遵守戒律作为一个佛教信徒的基本条件,特别是对僧尼而言尤其如此。

戒有五戒、十戒。佛教的戒律因对象不同而不同,不出家的男女信徒,要遵守五戒:不杀生、不偷盗、不邪淫、不妄语、不饮酒。这五条戒律也是佛教最基本戒律。出家人要遵守十戒,除以上五戒外还有:不涂饰香鬘、不观听歌舞、不坐高处、不非时食(过午不食)、不蓄金银财宝。

4. 主要礼仪

(1)称谓礼仪。佛门弟子及其居所的具体称呼有别。在所有出家僧尼中,凡担任职事的,都有职称。寺院内的最高领导为住持,俗称“方丈”。一般情况下,人们很难分清僧尼的职事身份,这时可将僧尼一律称为“师父”,或泛称僧众为“法师”,称尼众为“师太”。不出家而遵守一定戒律的佛教信徒称“居士”,或尊称“檀越”、“施主”等。

在寺院,对所有出家者,一律禁止称呼其原有的姓名,因为僧尼出家时,都由其师父赠予法名,受戒时,又由受戒师赠予戒名,而他们也一律改姓“释”,而不使用原来的俗姓,因此,问僧尼名字时,可问“请问法师法号如何?”。僧之居所称为“寺”,尼之居所称为“庵”,有时统称二者为寺庙。

(2)佛事仪式。佛教的佛事,又称法事,是佛教的宗教活动。它有一整套的固定仪式,为僧尼修行的主要有:受戒、顶礼、功课等。

受戒,是接受佛教戒律的仪式。受戒后出家的僧尼,必须严格遵守佛教的各种清规戒律。

顶礼,为向佛、菩萨或上座行礼。行礼时,双膝跪下,头顶叩地,两掌伸开过额,以头触佛足,恭敬至诚,此即所谓的“五体投地”,这是佛教的最高礼节。

功课,在庙里,僧尼每天的必修课为朝暮课诵,又名早晚功课,社会上流行的“晨钟暮鼓”成语,就是由佛教寺庙的早晚功课而来的。

(3)合掌礼。合掌也称“合十”,是教徒之间或教徒与施主见面时最常用的礼节。合掌时双手手心相对并拢,手指朝上,置于胸前,口中常念到“阿弥陀佛”,以示敬意。如果合十的同时又下跪,则为行大礼。

(4)入寺礼仪。进入寺庙时,宜慢步轻声,不乱动,不乱讲,不拍照。对于佛祖、佛像、寺庙以及僧尼,佛教均要求其信徒毕恭毕敬,非信徒对其不得非议。进入寺庙,不宜居中直行,进退应依顺序左行,不准攀登、不侮辱佛像,不对佛像指手画脚。佛像前的拜垫只供拜佛时下跪用,不可坐歇。在寺庙中不得与僧尼“平起平坐”,不可与僧尼争吵,不宜主动伸手与僧尼握手,一般行合掌礼。

5. 主要节日

在一年之中,佛教大的节日有3个:浴佛节、释迦牟尼成佛日、涅槃节

(1)浴佛节。又称“佛诞节”,佛诞是纪念释迦牟尼诞生的节日。因为对佛祖释迦牟尼的生日说法不一,所以世界各国佛诞节的日期也各不相同。我国汉族地区相传农历四月初八为释迦牟尼诞生日,寺庙于此日举行“浴佛法会”,在大殿中用一水盆供奉太子像(释迦牟尼诞生时像),全寺僧侣以及信徒要以香汤沐浴太子像,以纪念释迦牟尼的诞生。信奉小乘佛教的东南亚国家和我国西南部的傣族将这一节日称为“泼水节”,在泰国则称为“送干节”。

(2)涅槃节。佛经中说释迦牟尼的诞生日、出家日、成道日、涅槃日同是四月初八。但汉族地区习惯以四月初八为诞生日,二月初八为出家日,二月十五日为涅槃日,这天要举行“涅槃法会”,诵《遗教经》。

(3)释迦牟尼成佛日。农历腊月(十二月)初八为释迦牟尼在菩提树下悟道成佛的日子。寺庙常于成道日这一天举行诵经,并效仿释迦牟尼成道前牧女献乳糜的传说故事,取香谷及果实等煮粥供佛,名腊八粥,以此来纪念释迦牟尼成道。后演变为一种民间习俗,以农历十二月初八吃腊八粥为庆丰年之意。

礼仪视窗 13 - 13

牧羊女献乳糜供佛

相传佛祖有感于人世间生、老、病、死各种痛苦,于29岁离开王宫出家修行,苦行六年,日食一麻一米。被饿成皮包骨也未得道,决定改变修行方式,遂入尼连禅河洗浴,但因身体太虚弱,不能自出。此时天神暗中相助示意牧羊女向他供献乳糜,使其恢复体力。吃后他端坐在菩提树下,静思七天,于农历十二月初八悟道成佛,这一天为释迦牟尼成佛日。后世佛教取意牧羊女献乳糜供佛的传说,每逢这天煮粥供佛成为佛教的独有特点。每年农历十二月初八,寺庙僧众都要集于大殿焚香、诵经、讲道说法、煮粥供佛。

(资料来源:金正昆. 国际礼仪[M]. 北京:北京大学出版社,2005. 216.)

6. 佛教禁忌

佛教的禁忌一方面来自于佛教本身的戒律仪规,如佛教教义十戒。皈依佛门的人,无论在家或是出家,为了发慈悲心,增长功德,都要遵守佛教的戒律。另一方面也受到各国本土传统民间风俗的影响。如我国佛教除上述十戒外,对佛教徒还有许多严格的要求和禁忌。在我国,佛教规定出家人饮食方面的禁忌就很多,其中素食是最基本、最重要的一条,素食的概念包括不吃“荤”和“腥”。又如在东南亚和南亚一些受佛教影响的区域,忌讳用手触摸人的头部,忌讳将脚朝上或把脚板对着人。

13.3 世界部分国家及地区礼俗

13.3.1 亚洲主要国家礼俗

亚洲各国历史、文化背景不尽相同,礼俗也各有特点。在亚洲广大的区域,社会风俗及文化礼俗既受到佛教和伊斯兰教的影响,还受到中国传统的儒教与道教以及印度教与犹太教等的复合性影响,差异性较大。

13.3.1.1 日本

日本是一个位于欧亚大陆东侧,太平洋西北部的弓状岛国。它由四个大岛本州、北海道、九州、四国及约 4 000 个小岛组成,面积 37.78 万平方公里。

日本全国约有人口 1.26 亿,是世界人口密度最大的国家之一。由大和族、阿伊努、朝鲜人和华人组成,其中大和族约占日本全国总人口的 99%。日语为其通用语言。日本人大多信奉神道教和佛教,神道教是日本固有的宗教,它所崇拜的是象征太阳的"天照大神"。因而,日本人的日常生活,尤其是礼仪习俗方面,深受神道教影响。

1.社交习俗

日本人在国际交往中,初次相见时一般情况下都使用握手礼,特别是男士。但日本人的一般问候形式是鞠躬而不是握手,与人见面一般要行鞠躬礼。鞠躬是日本的传统礼节,行礼时双手扶膝,躬身 90°。在行礼时,日本人讲究行礼者必须毕恭毕敬,而且在鞠躬的度数、时间的长短、鞠躬的次数等方面均有特别的讲究。初次见面向对方鞠躬 90°,一般只有见到朋友才握手,有时也拥抱。

日本人姓名的组合顺序与中国人姓名的组合顺序一样,二者都是姓在前,名在后。不过,日本人的姓名四个字的较多。而日本妇女在结婚前姓父姓,结婚后姓夫姓。称呼日本人时最好使用"先生"、"小姐"、"夫人",也可以在男人姓氏后加一个"君"字。另外,不能用名来称呼日本人,只有家人和非常亲密的朋友才能这样做。在交际场合中,日本人的信条是"不给别人添麻烦",无论自己开心与否,都要笑脸对人。

日本人在与他人交谈时,敬语很多并常使用自谦语,贬己抬人。外国人在与之交谈时,要把握这样的原则:开口说敬语,处处说敬语,经常讲敬语,才能不失礼于人。日本人尤其是日本妇女,与人交谈总是面带微笑。他们常用的寒暄语是"您好"、"您早"、"再见"、"请休息"、"晚安"、"对不起"、"拜托您了"、"请多关照"、"失陪了"等。

在日本,初次见面时互递名片已是一种日常礼节,因此很讲究交换名片的方法和程序。在接待日本客人时,千万要注意将自己的名片准备好,以便适时与对方交换,以示礼貌。若没有名片要自我介绍姓名、工作单位和职务等。

日本不流行家宴,日本人很少在自己家中款待客人,如被邀请到日本人家时,要在过厅摘掉帽子与手套,然后脱鞋。拜访时习惯上要为女主人带束鲜花或带一盒蛋糕或糖果。日本人盛行送礼,他们既讲究送礼,也讲究还礼,礼品要用淡色礼品纸包装,不要过于花哨,因为过于花哨会有失庄重。日本人非常忌讳“4”,因而送礼时也要避开这个数目。不过,日本人送、还礼一般都是通过运输公司的服务员送上门的,送礼与受礼的人经常互不见面。

2. 服饰礼仪

日本的绝大多数国民属于大和民族,因而他们的国服为和服。和服最基本的特点是没有什么线条,领口很大,袖子宽短,腰身广阔。穿和服时,一定要穿木屐或草鞋,并配以布袜,妇女穿和服时,还必须腰系彩带,腰后加上一个小软托,并且经常手中打伞。

日本人在交际应酬之中对着装打扮十分讲究。在商务交往、政务活动以及对外场合中穿传统西服;在本民族庄重的节日或婚庆等日子里,他们穿国服——和服;在家中或娱乐活动中则多数着便装。由于日本人对服饰很讲究,在与日本人打交道时,衣着上必须注意以下几点。首先,在正式场合要穿戴整齐,要求档次越高越好。日本人认为衣着不整齐意味着没教养,或是不尊重交往对象。所以,在与日本人会面时,一般不宜穿着过分随便,特别是不要光脚或穿背心。其次,到日本人家里做客时,进门要先脱下大衣、风衣和鞋子。但切勿未经主人许可,而自行脱去外衣。再次,女士一定要重视化妆,以淡妆为宜。参加庆典或仪式时,不论天气多么热,都要穿套装或套裙。

3. 餐饮礼仪

日本人的饮食分为三种:和食、西餐和中华料理。和食是日本的传统饮食,自成一体,世人一般称之为和食或日本料理。具体而言,和食是以大米为主,多用海鲜、蔬菜,讲究清淡与味鲜,忌讳油腻。典型的和食有:寿司、拉面、刺身、天妇罗、铁板烧、煮物、蒸物、酱汤等。其中,尤以刺身,即生鱼片最为著名。

日本人非常喜欢喝酒,西洋酒、中国酒和日本清酒,统统都是他们的最爱。即使喝得大醉,也不为失礼。在日本,人们也普遍喜欢喝茶,久而久之,形成了讲究“和、敬、清、寂”的四归茶道。而茶道则多为款待尊贵客人而举行。

日本人用餐时,要摆上一张长矮桌,男子盘腿而坐,女人要跪坐而食。日本所使用的筷子是尖头的,在使用筷子上,日本人有许多禁忌,如不准用舌头舔筷子;不准拿着筷子在饭菜上晃来晃去,举棋不定;不准夹了一种菜又夹另一种菜,而不去吃饭;不准将筷子插在饭菜里;不准把筷子跨放在盘、碗之上;不准用筷子当牙签用等。宴请客人时,大都忌讳将饭盛得过满,并且不允许一勺盛一碗饭。作为客人,则不能仅吃一碗饭,哪怕是象征性的,也要再添一次,否则,就会被视为宾主无缘。

4. 习俗禁忌

日本封建传统习俗浓厚,因而在生活中许多场合都有诸多禁忌。

①日本人对樱花无比厚爱,而对荷花很反感,荷花主要用于丧葬活动。而 16 瓣菊花在日本是皇室的标志,因而尽管日本人很喜欢送人礼物,但忌讳把荷花和菊花作

为礼物送人；盆花和带有泥土的花，被理解为“扎根”，所以也不宜送给病人。

②日本人对金色的猫及狐狸和獾极为反感，认为它们是“贪婪”和“狡诈”的化身。

③日本人在颜色上爱好淡雅，大都讨厌黑白相间色、绿色、紫色和深灰色，喜欢红、白、蓝、橙等色。

④日本人对数字“4”（在日语中与死谐音）与“9”（与“苦”发音相似）尤其忌讳，另外 13、14、19、24、42、44 等数字也在忌讳之列。

⑤在日本，婚礼上不能说双数。

⑥日本人忌讳三人合影，认为中间的人有受制于人的兆头。

⑦日本人不用香烟招待客人，即便是吸烟者也不喜欢别人向他敬烟。

⑧在日本，寄信时忌倒贴邮票，倒贴邮票暗示着绝交。装信也要注意，不要使收信人打开后，看到自己的名字朝下。

⑨日本妇女忌盘腿而坐，这样的坐姿被认为是极不雅的。

⑩与日本人交谈时忌谈二战。

13.3.1.2 韩国

韩国全称为大韩民国，位于亚洲东北部的朝鲜半岛南部，总面积为 9.9 万平方公里，是与大陆连接的由北向南伸展的半岛国家。其隔海与俄罗斯、中国、日本遥遥相望。韩国全国总人口约为 4 500 万，全部是韩族人。

韩国同东亚其他国家一样，深受中国儒家文化的影响，但西方文化也对其影响颇深，他们的礼俗习惯也因此兼有了东西方两种文化的特点。

1. 社交礼仪

韩国是一个礼仪之邦，在正式场合，韩国人一般采用握手礼作为见面礼节。若与长辈握手时，还要以左手轻置于其右手之上，躬身相握，以示恭敬。男士见面，可打招呼，相互行鞠躬礼并握手，但女士与人见面通常不握手，只行鞠躬礼。韩国人习惯以身份高低来称呼对方，一般不直呼其名，不熟悉的人或客人相见时可称夫人、小姐、女士、先生等国际通用的称谓。

给韩国人赠送礼物时可以是鲜花和一些小礼品，或者是具有中国特色的礼品。不要送食物做礼物，因为它们可能不适合韩国人的口味。给年长者或有身份者递送物品时，一般都习惯以双手并躬身，以示尊重。

韩国人说话比较直率。但无论在什么场合，韩国人都不大声喧哗和说笑。妇女笑时用手或手帕遮掩住嘴。韩国人不喜欢喧闹的场面。虽然他们直言不讳，但不喜欢太鲁莽。平时和韩国人交谈时，最好是谈韩国悠久的历史和文化，少谈政治问题，特别是当地政治。韩国人很爱面子，所以，在交谈时一般不宜当面出言指责他们，不要使用“不”字来拒绝韩国人，可以委婉地表示你的不同意见。

2. 饮食礼仪

在饮食方面，对于韩国人来说，辣泡菜和酱汤是不可缺少的两种食物，韩国人口味偏清淡,不喜油腻。他们通常吃烤、蒸、煎、炸、炒、汤类菜,以米饭为主食,早餐也习惯吃米饭,不吃稀饭。韩国人在用餐时很讲究礼节,不高谈阔论,不边吃边谈,如不遵守这一进餐礼节,极可能引起人们反感。与长辈吃饭时不许先动筷子,更不能用筷子对别人指指点点,用餐完毕后应将筷子整齐放在餐桌上。

在韩国,酒杯里只要还有酒,就不会往里加酒,只有当你的酒喝完了才会给你重新斟满。他们认为,给别人未喝完酒的酒杯加酒是不礼貌的。作为客人,在你面前通常会有两杯酒,你自己的一杯和主人的一杯。正确的方法是把你自己杯子里的酒喝完,然后把酒杯倒过来晃晃,再用双手递给刚才给你酒杯的那人,他再用双手斟满酒杯。

韩国人一般在餐馆或酒吧宴请客人,只有当彼此之间建立了很好的关系,才可能邀请你到他们家里做客。宴请韩国人时一般不要求其带他的妻子来参加,同时,参加韩国人的宴会,一般也不带妻子去。接受了韩国人宴请后,要设法回请一次。

3. 习俗禁忌

①韩国人忌讳"4"这个数字,认为此数字不吉利,因为"4"在朝鲜语中的发音、拼音与"死"字完全相同。

②韩国人姓"李"的很多,但绝不能说"你是姓十八子李"之类的话。因为在朝鲜语中"十八子"与一个淫荡邪恶的词相近,特别是不能在女子面前说此话,否则会被认为有意侮辱人。

③与韩国人交谈时忌讳称他们为"朝鲜人",而宜称为"韩国人"。

④韩国有些禁忌与我国有颇多相似之处,如逢年过节,忌讳说不吉利的话、不能生气、吵架等。正月初一、初二、初三三天不能扫地倒垃圾,不能宰杀任何动物。到别人家里不宜剪指甲等。

⑤韩国人民族自尊心很强,反对崇洋媚外。因而在赠送其礼物时,最好不要送其外国货,尤其不要是日本货。

13.3.1.3 东南亚国家

印度尼西亚和马来西亚,都是以马来人为主体的国家,盛行伊斯兰教,印尼90%的人是穆斯林,而马来西亚则定伊斯兰教为其国教,两国语言相同(文字拼法有差别),其礼俗也有相似的地方。如禁食猪肉;用右手吃饭,不用餐具,用手抓饭吃;认为左手是不洁的,忌用左手碰触食物;进屋脱鞋;喜爱绿色,忌讳黄色;认为人的头是至高无上,不可侵犯的地方,严禁触摸别人头部等等。但由于两国政治、社会情况的不同,礼俗也有相异的地方。如与印度尼西亚人交往,谈话时应避免议论该国的政治、宗教等敏感问题。而马来西亚人则喜欢谈论政治、家庭、体育以及饮食之类的话题。这两国都有众多的华裔,他们一般仍保持中华民族的传统,与他们交往,按中国的常礼即可。

新加坡是一个以华人为主体的国家,所以他们的许多礼俗同我国相一致,华人大多来自闽、粤等地,他们仍然保持着原来的传统,新加坡人谦恭、诚实、文明和礼貌。

新加坡虽以英语为官方用语，但政府大力推广华语普通话和中国的简体汉字，所以与他们交往无语言文字隔阂。不过，要避免将他们等同于华侨，否则可能会引起对方不快。新加坡人重“面子”，特别是对老一代人，“面子”往往具有决定性的作用。新加坡人忌讳说“恭喜发财”，认为“发财”是指“发不义之财”，因而是对别人的侮辱与漫骂。与新加坡人士交谈，应避免议论该国的政治、宗教、种族等话题。如果与之谈论新加坡的经济成就，他们是会感到高兴的。新加坡人爱护公共设施，注重环保，讲究文明卫生，惩治不讲卫生的法律极严。在那里，千万不要随地吐痰、扔烟头，否则必受重罚，留长发或留长胡子的男子也是非常不受欢迎的。在新加坡，政府为了尊重各个民族，体现民族平等，各个民族的重要节日都要全国放假。

菲律宾因其历史原因是东南亚国家中受西方文化影响较深的国家之一，其居民多数信奉天主教，文化带有很明显的西班牙色彩。但菲律宾南部的居民，却多数信仰伊斯兰教，遵循伊斯兰教教规。在菲律宾日常见面，无论男女都握手，男人之间有时还拍拍肩膀，以示亲热，女人间亲吻、拥抱者也很多。到菲律宾人家里做客，至少要得到三次邀请，方可登门。有一些菲律宾家庭，进屋要脱鞋（客人可依主人的习惯），这是热带民族的特点。菲律宾人平时谈话或问候都要使用敬语，喜欢别人谈论他们的家庭，但却要避免议论该国的政治、社会、宗教等敏感问题。另外，菲律宾人忌讳“13”和“星期五”，不喜欢红色和茶色，而喜欢白色。政府机关、商界和学校都使用英语。

在泰国，佛教是其国教，90%以上的人信奉佛教，佛祖和国王是至高无上的。泰国人见面时，一般都施以合掌礼，即双掌相合上举，抬起在额与胸部之间，双掌举得越高，表示尊敬程度越高，但地位高者、老者还礼时手腕不得高过前胸。泰国人很讲究卫生，出门时必须收拾得整整齐齐，干干净净。与客人交谈时亦不能用手指指点点，使用过多手势。泰国人喜欢大象与孔雀，白象被视为国宝，荷花是他们最喜欢的花卉。他们喜欢红、黄色，尤其喜欢蓝色，它被视为“安宁”的象征。他们忌用红笔签名和狗的图案。泰国人认为人的头是非常神圣的，任何人不得侵犯，传递东西时亦不能超过别人的头顶；脚除了用于走路之外，最好不要轻举乱动，不能把脚底对着别人，不能用脚指东西，不能用左手递送或接受东西，否则很可能会冒犯朋友而不自知。

缅甸，素有“万塔之国”之称，有时亦称“佛塔之国”。缅甸作为佛教国家，讲究大慈大悲，不论什么情况和什么事情都比较平和淡漠。在缅甸，赤脚而行被认为是对佛祖的虔诚，无论什么人进入佛塔或寺庙，甚至进入某些人家，都必须脱鞋后光脚进入。缅甸人认为“右为大，左为小”，“右为贵，左为贱”，随时都要遵守“男右女左”的原则。星期天忌讳给人送东西，星期二忌讳做事。睡觉时，头必须朝着代表光明的东方，禁止脚朝东方。与人坐在一起说话时，不能露出膝盖和大腿。与长辈谈话时，回答问题需用“是”或“不是”做答时，不能用点头或摇头代替。

越南，风俗古朴，传统很多，人们家庭观念很强，爱家、有礼、慷慨。但越南社会男权主义严重，在家庭里一般是男人掌权，女人做事。越南人见面必须打招呼，或点头，或致意，或握手，或问候，特别友好时还可以拥抱。越南人很好客，在南方一些山区作客，可以同他们一起喝“同坛酒”，且第一圈必喝，如不胜酒力，就双手抱拳向右一举，即可不喝了。路口悬有绿色树枝的村寨和门口悬有绿色树枝的人家，外人不得进入。越南民族种类众多，各民族都有其特殊的习惯与禁忌，如傣族人信神信鬼，无论做什么事情都要宰杀牛、猪、鸡等举办祭祀仪式。京族人不准动人的头部，否则会招来厄运。瑶族人不准吃狗肉，他们视狗为其祖先。高棉族人不准用左手传递东西、进食、行礼等。

13.3.1.4 阿拉伯国家

阿拉伯人分布甚广，包括西亚、北非的许多国家，如伊拉克、叙利亚、约旦、沙特阿拉伯、埃及、苏丹、利比亚等，通常把这些国家统称为阿拉伯国家。阿拉伯国家绝大多数信奉伊斯兰教。因而这些国家的传统礼仪多数是伊斯兰教的宗教礼仪。

1. 相见礼仪

阿拉伯人一般都比较热情，彼此间见面都要热情打招呼。他们喜欢在打招呼时，称对方的姓和职务、学位、头衔。有的人见面行握手礼，更多的人行拥抱礼和贴面礼。当你到当地人家里访问时，主人可能会亲吻你的双颊表示欢迎，你要以同样的形式进行回报。到阿拉伯人家里做客，一般见不到女主人，客人来时女主人在厨房里做饭。谈及或问候女主人，都是失礼的，尤其不能问女主人的身体状况。如果你见到了阿拉伯人的妻子，可以打招呼，但切不可过份热情，切勿与之握手，因为阿拉伯女子是不和男人握手的。和阿拉伯人坐在一起，忌用脚对着主人，更不要把腿架起来，若露出鞋底，是对主人的大不敬，更不能把脚翘到桌子上，否则这些举止会被主人认为是对他们的侮辱。同阿拉伯人谈话，应避免谈政治和宗教，也不要谈及猪、狗及其他为他们所禁忌的东西。在阿拉伯国家出门要带充足的名片，最好一面是英语，另一面是当地语言。还应注意不要把阿拉伯湾称为波斯湾。在阿拉伯国家，男人之间手牵着手走路，是相互友好和尊重的表示，这正好和西方国家相反，切勿对此指指点点。

2. 饮食习俗

按《古兰经》规定，阿拉伯人一般都忌食猪肉，忌食动物血液，忌食自死之物，并且忌食一切未按教规宰杀之物，如牛、羊、骆驼、鸡、鸭等牲畜。伊拉克南部的什叶派穆斯林禁吃兔肉。有的阿拉伯人还不吃脚上有蹼的家禽肉，如鹅、鸭等，也有些阿拉伯人不吃无鳞的鱼。抓饭为阿拉伯国家传统进食方式，但要注意不能用左手进食、饮茶等，因为他们认为左手是不洁的。阿拉伯国家一般都有禁酒的规定，因而与阿拉伯人在一起时，不宜喝酒。但伊拉克有所不同，伊拉克人可以喝酒，但在斋月期间必须用白布把酒瓶盖起来。

礼仪视窗 13－14

列车上的午餐风波

一对阿拉伯夫妇乘火车旅游。上车前,他们特别要求翻译向列车长说明他们是阿拉伯人。

午餐时间,一位列车员笑容可掬地给他们送来了午餐。她右手拿着托盘,左手将餐具、午餐一一礼貌地递到他们面前。这时,他俩却脸色大变,那位先生猛地站起来,把桌布一掀,桌上的食物全都摔到了地上,并用本民族的语言大声说着什么。看他的表情好像是非常愤怒。而那位夫人则是捂着脸呜呜地哭了。列车员一下呆在那儿,一脸茫然,不知所措。

原来,全是左手惹的祸,在阿拉伯人看来,左手是不洁的,绝对不能用来端送食物,否则这对阿拉伯人来说是莫大的侮辱！而刚才列车员就是用左手递送的食物。虽然列车长赶来后,平息了这场风波,但在这对夫妇心里,这次旅行无疑是不愉快的。

(资料来源:http://www.chinaliyi.cn/liyitiandi)

3. 日常习俗

阿拉伯人不用公历,通行的是伊斯兰历,其纪年、月份都和公历不同。伊斯兰教规要求每天做五次祷告,祷告时工作暂停,这时打断他们的祈祷是非常失礼的行为。伊斯兰历九月是阿拉伯人的斋月。在这个月里,穆斯林白天禁食,午后不办公。阿拉伯人从星期六到下个星期四为办公日。星期四和星期五,有时只有星期五是他们的休息日和祈祷日。到阿拉伯国家或与阿拉伯人接触时应注意这一点。

4. 着装习俗

在阿拉伯国家,适当的着装及得体的举止如同遵守民法条文一样重要。穿着不得体会招致当地人的指责,在这些国家,即使是住在美国式的旅馆里,也不要穿短裤、没有袖子的衬衫、领口开得很低的衣服和露膝短裙,在游泳池绝不允许穿三点式的比基尼。

5. 一些阿拉伯国家的特殊礼俗

阿拉伯国家很多,各国之间,礼俗还有一些差别。沙特阿拉伯是最严格的伊斯兰教国家,那里的人也特别讲究礼仪。有的沙特人会伸出左手放在你右肩上并吻你的双颊。沙特人很大方,你不要老盯着他的手表、衬衫链扣或其他东西,否则他会当场摘下来送给你。如果你拒绝的话,就会得罪他,所以在阿拉伯人家里作客时,不要对主人的东西过份赞赏。在沙特,抽烟、喝酒、唱歌、跳舞都被认为是一个穆斯林堕落的表现。

伊拉克人忌讳蓝色，认为蓝色是魔鬼的象征，在商业上禁止使用橄榄绿。他们除不吃猪肉以外，还不吃辣椒和蒜。伊朗人称好不伸大拇指，禁忌外人评论婴儿的眼睛。

去巴林、科威特等海湾国家的阿拉伯人家里作客前，最好是少吃一顿饭，因为主人特别热情，频频劝吃，不能拒绝。你在饭桌上吃得多，才能表示喜欢主人的饭菜。在埃及人面前，不能把两手的食指碰在一起，他们认为这个手势是不雅的。黎巴嫩人虽属阿拉伯民族，但他们之中却很多是基督徒，这一点与其他阿拉伯国家不同。

13.3.2　欧洲部分国家礼俗

欧洲，特别是西欧，作为近代文明的发源地不仅以其发达的经济，先进的科技，而且以其悠久的历史文化传统影响着世界。当今世界通行的国际礼仪也深受欧洲礼仪文化的影响。因此，对欧洲国家的礼仪习俗进行了解，不仅有助于涉外公关人员提高其业务水平，同时也有助于扩大视野，了解世界。

13.3.2.1　英国

英国全称是"大不列颠及北爱尔兰联合王国"，简称联合王国或英国。英国是欧洲西部的群岛国家，面积25.4万平方公里，人口5 650万，其中英格兰人占83%。主要宗教是基督新教和罗马天主教。英国有"世界工厂"之称，是世界上工业化最早的国家。

1. 社交礼节

英国人崇尚"绅士风度"和"淑女风范"，讲究"女士优先"。英国人的见面礼是握手礼，彼此第一次认识时一般都以握手为礼，不像东欧人那样常常拥抱，随便拍打客人被认为是不礼貌的行为。戴着帽子的男士在与英国人握手时，最好先摘下帽子再向对方示敬。但切勿与英国人交叉握手，因为那样会构成晦气的十字形，也要避免交叉干杯。英国人待人彬彬有礼，讲话十分客气，"谢谢"、"请"字不离口。对英国人讲话也要客气，不论他们是服务员还是司机，都要以礼相待，请他们办事时说话要委婉，不要使用命令的口吻，否则，可能会遭到冷遇。与英国人交谈时，应注视着对方的头部，并不时与之交换眼神。与人交往时，注重用敬语"请"、"谢谢"、"对不起"等。英国人奉行"不问他人是非"的信条，也不愿接纳别人进入自己的私人生活领域，把家当成"私人城堡"，不经邀请谁也不能进入，甚至邻里之间也绝少往来。非工作时间即为"私人时间"，一般不进行公事活动，若在就餐时谈及公事更是犯大忌，而使人生厌。英国人的时间观念很强，拜会或洽谈生意，拜访前必须预先约定，准时很重要，最好提前几分钟到达为好。他们相处之道是严守时间，遵守诺言。

去英国人家里做客，最好带点价值较低的礼品，因为花费不多就不会有行贿之嫌。礼品一般有：巧克力、名酒、鲜花，特别是我国具有民族特色的民间工艺美术品，他们格外欣赏。若请你到家里做客，如果是一种社交场合，不是公事，早到是不礼貌的，女主人要为你做准备，你去早了，她还没有准备好，会使她难堪。最好是晚到几分钟。在接受礼品方面，他们常常当着客人的面打开礼品，无论礼品价值如何，或是否有用,主人都会给以热情的赞扬表示谢意。

2. 服饰礼仪

在日常生活中,英国人注意仪表,讲究服饰穿戴,穿着要因时而异。男士每天都要刮脸,凡外出进行社交活动,都要穿深色的西服,但忌戴条纹的领带。女士则应着西式套裙或连衣裙。英国人常以衣貌取人,衣着仪容尤须注意,只要一出家门,就得衣冠楚楚,力求体现一种绅士和淑女的风度与气质。英国男人只有在家或在海滨休闲场合才穿凉鞋,与人相会或做客时穿凉鞋,会被认为是非常失礼的行为。

3. 餐饮习俗

在英国,大多数家庭一日四餐,包括早餐、午餐、下午茶和晚餐。一般说来,他们的午餐比较简单,对晚餐比较重视,视为正餐。因此,重大的宴请活动,大都放在晚餐时进行。

英国人对饮茶十分讲究,各阶层的人都喜欢饮茶,尤其是妇女嗜茶成癖。英国人有饮下午茶的习惯,即在下午4~5点钟的时候,放下手中的工作,喝一杯红茶,吃块点心,休息一刻钟,称为"茶休"。喝茶时他们不喝清茶,而是一般在杯中放牛奶,然后冲茶,最后放点糖。如果先泡茶再放牛奶,会被看做是无教养行为。在英国被邀请共同喝下午茶是十分常见的,遇到这种情况,大可不必推却。若受到款待一定要致谢,可事后致函表示谢意。在正式的宴会上,一般不准吸烟,进餐吸烟,被视为非常失礼的行为。

4. 习俗禁忌

与英国人进行公关交际活动时,对以下特殊礼俗和禁忌应加以注意。

①英国人忌谈家庭、婚姻、年龄、职业、收入、宗教问题等个人私事,对此十分在意。

②由于宗教的原因,英国人同所有信仰基督教国家的人们一样非常忌讳"13"和"星期五"这个数字,认为这是个不吉祥的数字。日常生活中也尽量避免"13"这个数字,用餐时,不准13人同桌,如果13日又是星期五的话,则认为这是双倍的不吉利。

③在英国,用食指和中指表示"V"字胜利之意时,手心一定要朝外,若手背朝外,是蔑视别人的一种敌意做法。

④给英国女士送鲜花时,宜送单数,不要送双数和13枝,不要送英国人认为象征死亡的菊花和百合花。

⑤英国人送礼时忌用人像作为商品的包装。忌大象、猫头鹰、孔雀等图案。

⑥与英国人交谈时,不宜以英国皇室的隐私作为谈资,因为英女王被视为其国家的象征。

⑦忌随便将任何英国人都称"英国人"(English),一般将英国人称为"不列颠人"(British)或具体称为"英格兰人"、"苏格兰人"等。

13.3.2.2 法国

法兰西共和国,简称法兰西或法国。它位于欧洲西部,面积55.16万平方公里,是个半海半陆的国家。人口 5 540 万,90% 是法兰西人。80% 的居民信奉天主教。法语为其官方语言。首都巴黎是世界著名的城市。法国是一个有着诸多礼仪传统的西方国家,今日西方国家的许多礼仪均出自于法国。

1. 社交礼节

在与法国人的社交中,称呼对方时宜称其姓,并冠以"先生"、"小姐"、"夫人"等尊称。唯有区别同姓之人时,方可姓与名兼称。熟人、同事之间,才直呼其名。法国人天性浪漫好动,喜欢交际。在商务交往中,常用的见面礼是握手。而在社交场合,亲吻礼和吻手礼则比较流行。法国人使用的亲吻礼,主要是相互之间亲面颊或贴面颊。至于吻手礼,则主要限于男士在室内象征性地吻一下已婚妇女的手背,但少女的手不能吻。

法国人拥有非常强烈的民族自尊心和民族自豪感,在他们看来,法国的东西永远是最棒的。其中最特别的一点即是关于法语的使用,在法国会英语的人不少,但通常不会直接用英语与外国人交谈,与之交谈时坚持要求使用法语。法国人若发现跟自己交谈的人会说法语,却使用了英语,他会相当恼火。但法国人也忌讳别人讲蹩脚的法语,认为这是对其祖国语言的亵渎,若对法语不纯熟,最好讲英语或借助翻译。

2. 餐饮习俗

法国烹饪誉满全球,作为世界三大烹饪王国之一,法国人非常讲究饮食,把美食当作生活的主要乐趣之一。法国人一般喜欢晚宴,不喜欢午餐会谈。若应邀到对方家里进晚餐,应先叫花店送些花去。进餐时法国人对味道很敏感,所以,每当有客人夸奖菜肴很好吃的时候,主人会很高兴。当客人把所夸奖的莱肴吃完的时候,一定会再端一盘新的上来。因而有这么一种说法,说法国人"夸奖着厨师的技艺吃",英国人"注意着礼节吃",德国人"考虑着营养吃",而意大利人则"痛痛快快地吃"①。法国人视宴会为交际场所,所以时间大多较长。但用餐时,只顾埋头吃饭而不说话,是不礼貌的。

3. 习俗禁忌

①公鸡是法国的国鸟,以其勇敢、顽强的性格而得到法国人的青睐。野鸭商标图案也很受法国人喜爱。但他们讨厌大象、仙鹤,认为大象是蠢汉的代名词,并把仙鹤当作淫妇的代称。

②法国人不喜欢无鳞鱼,所以也不大爱吃。

③对于色彩,法国人有着自己独特的审美观,他们忌黄色、墨绿色,认为黄色代表着不忠诚,而墨绿色则使人联想到二战时纳粹军的军服;他们喜欢法国三色旗上的蓝、白、红色。

④数字"13"和"星期五" 为法国人所忌讳。

⑤菊花、杜鹃花、牡丹花、康乃馨和纸做的花不宜送给别人。也不宜把刀、剑及刀

① 金正昆:《国际礼仪》,北京,北京大学出版社,2005. 254.

叉餐具作为礼物相送,因为此类礼品暗示断绝双方关系。另外,在法国,忌送香水给关系普通的女人,因为在法国给女人送香水意味着求爱。

13.3.2.3 德国

德意志联邦共和国简称德国,位于欧洲的中部,面积35.69万平方公里,其人口8 250万左右,绝大多数为德意志人。居民中32.9%的人信奉基督教新教,33.2%的人信奉罗马天主教。德语是其官方语言。

1. 社交礼节

和西方许多国家相似,德国人比较注意礼仪。两人相遇时,不管认识不认识,也不管在路上,或者办公室、宾馆、电梯等地方,都相互打招呼,问声"您好"。朋友见面以握手为礼,告别时亦如此。十分要好的、长时间未见的朋友相见或长期分开时也相互拥抱。正式场合,仍有男子对女子行吻手礼,但多做个吻手的样子,不必非要吻到手背上。重视称呼,是德国人人际交往中的一个鲜明特征。德国人对职衔、学衔、军衔看得较重。对有此类头衔者,称呼时一定要称呼其头衔。在交往过程中,大多数人往往用"您"以及姓氏之前冠以"先生"或"女士"作为尊称。只有亲朋好友和年轻人之间互相用"你"以及名字称呼。对女性,不管其婚否或长幼,都可以称"某女士",但对已婚妇女应以其夫姓称之。

在德国和其他西方国家一样,女士在许多场合下都受到优先照顾,如进门、进电梯、上车等,都是女士优先。男士要帮女士开轿车门、挂衣服、让座位等。女士对此只需说声"谢谢",而不必感到不好意思,或者认为对方不怀好意。

德国人在待人接物上表现出来的独特风格:勤勉矜持,讲究效率,崇尚理性思维,时间观念强,往往会给人以极为深刻的印象。德国人非常注重规则和纪律,干什么都十分认真。凡是有明文规定的,德国人都会自觉遵守;凡是明确禁止的,德国人绝不会去碰它。在一些人的眼中,许多情况下德国人表现刻板,缺乏灵活性,固执己见。但这并不表明德国人拒绝人际交往,相反这正是德国人理性思维,勤勉矜持的特殊表达方式。德国人非常守时,约定好的时间,无特殊情况,绝不轻易变动。德国人应邀到别人家做客或者是外出拜访朋友,都会按点到达,不会让主人浪费时间干等或者不得不提前招待客人。如有特殊原因无法准时赴约时,会向朋友表示歉意,并请求原谅。

2. 服饰礼仪

德国人很讲究清洁和整齐,衣着服饰上以庄重、朴素、整洁为原则,尽管德国人的服饰,其表现的民族色彩并不明显,但德国人很重视服装穿戴。工作时就穿工作服,下班回到家里虽可以穿得随便些,但只要有客来访或外出活动,就一定会穿戴得整洁、庄重。在正式场合,德国人讲究穿着打扮,一般男士穿深色的三件套西装,打领带,并穿深色的鞋袜。女士穿长过膝盖的套裙或连衣裙,并配以高统袜,化淡妆。德国人对发型较为重视,德国少女的发型多为短发或披肩发,烫发者一般为已婚女士。在德国,男士不宜剃光头,因为这样可能被当作"新纳粹"分子。

礼仪视窗 13－15

都是衣服惹的祸

郑伟是一家大型国有企业的总经理。有一次，他获悉有一家著名的德国企业的董事长正在本市进行访问，并有寻求合作伙伴的意向。他于是想尽办法，请有关部门为双方牵线搭桥。

让郑总经理欣喜若狂的是，对方也有兴趣同他的企业进行合作，而且希望尽快与他见面。到了双方会面的那一天，郑总经理对自己的形象刻意地进行一番修饰，他根据自己对时尚的理解，上穿茄克衫，下穿牛仔裤，头戴棒球帽，足蹬旅游鞋。无疑，他希望自己能给对方留下精明强干、时尚新潮的印象。

然而事与愿违，郑总经理自我感觉良好的这一身时髦"行头"，却偏偏坏了他的大事。因为他的德方同行认为：此人对他们缺乏起码的尊重。其着装随意，个人形象不合常规，给人的感觉过于前卫，尚欠沉稳，与之合作之事当再作他议。

（资料来源：http://blog.tianya.cn/blogger/post_show.asp? BlogID=261657）

3. 餐饮习俗

德国人在饮食上亦十分讲究，注重饮食的营养搭配。德国人口味较重，主食以肉类为主。他们一天的主餐是午餐，而午餐的主食大抵为炖的或煮的肉类，其肉食品以羊肉、猪肉、鸡、鸭为主，但是，他们大多数人不爱吃鱼，只有北部沿海地区少数居民才吃鱼。他们还爱吃马铃薯、色拉等。德国人喝酒也是世界有名的，可以说世界上喝酒最多的是欧洲人，而在欧洲人中又首推德国人，他们喝酒时有个规矩，即吃饭时应先喝啤酒，再喝葡萄酒，若是反过来则认为是有损健康的。

4. 习俗禁忌

（1）送礼在德国很受重视。应邀去别人家做客时，一般都带礼物。大部分人带束鲜花，在欢迎客人、探望病人时，也多送鲜花。在德国不宜随意以玫瑰或蔷薇送人，玫瑰用来表示爱情，蔷薇则专用于悼亡。送花时，宜送单数，但仍要注意避开"13"这个数目，因为"13"和"星期五"同样为德国人所忌讳。送女士一支花也是不礼貌的。

（2）德国人对礼品的包装纸很讲究，忌用白色、黑色或咖啡色的包装纸包装礼品，更不要使用丝带作外包装，捆扎礼品也是不允许的。

（3）与德国人交谈时，一般不宜涉及纳粹、宗教、党派之争的话题，忌在公共场所窃窃私语或大声喧哗。

（4）德国人忌四人交叉握手或交叉谈话。

（5）德国的商店在星期日一律停止营业。

13.3.2.4 俄罗斯

俄罗斯的正式名称是俄罗斯联邦，它位于欧洲东北部和亚洲北部，横跨欧亚两洲，国土面积1 700余万平方公里，人口约1.48亿。俄罗斯是个由130多个民族构成的多民族国家，其主体民族是俄罗斯人，约占总人口的83%。俄语是俄罗斯通用语言，但许多少数民族仍有其各自的语言。俄罗斯是一个重礼好客的多民族国家，其礼俗兼有东西方礼仪的特点。

1. 社交礼节

俄罗斯人以讲究文明、礼貌、热情、豪放、耿直而闻名世界。他们的很多生活习惯与西方人相同，熟悉的人见面时要问好，分别时要告别。言谈中"对不起"、"请"、"谢谢"时常挂在嘴边。在待客时，常以"您"表示尊敬和客气，而对亲友往往则用"你"相称，认为这样显得随便，同时还能表现出对亲友的亲热和友好。见面时除问好外，还惯于行握手礼，有的行鞠躬礼，有的拥抱、亲吻。初次见面的妇女不握手，而行鞠躬礼。妇女之间好友相见时常拥抱，有时亲吻。

在俄罗斯，互吻脸颊是常规的见面礼节。晚辈见到长辈，表示尊重，一般吻或挨面颊两次。长辈吻晚辈面颊三次，从右至左，再到右。隔代的长辈表示对晚辈的疼爱，吻额头一次。

俄罗斯民族是一个热情、豪放、好客的民族。俄罗斯人多喜欢在自己家里设宴款待客人，从而增进友谊和感情。在迎接贵宾时，俄罗斯人通常会向对方献上"面包和盐"，这是给予客人非常高的一种礼遇，来宾应欣然笑纳。宴席上，入座时要先请女客，然后自己再入座，抽烟要征得女主人的同意后再点火。宴桌上为了表示礼貌和让女主人高兴，客人应该每个菜都尝点，并不时地给予夸奖和称赞。客人不要贪杯，要适量而饮。家宴结束后，告辞时千万别忘了感谢主人，特别要感谢女主人的盛情款待。按俄罗斯人的习惯，客人吃得越多，好客的主人便越高兴。

尊重女士，是俄罗斯的传统，处处体现女士优先，对女士特殊照顾。如走路时，为女士让路；见到女士主动问候；当男子、妇女及年长者同行时，长者和妇女走在前，男子随后。

俄罗斯人酷爱鲜花，无论生日、节日，还是平常做客，都离不开鲜花。赠送鲜花，少则一枝，多则几枝，但是必须是单数，双数是不吉利的。三八妇女节时，可给女友送相思花；送给男人的花一般是高茎、颜色艳丽的大花；有人去世时，则要送双数的鲜花，可以送康乃馨或郁金香。

2. 饮食礼俗

俄罗斯人习惯每天用餐3至4次。除早、午、晚三餐外，在午餐和晚餐之间有一餐茶点，喝牛奶或茶，吃各种点心。对晚餐要求较为简单，对早、午餐较为重视。用餐的时间一般都比较长。

俄罗斯人的饮食习惯是吃肉多，甜食多。面包是俄罗斯最普遍的食品，偏爱牛肉，爱吃白菜、蘑菇，饮料最爱喝格瓦斯和伏特加酒。俄罗斯人的饮食注重菜品要量大、实惠,口味一般偏爱甜、咸、油腻。

俄罗斯人一般不吃乌贼、海蜇、海参和木耳等食品,还有些人对虾和鸡蛋不感兴趣,境内的鞑靼人忌吃猪肉、驴肉和骡子肉。

3. 礼俗禁忌

①俄罗斯人对盐十分崇拜,并视盐为珍宝和祭祀用的供品,认为盐具有驱邪除灾的力量。如果有人不慎打翻了盐罐,或是把盐撒在地上,便认为是家庭不和的预兆。为了摆脱这种凶兆,他们总习惯将打翻在地的盐拾起来撒在自己的头上。

②同许多西方国家的人一样俄罗斯人忌讳数字"13"。俄罗斯人称"13"为"鬼数"。如果一个月中13日碰巧又是星期五,则被看成是最不吉利之日。他们最喜欢"7",认为它是幸福美满的象征。

③俄罗斯人对颜色的好恶则和东方人相似,喜红忌黑。同时俄罗斯人忌讳黄色,他们认为黄色表示不忠诚。

④俄罗斯人对马怀有特殊的感情,认为马能驱邪,会给人带来好的运气。

⑤俄罗斯人有"左主凶右主吉"的传统思想观念,认为用左手与他人握手或左手传递东西及食物,都是失礼的行为。

⑥俄罗斯人忌讳打破镜子,因为他们认为打破镜子意味着灵魂的破灭,个人生活将出现不幸。而打破杯、碟、盘则意味着富贵与幸福,因而在各种宴会上,有人故意打破一些盘碟。

⑦俄罗斯人认为,如果在路上看见有人手提空桶,或者挑着两只空桶,是不祥之兆。但如果遇见桶里盛满了水,则是好兆头。

13.3.3 美洲部分国家礼俗

13.3.3.1 美国

美利坚合众国,简称美国。领土由本土、位于北美洲西北部的阿拉斯加半岛和夏威夷群岛三部分所组成,面积936万平方公里。人口2.5亿,居民主要信奉基督教、罗马天主教。通行语言为英语。美国是一个年轻而又高度开放且充满现代意识的国家。美国的特殊发展历史,形成了美国人一般具有性格外露、自信、热情、坦率和办事利索的特征。

1. 社交礼俗

美国人随和友善,容易接近,美国人的见面礼节,大概是世界上最简单不过的了。在美国,如果是在非正式场合,人与人之间的交往是非常随便的。朋友之间见面时,只要招呼一声"嗨"即可。即使是两个人第一次见面,也不一定要握手,只要笑一笑,打个招呼就行了。但是在正式场合下,美国人又十分讲究礼节,毫不逊色于其他欧洲国家,握手是最普遍的见面礼。女性之间见面时可不必握手。男性之间,最忌互相攀肩搭臂。美国人谈话时不喜欢双方离得太近,人们十分讲究"个人空间",习惯于两人的身体保持一定的距离,一般应保持在120~150厘米之间,最少也不得小于50厘米。

在称呼别人时,美国人极少使用全称。大多数美国人一般不喜欢用先生、夫人或小姐之类的称呼,他们认为这类称呼太过于郑重其事了。因此,多数美国人,无论男女老少,一般都比较喜欢别人直呼自己的名字,并认为这是亲切友好的表示。美国人一般不喜欢用正式的头衔来称呼别人,尤其是官衔。但对于能反映其成就或学识的职称或学衔,他们往往乐于在交往中用作称呼,如"博士"、"教授"、"律师"、"医生"等,这样我们就不会对美国人称呼其前国务卿基辛格为博士而不是国务卿感到奇怪了。

同美国人交谈时,不要涉及个人私事问题,如询问年龄、婚姻状况、收入多少。在美国,一般每逢节日、生日、婚礼或探视病人时,都有送礼的习惯。互赠礼品的日子当属圣诞节最为盛行,礼品大多是一些书籍、文具、巧克力糖或盆景等不贵重的东西。如果礼物太贵重了,对方反而会很难为情,场面十分尴尬。探视病人时最好是赠送鲜花或盆景,而且宜送单数不送双数,美国人认为单数吉利,而不同于中国的成双成对。

2. 服饰礼俗

美国人穿着打扮不太讲究,不像英国人那样总要衣冠楚楚。他们穿衣以宽大舒适为原则,讲究着装体现个性。在日常生活中,美国人一般爱穿衬衣、宽松的毛衣或夹克、牛仔裤等宽松舒适,无拘无束的休闲装。在美国要想依照日常着装来判断一个人的实际地位或身份,往往是比较困难的,夏天里穿短裤和着短裙者大有人在。但在正式场合美国人非常讲究服饰,注意整洁,穿着西装较好,特别是鞋要擦亮,手指甲要清洁。所以说,美国人在着装方面虽较为随便,但这不意味着没有讲究,如美国人非常注意服装的整洁,同时也注重着装的细节。在美国人看来,穿深色西装时穿白色袜子是缺乏基本着装常识的表现。

3. 饮食礼俗

美国人在饮食上如同他们的脾气秉性一样,不注重形式,但强调营养搭配。一般情况美国人以食用肉类为主。如今,喜欢吃肉的人渐少,而各种海味和蔬菜却越来越受到人们的青睐。一般而言,美国人喜欢"生"、"冷"、"淡","生"是指爱吃生菜,"冷"是指乐于吃凉菜,"淡"是指味道忌咸,稍以偏甜为好。受快节奏生活的影响,美国的饮食日趋简便和快捷,快餐在美国很受欢迎。美国人一般不食肥肉和各种动物的内脏,也不喜欢吃蒸和红烧的菜肴。

美国人平时惯用西餐,一般为一日三餐。早、午两餐乐于从简,晚餐为一天的主餐,内容比较丰富,但也不过是一两道菜,加上点心和水果。美国人对中餐是普遍欢迎的。他们在使用刀叉餐具方面,一改欧洲人惯于刀叉不换手的习惯,他们好以右手用刀割食品之后,再换叉子取食用餐。

4. 习俗禁忌

(1)同西方大部分国家一样美国人最忌讳的数字和日期是"13"、"星期五"。

(2)美国人交谈时忌讳谈有关私人性质的问题,如年龄、婚姻、个人收入等。

(3)美国人喜欢的颜色有白、蓝、黄色。而黑色在美国主要用于丧葬活动,因而美国人对黑色比较忌讳。

(4)蝙蝠在美国被认为是吸血鬼和凶神,美国人对其很反感。

(5)应邀去美国人家中做客,若想携带礼物,不要带贵重的礼物,另外注意,美国人忌用各种珍贵动物头形做商标图案和礼品包装。在美国人家里,不要乱翻看人家的东西,更不要询问有关价格的事。

13.3.3.2 加拿大

加拿大是和美国相邻的一个大国,但在礼俗上与美国人存在一定的区别。

加拿大人性格开朗,自由观念较强,行动上比较随便。加拿大人比美国人要保守些。他们见面与分手时的适当举止是握手。熟人、亲友或情人之间,还有行亲吻礼和拥抱礼的习惯。

加拿大人的生活习性包含了英、法、美三国人的综合特点。他们既有英国人的含蓄,又有法国人的开朗,还有美国人的无拘无束。他们待人热情友善、爽朗大方,商务活动中喜欢在高级饭店或俱乐部宴请客人,有时也邀请客人到家中做客。在加拿大,人们酷爱枫叶,对其怀有特殊的深厚感情,并视其为国宝和祖国的骄傲,并将其喻为友谊的象征。加拿大人时间观念极强,有准时赴约的良好习惯。按照他们的礼貌习惯,若因故不能按时赴约,则要事先打个电话通知对方。

加拿大人在绝大多数场合下,穿着都非常随便,不拘泥于形式。T恤、牛仔裤和运动鞋,可以说是最常见的搭配。随着生活节奏的加快与工作环境的要求,休闲装、休闲鞋也越来越多地受到人们的喜欢。人们穿着的总原则是:舒适、美观、大方。在这点上北美国家是比较相似的。

应邀到加拿大人家中做客,最好带上一些诸如糖果、巧克力等小礼物送给主人,但要记住不能将白色的百合花作为礼物送给女主人。在加拿大人看来,白色的百合花表示死亡,人们仅在葬礼上才使用。加拿大人大多信奉天主教或基督教,平时他们特别忌讳"13"和"星期五",无论做什么事,他们总是力图避开这一数字和日期。饮食上,加拿大人忌食虾酱、腐乳和臭豆腐等有怪味、腥味的食物以及各种动物内脏和脚爪。此外,他们一般也不爱吃辣味菜肴。加拿大人为自己的国家感到自豪,切勿将加拿大与美国相比较,这是加拿大人的一大忌讳。听到加拿大人自己把加拿大分为讲英语和讲法语的两部分人时,切勿发表意见,因为这是加拿大国内民族关系的一个敏感问题。诸如魁北克省要求独立等国内政治问题,在日常谈话中也最好不要涉及。

13.3.3.3 南美部分国家礼俗

1. 巴西

巴西联邦共和国,简称巴西,位于南美洲东部和中部。面积851万平方公里,人口1.41亿,是南美洲面积最大,人口最多的国家。巴西是一个天主教国家,88%的人信奉天主教。首都巴西利亚是新兴的现代化城市。官方语言为葡萄牙语,而其他南美洲国家以西班牙语为主,英语只能在一流饭店才行得通。

巴西是由欧洲人、非洲人、印第安人、阿拉伯人以及东方人等多种民族组成的国家,但核心是葡萄牙血统的巴西人。另外,由于从西班牙、意大利等南欧国家来的移民在巴西占压倒性的多数,因此,巴西人的习俗和南欧的习俗非常相似。

巴西人感情外露,人们在大街上相见也热烈拥抱。无论男女,见面和分别都以握手为礼。妇女们相见时脸贴脸,虽然唇不触脸,但双方都用嘴发出接吻时的声音。巴西人在人际交往中大都活泼好动,幽默风趣,爱开玩笑,在精力充沛的巴西人看来,妙语连珠是一种本领。巴西人与人交往时喜欢直来直去,坦率而豪放的巴西人可能会对中国人的含蓄委婉往往难以理解。巴西人认为与人相处时,若面无表情,态度冷淡则暗示着其不喜欢与这个人交往。另外,巴西的印第安人的"沐浴礼"也颇有趣,若有人到他们家中作客,主人便会邀请客人一起跳进河里去洗澡,一次又一次,有的一天要洗上十几次。据说,这是他们对宾客最尊重的礼节,而且洗澡次数越多,表示对宾客越客气、越尊重。宾主双方一边沐浴,一边交谈,显得大家亲密无间。

巴西人行动起来显得悠闲自在,与巴西人约见时,要准时赴约。如对方迟到,那怕是1~2个小时,也应谅解。像大部分拉美人一样,巴西人对时间和工作的态度比较随便。和巴西人打交道时,主人不提起工作时,你不要抢先谈工作。谈话时要热情,巴西人特别喜爱孩子,谈话中可以夸奖他的孩子。

在正式场合,巴西人一般主张穿保守式样深色西装或套裙。相对而言,巴西妇女的着装更为时髦一些,她们爱戴首饰,穿花衣裳,喜欢色彩艳丽的时装。一般情况下,巴西妇女大都喜欢赤脚穿鞋。

巴西人在饮食上以吃欧式西菜为主。巴西人的生活跟咖啡有不解之缘,一天内喝数十杯咖啡是常见的事。巴西人会见客人时,请客人喝浓咖啡,用很小的杯子一杯一杯地喝。在巴西,人们饮酒时提倡饮而不醉,醉酒被巴西人认为是非常粗俗失礼的行为。

巴西人忌讳棕色、紫色、黄色。他们认为人死好比黄叶落下,所以忌讳棕黄色。巴西人迷信紫色会带来悲伤。另外,还认为棕色会招来不幸,所以也非常讨厌这种色。同样,巴西人也对数字"13"非常忌讳。巴西人忌用英美国家常用来表示"OK"的手势,因为他们认为这是一种不文明的表示。巴西人爱开玩笑,但忌以当地的政治、民族问题作笑料。在巴西,因人种复杂,与人交往时,切勿轻易探问对方的种族。在人际交往中,巴西人非常重视亲笔签名,不论是写便条还是送礼物,他们都会签下自己的名字。否则会认为是对交往对象的不重视。

2. 阿根廷

阿根廷共和国,简称阿根廷,是南美洲南部一个美丽、富饶的国家。面积276万平方公里,人口3 150万,白种人占97%,几乎全是欧洲移民的后裔。主要宗教是天主教,教徒占全国人口的94%。西班牙语为国语。阿根廷是南美最富有的国家之一,它是世界上谷物、肉类和羊毛的主要输出国,故称为"世界粮仓和冷藏库"。

阿根廷传统见面礼仪与巴西类似,久别相见,男人互相拥抱,女人则握住对方双手并亲吻面颊。但阿根廷商界流行的是握手礼。阿根廷人在与交往对象相见时,有个特殊的讲究，即与对方握手的次数越多越好，阿根廷人认为这是表示亲热友好的必行之法。

阿根廷人惯于保持体面，重视礼节，因而人们平时都很注重仪表，穿西服、系领带，保持一副绅士派头。即使在餐厅吃晚餐，也要穿西装，打好领带。即使你是外地来的观光客，也绝不例外。阿根廷人经常以衣帽取人，如果衣履不整，他们会认为你这个人为人不正派，服装就是他们据以做"人物评价"的基准。因此，到阿根廷访问，或到阿根廷人家里做客，你都必须西装革履，整整齐齐才行。穿灰色西装去访问对方，印象一定会被大打折扣，因为灰色西服在阿根廷非常不受欢迎，阿根廷人认为灰色给人一种忧郁，悲伤之感。

礼仪视窗 13－16

衣冠楚楚莫随便

在阿根廷乘火车，你若在特等厢或头等厢脱下上衣，打算轻松一下，随车的车长会马上向你提出警告。据载，当年贝隆当政的时代，他曾经喊出这样一个口号："脱下上衣，以便以轻松的心情努力工作。"据说，这一口号不但效果全无，还引起了阿根廷人的反感。保持体面，重视礼节，在这方面，阿根廷人的习惯，已经根深蒂固。

（资料来源：http://www.chinaicp.net/info/1/13496.html）

阿根廷人在饮食上习惯吃欧式西菜，以吃牛、羊和猪肉为主。到阿根廷人家里做客，可给女主人送上一束鲜花或一些糖果，翌日也不要忘了遣人送花给主人致谢。拜访阿根廷人时，可适当赠送一些小礼物，但不能送衬衫、领带之类贴身用的物品，手帕、菊花等也不宜相送。

在交谈时，阿根廷人喜欢别人夸奖他们的孩子、家里的陈设和他们的菜，而需避讳的话题则包括谈论有争议的政治问题、宗教问题等。交谈时可以谈谈体育，特别是足球。需要强调的是阿根廷人一般较为开朗、奔放，在人际交往中沉默寡言的人是非常不受欢迎的。另外，在阿根廷严禁男子留胡须，对满脸胡须者甚至还追究法律责任。

13.3.4 大洋州与非洲部分国家礼俗

13.3.4.1 大洋州国家

1. 澳大利亚

澳大利亚联邦，简称澳大利亚。它位于南半球，介于西南太平洋和印度洋之间。澳大利亚有"骑在羊背上的国家"、"牧羊之国"、"坐在矿车上的国家"、"南方大陆"、"古老土地上的年轻国家"等别称。面积768万平方公里。人口1 600万，白种人约占99%。居民中信奉基督新教者占总人口的55%,罗马天主教占27%。澳大利亚为英联邦成员国,英国女王为澳大利亚国家元首。

在1901年澳大利亚联邦成立前,澳大利亚是英国的殖民地,澳大利亚的社交礼仪在主流方面深受英国礼仪文化的影响。然而,近年来随着英国国际地位的衰落和美国影响力的扩大,美国的社交礼仪已经日益渗入到澳大利亚社会的方方面面,特别是澳大利亚青年人开始逐渐接受美式的社交礼仪。因而,在澳大利亚的社交礼仪方面呈现出“亦英亦美”的特征。同时由于澳大利亚居民是不同国籍的后裔,其在礼仪方面也一定程度地保留着本民族的习俗,因而澳大利亚在社交礼仪方面还存在着各不相同的多姿多彩的礼仪习俗,彼此间有着微妙的差异。以见面礼节而论,他们所行的既有握手礼、拥抱礼、亲吻礼,也有鞠躬礼、拱手礼、合十礼、点头礼等,可谓无奇不有。

礼仪视窗13-17

奇异的见面礼与告别礼

澳大利亚有些当地土著居民见面时行“勾手礼”,行该礼时两人中指相互勾住,然后再轻轻往自己身边一拉,来表示相亲、相敬。另外当地土著居民还有一种特殊的告别仪式,每当客人、亲朋好友告别时,要在口中放一根骨头使劲咬它,使其它发出“咯咯”的声音,以此来互道珍重,切盼重逢。

(资料来源:林隆.110个国家的礼仪风俗[M].北京:中国城市出版社,2007.414)

澳大利亚人在饮食上习惯以吃英式西菜为主,其口味喜清淡,忌食辣味菜肴,有的人还不吃酸味的食品,他们的菜肴一般以烤、焖、烩的烹饪方法居多。他们在就餐时,大都喜爱将各种调味品放在餐桌上,任人自由选用,而且调味品很多。澳大利亚的食品素以丰盛和量大而著称。他们通常爱喝牛奶、喜食牛羊肉、精猪肉、鸡、鸭、鱼、鸡蛋、乳制品及新鲜蔬菜,他们还特别爱喝咖啡。

在澳大利亚,一般场合,不需要西装革履或盛装打扮,只要穿便服即可。在正式场合才比较讲究,男子着西装,打黑色领结,女士一般穿套裙。

澳大利亚人有个绝对无法通融的习惯:那就是每周日上午,一定到教堂听道,澳大利亚人自古至今,一直严守“周日做礼拜”的习惯。澳大利亚人特别忌讳兔子,喜爱袋鼠、琴鸟。他们认为兔子是一种不吉祥的动物,人们看到它就会感到倒霉。同所有基督教国家一样,对“13”和“星期五”也非常忌讳。澳大利亚人反感将本国与英国相比较,不喜欢听“外国”或“外国人”这种称呼,他们认为过于笼统的称呼是失礼的做法。

2. 新西兰

新西兰是南太平洋上的岛国，为英联邦成员国。面积26.9万平方公里。人口320万，其中90%是英国移民的后裔，当地的土著毛利人有25万多，80%的人信仰基督教。全国通用英语，毛利人使用本民族语言。首都惠灵顿是全国政治、经济中心和重要海港。

在新西兰，由于英国后裔占绝大多数，所以新西兰的社交礼仪具有鲜明的英国特色。但新西兰人的其他民族风情习俗也很有特色。如在新西兰，毛利人仍保留着浓郁的传统习俗。他们大都信奉原始的多神教，相信灵魂不灭，尊奉祖先的精灵。每遇重大的活动，他们便照例要到河里去做祈祷，而且还要相互泼水，以此表示宗教仪式上的纯洁，他们有一种传统的礼节：当遇到尊贵的客人时，他们要行"碰鼻礼"，即双方要鼻尖碰鼻尖两三次，然后再分手离去。据说，按照其风俗，碰鼻子的时间越长，就说明礼遇越高，越受欢迎。

新西兰人视几维鸟为珍贵动物，在其国徽和硬币上都以几维鸟作标志，几维鸟成为其独特的象征。新西兰人绝不说别人的坏话，对朋友的政治立场、宗教信仰等都不闻不问。谈话时私人事情也要避免触及，对其国内种族问题、城市敌视问题等话题也是非常忌讳的。由于毛利人信奉原始宗教，相信灵魂不灭，因此对拍照、摄像等十分忌讳。

13.3.4.2 非洲国家

非洲位于东半球西部，素有"高原大陆"之称。这一块古老的大陆，由于在过去几个世纪中，长期遭到西方殖民者的入侵、瓜分和奴役，非洲成了一个贫穷落后的地方。

非洲各国的习俗往往是由宗教信仰决定的。撒哈拉以北非洲，如埃及、利比亚、突尼斯、阿尔及利亚、苏丹、埃塞俄比亚、摩洛哥等国信奉伊斯兰教，属阿拉伯国家，遵奉伊斯兰教教义，其礼俗主要表现为伊斯兰教的宗教礼仪。撒哈拉以南，为黑人地区，通称黑非洲。黑非洲各国历史、文化背景多种多样，有时即使在同一国家，也因部族不同、发展悬殊，礼俗千差万别。撒哈拉以南非洲过去是英、法、比、葡等西方国家的殖民地，长期的殖民统治，使他们深受西方文化的影响，尤以城市最为明显。时至今日，诸国虽已独立，而仍以原殖民国家的语言为其官方语言，如东非用英语，西非用法语，因而有所谓"英语非洲国家"、"法语非洲国家"之称。同撒哈拉以南非洲国家人士交往，一般都可按西方礼俗行事。

与非洲人打交道时，首先要了解交往对象的宗教信仰，然后予以尊重。与非洲穆斯林交往不能邀请对方饮酒，要用右手递送东西，吃饭等。在通常情况下，与非洲人交往时，不与他们谈论黑人部落或派别及其矛盾等话题。不要非议黑人的古老习俗。对黑人不能直称其"黑人"，而应该称其为非洲人或某国人，否则会被认为是非常失礼的，甚至会被认为是对他们的种族歧视。在非洲许多黑人部落里，妇女地位低下，神圣的地方禁止妇女接近。非洲人生活在热带，衣、食、住都比较简单，他们大多爱好音乐、舞蹈,能歌善舞,即兴时会手舞足蹈,载歌载舞,对此亦不能有所非议。

本章小结

"十里不同风,百里不同俗",世界各国间,一国不同地区间,各自的习俗相差甚远,有的甚至截然相反。"入门问讳","入国问俗","入境问禁",已经成为各国人民相互交往的基本原则。因而在国际交往中不仅要遵守公关交际的普遍礼仪,而且要了解和尊重不同国家的文化礼俗,做到因国、因人而施礼。学习和了解各国、各民族人民的生活习惯、礼俗禁忌、宗教信仰,有助于公关人员开展多层次、多元化的涉外公关活动,同时有助于公关礼仪人员更好地为各国来宾提供服务,展示良好的国家与组织形象。

相关网站

礼仪培训网:http://www. chinaliyi. cn
英语中国网:http://www. englishchina. com/custom
文明礼仪网:http://xsc. sylu. edu. cn/wmly//index. aspx
中国传统节日网:http://www. artx. cn/artx/jieri

复习思考题

1. 简述西方国家的主要节日及这些节日的主要习俗。
2. 请说出 3 ~5 个国家的新年习俗。
3. 基督教、伊斯兰教、佛教有哪些禁忌?
4. 简述日本人的主要礼俗和禁忌。
5. 比较美国与英国礼俗的异同。

【案例分析】

神秘的面纱

该案例由两篇文章组成。第一篇文章题目是《英下院领袖非议穆斯林妇女面纱激起伊斯兰怒火》。

中新网 10 月 6 日电(2006 年 10 月 6 日)英国国会下院领袖、前外交大臣杰克·斯特劳昨天说,穆斯林妇女最好不要戴遮盖住整个头部的面纱。这一言论激起了英国国内伊斯兰界的怒火，同时引起了有关社会一体化的激烈辩论。

据路透社报道，斯特劳昨天说，穆斯林妇女戴面纱使得社会联系变得“更加困难”，并称面纱就像是“看得见的分离和差异声明”。他说：“社会基于陌生人之间的偶然非正式的联系而成为一个整体。如果人们戴着面纱的话，联系将变得更加困难。”斯特劳此言一出，随即招来了怒火和嘲讽。

斯特劳今天在英国广播公司（BBC）为自己的相关言论进行了辩护，他说：“我并不是在下指示和命令，而只是一个告诫，是的，我更希望她们不要戴遮住整个面部的面纱。”斯特劳并强调，当他接待穆斯林妇女讨论布莱克本镇的相关事务时，他要求她们脱下外衣，并得到了她们的积极响应。而与法国政府禁止穆斯林妇女戴头巾进入国立学校不同的是，斯特劳认为应该尊重穆斯林妇女戴头巾的权利。法国政府的做法激起了整个伊斯兰世界的抗议。

斯特劳并建议各界就此展开“成熟的辩论”。当英国的报纸和评论员们同声称赞斯特劳的这一姿态时，许多穆斯林的怒火已经燃烧起来。英国一个地方组织——兰开夏清真寺理事会形容他的论述是“有欠思考、判断失当的错误的理解”，并表示许多妇女都认为这些话“带有攻击性，不但无礼而且令人烦扰”。

英国“保护头巾”组织主席拉吉娜阿拉-阿克哈塔也说：“这些言论表明缺乏根本性的理解。”她指出，相反，政府没有重视那些应该关心的事务，如失业和落后的教育等。她说：“毫无疑问，那才是他应该关心的议题，而不应该盯着一小部分穆斯林妇女因为宗教信仰而选择遮住面部。”

英国共拥有180万穆斯林。自从去年4名英国穆斯林对伦敦交通网络发动自杀性炸弹袭击以来，有关穆斯林社会怎样才能更好地融入英国主流社会已经成为英国的一个主要政治议题。

（资料来源：http:// news. sohu. com/20061006/n245656221. shtml）

另一篇文章题目是《荷兰政府拟禁止穆斯林妇女在公共场合穿长袍》

荷兰政府目前正准备向该国议会提交一份提案，要求在一些公共场合禁止穆斯林妇女穿长袍。若这一提案被通过，荷兰将成为欧洲第一个限制穆斯林妇女穿长袍的国家。

英国《泰晤士报》13日报道，提出该倡议的是荷兰移民归化大臣丽塔·费尔东克，她因采取了一系列强硬的反移民政策而在荷兰被称为“铁娘子”。她对议会说，她将调查应在什么地方以及什么时候禁止穿戴长袍。费尔东克表示这种宽松、罩住全身只露眼睛的服装不利于公众安全。

舆论认为，荷兰政府的这一提案可能会得到议会的通过。

（资料来源：http://news. sina. com. cn/w/2005 - 10 - 14/02287162267s. shtml）

实践训练

1. 实训项目：模拟日本人、英国人、巴西人的礼节，见面时互致问候、行见面礼以及模仿应邀到其家中或在饭店进餐时的餐桌上的礼仪。

2. 实训目的:通过实际训练更深刻认识到各国礼仪和习俗的差异性。

3. 实训内容:分角色模拟。

4. 实训组织:把全班分为若干个小组,3 ~4 人一组。分别模拟日本人、英国人、巴西人见面问候、行见面礼、餐桌礼仪。

5. 实训考核:模拟结束后,学生进行自评和互评,并写出总结报告。

附录1　公关礼仪工作潜力自测题

你能胜任公关礼仪工作吗？请以下列测试作参考。

一、自测是否适合从事公关职业

1. 性格

(1)是否有幽默感；

(2)是否性情中庸，和悦近人；

(3)待人接物是否从容不迫；

(4)能否往来于大庭广众之间而不畏怯；

(5)是否乐观；

(6)是否有广泛的兴趣爱好；

(7)是否有决心和毅力面对困境和挫折；

(8)做事是否有计划性；

(9)思想是否敏捷；

(10)是否健谈；

(11)气质是否迷人。

2. 品德

(1)为人是否公道正派；

(2)是否有明断是非的能力；

(3)做事是否有良好的责任心和道德感；

(4)是否认为集体利益胜过个人利益；

(5)是否相信人性本善说；

(6)是否尊重、关心他人；

(7)是否遵守诺言。

3. 智慧
(1)对人对事是否有好奇心和保持浓厚兴趣;
(2)是否善于观察他人言行;
(3)是否能当一个好听众欣赏别人的谈话;
(4)是否善于处理尴尬的局面;
(5)是否有说服别人的能力;
(6)写作是否流畅;
(7)是否有比较强的学习能力;
(8)是否有良好的学习习惯;
(9)是否富于想象力和创造力。
4. 教育和经验
(1)是否获得中专以上文凭;
(2)是否懂得经济学的基本知识;
(3)是否懂得社会学的基本知识;
(4)是否懂得经营和管理学的基本知识;
(5)是否受过哲学和逻辑学的思维训练;
(6)是否了解传播学;
(7)是否对心理学有兴趣;
(8)是否能够撰写新闻稿件;
(9)是否有与新闻界打交道的经验;
(10)是否有推销和做广告方面的经验;
(11)是否有社会交际或社会活动的经验;
(12)是否了解舆论调查和民意测试的方法;
(13)是否有谈判的经验;
(14)是否了解党和国家的方针政策和法规。
5. 行政领导能力
(1)是否有制定计划方案的能力;
(2)是否及时落实和有效实施计划;
(3)是否善于用人所长,调动他人的积极性;
(4)是否善于协调不同性格的人一道工作;
(5)对不同意见是否有分析和概括能力;
(6)是否理解上级意图及接受指示;
(7)是否能创造轻松愉快的工作气氛;
(8)是否善于主持会议;
(9)是否有较高的办事效率和工作质量。
上述问题,答“是”计2分,“否”计0分,满分为100分。

得60分以下者,不适合从事公关工作;60分至70分为及格,但需继续学习;70分以上者可以从事公关工作;90分以上者已熟练掌握公关技巧。

(资料来源:晓燕.公关礼仪[M].南昌:百花洲文艺出版社,1998.)

二、自测修养

你是不是有修养,不妨将下面这个简单的自我测验做一次。每一个问题,只要用“是”或“不是”来加以回答。

(1)你对待店里的售货员或饭店的女服务员是不是跟你对待朋友那样很有礼貌呢?

(2)你是不是很容易就生气?

(3)如果有人赞美你,你是不是会向他说“谢谢”呢?

(4)有人尴尬不堪时,你是不是觉得很有趣?

(5)你是不是很容易展露出笑容,甚至是在陌生人的面前?

(6)你是不是会关心别人的幸福和舒适?

(7)在你的谈话和信中,你是不是时常提到自己?

(8)你是不是认为礼貌对一个男子汉无足轻重?

(9)跟别人谈话时,你是不是一直很注意对方的反应?

答案:

(1) 是。一个富有修养的人,不论是对什么样身份的人,始终都应彬彬有礼。

(2)不是。动不动就生气的人,修养不会很好。

(3)是。善于接受他人赞美是一种做人的艺术。

(4)不是。幸灾乐祸显出你的修养较差。

(5)是。微笑始终是自己或其他人通往快乐的最好的入场券。

(6)是。关心体贴别人是一个人成熟和有魅力的第一条件。

(7)不是。那些经常大谈他自己的人很少会受到别人的欢迎。

(8)不是。良好的风度和礼貌,是做人所必须而且应该具有的自然的反应。

(9)是。尊重别人的意见才能使别人尊重你。

三、自测权威性

下列这则心理测验测定你的影响力,如果你是个权威人士,你的举止就会有意无意地促使人们重视并遵从你的意见。

权威的人不一定就是著名人物,他们可能是一些高级官员的顾问,可以进出政府大楼;他们也可能是市场上的推销员,生意从来没有失败过。有权威的人的资本就是一种气质和举止,能使人们倾向他们并按照他们的意图去做。他们好像生来就具有影响他人的秘诀。好的公关人员应该是一个有影响力的权威人士。

迅速而诚实地回答以下问题,你将会了解你的权威,并使你领会影响力,更有效地运用影响力。

(1)你在某一运动、活动或知识领域中是否是一位专家?

A. 是　　B. 否

(2)你是否觉得自己很有教养?

A. 是　　B. 一般

(3)假如你经营一家运动器材商店,一位顾客走进店来,说要买一架健身运动器和一个网球拍,你将先卖哪一样?

A. 先卖网球拍,因为它便宜,如果你要别人买东西,最好把自己置于购买者的情绪中。

B. 先卖健身器,因为它贵,生意做成了,收入也大。

(4)你是否觉得你能应付许多场合?

A. 是　　B. 某些场合可以　　C. 否

(5)你的身高:

A. 168 cm 以下　　B. 168 cm ~ 175 cm

C. 175 cm ~ 184 cm　　D. 184 cm 以上

(6)你更乐于接受下列哪种陈述?

A. 我对语法没有把握　　B. 我的口才很好

(7)你认为下列的陈述是"对"还是"错"。"你要在生活中取得成功,并不需要别人喜欢你,重要的是他们敬畏你。"

A. 对　　B. 错

(8)你对自己魅力的评价(客观的评价、不必太谦虚或自负)是:

A. 非常出众　B. 出众　　C. 一般　D. 差　E. 很差

(9)通常你喜欢哪种款式的衣服?

A. 奇装异服,使人看一眼不能忘

B. 时髦的。我不领导潮流,但也不是守旧的人

C. 传统服装

D. 欧洲款式

E. 非常随便,不喜欢穿套装

F. 凑凑合合

G. 便宜的服装

(10)你是否在意别人如何看待你?

A. 是,非常在意　B. 有一些

C. 有点　　D. 很少　　E. 一点也不

(11)你喜欢电视里的戏剧情节吗?

A. 是　　B. 有一些　　C. 不喜欢

(12)有人说:只要目的正当,可以不择手段,你认为如何?

A. 同意　B. 在某些场合是对的　　C. 不同意

(13)你更乐于接受以下哪种陈述?

A. 生活中言行一致是很重要的

B. 言行一致不必过分强调

(14)你对以下陈述抱什么态度:“如果你给别人一些东西,他们并不感激你,他们只欣赏那些经过奋斗而得来不易的东西。”

A. 同意　　B. 不同意

(15)你发现选择别人是件容易的事还是困难的事?

A. 我很自然地赞扬别人　B. 我很少这样做

(16)当你要和别人讨价还价时,如买卖汽车或加薪,你会使用以下哪种策略?

A. 我的开价大大高于我所希望得到的

B. 我开价高于我所希望的15%左右,这样买卖双方才有余地

C. 我不喜欢讨价还价,我更愿意立即告诉人们怎么样才公平,省略讲价过程

(17)下面几种说法你更倾向于哪一种?

A. 当权者不必多解释,只要说:“去做这件事!”

B. 当权者要某人做某事时,常告诉他这样做的理由

依下列评分标准,将你的答案分数加起来,就是你的总分,最高85分,最低17分。

(1) A=5　B=1

(2) A=5　B=3

(3) A=1　B=5

(4) A=5　B=3　C=1

(5) A=1　B=3　C=5　D=2

(6) A=1　B=5

(7) A=1　B=5

(8) A=3　B=5　C=3　D=2　E=1

(9) A=1　B=4　C=5　D=3　E=3　F=2　G=1

(10) A=1　B=2　C=3　D=4　E=5

(11) A=1　B=2　C=5

(12) A=5　B=4　C=1

(13) A=5　B=1

(14) A=5　B=1

(15) A=5　B=1

(16) A=5　B=3　C=1

(17) A=1　B=5

如果你的总分在73-85分:你确实是一位具有影响力的人,你综合了身体特征、心理性格和政治态度,使人们遵从你。不管你是否在意,你是理所当然的权威人士。

59-72分:你颇具备权威人士的气质,也许你在这方面的天性并不完全像权威

人士，你可能在你的专业方面有特殊的影响力。当你来到一个不舒适或不熟悉的环境时，你的影响力会下降。

40－58分：你所具有的影响力比你意识到的更多，有许多人被你的言行所影响。事实上，你不是那种花费时间和总统、部长们共进午餐的人，而是属于不像老板那样被下属尊重的人。

31－40分：你可能不具有很大的影响力，这就要求你做得更好。也许你喜欢保持一种低微的形象，或成为其他人施加影响力的对象。如果你想成为有影响力的人，重读你刚才回答的问题，看看其中哪个是最高分和最低分，你将会有所发现。比较是很重要的，如果你想叫某个东西看上去很漂亮，那么就该用丑的做参谋；如果你想叫别人觉得这件东西很便宜，那么就先拿出价格昂贵的东西；去称赞别人，为他们做一点好事，不必担心自己的友好行为得不到回报。正如那些有影响力的人所知道的，人们不仅注意那些看上去很友好的人，而且会竭尽全力回报他们所得到的，哪怕是最小的恩典。

17－30分：你最终是个被人支配的人。别人要你做什么，你就做什么。当你走进店门的时候，售货员的眼睛亮了，他们知道，如果他们试着把整个商店卖给你，你也会买下。如果你是这样，那么，你首先要学会的应该是如何说“不”。

四、自测性格类型

(1)外向型性格

①对人信任；

②能在大庭广众之中工作；

③不常分析自己的思想和动机；

④自己擅长的工作愿意别人在旁观看；

⑤能将强烈的情绪(如喜、怒、悲)表现出来；

⑥不拘小节；

⑦与观点不同的人自由联络；

⑧好读书而不求甚解；

⑨喜欢常常变换工作；

⑩不愿别人提示，而愿自己解决。

(2)内向型性格

①喜静安闲；

②工作时不愿人在旁观看；

③遇有集体活动愿在家而不参加；

④宁愿节省而不愿耗费；

⑤很讲究写应酬信；

⑥常写日记；

⑦不轻易信任别人；

⑧常检查自己的思想和行为;

⑨在群众场合中很安静;

⑩三思而后决定。

五、自测幽默感

(1)在一张白纸上随便画个符号。

(2)在10秒钟内画一个人。

(3)在10秒钟内画一个火星上的生物。

(4)你要参加一个化装舞会,将穿哪种服装?

A. 贵族装　B. 孩子式的盛装　C. 小丑装

(5)你讲故事时,是否连细节也仔细地叙述?

(6)下列哪种动物你最感兴趣?

A. 袋鼠　B. 猴子　C. 长颈鹿

(7)你绘画、跳舞、听音乐时,会发出会心的微笑,甚而大笑?

(8)你的一枚铜板掉进水里,你会设法取出吗?

(9)你常因听笑话而发笑——即使是不懂的笑话?

答案:

(1)符号上有角或直线代表你是个紧张与难取悦之人。一个有幽默感的人往往会画出波状或环行的符号。

(2)如果你画的人脸上有笑容,那你是在找寻人生幽默的一面。你没有画上一顶帽子或衣服扣子吧,好,因为你以为别人是不能伤害你的。

(3)要是你画的火星人多多少少像我们人类,那就表示你有幽默感。

(4)如果你选择了小丑装,那么你具有相当的幽默感。

(5)过分的注意小节,表明你是个严肃之人,不喜追究乐趣。

(6)选择猴子的人具有较高的幽默感。

(7)答"是"者是有幽默感之人。

(8)设法取出,表示你有幽默感。

(9)如果你常听不懂别人的笑话,那么你的幽默感一定是太一般。

六、自测交际能力

(1)一位朋友邀请你参加他的生日。可是,任何一位来宾你都不认识。

A. 你非常乐意地去认识他们

B. 你愿意早去一会儿帮助朋友筹备节目

C. 你借故拒绝,告诉这位朋友说:"那天已经有别的朋友邀请过我了"

(2)在街上,一位陌生人向你询问到火车站的路径。这是很难解释清楚的,况且,你还有急事。

A. 你让他去向远处的一位警察打听

B. 你尽量简单地告诉他

C. 你把他引向火车站的方向

(3)你表弟到你家来,你已经有两个月没有见过他了。可是,这天晚上,电视里有一部非常精彩的电影片。

A. 你关上电视机,让表弟看你假期中的照片

B. 你说服表弟与你一块儿看电视

C. 电视开着,与表弟聊天

(4) 报社给你寄来了稿费。

A. 你把钱搁在一边

B. 你和你的朋友们小宴一顿

C. 你买一些东西,如油画、一盏漂亮的灯,买墙纸装饰你的卧室

(5) 你的邻居要看电影去,让你照顾一下他们的孩子。孩子醒后哭了起来。

A. 你关上卧室的门,到餐厅去看书

B. 你把孩子抱在怀里,哼着歌子想让他入睡

C. 你看看孩子是否需要什么东西。如果他无故哭闹,你就让他哭去。终究他会停下来的

(6) 如果你有闲暇,你喜欢干些什么?

A. 与朋友一起看电影,并与他们一起讨论

B. 到商店里买东西

C. 呆在卧室里听唱片

答案:

(1) A = 2　　B = 3　　C = 1

(2) A = 1　　B = 2　　C = 3

(3) A = 3　　B = 2　　C = 1

(4) A = 1　　B = 3　　C = 2

(5) A = 1　　B = 3　　C = 2

(6) A = 3　　B = 2　　C = 1

14 - 18 分之间:你非常善于交际。你的伙伴们非常爱你,这是可以理解的。你总是面带笑容。为别人考虑的比为你自己考虑的要多。朋友们为有你而感到幸运。

8 - 13 分之间:你不喜欢独自一个人呆着,你需要有朋友围在身边。你非常喜欢帮忙……如果这不花费你太多经历的话。比起爱来说,你更加寻求被爱,但这是不够的。

8 分以下:注意,你置身于众人之外,仅仅为自己而活着。你是一位利己主义者。不要奇怪为什么你的朋友这样少。从你的贝壳里走出来吧。

七、自测是否受人尊重

(1)尊重别人的意见,永不告诉人他是错的。

(2)如果你错了,迅速地承认。

(3)同他人交往用友善的方法开始。

(4)尽量不与别人辩论。

(5)无论说什么能使对方立刻说:“是,是。”

(6)使对方多多说话。

(7)真诚地尽力用对方的观点来看事。

(8)同情于对方的愿望和困境。

答案:　A.做不到　B.有时能做到　C.经常是这样

评分标准:A=0分　B=2分　C=5分

如果你的成绩为35~40分,那么你是一个比较受人尊重的人;如果成绩在25~30分,那么,你只受部分人尊重;成绩在25分以下,只有极个别人尊重你。

八、自测成功倾向

请认真回答下列每一个问题,并把能反映你基本态度的答案填在括号里。

基本态度:

A.非常同意

B.有些同意

C.有些不同意

D.非常不同意

(1)快乐的意义对我来说比钱重要得多。

(2)假如我知道这件工作必须完成,那么工作的压力和困难并不能困扰我。

(3)有时候成败的确能论英雄。

(4)我对犯错误非常严厉。

(5)我的名誉对我来说极为重要。

(6)我的适应能力非常强,知道什么时候将会改变,并为这种改变做准备。

(7)一旦我下定决心,就会坚持到底。

(8)我非常喜欢别人把我看成是个身负重任的人。

(9)我有些嗜好花费很高,而且我有能力去享受。

(10)我很小心地将时间和精力花在某一个计划上,如果我晓得它会有积极和正面的成果。

(11)我是一个团体的成员,让自己的团体成功比获得个人的认可更重要。

(12)我宁愿看到一个方案推迟,也不愿意无计划、无组织地随便完成。

(13)我以能够正确表达自己的意思为荣,但是我必须确定别人是否能正确理解我。

(14)我的工作情绪是很高昂的,我有用不完的精力,很少感到精力枯竭。

(15)大体来说,常识和良好的判断对我来说,比了不起的点子更有价值。

评价标准:

(1) A=0　B=1　C=2　D=3

(2) A=3　B=2　C=1　D=0
(3) A=2　B=3　C=1　D=0
(4) A=1　B=3　C=2　D=0
(5) A=3　B=2　C=1　D=0
(6) A=3　B=2　C=1　D=0
(7) A=3　B=2　C=1　D=0
(8) A=3　B=2　C=1　D=0
(9) A=3　B=2　C=1　D=0
(10) A=3　B=2　C=1　D=0
(11) A=3　B=2　C=1　D=0
(12) A=3　B=2　C=1　D=0
(13) A=3　B=2　C=1　D=0
(14) A=3　B=2　C=1　D=0
(15) A=3　B=2　C=1　D=0

评估:

0~15分:成功的意义对你来说,是圆满的家庭生活和精神生活,而不是权力和精神的获得,因为你能在工作之外得到成就感,因此,可能不适合去爬高位。这个建议可以帮助你专注在实现自我的目标上。

16~30分:也许你根本就没有想到去争取高位,至少在目前是如此。你有了这个能力,但是你还不准备做出必要的牺牲和妥协,你对公司政策的不满,导致你在工作的义务和其他兴趣之间寻求平衡。这个倾向可能促使你寻找途径来发展跟你目标一致的事业。

31~45分:你有获得金钱和权力的倾向,要爬上任何一个组织的高峰对你来说是非常容易的事情,而且你通常办得到。这个训练对你在申请工作或与人交往时,用处尤其大。

九、自测"人缘"状况

(1)你和别人聚会,是否经常姗姗来迟,甚至不守信用?

(2)你是否喜欢独占谈话时的话题?

(3)你是否经常做不速之客,事先不通知对方,就到同事、朋友家中拜访,使人感到措手不及,甚至被动?

(4)你去别人家里做客时,是否直到人家家里每个人疲惫不堪时,才起身告辞?

(5)你能否主动向别人提出建议,以使他做好某件事情?

(6)你讲述某个事情或某个故事是不是又臭又长,常常使人不愿继续听下去?

(7)当别人正在融洽地交谈时,你是否贸然去打扰?

(8)当别人在紧张地工作时,你是否经常去闲聊?

(9)你是否勉强别人阅读你认为有趣或有价值的东西?

(10)你是否经常与别人谈论一些人们不感兴趣的话题?

(11)你是否常常在打电话时说个没完,让别人在一旁等得发急?

(12)你自己种种不如意的事,是否经常找人“诉苦”?

(13)当别人谈到你不喜欢的话题时,你是否不打声招呼就走开?

(14)你是否喜欢津津有味地与别人谈论一些他们不认识的人?

(15)你是否喜欢打听别人的隐私,并且乐于传播?

(16)别人不愿意告诉你的事情,你是否千方百计地希望知道?

(17)你是否看见漂亮的异性时,就显得格外殷勤?

(18)你是否喜欢当领导在场的时候,表现自己?

(19)当你请求别人帮助时,你是否不管别人愿意不愿意,有没有能力,总要想尽办法达到目的?

(20)你是否从不轻易地放弃自己的观点,即使有错,也要自圆其说?

(21)你是否不管遇到什么问题,都喜欢表态,而且总认为自己言之有理?

(22)别人给你的信,你是否经常忘了回?

(23)同事、朋友邀请你参加他们的活动,你是否常借故推脱?

(24)你是否不喜欢肯定别人,更不习惯赞美别人?

(25)同事、朋友生病时,你是否懒得去探望他们?

(26)你借了别人的东西后,是否常常忘记还?

(27)你借了别人的东西后,是否不如对自己的东西更爱惜?

(28)你批评别人的时候,是否经常有使人下不来台的言行?

(29)你是否喜欢不管有事还是没事,都去朋友家闲坐串门?

(30)你买东西时,要是队伍排得很长,你是否想办法到前面去“加塞儿”?这种情况多不多?

结论:对每个题目,根据自己的实际情况,回答“是”或“否”。如果答案中“是”居多,就要注意,你已经使人感到讨厌了,就要痛下决心改正。

以上自测题,仅供参考。

(资料来源:http://phy.qfnu.edu.cn/deyu1/liji/1.htm)

附录2　面试全搜索

一、面试典型问题

面试过程中,面试官会向应聘者发问,而应聘者的回答将成为面试官考虑是否接受他的重要依据。下文对面试中经常出现的一些典型问题进行了分析归纳,并给出相应的回答思路和参考答案。读者无须过分关注分析的细节,关键是要从这些分析中"悟"出面试的规律及回答问题的思维方式,达到"活学活用"。

问题一:"请你自我介绍一下"

思路:

1. 这是面试的必考题目。
2. 介绍内容要与个人简历相一致。
3. 表述方式上尽量口语化。
4. 要切中要害,不谈无关、无用的内容。
5. 条理要清晰,层次要分明。
6. 事先最好以文字的形式写好、背熟。

问题二:"谈谈你的家庭情况"

思路:

1. 家庭状况对于了解应聘者的性格、观念、心态等有一定的作用,这是招聘单位提问的主要原因。
2. 不要简单地罗列家庭人口。
3. 宜强调温馨和睦的家庭氛围。
4. 宜强调父母对自己教育的重视。
5. 宜强调各位家庭成员的良好状况。
6. 宜强调家庭成员对自己工作的支持。

7. 宜强调自己对家庭的责任感 。

问题三："你有什么业余爱好?"

思路：

1. 业余爱好能在一定程度上反映应聘者的性格、观念、心态，这是招聘单位问该问题的主要原因。

2. 最好不要说自己没有业余爱好。

3. 不要说那些庸俗的、令人感觉不好的爱好。

4. 最好不要说自己仅限于读书、听音乐、上网，否则可能会令面试官怀疑应聘者性格孤僻。

5. 最好能有一些户外的业余爱好来"点缀"你的形象。

问题四："你最崇拜谁?"

思路：

1. 最崇拜的人能在一定程度上反映应聘者的性格、观念、心态，这是面试官问该问题的主要原因。

2. 不宜说自己谁也不崇拜。

3. 不宜说崇拜自己。

4. 不宜说崇拜一个虚幻的，或是不知名的人。

5. 不宜说崇拜一个明显具有负面形象的人。

6. 所崇拜的人最好与自己所应聘的工作能"搭"上关系。

7. 最好说出自己所崇拜的人的哪些品质、哪些思想感染着自己、鼓舞着自己。

问题五："你的座右铭是什么?"

思路：

1. 座右铭能在一定程度上反映应聘者的性格、观念、心态，这是面试官问这个问题的主要原因。

2. 不宜说那些易引起不好联想的座右铭。

3. 不宜说太抽象的座右铭。

4. 不宜说太长的座右铭。

5. 座右铭最好能反映出自己某种优秀品质。

6. 参考答案——"只为成功找方法，不为失败找借口"。

问题六："谈谈你的缺点"

思路：

1. 不宜说自己没有缺点。

2. 不宜把那些明显的优点说成缺点。

3. 不宜说出严重影响所应聘工作的缺点。

4. 不宜说出令人不放心、不舒服的缺点。

5. 可以说出一些对于所应聘工作"无关紧要"的缺点，甚至是一些表面上看是缺点、从工作的角度看却是优点的缺点。

问题七:“谈谈你的一次失败经历”

思路:

1. 不宜说自己没有失败的经历。
2. 不宜把那些明显的成功说成失败。
3. 不宜说出严重影响所应聘工作的失败经历。
4. 所谈经历的结果应是失败的。
5. 宜说明失败之前自己曾信心百倍、尽心尽力。
6. 说明仅仅是由于外在客观原因导致失败。
7. 失败后自己很快振作起来,以更加饱满的热情面对以后的工作。

问题八:“你为什么选择我们公司?”

思路:

1. 面试官试图从中了解你求职的动机、愿望以及对此项工作的态度。
2. 建议从行业、企业和岗位这三个角度来回答。
3. 参考答案——“我十分看好贵公司所在的行业,我认为贵公司十分重视人才,而且这项工作很适合我,相信自己一定能做好。”

问题九:“对这项工作,你有哪些可预见的困难?”

思路:

1. 不宜直接说出具体的困难,否则可能令招聘单位怀疑应聘者“不行”。
2. 可以尝试迂回战术,说出应聘者对困难所持有的态度——“工作中出现一些困难是正常的,也是难免的,但是只要有坚忍不拔的毅力、良好的合作精神以及事前周密而充分的准备,任何困难都是可以克服的。”

问题十:“如果录用你,你将怎样开展工作?”

思路:

1. 如果应聘者对于应聘的职位缺乏足够的了解,最好不要直接说出自己开展工作的具体办法。
2. 可以尝试采用迂回战术来回答,如“首先听取领导的指示和要求,然后就有关情况进行了解和熟悉,接下来制定一份近期的工作计划并报领导批准,最后根据计划开展工作。”

问题十一:“与上级意见不一致时,你将怎么办?”

思路:

1. 一般可以这样回答“我会给上级以必要的解释和提醒,在这种情况下,我会服从上级的意见。”
2. 如果面试你的是总经理,而你所应聘的职位另有一位经理,且这位经理当时不在场,可以这样回答:“对于非原则性问题,我会服从上级的意见,对于涉及公司利益的重大问题,我希望能向更高层领导反映。”

问题十二:"我们为什么要录用你?"

思路:

1. 应聘者最好站在招聘单位的角度来回答。

2. 招聘单位一般会录用这样的应聘者:基本符合条件、对这份工作感兴趣、有足够的信心。

3. 如"我完全符合贵公司的招聘条件,凭我目前掌握的技能、高度的责任感和良好的适应能力及学习能力,完全能胜任这份工作。我十分希望能为贵公司服务,如果贵公司给我这个机会,我一定能成长为贵公司的栋梁!"

问题十三:"你能为我们做什么?"

思路:

1. 基本原则是"投其所好"。

2. 回答这个问题前应聘者最好能"先发制人",了解招聘单位期待这个职位所能发挥的作用。

3. 应聘者可以根据自己的了解,结合自己在专业领域的优势来回答这个问题。

问题十四:"你是应届毕业生,缺乏经验,如何能胜任这项工作?"

思路:

1. 如果招聘单位对应届毕业生的应聘者明确提出这个问题,说明招聘单位并不真正在乎"经验",关键看应聘者怎样回答。

2. 对这个问题的回答最好要体现出应聘者的诚恳、机智、果敢及敬业。

3. 如"作为应届毕业生,在工作经验方面的确会有所欠缺,因此在读书期间我一直利用各种机会在这个行业里做兼职。我也发现,实际工作远比书本知识丰富、复杂。但我有较强的责任心、适应能力和学习能力,而且比较勤奋,所以在兼职中均能圆满完成各项工作,从中获取的经验也令我受益匪浅。请贵公司放心,学校所学及兼职的工作经验使我一定能胜任这个职位。"

问题十五:"你希望与什么样的上级共事?"

思路:

1. 通过应聘者对上级的"希望"可以判断出应聘者对自我要求的意识,这既是一个陷阱,又是一次机会。

2. 最好回避对上级具体的"希望",多谈对自己的要求。

3. 如"作为刚步入社会的新人,我应该多要求自己尽快熟悉环境、适应环境,而不应该对环境提出什么要求,只要能发挥我的专长就可以了。"

问题十六:"你在前一家公司的离职原因是什么?"

思路:

1. 最重要的是:应聘者要使招聘单位相信,应聘者在过往单位的"离职原因"在此家招聘单位里不存在。

2. 避免把"离职原因"说得太详细、太具体。

3. 不能掺杂主观的负面感受，如“太辛苦”、“人际关系太复杂”、“管理太混乱”、“公司不重视人才”等。但也不能躲闪、回避，如“想换换环境”、“个人原因”等。

4. 如“我离职是因为这家公司倒闭。我在这家公司工作了三年多，有较深的感情。从去年开始，由于市场形势突变，公司的局面急转直下。到眼下这一步我觉得很遗憾，但还要面对现实，重新寻找能发挥我能力的舞台。”

同一个面试问题并非只有一个答案，而同一个答案并不是在任何面试场合都有效，关键在于应聘者掌握了规律后，对面试的具体情况进行把握，有意识地揣摩面试官提出问题的心理背景，然后投其所好。

二、面试时忌讳的八种错误

HR 经理对有如下面试错误的人一般是不原谅的。

1. 不善于打破沉默。面试中，应试者出于种种顾虑，不愿主动说话，结果使面试出现冷场。即便能勉强打破沉默，语音语调亦极其生硬，使场面更显尴尬。实际上，无论是面试前或面试中，面试者主动致意与交谈，会留给面试官热情和善于与人交谈的良好印象。

2. 为偏见或成见所左右。假若面试官是一位看上去比自己年轻许多的小姐，心中便开始嘀咕：“她怎么能有资格面试我呢？”若把这种心理流露出来，必定“出局”。

3. 慷慨陈词却举不出例子。应试者大谈个人成就、特长、技能时，聪明的面试官一旦反问：“能举一两个例子吗”？应试者便无言应对。在面试中，应试者要想以其沟通能力、解决问题的能力、团队合作能力、领导能力等取信于人，唯有举例。

4. 缺乏专业风采。有些应试者面试时各方面表现良好，可一旦被问及现所在公司或以前公司时，就会愤怒地抨击其老板或者公司。在众多国际化的大企业中，或是在具备专业素养的面试官面前，这种行为是非常忌讳的。

5. 对个人职业发展计划模糊：对个人职业发展计划，很多人只有目标，没有思路。比如当问及“您未来 5 年事业发展计划如何”时，很多人都会回答说“我希望 5 年之内做到销售总监一职。”如果面试官接着问“如何能达到？”应试者常常无言以对。其实，任何一个具体的职业发展目标，都离不开个人对目前技能的评估以及为胜任职业目标所拟定的发展计划。

6. 假扮完美。面试官常常会问：您性格上有什么弱点？您在事业上受过挫折吗？有人会毫不犹豫地回答：没有。其实这种回答常常是对自己不负责任的。没有人没有弱点，没有人没有受过挫折。只有充分地认识到自己的弱点，正确地认识自己所受的挫折，才能造就真正成熟的人格。

7. 主动打探薪酬福利。有些应试者会在面试快要结束时主动向面试官打听该职位的薪酬福利等情况，结果是欲速则不达。面试者一般忌讳这种行为，其实，如果招聘单位对某一位应试者感兴趣的话，自然会主动问及薪酬情况。

8. 不知如何收场。很多应试者面试结束时，因成功的兴奋，或因失败的恐惧，会语无伦次，手足无措。其实，面试结束时，作为应试者应该这样：表达一下对应聘职位的理解、告诉面试者对此职位感兴趣并询问下一步是什么；面带微笑感谢面试官的接待。

（资料来源：http://job.qdu.edu.cn）

三、面试问题实例

某计算机公司对一位毕业生从面试开始到结束共提出了 23 个问题，这些问题依次是：

1. 你已经掌握了大学四年中所学的东西吗？
2. 你觉得哪些课程对你最有帮助？
3. 你选修了其他课程吗？
4. 你的毕业论文是自定的还是老师指定的？
5. 你认为计算机软件开发工作难吗？
6. 你对自己的能力有所了解吗？
7. 你喜欢高等数学课程吗？
8. 你参加过什么社会工作？
9. 在大学里你愿意参加哪些活动？
10. 你参加过公开演讲吗？
11. 你认为你性格有益于交际吗？
12. 你是不是边上学边参加勤工俭学活动？
13. 你觉得勤工助学和其他活动是在占用你的时间吗？
14. 你觉得挤出时间学习很困难吗？
15. 你认为你有哪些特殊才干？
16. 你的最大长处和弱点分别是什么？
17. 你对本公司了解吗？
18. 你有什么要问的问题？
19. 关于工作你还有什么问题？
20. 你喜欢在大公司还是小公司工作？
21. 你喜欢什么样的工作环境？
22. 你能很快适应工作环境吗？
23. 对于此，你还有什么问题？

上述问话共有 23 条，大体上可分为五个方面：

1. 应聘者是否受过良好的教育；
2. 应聘者是否有较高层次的分析头脑和主动性；
3. 应聘者在联系他人方面如何，是否爱好合作；
4. 应聘者头脑是否清醒，思维的条理性如何；
5. 此人是否有自知之明。

其问题的顺次安排是：

第1—4题,是用来判断求职者所受教育程度;

第5—7题,是判断求职者的分析能力;

第8—11题,是考察求职者联系他人的能力或社交能力;

第12—14题,是考察求职者的组织能力;

第15—19题,是考察求职者的自我意识;

第20—23题,是确定求职者是否适合该公司的工作环境和工作要求。

分析这份面试材料,可以发现:招聘单位对求职者的面试,其仔细程度是令人钦佩的。而求职者从容应付好这样的场面是十分不容易的。所以求职者在应试面前,把情况想得复杂些,把问题难度想得大一些,把可能要提出的问题想得全面一些,这样才容易成功。

(资料来源:北京人才市场报 http://ww2. xaut. edu. cn/jsjxgb/ReadNews, asp? News ID = 141)

参 考 文 献

[1]丛杭青. 公关礼仪[M]. 北京:东方出版社,1995.
[2]夏志强. 人一生要懂得的100个商务礼仪[M]. 北京:中国书店,2006.
[3]纪华强. 公共关系的基本原理与实务[M]. 北京:高等教育出版社,2006.
[4]张百章,何伟祥. 公关礼仪[M]. 大连:东北财经大学出版社,2005.
[5]金正昆. 经理人礼仪[M]. 北京:人民大学出版社,2007.
[6]潘彦维. 公关礼仪[M]. 北京:北京师范大学出版社,2007.
[7]金正昆. 国际礼仪[M]. 北京:北京大学出版社,2005.
[8]杜创国. 公关关系实用教程[M]. 北京:清华大学出版社,2007.
[9]林 隆. 110个国家的礼仪风俗[M]. 北京:中国城市出版社,2007.
[10]董桂英. 公关礼仪教程[M]. 南京:东南大学出版社,2003.
[11]方改娥. 大学生实用礼仪[M]. 北京:红旗出版社,2002.
[12]金正昆. 公关礼仪[M]. 北京:北京大学出版社,2005.
[13]金正昆. 服务礼仪[M]. 北京:北京大学出版社,2005.
[14]海 卉. 100个礼仪细节[M]. 哈尔滨:哈尔滨出版社,2004.
[15]韩 英. 现代社交礼仪[M]. 青岛:青岛出版社,2005.
[16]金正昆. 商务礼仪概论[M]. 北京:北京大学出版社,2006.
[17]金正昆. 公关礼仪[M]. 西安:陕西师范大学出版社,2007.
[18]陈 平. 商务礼仪[M]. 北京:中国电影出版社,2005.
[19]周裕新. 公关礼仪艺术[M]. 上海:同济大学出版社,2004.
[20][日]长尾裕子. 商务礼仪[M]. 李 平,易元秀,译. 北京:中国人民大学出版社,2005.
[21][美]芭芭拉·帕克特. 细节是魔鬼[M]. 北京:中信出版社,2004.